ポイント整理

# ブラッシュアップ 常用漢字

漢検対応 8～2級

## 目次

明治書院

## イ にんべん

人の動作・状態・性質に関する意。

| 漢字 | 部首・画数 | 読み | 筆順 | 用例 |
|---|---|---|---|---|
| 何 | イ 7 | カ / なに / なん | イ 仁 仃 何 何 何 | 何事・何者・何故・何度 |
| 休 | イ 6 | キュウ / やす(む) / やす(まる) / やす(める) | ノ 亻 什 休 休 | 休息・運休・気休め・骨休め |
| 係 | イ 9 | ケイ / かか(る) / かかり | イ 亻 仫 伾 俘 係 | 係留・関係・係員・図書係 |
| 作 | イ 7 | サク / サ / つく(る) | ノ イ 亻 作 作 作 | 工作・作法・所作・手作り |
| 仕 | イ 5 | シ / ジ / つか(える) | ノ イ 仁 什 仕 | 仕業・出仕・給仕・宮仕え |
| 使 | イ 8 | シ / つか(う) | ノ イ 仁 佰 使 使 | 使役・行使・使い道・人使い |
| 住 | イ 7 | ジュウ / す(む) / す(まう) | ノ イ 亻 仁 住 住 | 住所・住民・移住・永住 |
| 他 | イ 5 | タ / ほか | ノ イ 仲 他 | 他意・自他・他言無用 |
| 体 | イ 7 | タイ / テイ / からだ | ノ イ 仁 什 休 体 | 体験・体力・風体・体付き |
| 代 | イ 5 | ダイ・タイ / か(わる) / か(える) / よ・しろ | ノ イ 仁 代 代 | 代表・交代・君が代・身の代 |
| 倍 | イ 10 | バイ | イ 仁 仲 位 位 倍 | 倍加・倍増・倍率・公倍数 |

## 冫 にすい

氷の表面に現れる模様の形。氷・寒さに関する意。

| 漢字 | 部首・画数 | 読み | 筆順 | 用例 |
|---|---|---|---|---|
| 冬 | 冫 5 | トウ / ふゆ | ノ ク 夂 冬 | 冬至・冬眠・冬場・真冬 |

## 口 くちへん

呼吸、飲食、言葉など口の働きに関する意。

| 漢字 | 部首・画数 | 読み | 筆順 | 用例 |
|---|---|---|---|---|
| 味 | 口 8 | ミ / あじ / あじ(わう) | 丨 口 口 吅 味 | 味覚・味読・味見・塩味 |

## 土 つちへん

神を祭った土盛りの象形。土に関する意。

| 漢字 | 部首・画数 | 読み | 筆順 | 用例 |
|---|---|---|---|---|
| 場 | 土 12 | ジョウ / ば | 土 圢 坦 坦 場 場 | 場内・会場・場合・現場 |
| 地 | 土 6 | チ / ジ | 一 十 土 却 地 地 | 地球・意地・天変地異 |
| 坂 | 土 7 | ハン / さか | 十 土 圹 坂 坂 | 坂路・登坂・坂道・山坂 |

## 女 おんなへん

跪いて手を組んだ女性の象形。女性・血縁の意。

| 漢字 | 部首・画数 | 読み | 筆順 | 用例 |
|---|---|---|---|---|
| 始 | 女 8 | シ / はじ(める) / はじ(まる) | く 女 女 妐 始 始 | 始動・終始・一部始終 |
| 姉 | 女 8 | シ / あね | く 女 女 妒 姉 姉 | 姉妹・実姉・姉上 |
| 妹 | 女 8 | マイ / いもうと | く 女 女 妇 妹 妹 | 実妹・弟妹・妹分 |

## 巾 はばへん

手をぬぐう前かけの形。布に関する意。

| 漢字 | 部首・画数 | 読み | 筆順 | 用例 |
|---|---|---|---|---|
| 帳 | 巾 11 | チョウ | 口 巾 巾 帳 帳 帳 | 帳場・手帳・通帳 |

## 弓 ゆみへん

弓・矢を射ることに関する意。

| 漢字 | 部首・画数 | 読み | 筆順 | 用例 |
|---|---|---|---|---|
| 引 | 弓 4 | イン / ひ(く) / ひ(ける) | コ ㇆ 弓 引 | 引責・強引・引く手・割引 |
| 強 | 弓 11 | キョウ・ゴウ / つよ(い) / つよ(まる) / つよ(める) / し(いる) | コ ㇆ 弓 弘 弹 強 | 強調・補強・強情・強気 |

## 彳 ぎょうにんべん

十字路の象形の左半分。道、行く意。

| 漢字 | 部首・画数 | 読み | 筆順 | 用例 |
|---|---|---|---|---|
| 後 | 彳 9 | ゴ・コウ / のち・うし(ろ) / あと / おく(れる) | ノ ク 彳 彾 後 後 | 後日・後半・後味・後ろ指 |

**Point!** 漢字の使い分け 「後れる」と「遅れる」

後れるは、対象より後になる。「勉強が人より後れる」。遅れるは、決まった時間に間に合わない。「始業時間に遅れる」。

| 漢字 | 部首・画数 | 読み | 筆順 | 用例 |
|---|---|---|---|---|
| 待 | 彳 9 | タイ / ま(つ) | ノ 彳 彳 往 待 待 | 待機・期待・立待月・待合室 |
| 役 | 彳 7 | ヤク / エキ | ノ 彳 彳 汃 役 役 | 役所・配役・役務・現役 |

## 阝 こざとへん

𠂤（段のある丘）の省略形。高台、階段の意。

| 漢字 | 部首・画数 | 読み | 筆順 | 用例 |
|---|---|---|---|---|
| 院 | 阝 10 | イン | ㇋ 阝 阝 阝 院 院 | 院長・議院・退院・寺院 |

# 部首一覧

●「部首」とは、漢字を分類するための、基準となる共通部分のことです。漢字のどこの位置にあるかで、偏(へん)・旁(つくり)・冠(かんむり)・脚(あし)・垂(たれ)・繞(にょう)・構(かまえ)の七種類に大別されます。この表では、七つの種類とその他のものとに分けて載せています。

●「部首」の分類や名称は、辞書などによって異なる場合があります。本書では、㈶日本漢字能力検定協会の定める部首に準じました。

## へん(偏)

| 部首 | 部首名 | 例字 |
|---|---|---|
| イ | にんべん | 休・作・使 仰・伏・偏 |
| 冫 | にすい | 冬・冷・凝 凍・准・冶 |
| 口 | くちへん | 味・吸・咲 吐・喫・唯 |
| 土 | つちへん | 塩・域・壊 塔・埋・塀 |
| 女 | おんなへん | 妹・姓・妙 姫・姻・嫌 |
| 子 | こへん | 孫・孤・孔 |
| 山 | やまへん | 岐・崎・峠 峰・峡・岬 |
| 工 | たくみへん | 巧 |
| 巾 | はばへん きんべん | 帳・幅・帽 帆 |
| 弓 | ゆみへん | 引・強・張 弾・弧・弦 |
| 彳 | ぎょうにんべん | 径・往・従 御・徐・循 |
| 忄 | りっしんべん | 快・情・悩 慨・悟・懐 |
| 阝 | こざとへん | 陸・限・降 隠・隔・陥 |
| 扌 | てへん | 指・持・招 握・振・据 |
| 氵 | さんずい | 海・深・準 洗・澄・湿 |
| 犭 | けものへん | 犯・獲・狩 猟・猿・猫 |
| 方 | ほうへん かたへん | 族・旅・旗 施・旋 |
| 日 | ひへん | 曜・暗・映 暖・暇・暁 |
| 月 | つきへん | 服・朕 |
| 月 | にくづき | 脈・胸・臓 脚・肝・肌 |
| 木 | きへん | 林・機・枝 枯・概・核 |
| 歹 | かばねへん いちたへん がつへん | 死・残・殖 殊・殉 |
| 火 | ひへん | 焼・灯・燃 煙・炊・煩 |
| 片 | かたへん | 版 |
| 牛 | うしへん | 物・特・牧 犠・牲 |
| 王 | おうへん たまへん | 理・球・現 環・珍・珠 |
| 礻 | しめすへん | 社・神・祝 祈・祉・禅 |
| 田 | たへん | 町・略・畔 |
| 目 | めへん | 眼・瞬・眠 睡・眺 |
| 矢 | やへん | 知・短・矯 |
| 石 | いしへん | 確・砂・磁 砲・硬・砕 |
| 禾 | のぎへん | 秋・種・穀 秘・稲・穫 |
| 衤 | ころもへん | 複・補・被 裸・襟・裕 |
| 米 | こめへん | 粉・精・糖 粒・粋・粧 |
| 糸 | いとへん | 線・結・編 繰・締・緒 |
| 耒 | すきへん らいすき | 耕・耗 |
| 耳 | みみへん | 職・聴 |
| 舟 | ふねへん | 船・航・般 艦・艇・舶 |
| 虫 | むしへん | 蚊・蛇・虹 蜂 |
| 角 | つのへん | 解・触 |
| 言 | ごんべん | 詩・説・認 詳・誘・謎 |
| 貝 | かいへん | 財・貯・贈 販・賊・購 |
| 足 | あしへん | 路・距・跡 踏・踊・践 |
| 車 | くるまへん | 転・輪・輸 軒・軸・軟 |
| 酉 | とりへん | 配・酵・酔 酷・酢・酪 |
| 釆 | のごめへん | 釈 |
| 里 | さとへん | 野 |
| 金 | かねへん | 銀・鏡・針 鎖・錯・鍵 |
| 飠食 | しょくへん | 飲・飾・飽 飢・餌・餅 |
| 革 | かわへん | 靴 |
| 馬 | うまへん | 駅・験・駆 騒・騎・駄 |
| 骨 | ほねへん | 髄・骸 |
| 魚 | うおへん | 鮮・鯨 |

## つくり(旁)

| 部首 | 名称 | 例 |
|---|---|---|
| 刂 | りっとう | 前・列・利・則・割・刑 |
| 力 | ちから | 動・功・効・勤・勧・励 |
| 戈 | ほこづくり ほこがまえ | 成・戦・我・戒・戯・戴 |
| 卩 | わりふ ふしづくり | 印・巻・卵・却・即・卸 |
| 彡 | さんづくり | 形・影・彩・彫・彰 |
| 阝 | おおざと | 部・郡・郷・郎・郊・邸 |
| 攵 | のぶん ぼくづくり | 教・整・放・散・敗・攻 |
| 斗 | とます | 料・斜 |
| 斤 | おのづくり | 新・断・斤 |
| 欠 | あくび かける | 歌・次・欲・歓・欧・欺 |
| 殳 | るまた ほこづくり | 殺・段・殿・殴・殻・毀 |
| 隶 | れいづくり | 隷 |
| 隹 | ふるとり | 雑・難・雅・雌・雄・離 |
| 頁 | おおがい | 願・頂・項・頼・顧・顕 |

## かんむり(冠)

| 部首 | 名称 | 例 |
|---|---|---|
| 亠 | なべぶた けいさんかんむり | 京・交・亡・享・亭 |
| 冖 | わかんむり | 写・冠・冗 |
| 宀 | うかんむり | 家・客・完・寝・審・寧 |
| ⺍ | つかんむり | 巣・単・営・厳 |
| 艹 | くさかんむり | 草・英・若・蒸・荒・菌 |
| 戸 | とだれ とかんむり | 扇・房・扉・戻 |
| ⺤ | つめかんむり つめがしら | 爵 |
| 癶 | はつがしら | 登・発 |
| 穴 | あなかんむり | 空・究・突・窮・窃・窯 |
| 罒 | あみがしら あみめ よこめ | 置・罪・署・罰・罷・羅 |
| ⺮ | たけかんむり | 算・筆・箇・範・籍・箋 |
| 耂 | おいかんむり おいがしら | 考・者・老 |
| 虍 | とらがしら とらかんむり | 虐・虚・虞・虜・虎 |
| 雨 | あめかんむり | 雲・雪・震・雷・霊・霜 |
| 髟 | かみがしら | 髪 |

## あし(脚)

| 部首 | 名称 | 例 |
|---|---|---|
| 儿 | ひとあし にんにょう | 先・光・兆・克・免・充 |
| 夂 | すいにょう ふゆがしら | 夏・変 |
| 氺 | したみず | 泰 |
| 廾 | こまぬき にじゅうあし | 弁・弊 |
| 灬 | れんが れっか | 点・熱・熟・為・煮・焦 |
| 皿 | さら | 益・盛・盟・監・盗・盤 |
| 舛 | まいあし | 舞 |
| 心 | こころ | 志・忠・忘・恵・慮・忍 |
| 㣺 | したごころ | 慕・恭 |

## たれ(垂)

| 部首 | 名称 | 例 |
|---|---|---|
| 厂 | がんだれ | 原・厚・厘・厄 |
| 广 | まだれ | 広・庭・座・床・廉・庶 |
| 疒 | やまいだれ | 病・痛・療・疾・癖・疫 |
| 尸 | かばね しかばね | 屋・属・届・屈・尽・履 |

## にょう(繞)

| 部首 | 名称 | 例 |
|---|---|---|
| 辶 | しんにょう しんにゅう | 遠・遊・迫・遭・遡・遜 |
| 廴 | えんにょう | 建・延・廷 |
| 走 | そうにょう | 起・越・趣・超・赴 |

## かまえ(構)

| 部首 | 名称 | 例 |
|---|---|---|
| 冂 | どうがまえ けいがまえ まきがまえ | 円・再・冊 |
| 勹 | つつみがまえ | 包・勾・旬 |
| 匚 | はこがまえ | 匠 |
| 匸 | かくしがまえ | 医・区・匹・匿 |
| 囗 | くにがまえ | 四・回・国・困・圏・囚 |
| 弋 | しきがまえ | 式・弐 |
| 气 | きがまえ | 気 |
| 行 | ぎょうがまえ ゆきがまえ | 街・衛・術・衝・衡 |
| 門 | もんがまえ | 間・開・関・閣・閲・閑 |

## その他

| 部首 | 名称 | 例 |
|---|---|---|
| 一 | いち | 一・不・丘・丈・与・且 |
| 丨 | ぼう たてぼう | 中・串 |
| 丶 | てん | 丸・主・丹・井 |
| 丿 | の はらいぼう | 乗・久・乏 |

後見返しへ続く。

## 本書の特色と使い方

●漢字の基本である常用漢字(二一三六字)すべてについて、必要な情報を網羅し、かつ練習・確認できるようにしました。

●級ごとに約三十字を一回分とし、見開きにまとめてあります。右ページは表組みとして左ページで練習・確認できるようにしてあります。

●右ページでは、主要部首についての説明を、その部首の初出漢字の前に挿入しました。また、「漢字の使い分け」「書き誤りやすい漢字」「読み誤りやすい漢字」「似ている漢字」などを漢字の構成から説明し、ポイントとしてまとめました。

●左ページでは、各問題文中の出題語句に語意を注記し、漢字学習を単なる暗記に留めず、生きた形で理解する助けとなるようにしました。

●左ページでは「解答とポイント」として、解答に加えて、似ている漢字や書き間違いやすい漢字を示しています。

●各級の最後には「級別テスト」を置いて、級ごとの習得度が確認できるようにし、また、漢字検定で出題される各分野の問題を巻末に「発展問題」としてまとめ、集中的に練習できるようにしました。

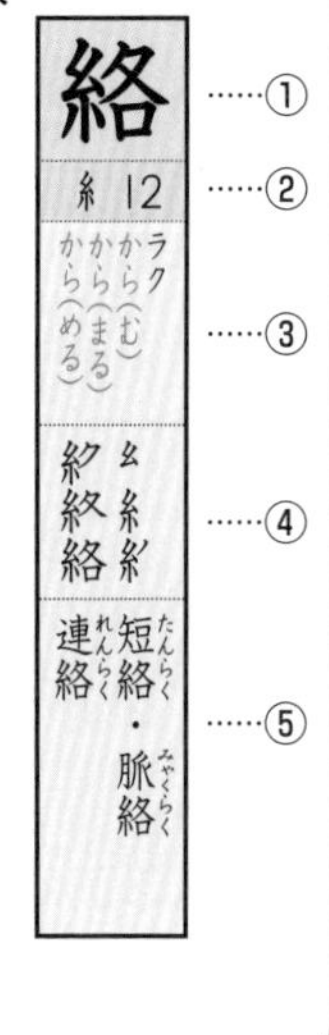


**分類**

漢字検定の8~2級に従って区分し、部首別(「偏」「旁」「冠」「脚」「垂」「繞」「構」)の五十音順に配列した。

**①漢字**

二〇一〇年告示の「常用漢字表」に基づき、教科書体で示した。2級の漢字に、従来の常用字体とは異なるものがあるが、欄外に示した「許容字体」も全く同等に使用できる。

**②部首と総画数**

**③読み**

カタカナは音、ひらがなは訓、( )内は送りがなを示す。なお形容動詞については、語幹のみ表示した。高等学校で習う読みは赤字で示した。

**④筆順**

**⑤語例**

原則として、当該級数以下の語を掲げたが、高校生の利用を前提に、例外的にその制限を適用していない箇所がある。ふりがなは、代表例のみを付した。

《注》送りがなについて

本書全体として、一九七三年告示の「送りがなの付け方」の「原則」に従って表記した。

次の各文のカタカナ部分は漢字を、漢字は読みを答えよ。

1 ナニゴト(どんなこと)かと目を見張る。
2 十分にキュウソク(やすむこと)する。
3 密接なカンケイ(かかわり)を保つ。
4 お茶のサホウ(仕方・決まり)を習う。
5 王様にキュウジ(つかえて世話をすること)する。
6 誰(だれ)のシワザ(振る舞い)か分からない。
7 権利をコウシ(おこなうこと)する。
8 海外にイジュウ(うつってすむこと)する。
9 ジタ(じぶんとたにん)共に認める第一人者。
10 ホカ(別・よそ)の人の意見を聞く。
11 貴重なタイケン(けいけん)をする。
12 当番をコウタイ(かわること)する。
13 身のシロ(ある物のかわりにやりとりするもの)金を要求される。
14 バイリツ(競争りつ)の高い学校。
15 トウジ(太陽が一番南にある日)にはゆず湯に入る。
16 秋のミカク(あじわい)を楽しむ。
17 そんなバアイ(物事の状態)ではない。

18 チキュウ(わたしたちのすむ星)を飛び立つ。
19 サカミチ(かたむいているみち)に差しかかる。
20 シュウシ(はじめからおわりまで)笑顔を絶やさない。
21 アネウエ(女のうえのきょうだい)に文を出す。
22 彼女(かのじょ)は私のジツマイ(本当のいもうと)だ。
23 予定をテチョウ(小さいちょうめん)に書く。
24 社長がインセキ(せきにんを取ること)辞任する。
25 ゴウジョウ(意地っぱり)な性格を直す。
26 ゴジツ(これから先)会う約束をする。
27 出番に備えてタイキ(準備してその時をまつこと)する。
28 ゲンエキ(今、かつやくしていること)の運動選手。
29 京都のジイン(てら)をめぐる。
30 怪(あや)しい風体(身なり)の人物。
31 意地(なにがなんでも)でも譲(ゆず)らない。
32 弟妹(おとうとといもうと)の世話を焼く。
33 強引(無理矢理)に連れて行く。
34 役務(公的な仕事)に誇(ほこ)りを持つ。

## 解答とポイント

1 何事
2 休息
3 関係
4 作法
5 給仕
6 仕業
7 行使
8 移住 NG! 移往×
9 自他
10 他
11 体験
12 交代(替)
13 代
14 倍率
15 冬至 NG! 冬時×
16 味覚
17 場合
18 地球
19 坂道 NG! 阪×道
20 終始
21 姉上
22 実妹 NG! ×妹
23 手帳 NG! 手張×
24 引責
25 強情
26 後日
27 待機 NG! 侍×機
28 現役
29 寺院
30 ふうてい(ふうたい)
31 いじ NG! いち×
32 ていまい
33 ごういん
34 えきむ

8級 第1回

# 8級 第2回

| 漢字 | 部首 | 画数 | 読み | 筆順 | 用例 |
|---|---|---|---|---|---|
| 階 | 阝 | 12 | カイ | 阝阝阝阝阝阝階 | 階級(かいきゅう)・階段(かいだん)、音階(おんかい)・段階(だんかい) |
| 陽 | 阝 | 12 | ヨウ | 阝阝阝阝陽陽 | 陽気(ようき)・陽性(ようせい)、一陽来復(いちようらいふく) |
| 扌 てへん | | | | | 手に関する意。 |
| 指 | 扌 | 9 | シ、ゆび、さ(す) | 一十扌扌指指 | 指示(しじ)・指定(してい)、指輪(ゆびわ)・指図(さしず) |
| 持 | 扌 | 9 | ジ、も(つ) | 一十扌扌持持 | 持久(じきゅう)・支持(しじ)、所持(しょじ)・持ち味(もちあじ) |
| 拾 | 扌 | 9 | シュウ、ジュウ、ひろ(う) | 一十扌扌拾拾 | 拾遺(しゅうい)・拾得(しゅうとく)、収拾(しゅうしゅう) |

**Point!** 似ている漢字「拾(シュウ)」と「捨(シャ)」

拾は手＋合(取り入れる)で収める・集める意。収拾・拾得・拾遺(しゅうい)。捨は手＋舎(放つ)で手から放ち捨てる意。取捨。

| 漢字 | 部首 | 画数 | 読み | 筆順 | 用例 |
|---|---|---|---|---|---|
| 打 | 扌 | 5 | ダ、う(つ) | 一十扌扌打 | 打開(だかい)・打算(ださん)、強打(きょうだ)・打ち水(うちみず) |
| 投 | 扌 | 7 | トウ、な(げる) | 一十扌扌扌投 | 投入(とうにゅう)・遠投(えんとう)、投資(とうし)・意気投合(いきとうごう) |
| 氵 さんずい | | | | | 水に関する意。 |
| 泳 | 氵 | 8 | エイ、およ(ぐ) | 丶丶氵氵泳泳 | 競泳(きょうえい)・水泳(すいえい)、遊泳(ゆうえい)・平泳ぎ(ひらおよぎ) |
| 温 | 氵 | 12 | オン、あたた(か)、あたた(かい)、あたた(まる)、あたた(める) | 丶丶氵氵温温温 | 温厚(おんこう)・保温(ほおん)、温故知新(おんこちしん) |
| 海 | 氵 | 9 | カイ、うみ | 丶氵氵海海海 | 航海(こうかい)・雲海(うんかい)、海千山千(うみせんやません) |
| 活 | 氵 | 9 | カツ | 丶氵氵活活活 | 活動(かつどう)・活発(かっぱつ)、快活(かいかつ)・復活(ふっかつ) |
| 漢 | 氵 | 13 | カン | 氵氵氵漢漢漢 | 漢方(かんぽう)・悪漢(あっかん)、和魂漢才(わこんかんさい) |
| 汽 | 氵 | 7 | キ | 丶丶氵氵汽汽 | 汽車(きしゃ)・汽船(きせん)、汽笛(きてき) |
| 決 | 氵 | 7 | ケツ、き(める)、き(まる) | 丶丶氵氵決決 | 決意(けつい)・解決(かいけつ)、採決(さいけつ)・決め手(きめて) |
| 湖 | 氵 | 12 | コ、みずうみ | 氵氵氵湖湖湖 | 湖岸(こがん)・湖水(こすい)、湖面(こめん)・塩湖(えんこ) |
| 港 | 氵 | 12 | コウ、みなと | 氵氵港港港港 | 港内(こうない)・漁港(ぎょこう)、空港(くうこう)・港町(みなとまち) |
| 消 | 氵 | 10 | ショウ、き(える)、け(す) | 丶丶氵氵消消 | 消息(しょうそく)・解消(かいしょう)、意気消沈(いきしょうちん) |
| 深 | 氵 | 11 | シン、ふか(い)、ふか(まる)、ふか(める) | 氵氵氵深深深 | 深刻(しんこく)・奥深さ(おくぶかさ)、意味深長(いみしんちょう) |
| 池 | 氵 | 6 | チ、いけ | 丶丶氵氵池池 | 池魚(ちぎょ)・池辺(ちへん)、電池(でんち)・古池(ふるいけ) |
| 注 | 氵 | 8 | チュウ、そそ(ぐ) | 丶丶氵氵汁注 | 注意(ちゅうい)・注文(ちゅうもん)、発注(はっちゅう)・注ぎ口(そそぎぐち) |
| 湯 | 氵 | 12 | トウ、ゆ | 氵氵氵湯湯湯 | 湯治(とうじ)・熱湯(ねっとう)、薬湯(やくとう)・湯気(ゆげ) |
| 波 | 氵 | 8 | ハ、なみ | 丶丶氵氵波波 | 波乱(はらん)・風波(ふうは)、音波(おんぱ)・波風(なみかぜ) |
| 油 | 氵 | 8 | ユ、あぶら | 丶丶氵油油油 | 油断(ゆだん)・油絵(あぶらえ)、油断大敵(ゆだんたいてき) |

**Point!** 漢字の使い分け「油(ユ)」と「脂(シ)」

訓読みは、ともに「あぶら」だが、油は液状のものを、脂は動植物に含まれた脂肪(しぼう)をいう。「油を売る」↔「脂が乗る」

| 漢字 | 部首 | 画数 | 読み | 筆順 | 用例 |
|---|---|---|---|---|---|
| 洋 | 氵 | 9 | ヨウ | 丶丶氵氵洋洋 | 洋楽(ようがく)・洋食(ようしょく)、遠洋(えんよう)・西洋(せいよう) |
| 流 | 氵 | 10 | リュウ、ル、なが(れる)、なが(す) | 丶丶氵氵流流 | 放流(ほうりゅう)・流転(るてん)、流言飛語(りゅうげんひご) |
| 方 ほうへん かたへん | | | | | 㫃(エン)(旗が風に翻(ひるがえ)る形)の左半分。旗の意。 |
| 族 | 方 | 11 | ゾク | 亠方方族族族 | 族生(ぞくせい)・家族(かぞく)、種族(しゅぞく)・民族(みんぞく) |
| 方 | 方 | 4 | ホウ、かた | 丶亠方方 | 方角(ほうがく)・方言(ほうげん)、処方(しょほう)・味方(みかた) |
| 旅 | 方 | 10 | リョ、たび | 亠方方旅旅旅 | 旅情(りょじょう)・旅費(りょひ)、旅人(たびびと)・船旅(ふなたび) |
| 日 ひへん | | | | | 太陽の象形。太陽・明暗・時間に関する意。 |
| 暗 | 日 | 13 | アン、くら(い) | 日日日暗暗暗 | 暗示(あんじ)・明暗(めいあん)、暗中模索(あんちゅうもさく) |

8級　第2回

次の各文のカタカナ部分は漢字を、漢字は読みを答えよ。

1 兵隊のカイキュウ（上下のだんかい）があがる。
2 ヨウセイ（はっきりしたしるし）反応が出る。
3 待ち合わせをシテイ（それとさしてきめること）する。
4 多数のシジ（後押し）を取り付ける。
5 事態をシュウシュウ（おさめまとめること）する。
6 頭をキョウダ（つよくうつ）する。
7 土地にトウシ（金銭をつぎこむこと）する。
8 キョウエイ（およぎをきそう）の大会を見る。
9 オンコウ（優しく情け深い）な老人と話す。
10 地中海をコウカイ（船旅）する。
11 カイカツ（明るく元気）な青年。
12 カンポウ（中国から伝わった医学）薬を飲む。
13 船のキテキ（蒸気で鳴らすふえ）が聞こえる。
14 議案をサイケツ（賛否の数できめること）する。
15 コメン（みずうみの表）に月が映る。
16 船がギョコウ（さかなをとる船のみなと）に帰る。
17 不満をカイショウ（なくすこと）する。

18 シンコク（重大で切実）な事態が生じる。
19 デンチ（でんきをたくわえる装置）が切れる。
20 料理をチュウモン（たのむこと）する。
21 温泉に入ってトウジ（病気やけがのちりょう）する。
22 ハラン（激しい変化）に満ちた人生。
23 ユダン（気のゆるみ）も隙（すき）もない。
24 ヨウガク（西ようのおんがく）の良さに気づく。
25 稚魚（ちぎょ）をホウリュウ（川などにはなすこと）する。
26 ミンゾク（体のとくちょうや文化などが同じ人人の集まり）間の対立をさける。
27 薬をショホウ（薬の用量・調剤等を示すこと）してもらう。
28 汽笛にリョジョウ（たびのふぜい）を覚える。
29 体力の差がメイアン（喜びと悲しみ）を分ける。
30 悪漢（悪人）を退治する。
31 万物は流転（移り変わること）する。
32 駅で財布を拾得（ひろうこと）する。
33 途中（とちゅう）で消息（行くえ・安否）が途絶える。
34 鍋（なべ）から湯気（温かい水蒸気）がたちのぼる。

## 解答とポイント

1 階級
2 陽性
3 指定
4 支持
5 収拾　NG! 収捨×
6 強打
7 投資
8 競泳
9 温厚
10 航海
11 快活
12 漢方　NG! 漢法×
13 汽笛　NG! ×汽
14 採決
15 湖面
16 漁港
17 解消
18 深刻
19 電池　NG! 電地×
20 注文
21 湯治
22 波乱
23 油断
24 洋楽
25 放流
26 民族
27 処方
28 旅情
29 明暗
30 あっかん
31 るてん
32 しゅうとく
33 しょうそく
34 ゆげ

# 8級 第3回

| 漢字 | 部首 | 画数 | 読み | 用例 |
|---|---|---|---|---|
| 時 | 日 | 10 | ジ／とき | 時代・時報／常時・時折 |
| 昭 | 日 | 9 | ショウ | 昭和 |
| 晴 | 日 | 12 | セイ／は(れる)／は(らす) | 晴天・快晴／晴れ姿・秋晴れ |
| 明 | 日 | 8 | メイ・ミョウ／あ(かり)／あか(るい)／あか(るむ)／あか(らむ)／あき(らか)／あ(ける)／あ(く)／あ(くる)／あ(かす) | 明確・解明／説明・明星／公明正大／夜明け・明け方 |
| 曜 | 日 | 18 | ヨウ | 曜日・土曜 |
| 月 | つきへん | | | 月のかけた形。月・月光・月日に関する意。 |
| 服 | 月 | 8 | フク | 服従・服用／衣服・不服 |
| 木 | きへん | | | 木や木製品に関する意。 |
| 横 | 木 | 15 | オウ／よこ | 横行・縦横／横道・横流し |
| 橋 | 木 | 16 | キョウ／はし | 橋頭・鉄橋／橋板・石橋 |
| 校 | 木 | 10 | コウ | 校舎・校正／将校・登校 |
| 根 | 木 | 10 | コン／ね | 根気・屋根／事実無根 |
| 植 | 木 | 12 | ショク／う(える)／う(わる) | 植樹・移植／植木・田植え |
| 村 | 木 | 7 | ソン／むら | 村長・農村／村里・村八分 |
| 柱 | 木 | 9 | チュウ／はしら | 支柱・門柱／柱時計・大黒柱 |
| 板 | 木 | 8 | ハン・バン／いた | 板書・鉄板／板前・羽子板 |
| 様 | 木 | 14 | ヨウ／さま | 様相・模様／有り様・王様 |
| 林 | 木 | 8 | リン／はやし | 林間・植林／森林・松林 |
| 歹 | かばねへん・いちたへん・がつへん | | | 骨の一部をけずった残りの形。骨や死に関する意。 |
| 死 | 歹 | 6 | シ／し(ぬ) | 死角・決死／死に際・死の灰 |
| 牛 | うしへん | | | 角のある牛の象形。牛に関する意。 |
| 牛 | 牛 | 4 | ギュウ／うし | 牛歩・子牛／牛飲馬食 |
| 物 | 牛 | 8 | ブツ・モツ／もの | 物資・禁物／物語・物の数 |
| 王 | おうへん・たまへん | | | 玉を紐で通した形。玉に関する意。 |
| 球 | 王 | 11 | キュウ／たま | 球技・球根／気球・赤球 |
| 理 | 王 | 11 | リ | 理解・道理／空理空論 |
| ネ | しめすへん | | | 示(神にいけにえを捧げる台の象形)の筆写体。 |
| 社 | ネ | 7 | シャ／やしろ | 社会・社交／会社・神社 |
| 神 | ネ | 9 | シン・ジン／かみ・かん／＊こう | 神経・神主／女神・神戸 |
| 福 | ネ | 13 | フク | 福笑い・福利／幸福・至福 |
| 礼 | ネ | 5 | レイ・ライ | 礼服・失礼／謝礼・礼賛 |
| 田 | たへん | | | 畦道で区切った田畑の象形。田畑に関する意。 |
| 町 | 田 | 7 | チョウ／まち | 町村・横町／町並み・下町 |
| 矢 | やへん | | | 鏃や羽のついた矢の象形。矢に関する意。 |
| 矢 | 矢 | 5 | シ／や | 一矢・矢面／矢印・弓矢 |
| 短 | 矢 | 12 | タン／みじか(い) | 短縮・最短／気短・手短 |

＊都道府県名にのみ用いる音訓 「神奈川(かながわ)県」

次の各文のカタカナ部分は漢字を、漢字は読みを答えよ。

1 辞書をジョウジ（いつも）携（たずさ）える。
2 兄はショウワ（平成の前の時代）生まれだ。
3 体育祭はカイセイ（とてもよい天気）だった。
4 謎（なぞ）をカイメイ（ときあかすこと）する。
5 出発のヨウビ（一週間のあるひ）を確認する。
6 フクジュウ（したがうこと）したふり。
7 不正がオウコウ（しきりにおこなわれること）している。
8 谷間のテッキョウ（鋼材を用いたはし）を渡（わた）る。
9 文章のコウセイ（誤りを直すこと）をする。
10 コンキ（持続する力）のいる仕事。
11 イショク（うつしかえること）手術を受ける。
12 美しいムラザト（いなかの集落）の風景。
13 モンチュウ（もんのはしら）に表札を掲（かか）げる。
14 バンショ（こくばんに字をかくこと）の字が美しい先生。
15 ただならぬヨウソウ（ありさま）だ。
16 夏休み中のリンカン（はやしの中）合宿。
17 敵のシカク（気づかないことがら）をつく。

18 ギュウホ（あゆみの遅いさま）のような進度。
19 海外に援助（えんじょ）ブッシ（必要なしなもの）を送る。
20 キュウギ（たまを使うスポーツ）は苦手だ。
21 必要性をリカイ（分かること）する。
22 シャコウ（人とのつきあい）的な人になりたい。
23 自由のメガミ（おんなのかみ）を描く。
24 これぞ人生のシフク（この上ない幸せ）。
25 恩師へシャレイ（かんしゃの金品を贈ること）をする。
26 シタマチ（都市の中のしょみん的なまち）で育つ。
27 非難のヤオモテ（集中する立場）に立つ。
28 時間をタンシュク（みじかくちぢめること）する。
29 事実無根（事実に基づいていない）の話が広がる。
30 一家の支柱（支えとなるものや人）となる。
31 熱があるときに外出は禁物（しないほうがいい）だ。
32 道理（正しいすじみち）をわきまえる。
33 神主（神官）におはらいをしてもらう。
34 敵に一矢（反撃する）を報いる。

8級 第3回

## 一 解答とポイント

| 1 常時 | 2 昭和 NG! ×照和 | 3 快晴 | 4 解明 | 5 曜日 | 6 服従 | 7 横行 | 8 鉄橋 | 9 校正 | 10 根気 | 11 移植 NG! ×移殖 | 12 村里 | 13 門柱 | 14 板書 | 15 様相 NG! ×様 | 16 林間 | 17 死角 |
|---|---|---|---|---|---|---|---|---|---|---|---|---|---|---|---|---|
| 18 牛歩 | 19 物資 | 20 球技 | 21 理解 | 22 社交 | 23 女神 | 24 至福 NG! ×福 | 25 謝礼 | 26 下町 | 27 矢面 | 28 短縮 | 29 むこん | 30 しちゅう | 31 きんもつ | 32 どうり | 33 かんぬし | 34 いっし |

| 漢字 | 部首 | 画数 | 読み | 筆順 | 用例 |
|---|---|---|---|---|---|
| 知 | 矢 | 8 | チ・し(る) | ノ ㇐ 午 矢 知 知 | 知己・関知・承知・一知半解 |
| 石 いしへん | | | | | 崖(厂)の下にある塊(口)の象形。石に関する意。 |
| 研 | 石 | 9 | ケン・と(ぐ) | 一 ア 石 石 研 研 | 研究・研修・刀研ぎ |
| 禾 のぎへん | | | | | 穂先が垂れている草の形。穀物・収穫に関する意。 |
| 科 | 禾 | 9 | カ | 一 千 禾 禾 科 科 | 科学・教科・前科・歯科 |
| 秋 | 禾 | 9 | シュウ・あき | ノ 二 千 禾 禾 秋 | 秋分・春秋・秋口・秋立つ |
| 秒 | 禾 | 9 | ビョウ | 二 禾 利 利 秒 秒 | 秒針・秒速・寸秒・毎秒 |
| 米 | 米 | 6 | ベイ・マイ・こめ | 丶 丷 䒑 半 米 米 | 米作・訪米・白米・米倉 |
| 糸 いとへん | | | | | 縒り合わせた糸の象形。糸、織物に関する意。 |
| 絵 | 糸 | 12 | カイ・エ | 幺 糸 糸 絵 絵 絵 | 絵画・絵馬・油絵・下絵 |
| 級 | 糸 | 9 | キュウ | 幺 糸 糸 級 級 級 | 級友・階級・高級・等級 |
| 細 | 糸 | 11 | サイ・ほそ(い)・ほそ(る)・こま(か)・こま(かい) | 幺 糸 糸 細 細 細 | 細心・明細・細道・細切れ |
| 紙 | 糸 | 10 | シ・かみ | 幺 糸 紅 紙 紙 紙 | 紙面・和紙・手紙・紙一重 |
| 終 | 糸 | 11 | シュウ・お(わる)・お(える) | 幺 糸 糸 終 終 終 | 終結・有終・終始一貫 |
| 線 | 糸 | 15 | セン | 幺 糸 糸 線 線 線 | 線分・線路・沿線・無線 |
| 組 | 糸 | 11 | ソ・く(む)・くみ | 幺 糸 糸 組 組 組 | 組織・組成・組合・番組 |
| 緑 | 糸 | 14 | リョク・ロク・みどり | 幺 糸 糸 緑 緑 緑 | 緑茶・新緑・緑青・黄緑 |
| 練 | 糸 | 14 | レン・ね(る) | 幺 糸 紅 練 練 練 | 練習・洗練・未練・練り物 |
| 舟 ふねへん | | | | | 板を張って作った舟の象形。舟に関する意。 |
| 船 | 舟 | 11 | セン・ふね・ふな | ノ 力 月 舟 船 船 | 船頭・造船・大船・船出 |
| 角 | 角 | 7 | カク・かど・つの | ノ ク 冂 角 角 角 | 角質・頭角・街角・角笛 |
| 言 ごんべん | | | | | 心に思うことを口に出す意。言葉に関する意。 |
| 記 | 言 | 10 | キ・しる(す) | 二 言 言 記 記 記 | 記述・記録・暗記・追記 |
| 計 | 言 | 9 | ケイ・はか(る)・はか(らう) | 丶 言 言 計 計 計 | 計略・設計・見計らう |
| 語 | 言 | 14 | ゴ・かた(る)・かた(らう) | 言 言 訂 語 語 語 | 語源・熟語・語り草・物語 |
| 詩 | 言 | 13 | シ | 言 言 計 詰 詩 詩 | 詩情・詩歌・漢詩・律詩 |
| 談 | 言 | 15 | ダン | 言 言 言 訟 談 談 | 談判・談話・雑談・相談 |
| 調 | 言 | 15 | チョウ・しら(べる)・ととの(う)・ととの(える) | 二 言 訁 訶 調 調 | 調査・調和・格調・調べ物 |
| 読 | 言 | 14 | ドク・トク・トウ・よ(む) | 二 言 計 訪 読 読 | 読解・朗読・読点・読み札 |
| 話 | 言 | 13 | ワ・はな(す)・はなし | 二 言 言 許 話 話 | 話題・談話・話半分・世間話 |
| 𧾷 あしへん | | | | | 足に関する意。 |
| 足 | 足 | 7 | ソク・あし・た(りる)・た(る)・た(す) | 丶 口 口 早 足 足 | 補足・足場・事足りる |
| 路 | 𧾷 | 13 | ロ・じ | 口 早 𧾷 路 路 路 | 路地・家路・理路整然 |
| 車 くるまへん | | | | | 車に関する意。 |
| 軽 | 車 | 12 | ケイ・かる(い)・かろ(やか) | 百 亘 車 軽 軽 軽 | 軽快・軽率・軽口・身軽 |
| 転 | 車 | 11 | テン・ころ(がる)・ころ(げる)・ころ(がす)・ころ(ぶ) | 一 百 亘 車 転 転 | 転勤・逆転・本末転倒 |
| 酉 とりへん | | | | | 酒壺の形を象った。酒や酒の製法に関する意。 |
| 配 | 酉 | 10 | ハイ・くば(る) | 一 冂 西 酉 配 配 | 配達・気配・心配・気配り |

次の各文のカタカナ部分は漢字を、漢字は読みを答えよ。

1 危険は百も**ショウチ**だ。（分かっている）
2 基礎（きそ）的な**ケンシュウ**を積む。（勉強や実習）
3 自然**カガク**を勉強する。（自然の決まりを見つけるがく問）
4 百年の**シュンジュウ**を経る。（年月）
5 **スンビョウ**を争う事態。（ごくわずかな時間）
6 炊（た）きたての**ハクマイ**。（しろいこめ）
7 名画の**シタエ**が見つかる。（えのしたがき）
8 **キュウユウ**と遊びに行く。（クラスメート）
9 **サイシン**の注意を払（はら）う。（こまかいところまで行き届くさま）
10 新聞の**シメン**をにぎわす。（記事）
11 **ユウシュウ**の美を飾（かざ）る。（おわりをまっとうすること）
12 **エンセン**に松林が続く。（鉄道にそって）
13 会社の**ソシキ**を再編する。（しくみ）
14 **シンリョク**の山道を行く。（芽ぶいたばかりのみどり）
15 **センレン**された文章。（みがき上げた、優れた）
16 **センドウ**に行き先を任せる。（ふねを操る人）
17 部活動で**トウカク**を現す。（優れた力を発揮すること）
18 英単語を**アンキ**する。（そらで覚えること）
19 新社屋を**セッケイ**する。（けいかくを図面に表すこと）
20 **ゴゲン**を教わる。（ことばの由来）
21 **シジョウ**豊かな風景。（美しい味わい）
22 **ザツダン**の仲間に入る。（世間話）
23 **カクチョウ**の高い文章。（おもむきや味わい）
24 いい声で**ロウドク**する。（声に出してよむこと）
25 明るい**ワダイ**に変える。（はなしている内容）
26 説明を**ホソク**する。（おぎないたすこと）
27 早目に**イエジ**につく。（いえに帰る道）
28 **ケイソツ**なまねをした。（深く考えないこと）
29 支社に**テンキン**になる。（つとめる場所が変わること）
30 人の**ケハイ**がない。（何となく感じられる様子）
31 十年来の**知己**をたずねる。（知り合い・親友）
32 銅板に**緑青**が出ている。（緑色のさび）
33 早朝に**船出**する。（船が港を出ること）
34 文章に**読点**をつける。（切れ目に打つ印）

8級 第4回

## 解答とポイント

1 承知
2 研修　NG! 研習×
3 科学
4 春秋
5 寸秒
6 白米
7 下絵
8 級友
9 細心
10 紙面
11 有終　NG! 優終×
12 沿線
13 組織
14 新緑
15 洗練
16 船頭
17 頭角
18 暗記
19 設計
20 語源（原）
21 詩情
22 雑談
23 格調
24 朗読　NG! 郎読×
25 話題
26 補足
27 家路　NG! 家地×
28 軽率　NG! 軽卒×
29 転勤　NG! ×勤
30 気配
31 ちき　NG! ちこ×
32 ろくしょう
33 ふなで
34 とうてん

# 8級 第5回

## 里 さとへん
村里に関する意。

| 漢字 | 部首 | 画数 | 読み | 筆順 | 用例 |
|---|---|---|---|---|---|
| 野 | 里 | 11 | ヤ / の | 口日甲 里野野 | 野生(やせい)・視野(しや)・野原(のはら)・野火(のび) |

## 釒 かねへん
土中の金属を示す。金属・鉱物に関する意。

| 漢字 | 部首 | 画数 | 読み | 筆順 | 用例 |
|---|---|---|---|---|---|
| 金 | 金 | 8 | キン・コン / かね・かな | ノ八仝 仐余金 | 金色(こんじき)・針金(はりがね)・金科玉条(きんかぎょくじょう) |
| 銀 | 釒 | 14 | ギン | 牟金釕 釘鉬銀 | 銀貨(ぎんか)・銀河(ぎんが)・金銀(きんぎん)・水銀(すいぎん) |
| 鉄 | 釒 | 13 | テツ | ノ牟金 釒釒鉄 | 鉄筋(てっきん)・鉄鋼(てっこう)・砂鉄(さてつ)・製鉄(せいてつ) |

## 食 しょくへん
食器に食物を盛り、蓋(ふた)をした形。飲酒に関する意。

| 漢字 | 部首 | 画数 | 読み | 筆順 | 用例 |
|---|---|---|---|---|---|
| 飲 | 食 | 12 | イン / の(む) | 𠆢今今 食飲飲 | 飲料(いんりょう)・暴飲(ぼういん)・飲み込み(のみこみ) |
| 館 | 食 | 16 | カン / やかた | 今食飠 館館館 | 館長(かんちょう)・館外(かんがい)・開館(かいかん)・旅館(りょかん) |

## 馬 うまへん
馬の象形。馬の種類や状態に関する意。

| 漢字 | 部首 | 画数 | 読み | 筆順 | 用例 |
|---|---|---|---|---|---|
| 駅 | 馬 | 14 | エキ | 丨冂馬 馬馬駅 | 駅伝(えきでん)・駅弁(えきべん)・駅長(えきちょう)・宿駅(しゅくえき) |
| 魚 | 魚 | 11 | ギョ / うお・さかな | ク刍角 角魚魚 | 魚群(ぎょぐん)・木魚(もくぎょ)・魚座(うおざ)・魚屋(さかなや) |

## 刂 りっとう
刀に関する意。

| 漢字 | 部首 | 画数 | 読み | 筆順 | 用例 |
|---|---|---|---|---|---|
| 前 | 刂 | 9 | ゼン / まえ | 丷䒑前 前前前 | 前兆(ぜんちょう)・門前(もんぜん)・自前(じまえ)・一人前(いちにんまえ) |
| 列 | 刂 | 6 | レツ | 一ア歹 歹歹列 | 列挙(れっきょ)・列車(れっしゃ)・行列(ぎょうれつ)・配列(はいれつ) |

## 力 ちから
筋肉が節立(ふしだ)った腕の象形。力・努力に関する意。

| 漢字 | 部首 | 画数 | 読み | 筆順 | 用例 |
|---|---|---|---|---|---|
| 助 | 力 | 7 | ジョ / たす(ける)・たす(かる)・すけ | 丨冂月 目助助 | 助言(じょげん)・救助(きゅうじょ)・手助け(てだすけ)・助太刀(すけだち) |
| 動 | 力 | 11 | ドウ / うご(く)・うご(かす) | 一台亘 重動動 | 動機(どうき)・動転(どうてん)・活動(かつどう)・身動き(みうごき) |
| 勉 | 力 | 10 | ベン | ク刍刍 免免勉 | 勉学(べんがく)・勤勉(きんべん)・刻苦勉励(こっくべんれい) |

## 彡 さんづくり
毛なみのそろった形。美しく飾(かざ)りととのえる意。

| 漢字 | 部首 | 画数 | 読み | 筆順 | 用例 |
|---|---|---|---|---|---|
| 形 | 彡 | 7 | ケイ・ギョウ / かた・かたち | 一二チ 开形 | 形式(けいしき)・形相(ぎょうそう)・形無し(かたなし)・形見(かたみ) |

## 阝 おおざと
邑(ゆう)(村里)が旁(つくり)になるときの形。集落・地域に関する意。

| 漢字 | 部首 | 画数 | 読み | 筆順 | 用例 |
|---|---|---|---|---|---|
| 都 | 阝 | 11 | ト・ツ / みやこ | 十土耂 者都都 | 古都(こと)・首都(しゅと)・都合(つごう)・都鳥(みやこどり) |
| 部 | 阝 | 11 | ブ | 亠立产 音音部 | 部分(ぶぶん)・部類(ぶるい)・細部(さいぶ)・全部(ぜんぶ) |

## 攵 のぶん・ぼくづくり
木を手に持った形の省略形。打つ・仕向けるなどの意。

| 漢字 | 部首 | 画数 | 読み | 筆順 | 用例 |
|---|---|---|---|---|---|
| 教 | 攵 | 11 | キョウ / おし(える)・おそ(わる) | 十土耂 考孝教 | 教訓(きょうくん)・教養(きょうよう)・宗教(しゅうきょう)・教え子(おしえご) |
| 数 | 攵 | 13 | スウ・ス / かず・かぞ(える) | 丷半米 娄娄数 | 数学(すうがく)・数量(すうりょう)・無数(むすう)・頭数(あたまかず) |
| 整 | 攵 | 16 | セイ / ととの(える)・ととの(う) | 一口束 敕敕整 | 整合(せいごう)・整然(せいぜん)・均整(きんせい)・調整(ちょうせい) |
| 放 | 攵 | 8 | ホウ / はな(す)・はな(つ)・はな(れる)・ほう(る) | 亠方方 方放放 | 放射(ほうしゃ)・開放(かいほう)・解放(かいほう)・手放し(てばなし) |

## 斤 おのづくり
石おのの形。おの・きるなどの意。

| 漢字 | 部首 | 画数 | 読み | 筆順 | 用例 |
|---|---|---|---|---|---|
| 新 | 斤 | 13 | シン / あたら(しい)・あら(た)・にい | 亠立辛 亲新新 | 新型(しんがた)・最新(さいしん)・新手(あらて)・新島(にいじま) |

## 欠 あくび・かける
口を開いている形。口を開ける動作に関する意。

| 漢字 | 部首 | 画数 | 読み | 筆順 | 用例 |
|---|---|---|---|---|---|
| 歌 | 欠 | 14 | カ / うた・うた(う) | 一可可 哥哥歌 | 歌曲(かきょく)・和歌(わか)・歌声(うたごえ)・島歌(しまうた) |
| 次 | 欠 | 6 | ジ・シ / つ(ぐ)・つぎ | 丶冫冫 次 | 順次(じゅんじ)・目次(もくじ)・次第(しだい)・次の間(つぎのま) |

## 頁 おおがい
人の頭部を強調した形。頭・顔に関する意。

| 漢字 | 部首 | 画数 | 読み | 筆順 | 用例 |
|---|---|---|---|---|---|
| 顔 | 頁 | 18 | ガン / かお | 立产彦 彦顔顔 | 顔容(がんよう)・厚顔(こうがん)・顔写真(かおじゃしん)・横顔(よこがお) |
| 題 | 頁 | 18 | ダイ | 日旦早 是是題 | 題材(だいざい)・題目(だいもく)・課題(かだい)・議題(ぎだい) |

次の各文のカタカナ部分は漢字を、漢字は読みを答えよ。

1 何事にも広いシヤを持つ。（見方・考え方）
2 コンジキの茶室を作る。（きんいろ）
3 夜空にきらめくギンガ。（天の川）
4 テッコウを輸入する。（てつとはがね）
5 ボウインは体に悪い。（度を超してのむこと）
6 古びたリョカンに泊まる。（たびのやど）
7 昔のシュクエキの跡。（人馬のとりつぎをした所）
8 勤行でモクギョをたたく。（僧がたたく道具）
9 災害が起きるゼンチョウ。（まえぶれ）
10 原因をレッキョする。（並べあげること）
11 キュウジョに向かう。（たすけること）
12 犯罪のドウキを考える。（原因）
13 キンベンに働く。（熱心）
14 ケイシキを踏んだ手続き。（きまったやり方）
15 怒りでギョウソウが変わる。（顔付き）
16 ツゴウをつけて参加する。（他のこととの関係）
17 サイブにまでこだわる。（こまかい点）

18 親のキョウクンを守る。（守るべきおしえ）
19 ムスウの星がきらめく。（かぞえきれないほど）
20 一列にセイゼンと並ぶ。（ちつじょ正しく）
21 広場をカイホウする。（自由に使えるようにすること）
22 自分の心をカイホウする。（ときはなつこと）
23 サイシンの流行に乗る。（いちばんあたらしい）
24 澄んだウタゴエが流れる。（うたうこえ）
25 事のシダイを明らかにする。（成り行き）
26 ヨコガオをそっとみつめる。（よこのかお）
27 自由研究のカダイを決める。（解決すべきもんだい）
28 門前払いを食う。（面会せずに帰らせること）
29 急なことで動転してしまう。（あわてて混乱すること）
30 祖父の形見の時計をもらう。（遺品・思い出の品）
31 古都の町並みを保存する。（昔の都）
32 均整のとれた体形をめざす。（全体につりあいがとれている）
33 仕事を途中で放り出す。（たえられずにやめる）
34 新手の敵に立ち向かう。（まだ戦っていない軍勢）

## 解答とポイント

1 視野
2 金色
3 銀河
4 鉄鋼
5 暴飲
6 旅館
7 宿駅
8 木魚
9 前兆
10 列挙
11 救助
12 動機　NG! 動器×
13 勤勉
14 形式
15 形相
16 都合
17 細部
18 教訓
19 無数
20 整然
21 開放
22 解放
23 最新
24 歌声
25 次第
26 横顔
27 課題
28 もんぜん
29 どうてん
30 かたみ
31 こと
32 きんせい
33 ほう
34 あらて

| 漢字 | 部首 | 画数 | 読み | 筆順 | 用例 |
|---|---|---|---|---|---|
| 頭 | 頁 | 16 | トウ・ズ・(ト)・あたま・かしら | 一 戸 豆 豆 頭 頭 | 頭角・頭上・音頭・目頭 |

**亠 なべぶた けいさんかんむり** 器のふたの形を示す。

| 漢字 | 部首 | 画数 | 読み | 筆順 | 用例 |
|---|---|---|---|---|---|
| 京 | 亠 | 8 | キョウ・ケイ | 、 亠 亡 古 亨 京 | 京劇・帰京・上京・京師 |
| 交 | 亠 | 6 | コウ・まじ(わる)・まじ(える)・ま(じる)・ま(ざる)・ま(ぜる)・か(う)・か(わす) | 、 亠 ナ 六 交 交 | 交差・絶交・交ぜ書き |

**冖 わかんむり** 覆いかぶせるもの。かんむり・おおいに関する意。

| 漢字 | 部首 | 画数 | 読み | 筆順 | 用例 |
|---|---|---|---|---|---|
| 写 | 冖 | 5 | シャ・うつ(す)・うつ(る) | ' 冖 冖 写 写 | 写実・複写・模写・丸写し |

**宀 うかんむり** 家の屋根を象ったもの。家、屋根に関する意。

| 漢字 | 部首 | 画数 | 読み | 筆順 | 用例 |
|---|---|---|---|---|---|
| 安 | 宀 | 6 | アン・やす(い) | 、 ' 宀 它 安 安 | 安易・安手・安心立命 |
| 家 | 宀 | 10 | カ・ケ・いえ・や | 宀 宇 宇 家 家 家 | 家屋・出家・家主・借家 |
| 寒 | 宀 | 12 | カン・さむ(い) | 、 宀 宀 宝 寒 寒 | 寒心・厳寒・寒空・寒気 |
| 客 | 宀 | 9 | キャク・カク | ' 宀 宀 夕 客 客 | 客観・観客・千客万来 |
| 宮 | 宀 | 10 | キュウ・グウ・(ク)・みや | ' 宀 宀 宁 宮 宮 | 宮中・神宮・宮内庁・宮参り |
| 室 | 宀 | 9 | シツ・むろ | 、 宀 宀 宏 室 室 | 室内・側室・密室・室町 |
| 実 | 宀 | 8 | ジツ・み・みの(る) | ' 宀 宀 宣 実 実 | 事実・梅の実・不言実行 |
| 守 | 宀 | 6 | シュ・(ス)・まも(る)・もり | 、 ' 宀 宁 守 守 | 厳守・留守・守り神・渡し守 |
| 宿 | 宀 | 11 | シュク・やど・やど(る)・やど(す) | 宀 宀 宿 宿 宿 宿 | 宿命・合宿・野宿・宿屋 |
| 定 | 宀 | 8 | テイ・ジョウ・さだ(める)・さだ(まる)・さだ(か) | 、 ' 宀 宁 宇 定 | 定義・判定・認定・定石 |

**艹 くさかんむり** 草が並び生えている形。草木に関する意。

| 漢字 | 部首 | 画数 | 読み | 筆順 | 用例 |
|---|---|---|---|---|---|
| 花 | 艹 | 7 | カ・はな | 一 十 艹 花 花 花 | 花器・開花・花形・火花 |
| 荷 | 艹 | 10 | カ・に | 一 艹 芢 芹 荷 荷 | 荷重・負荷・荷役・重荷 |
| 苦 | 艹 | 8 | ク・くる(しい)・くる(しむ)・くる(しめる)・にが(い)・にが(る) | 一 十 艹 芒 芊 苦 | 苦難・貧苦・苦虫・苦笑い |
| 草 | 艹 | 9 | ソウ・くさ | 一 艹 芇 苩 荁 草 | 草案・起草・草分け・道草 |
| 茶 | 艹 | 9 | チャ・サ | 一 艹 艾 苂 苓 茶 | 茶番・茶道・日常茶飯 |
| 薬 | 艹 | 16 | ヤク・くすり | 艹 芇 苜 薬 薬 薬 | 薬害・投薬・良薬・薬指 |
| 葉 | 艹 | 12 | ヨウ・は | 艹 芈 苹 華 葉 葉 | 葉脈・枝葉・落葉・葉月 |
| 落 | 艹 | 12 | ラク・お(ちる)・お(とす) | 一 艹 艹 莎 茨 落 | 落着・段落・落ち度・落ち目 |

**癶 はつがしら** 両足を開いて踏ん張った形。足の動作に関する意。

| 漢字 | 部首 | 画数 | 読み | 筆順 | 用例 |
|---|---|---|---|---|---|
| 登 | 癶 | 12 | トウ・ト・のぼ(る) | フ ヌ ヌ 癶 癶 登 | 登記・登場・登録・登山 |
| 発 | 癶 | 9 | ハツ・ホツ | フ ヌ 癶 癸 発 発 | 発達・発起・百発百中 |

**Point!** 読み誤りやすい漢字「発」
発にはハツの外、ホツの音がある。発起・発句・発作・発疹・発足・発端など。発疹・発足は「はっしん・はっそく」とも読む。

**穴 あなかんむり** 横穴住居の入り口の象形。穴に関する意。

| 漢字 | 部首 | 画数 | 読み | 筆順 | 用例 |
|---|---|---|---|---|---|
| 究 | 穴 | 7 | キュウ・きわ(める) | 、 ' 宀 穴 穷 究 | 究極・究明・探究・追究 |
| 空 | 穴 | 8 | クウ・そら・あ(く)・あ(ける)・から | ' 宀 穴 空 空 空 | 空前・航空・空似・空手 |

**⺮ たけかんむり** 竹に関する意。

| 漢字 | 部首 | 画数 | 読み | 筆順 | 用例 |
|---|---|---|---|---|---|
| 算 | ⺮ | 14 | サン | ⺮ 竺 竹 筲 箅 算 | 算段・算定・運算・逆算 |
| 第 | ⺮ | 11 | ダイ | ⺮ 竺 竺 笃 第 第 | 第一・第三者・次第・落第 |

次の各文のカタカナ部分は漢字を、漢字は読みを答えよ。

1 **ズジョウ**を雲が流れる。（あたまのうえ）
2 **ジョウキョウ**して三年だ。（とうきょうに出てくること）
3 長年の親友と**ゼッコウ**する。（関係をたつこと）
4 ピカソの絵を**モシャ**する。（まねてうつすこと）
5 **アンイ**な解決法を避（さ）ける。（かんたんでたやすい）
6 十代で**シュッケ**する。（僧になること）
7 **カンシン**に堪（た）えない状況（じょうきょう）。（不安でぞっとする）
8 **キャッカン**的に判断する。（第三者の立場から考える）
9 **ジングウ**の森を遠望する。（かみをまつるみや）
10 **ミッシツ**の不正を暴（あば）く。（閉ざされた部屋）
11 ありのままに**ジジツ**を述べる。（げんじつにあったこと）
12 約束を**ゲンシュ**する。（きっちりまもること）
13 **シュクメイ**の対決。（生まれる前から決まっているさだめ）
14 語句の意味を**テイギ**する。（明確にさだめること）
15 桜が**カイカ**する。（はなひらくこと）
16 **オモニ**を背負って歩く。（おもいにもつ）
17 人生の**クナン**を乗り越（こ）える。（くるしみ・こんなん）
18 会則の**ソウアン**を練る。（下書き）
19 とんだ**チャバン**劇だ。（底のみえすいたふざけた出来事）
20 **リョウヤク**は口に苦し。（よくきくくすり）
21 **ラクヨウ**が空に舞（ま）う。（おちば）
22 これにて一件**ラクチャク**。（きまりがつくこと）
23 選手を**トウロク**する。（公式にめいぼにのせること）
24 **ハッタツ**した交通網（こうつうもう）。（より高度になること）
25 原因を**キュウメイ**する。（つきつめてあきらかにすること）
26 **コウクウ**便で送る。（そらを飛行すること）
27 金集めの**サンダン**をする。（方法を考えること）
28 健康が**ダイイチ**だ。（いちばん）
29 めきめきと**頭角**を現す。（目立って優れてくる）
30 **安手**の生地はほつれやすい。（やすっぽい）
31 **借家**住まいで十分だ。（借りた家）
32 **定石**を踏（ふ）んだ作業手順。（最上とされる決まった方法）
33 **苦虫**をかみつぶしたよう。（ひどく不愉快そうな）
34 一念**発起**してテニスを始めた。（思い立って始めること）

## 解答とポイント

1 頭上
2 上京
3 絶交
4 模写
5 安易　NG! ×易
6 出家
7 寒心　NG! 関心×
8 客観
9 神宮
10 密室
11 事実
12 厳守
13 宿命
14 定義　NG! 定議×
15 開花
16 重荷
17 苦難
18 草案
19 茶番
20 良薬
21 落葉
22 落着
23 登録　NG! 登緑×
24 発達　NG! ×達
25 究明
26 航空
27 算段
28 第一
29 とうかく
30 やすで
31 しゃくや
32 じょうせき
33 にがむし
34 ほっき

# 8級 第7回

| 漢字 | 部首 | 画数 | 読み | 筆順 | 用例 |
|---|---|---|---|---|---|
| 竹 | 竹 | 6 | チク たけ | ノ ト ケ 竹 竹 竹 | 竹馬(ちくば)・破竹(はちく) 竹馬(たけうま)・竹の子(こ) |
| 笛 | ⺮ | 11 | テキ ふえ | ⺮ 竺 竺 笛 笛 笛 | 汽笛(きてき)・警笛(けいてき) 草笛(くさぶえ)・縦笛(たてぶえ) |

**Point!** 書き誤りやすい漢字「笛(テキ)」

笛は竹十由(穴を開ける)で、竹に穴を開けた笛の意を表す。由を田にしないように注意。

| 漢字 | 部首 | 画数 | 読み | 筆順 | 用例 |
|---|---|---|---|---|---|
| 答 | ⺮ | 12 | トウ こた(える) こた(え) | ⺮ ⺮ 𥫗 𥫗 笞 答 | 答申(とうしん)・答弁(とうべん) 応答(おうとう)・回答(かいとう) |
| 等 | ⺮ | 12 | トウ ひと(しい) | ⺮ ⺮ 𥫗 𥫗 筀 等 | 等質(とうしつ)・等分(とうぶん) 均等(きんとう)・優等(ゆうとう) |
| 箱 | ⺮ | 15 | はこ | ⺮ ⺮ 𥫗 箱 箱 箱 | 箱書(はこが)き・箱船(はこぶね) 重箱(じゅうばこ)・手箱(てばこ) |
| 筆 | ⺮ | 12 | ヒツ ふで | ⺮ ⺮ 𥫗 筆 筆 筆 | 筆頭(ひっとう)・特筆(とくひつ) 筆先(ふでさき)・筆無精(ふでぶしょう) |

**耂** おいかんむり おいがしら 老の省略形。老人に関する意。

| 漢字 | 部首 | 画数 | 読み | 筆順 | 用例 |
|---|---|---|---|---|---|
| 考 | 耂 | 6 | コウ かんが(える) | 十 土 耂 耂 考 | 考案(こうあん)・参考(さんこう) 備考(びこう)・考(かんが)え物(もの) |
| 者 | 耂 | 8 | シャ もの | 一 十 土 耂 者 者 | 医者(いしゃ)・使者(ししゃ) 悪者(わるもの)・新参者(しんざんもの) |

**⻗** あめかんむり 雨など気象に関する意。

| 漢字 | 部首 | 画数 | 読み | 筆順 | 用例 |
|---|---|---|---|---|---|
| 雨 | 雨 | 8 | ウ あめ あま | 一 冂 冂 币 雨 雨 | 雨天(うてん)・降雨(こうう) 大雨(おおあめ)・雨戸(あまど) |
| 雲 | ⻗ | 12 | ウン くも | 一 ⺈ 币 ⻗ 雲 雲 | 風雲(ふううん)・雲間(くもま) 雲散霧消(うんさんむしょう) |
| 雪 | ⻗ | 11 | セツ ゆき | 一 ⺈ 币 ⻗ 雪 雪 | 雪害(せつがい)・積雪(せきせつ) 雪解(ゆきど)け・粉雪(こなゆき) |
| 電 | ⻗ | 13 | デン | ⺈ 币 ⻗ ⻗ 雷 電 | 電気(でんき)・電撃(でんげき) 充電(じゅうでん)・電光石火(でんこうせっか) |

**儿** ひとあし にんにょう 人に関する意。

| 漢字 | 部首 | 画数 | 読み | 筆順 | 用例 |
|---|---|---|---|---|---|
| 兄 | 儿 | 5 | ケイ キョウ あに | 丨 口 尸 兄 | 兄事(けいじ)・義兄(ぎけい) 兄弟(きょうだい)・兄貴(あにき) |
| 元 | 儿 | 4 | ゲン ガン もと | 一 二 テ 元 | 元服(げんぷく)・次元(じげん) 元日(がんじつ)・元手(もとで) |
| 光 | 儿 | 6 | コウ ひか(る) ひかり | 丨 ⺌ ⺌ 业 业 光 | 光栄(こうえい)・光明(こうみょう) 採光(さいこう)・光通信(ひかりつうしん) |
| 先 | 儿 | 6 | セン さき | ノ ⺊ 𠂊 生 先 先 | 機先(きせん)・率先(そっせん) 先取(さきど)り・後先(あとさき) |

**夂** すいにょう ふゆがしら あしあとの形の線を伸(の)ばし、ゆっくり歩く様を示す。

| 漢字 | 部首 | 画数 | 読み | 筆順 | 用例 |
|---|---|---|---|---|---|
| 夏 | 夂 | 10 | カ ゲ なつ | 一 丆 百 頁 夏 夏 | 夏季(かき)・初夏(しょか) 夏至(げし)・夏草(なつくさ) |

**灬** れんが れっか 火に関する意。

| 漢字 | 部首 | 画数 | 読み | 筆順 | 用例 |
|---|---|---|---|---|---|
| 点 | 灬 | 9 | テン | 丨 ⺊ 占 占 占 点 | 点火(てんか)・点在(てんざい) 合点(がってん)・終点(しゅうてん) |
| 皿 | 皿 | 5 | さら | 丨 冂 冊 皿 皿 | 絵皿(えざら)・灰皿(はいざら) |

**心** こころ 心臓の形を象(かたど)ったもの。心に関する意。

| 漢字 | 部首 | 画数 | 読み | 筆順 | 用例 |
|---|---|---|---|---|---|
| 悪 | 心 | 11 | アク オ わる(い) | 一 冂 日 亜 亜 悪 | 険悪(けんあく)・悪寒(おかん) 悪口雑言(あっこうぞうごん) |
| 意 | 心 | 13 | イ | 丶 亠 立 音 意 意 | 意向(いこう)・意図(いと) 故意(こい)・誠意(せいい) |
| 感 | 心 | 13 | カン | 丿 厂 后 咸 咸 感 | 感泣(かんきゅう)・感傷(かんしょう) 感慨無量(かんがいむりょう) |
| 急 | 心 | 9 | キュウ いそ(ぐ) | ク 𠂊 刍 刍 急 急 | 急転(きゅうてん)・応急(おうきゅう) 早急(さっきゅう)・急(いそ)ぎ足(あし) |
| 思 | 心 | 9 | シ おも(う) | 丨 口 田 田 思 思 | 思案(しあん)・意思(いし) 思慮分別(しりょふんべつ) |
| 想 | 心 | 13 | ソウ ソ | 一 十 木 和 相 想 | 想定(そうてい)・愛想(あいそ) 無念無想(むねんむそう) |
| 息 | 心 | 10 | ソク いき | ノ 亻 白 自 息 息 | 息災(そくさい)・消息(しょうそく) 生息(せいそく)・虫の息(むしのいき) |
| 悲 | 心 | 12 | ヒ かな(しい) かな(しむ) | 丨 ㇀ 非 非 悲 悲 | 悲観(ひかん)・悲願(ひがん) 悲痛(ひつう)・大悲(だいひ) |

**厂** がんだれ 切り立った崖(がけ)の形。崖・石に関する意。

| 漢字 | 部首 | 画数 | 読み | 筆順 | 用例 |
|---|---|---|---|---|---|
| 原 | 厂 | 10 | ゲン はら | 一 厂 戸 盾 原 原 | 原義(げんぎ)・原則(げんそく) 雪原(せつげん)・野原(のはら) |

次の各文のカタカナ部分は漢字を、漢字は読みを答えよ。

1 ハチクの勢いで勝ち進む。（激しい勢い）
2 クサブエを吹く。（くさで作ったふえ）
3 改善策をトウシンする。（意見をもうし述べること）
4 問い合わせにカイトウする。（尋ねに応えること）
5 キントウに配分する。（ひとしく）
6 ジュウバコに料理を詰める。（料理をつめる、かさなったはこ）
7 トクヒツすべき事件。（取り立てて書き記すこと）
8 辞書をサンコウにする。（照らし合わせてかんがえること）
9 将来イシャを目指している。（病気やけがなどを治す人）
10 遠足はウテン決行です。（あめ）
11 フウウン急を告げる。（大事件が起きそうな情勢）
12 クモマから月がのぞく。（くもの切れ目）
13 セキセツによる通行止め。（ゆきがつもること）
14 デンキを節約する。（エネルギーの一種）
15 キョウダイ仲がよい。（あにとおとうと）
16 ジゲンの低い話。（物事を考える立場・程度）
17 窓からサイコウする。（ひかりを取り入れること）

18 相手のキセンを制する。（事の起ころうとするやさき）
19 ナツクサが生い茂る。（なつのくさ）
20 民家がテンザイする。（あちこちに散らばってあること）
21 自分でエザラを作る。（えが描いてあるさら）
22 ケンアクな空気を変える。（とげとげしい）
23 セイイをもって接する。（まごころ）
24 本を読みカンショウにひたる。（物事にすぐにかんじる気持ち）
25 オウキュウ処置をする。（取りあえず間に合わせの）
26 シアンに暮れる。（いろいろと考えること）
27 ソウテイした事態となる。（仮に考えてみること）
28 無病ソクサイを願う。（元気なこと）
29 物事をヒカン的に考える。（悪い方に考えること）
30 外出禁止をゲンソクとする。（多くの場合にあてはまる決まり）
31 前途に光明を見いだす。（希望・ひかり）
32 発熱による悪寒を覚える。（ぞくぞくとした寒け）
33 先方の意向を伝える。（おもわく）
34 無事な姿に感泣する。（心を動かされて泣く）

**解答とポイント**

1 破竹
2 草笛 NG! ×笛
3 答申
4 回答 NG! 解答×
5 均等 NG! ×均
6 重箱
7 特筆
8 参考 NG! ×考
9 医者
10 雨天
11 風雲
12 雲間
13 積雪
14 電気
15 兄弟
16 次元
17 採光
18 機先
19 夏草
20 点在
21 絵皿
22 険悪 NG! 検悪×
23 誠意
24 感傷
25 応急
26 思案
27 想定
28 息災
29 悲観 NG! 悲感×
30 原則
31 こうみょう
32 おかん
33 いこう
34 かんきゅう

8級 第7回

# 8級 第8回

## 广 まだれ
崖に寄せて造った家の屋根の形。建物・屋根などの意。

| 漢字 | 部首・画数 | 読み | 筆順 | 用例 |
|---|---|---|---|---|
| 庫 | 广 10 | コ、ク | 丶 亠 广 庐 庐 庫 庫 | 在庫・宝庫、庫裏 |
| 広 | 广 5 | コウ・ひろ(い)、ひろ(まる)、ひろ(める)、ひろ(がる)、ひろ(げる) | 丶 亠 广 広 広 | 広域・広告、広場・広大無辺 |
| 庭 | 广 10 | テイ、にわ | 广 庄 庄 庭 庭 庭 | 庭園・築庭、庭師・箱庭 |
| 店 | 广 8 | テン、みせ | 丶 亠 广 广 广 店 | 店頭・商店、閉店・店先 |
| 度 | 广 9 | ド、ト、タク、たび | 广 广 庐 产 产 度 | 度量・法度、支度・三度 |

## 疒 やまいだれ
人が病気で寝台に寝ている形。病気に関する意。

| 漢字 | 部首・画数 | 読み | 筆順 | 用例 |
|---|---|---|---|---|
| 病 | 疒 10 | ビョウ、ヘイ、や(む)、やまい | 亠 广 疒 疔 疔 病 | 病弱・病状、仮病・持病 |

## 尸 かばね しかばね
死んで手足を伸ばした人の形。人体・家屋などの意。

| 漢字 | 部首・画数 | 読み | 筆順 | 用例 |
|---|---|---|---|---|
| 屋 | 尸 9 | オク、や | ㇆ コ 尸 层 层 屋 | 屋上・家屋、屋形・部屋 |
| 局 | 尸 7 | キョク | ㇆ コ 尸 月 局 局 | 局限・局面、結局・難局 |

## 辶 辶 しんにょう しんにゅう
行く・進む意。

| 漢字 | 部首・画数 | 読み | 筆順 | 用例 |
|---|---|---|---|---|
| 運 | 辶 12 | ウン、はこ(ぶ) | 冖 冒 冒 冒 軍 運 | 運勢・運輸、開運・陸運 |
| 遠 | 辶 13 | エン、オン、とお(い) | 𠀋 吉 声 声 袁 遠 | 深遠・久遠、遠見・遠目 |
| 近 | 辶 7 | キン、ちか(い) | ノ 厂 斤 䜣 䜣 近 | 近親・側近、間近・身近 |
| 週 | 辶 11 | シュウ | 丿 月 用 周 调 週 | 週刊・週日、毎週・来週 |
| 進 | 辶 11 | シン、すす(む)、すす(める) | ノ 亻 什 隹 進 進 | 進取・寄進、増進・一進一退 |
| 送 | 辶 9 | ソウ、おく(る) | 丶 ソ 䒑 关 送 送 | 送付・送別、護送・送り火 |
| 速 | 辶 10 | ソク、はや(い)、はや(める)、はや(まる)、すみ(やか) | 一 冖 申 束 束 速 | 速度・速成、音速 |
| 追 | 辶 9 | ツイ、お(う) | ノ 亻 户 自 追 追 | 追加・追突、急追・追い風 |
| 通 | 辶 10 | ツウ、ツ、とお(る)、とお(す)、かよ(う) | マ 乛 内 甬 甬 通 | 通例・流通、通夜・通い路 |
| 道 | 辶 12 | ドウ、トウ、みち | 䒑 产 首 首 道 道 | 道理・報道、神道・道草 |
| 返 | 辶 7 | ヘン、かえ(す)、かえ(る) | 一 厂 反 䢀 返 返 | 返信・返済、返礼・仕返し |
| 遊 | 辶 12 | ユウ、ユ、あそ(ぶ) | 亠 方 方 斿 斿 遊 | 遊牧・砂遊び、物見遊山 |

## 走 そうにょう
走る人の姿を象った。走ることに関する意。

| 漢字 | 部首・画数 | 読み | 筆順 | 用例 |
|---|---|---|---|---|
| 起 | 走 10 | キ、お(きる)、お(こる)、お(こす) | 十 土 キ 走 起 起 | 起因・奮起、起死回生 |
| 走 | 走 7 | ソウ、はし(る) | 一 土 キ 丰 走 走 | 走行・走破、競走・小走り |

## 冂 どうがまえ けいがまえ まきがまえ
遠方を意味する八に線を引いて遠く離れた所を示す。

| 漢字 | 部首・画数 | 読み | 筆順 | 用例 |
|---|---|---|---|---|
| 円 | 冂 4 | エン、まる(い) | 丨 冂 円 円 | 円熟・円満、百円・方円 |

## 匸 かくしがまえ
乚に一線をかぶせて覆い隠す形。隠す意。

| 漢字 | 部首・画数 | 読み | 筆順 | 用例 |
|---|---|---|---|---|
| 医 | 匸 7 | イ | 一 ア 드 ਓ 矢 医 | 医師・医薬、典医・名医 |
| 区 | 匸 4 | ク | 一 フ 又 区 | 区域・区別、管区・地区 |

## 囗 くにがまえ
四方を取り巻いた線。囲む・巡る意。

| 漢字 | 部首・画数 | 読み | 筆順 | 用例 |
|---|---|---|---|---|
| 園 | 囗 13 | エン、その | 冂 円 冉 冉 園 園 | 園芸・園内、楽園・花園 |
| 回 | 囗 6 | カイ、エ、まわ(る)、まわ(す) | 丨 冂 冂 冋 回 回 | 回復・奪回、回向・回し者 |
| 国 | 囗 8 | コク、くに | 丨 冂 冂 囯 国 国 | 国際・故国、雪国・国士無双 |
| 四 | 囗 5 | シ、よ、よ(つ)、よっ(つ)、よん | 丨 冂 冖 四 四 | 四散・暮四、四苦八苦 |
| 図 | 囗 7 | ズ、ト、はか(る) | 丨 冂 冂 冈 図 図 | 図解・構図、図書・意図 |

8級　第8回

次の各文のカタカナ部分は漢字を、漢字は読みを答えよ。

1 貴重な植物の**ホウコ**。（たくさんあるところ）
2 新製品の**コウコク**に見入る。（ひろく知らせるもの）
3 西洋風の**テイエン**だ。（ひろいにわ）
4 **ショウテン**街を散策する。（みせ）
5 **ドリョウ**の大きい人。（心のひろさ）
6 **ケビョウ**を使う。（びょうきのふり）
7 **ヘヤ**を整理する。（室）
8 **ケッキョク**仲直りする。（つまるところ）
9 **ウンセイ**を占（うらな）う。（持って生まれたうん）
10 **シンエン**な世界に触（ふ）れる。（非常におくふかい）
11 春**マヂカ**の空気。（もうすぐであること）
12 **シュウカン**誌を買う。（いっしゅうかんに一回発行されること）
13 体力**ゾウシン**の運動をする。（よい状態にふやす）
14 金塊（きんかい）を**ゴソウ**する。（守りながら運ぶ）
15 **オンソク**で飛ぶ。（おとのはやさ）
16 注文を**ツイカ**する。（後から付けくわえる）
17 新商品が**リュウツウ**する。（出回ること）
18 公正な**ホウドウ**を心がける。（事件を伝えること）
19 借金の**ヘンサイ**が終わる。（かえすこと）
20 **ユウボク**民と共に生活する。（移住しながらかちくを飼う）
21 部員の**フンキ**を促（うなが）す。（心をふるい立たせること）
22 難路を**ソウハ**する。（はしり通すこと）
23 **エンジュク**の境地に至る。（十分に発達し豊かな内容があること）
24 外科の**メイイ**で知られる。（うでのいいいしゃ）
25 公私の**クベツ**を付ける。（ちがい）
26 **エンゲイ**用の土を使う。（植え育てること）
27 体力を**カイフク**させる。（もとの状態に戻す）
28 **コクサイ**電話をかける。（くにとくにとの間）
29 粉粉に割れて**シサン**する。（一面に広がる）
30 **イト**と反した結果になる。（おもわく）
31 城内での抜刀はご**法度**だ。（禁止事項）
32 **久遠**の理想を追い求める。（えいえん）
33 お**通夜**に参列する。（葬儀の前夜、故人との別れをおしむ儀式）
34 物見**遊山**で一人旅に出る。（気晴らしに出かけること）

## 解答とポイント

1 宝庫
2 広告
3 庭園　NG! ×庭
4 商店
5 度量
6 仮病
7 部屋
8 結局　NG! 結極×
9 運勢
10 深遠
11 間近
12 週刊　NG! 周×刊
13 増進
14 護送
15 音速
16 追加
17 流通
18 報道　NG! 報導×
19 返済
20 遊牧
21 奮起
22 走破
23 円熟
24 名医
25 区別
26 園芸
27 回復
28 国際
29 四散
30 意図
31 はっと
32 くおん
33 つ（つう）や
34 ゆさん

| 漢字 | 部首・画数 | 読み | 筆順 | 用例 |
|---|---|---|---|---|
| 弋 | しきがまえ | | | 杭に支柱を添えた形。杭の意。 |
| 式 | 弋 6 | シキ | 一 二 亍 / 王 式 式 | 式辞・式典 / 格式・形式 |
| 气 | きがまえ | | | 沸き上がる雲の象形。気に関する意。 |
| 気 | 气 6 | キ・ケ | ノ 𠂉 ⺧ / 气 気 気 | 気品・英気 / 気高い・気配 |
| 行 | 行 6 | コウ・ギョウ・アン / い(く)・ゆ(く) / おこな(う) | ノ ⺈ 彳 / 彳 行 行 | 流行・行事 / 行灯・行方 |
| 門 | もんがまえ | | | 左右両開きになる戸の象形。門に関する意。 |
| 開 | 門 12 | カイ / ひら(く) / ひら(ける) / あ(く) / あ(ける) | 丨 𠃍 戸 / 門 開 開 | 打開・海開き / 開口一番 |
| 間 | 門 12 | カン・ケン / あいだ / ま | 丨 𠃍 戸 / 門 門 間 | 間接・空間 / 世間・間近 |
| 門 | 門 8 | モン / かど | 丨 𠃍 戸 / 門 門 門 | 門弟・専門 / 名門・門出 |
| 一 | 一 1 | イチ・イツ / ひと / ひと(つ) | 一 | 画一・一息 / 一心不乱 |
| 下 | 一 3 | カ・ゲ / した・しも・もと / さ(げる) / さ(がる) / くだ(る) / くだ(す) / くだ(さる) / お(ろす) / お(りる) | 一 丅 下 | 下限・降下 / 下界・下着・風下 / 下げ札・川下り |

| 漢字 | 部首・画数 | 読み | 筆順 | 用例 |
|---|---|---|---|---|
| 三 | 一 3 | サン / み / み(つ) / みっ(つ) | 一 二 三 | 三宝・再三 / 三寒四温 |
| 七 | 一 2 | シチ / なな / なな(つ) / なの | 一 七 | 七難・七宝 / 七重・七草 |
| 上 | 一 3 | ジョウ・ショウ / うえ・うわ・かみ / あ(げる) / あ(がる) / のぼ(る) / のぼ(せる) / のぼ(す) | 丨 ト 上 | 上司・逆上 / 上人 / 上背・上座 / 水上 |
| 世 | 一 5 | セイ・セ / よ | 一 十 廾 / 廿 世 | 世紀・辞世 / 来世・浮き世 |
| 丁 | 一 2 | チョウ・テイ | 一 丁 | 包丁・丁重 / 丁丁発止 |
| 万 | 一 3 | マン・バン | 一 ㇇ 万 | 万一・万病 / 万能・万古不易 |
| 両 | 一 6 | リョウ | 一 𠂆 冂 / 帀 両 両 | 両立・車両 / 一挙両得 |
| 中 | 丨 4 | チュウ・ジュウ / なか | 丨 口 口 / 中 | 中傷・的中 / 熱中・中身 |
| 丸 | 丶 3 | ガン / まる / まる(い) / まる(める) | ノ 九 丸 | 丸薬・一丸 / 丸損・本丸 |
| 主 | 丶 5 | シュ・ス / ぬし / おも | 丶 亠 亍 / 干 主 | 自主・家主 / 主客転倒 |

**Point!** 読み誤りやすい漢字「上」

「上」の訓読みは、送り仮名で区別する。げる・がるが付くと「あ」、る・せる・すが付くときは「のぼ」。

| 漢字 | 部首・画数 | 読み | 筆順 | 用例 |
|---|---|---|---|---|
| 乗 | ノ 9 | ジョウ / の(る) / の(せる) | 一 二 千 / 乖 乗 乗 | 乗降・相乗 / 大乗・相乗り |
| 九 | 乙 2 | キュウ・ク / ここの / ここの(つ) | ノ 九 | 九死・九重 / 九十九里浜 |
| 事 | 亅 8 | ジ・ズ / こと | 一 一 ⼞ / 亊 亊 事 | 事態・判事 / 好事家・事柄 |
| 予 | 亅 4 | ヨ | フ マ 予 / 予 | 予感・予測 / 予断・予備 |
| 五 | 二 4 | ゴ / いつ / いつ(つ) | 一 丆 五 / 五 | 五感・五行 / 五穀・五つ星 |
| 二 | 二 2 | ニ / ふた / ふた(つ) | 一 二 | 二言・無二 / 二心 |
| 人 | 人 2 | ジン・ニン / ひと | ノ 人 | 人望・人情 / 人質・素人 |
| 会 | 𠆢 6 | カイ・エ / あ(う) | ノ 𠆢 亼 / 会 会 会 | 会心・照会 / 会得・一期一会 |
| 今 | 𠆢 4 | コン・キン / いま | ノ 𠆢 亼 / 今 | 今昔・昨今 / 当今・今風 |
| 全 | 入 6 | ゼン / まった(く) / すべ(て) | ノ 𠆢 亼 / 仐 全 全 | 全権・全盛 / 健全・保全 |

**Point!** 似ている漢字「予」と「矛」

予は機の横糸を通す杼の形を表し、「あらかじめ」(前もって)の意に用いる。矛は飾りの付いた、先の尖った矛の形を表す。

次の各文のカタカナ部分は漢字を、漢字は読みを答えよ。

1 創業百年の**シキテン**。（ぎしき）
2 **キヒン**があるたたずまい。（じょうひんな感じ）
3 勝敗の**ユクエ**を見守る。（なりゆき）
4 局面を**ダカイ**する。（切りひらく）
5 **カンセツ**的に手を貸す。（ちょくせつ関わらないこと）
6 日本文学を**センモン**にする。（特に研究すること）
7 **カクイツ**的な教育。（型にはまっていて、個性や特色のない様子）
8 天人が**ゲカイ**におりてくる。（現実のせかい）
9 **サイサン**決断を迫る。（たびたび）
10 **ナナクサ**粥をつくる。（ななつのくさ）
11 **ジョウシ**の助言に従う。（うわやく）
12 二十二**セイキ**を迎える。（百年を単位とする数え方）
13 客を**テイチョウ**にもてなす。（れいぎただしい）
14 **マンイチ**のことを考える。（めったにないが、起こるかもしれないこと）
15 勉強と部活の**リョウリツ**。（どちらもできること）
16 予想が**テキチュウ**する。（ぴったり当たること）
17 選手が**イチガン**となる。（目的に向かってひとつになること）
18 **ジシュ**性を育てる。（独立していること）
19 栄養の**ソウジョウ**効果。（たがいにかさなって高め合うこと）
20 **キュウシ**に一生を得る。（危うくしにかける）
21 不測の**ジタイ**に備える。（ことのなりゆき）
22 結果は**ヨダン**を許さない。（前もってよそくすること）
23 **ゴカン**を働かせて動く。（あらゆるかんかく）
24 **ムニ**の親友となる。（ふたつとないこと）
25 仲間に**ジンボウ**がある。（しんらいや尊敬）
26 **カイシン**の笑みをもらす。（期待どおり）
27 **サッコン**の流行を追う。（きょうこのごろ）
28 平家の**ゼンセイ**期。（最もさかん）
29 **行灯**に火をともす。（昔の照明具）
30 父親は**上背**がある。（身の丈）
31 **辞世**の歌を詠む。（この世を去ること）
32 **好事家**の集まりに誘われる。（物好き・風流な人）
33 一期**一会**の気持ちで接する。（一生に一度しかない出会い）
34 目標は**全**て達成できた。（残らず）

## 解答とポイント

1 式典
2 気品
3 行方
4 打開
5 間接
6 専門 NG! 専問×
7 画一 NG! 各一×
8 下界
9 再三
10 七草
11 上司
12 世紀 NG! 世記×
13 丁重
14 万一
15 両立
16 的中
17 一丸
18 自主
19 相乗
20 九死
21 事態
22 予断 NG! 矛断×
23 五感
24 無二
25 人望
26 会心 NG! 快心×
27 昨今 NG! ×昨
28 全盛
29 あんどん
30 うわぜい
31 じせい
32 こうずか
33 いちえ
34 すべ

# 8級 第10回

| 漢字 | 部首 | 画数 | 読み | 筆順 | 用例 |
|---|---|---|---|---|---|
| 内 | 入 | 4 | ナイ・ダイ／うち | 丨冂内 内 | 内容(ないよう)・境内(けいだい)・内輪(うちわ)・身内(みうち) |
| 入 | 入 | 2 | ニュウ／い(る)・い(れる)・はい(る) | ノ入 | 入札(にゅうさつ)・投入(とうにゅう)・入相(いりあい)・入り江(え) |
| 公 | 八 | 4 | コウ／おおやけ | ノ八公 公 | 公害(こうがい)・公家(くげ)・公平無私(こうへいむし) |
| 八 | 八 | 2 | ハチ／や・や(つ)・やっ(つ)・よう | ノ八 | 八方(はっぽう)・尺八(しゃくはち)・八重(やえ)・八日(ようか) |
| 具 | 八 | 8 | グ | 丨冂月 旦具具 | 具合(ぐあい)・具体(ぐたい)・器具(きぐ)・道具(どうぐ) |

**Point!** 書き誤りやすい漢字「具(グ)」

具は貝→目(金品)＋廾(両手で捧(ささ)げる)で、金品を捧げ供えることから、備える、器(うつわ)の意を表す。

| 漢字 | 部首 | 画数 | 読み | 筆順 | 用例 |
|---|---|---|---|---|---|
| 六 | 八 | 4 | ロク／む・む(つ)・むっ(つ)・むい | 丶亠亣 六 | 六法(ろっぽう)・六日(むいか) |
| 出 | 凵 | 5 | シュツ・スイ／で(る)・だ(す) | 丨屮屮 出出 | 出演(しゅつえん)・産出(さんしゅつ)・出納(すいとう)・出前(でまえ) |
| 切 | 刀 | 4 | セツ・サイ／き(る)・き(れる) | 一七切 切 | 切望(せつぼう)・適切(てきせつ)・一切(いっさい)・切れ味(あじ) |

**Point!** 書き誤りやすい漢字「切(セツ)」

切は刀＋七(切る)で、刀で切る意を表す。また、強くの意でも使う。切迫・切望・痛切など。つちへんにしないように注意。

| 漢字 | 部首 | 画数 | 読み | 筆順 | 用例 |
|---|---|---|---|---|---|
| 刀 | 刀 | 2 | トウ／かたな | フ刀 | 短刀(たんとう)・小刀(こがたな)・一刀両断(いっとうりょうだん) |
| 分 | 刀 | 4 | ブン・フン・ブ／わ(ける)・わ(かれる)・わ(かる)・わ(かつ)＊ | ノ八分 分 | 分散(ぶんさん)・分別(ふんべつ)・当分(とうぶん)・分け前(まえ) |

**Point!** 書き誤りやすい漢字「分(ブン)」

分は刀＋八(分ける)で、刀で切り分ける意を表す。八は数字の八で、二つに分かれている形。人としないように注意。

| 漢字 | 部首 | 画数 | 読み | 筆順 | 用例 |
|---|---|---|---|---|---|
| 勝 | 力 | 12 | ショウ／か(つ)・まさ(る) | 月月' 胖勝 | 景勝(けいしょう)・優勝(ゆうしょう)・勝手(かって)・男勝り(おとこまさ) |
| 力 | 力 | 2 | リョク・リキ／ちから | フ力 | 努力(どりょく)・力量(りきりょう)・底力(そこぢから)・苦学力行(くがくりっこう) |
| 化 | 匕 | 4 | カ・ケ／ば(ける)・ば(かす) | ノイ亻' 化 | 感化(かんか)・同化(どうか)・化身(けしん)・化け猫(ばねこ) |
| 北 | 匕 | 5 | ホク／きた | 一丨ㅓ 北北 | 北海道(ほっかいどう)・北上(ほくじょう)・敗北(はいぼく)・北風(きたかぜ) |
| 午 | 十 | 4 | ゴ | ノ𠂉𠂉 午 | 午後(ごご)・正午(しょうご) |

**Point!** 似ている漢字「午(ゴ)」と「牛(ギュウ)」

午は杵(きね)の形。借りて十二支の午(うま)の意を表す。「午」を音符とする字に「許(キョ)」がある。牛は角のある牛(うし)の頭の形を表す。

| 漢字 | 部首 | 画数 | 読み | 筆順 | 用例 |
|---|---|---|---|---|---|
| 十 | 十 | 2 | ジュウ・ジッ／とお・と | 一十 | 十二分(じゅうにぶん)・十干(じっかん)・十日(とおか)・十色(といろ) |
| 千 | 十 | 3 | セン／ち | ノ二千 | 千金(せんきん)・千鳥(ちどり)・千紫万紅(せんしばんこう) |
| 南 | 十 | 9 | ナン・ナ／みなみ | 一十冂 冇冇南 | 指南(しなん)・真南(まみなみ)・南船北馬(なんせんほくば) |
| 半 | 十 | 5 | ハン／なか(ば) | 丶丷兰 半 | 半熟(はんじゅく)・半身(はんみ)・夜半(やはん)・折半(せっぱん) |
| 去 | ム | 5 | キョ・コ／さ(る) | 一十土 去去 | 去来(きょらい)・消去(しょうきょ)・過去(かこ)・去り際(さぎわ) |
| 取 | 又 | 8 | シュ／と(る) | 一丅𦘐 耳取取 | 取得(しゅとく)・取引(とりひき)・取捨選択(しゅしゃせんたく) |
| 受 | 又 | 8 | ジュ／う(ける)・う(かる) | 一⺈⺤ 𠬪受受 | 受容(じゅよう)・受理(じゅり)・拝受(はいじゅ)・受付(うけつけ) |
| 反 | 又 | 4 | ハン・ホン・タン／そ(る)・そ(らす) | 一厂反 反 | 反省(はんせい)・違反(いはん)・謀反(むほん)・反物(たんもの) |
| 友 | 又 | 4 | ユウ／とも | 一ナ方 友 | 友情(ゆうじょう)・交友(こうゆう)・親友(しんゆう)・友達(ともだち) |
| 員 | 口 | 10 | イン | 丶冂口 𠮷冐員 | 員数(いんずう)・会員(かいいん)・欠員(けついん)・満員(まんいん) |
| 右 | 口 | 5 | ウ・ユウ／みぎ | ノナ才 右右 | 右折(うせつ)・右筆(ゆうひつ)・座右(ざゆう)・右利き(みぎき) |
| 君 | 口 | 7 | クン／きみ | フヨ 尹君君 | 君子(くんし)・君臨(くんりん)・諸君(しょくん)・母君(ははぎみ) |

**Point!** 書き誤りやすい漢字「君(クン)」

君は口(言葉)＋尹(長官)で、命令して治める長官の意。「尹」にならないように注意。「君」を音符とする字に「群(グン)・郡(グン)」がある。

＊都道府県名にのみ用いる音訓「大分(おおいた)県」

8級 第10回

次の各文のカタカナ部分は漢字を、漢字は読みを答えよ。

1 父の誕生日をウチワで祝う。（外部のものを交えないこと）
2 持てる力をトウニュウする。（そそぎこむこと）
3 コウガイから森林を守る。（工場などからのはいき物などのがい）
4 ヤエ桜がほころび始める。（花びらがいくつもかさなっている）
5 グタイ的に説明する。（形がはっきりわかること）
6 ムイカ後に会う約束をする。（ろくにち）
7 番組にシュツエンする。（てでえんじること）
8 テキセツな対策を講じる。（ちょうどよいこと）
9 早期完成をセツボウする。（強く願う）
10 コガタナで木を削る。（ちいさいかたな）
11 フンベツのあるふるまい。（道理をわきまえていること）
12 日本有数のケイショウ地。（けしきが優れている所）
13 カッテな行動は許されない。（気まま）
14 リキリョウをはかる。（のうりょくの程度）
15 友達にカンカされる。（えいきょう）
16 狐は神のケシンという。（仮の姿）
17 敵にハイボクする。（負けること）
18 時計の針がショウゴをさす。（おひるの12時）
19 ジュウニブンに力を出す。（たっぷり）
20 水辺にチドリが鳴く。（水辺にいるとり）
21 武道のシナン役を担う。（しどうすること）
22 費用をセッパンする。（二等分すること）
23 思い出がキョライする。（うかんだり消えたりすること）
24 資格をシュトクする。（手に入れること）
25 申告をジュリする。（うけつけること）
26 過去の言動をハンセイする。（かえりみること）
27 トモダチを大切にする。（親しい人）
28 マンイン電車に乗る。（人がいっぱい）
29 ザユウの銘を色紙に書く。（身近）
30 ショクンの幸運を祈る。（きみたち）
31 現金を**出納**する。（金銭や物品をだしいれすること）
32 丁重な書状を**拝受**する。（いただくこと）
33 交通ルールに**違反**する。（法律などに従わないこと）
34 急ぎ**員数**をそろえる。（ある一定の数）

## 解答とポイント

| 1 | 2 | 3 | 4 | 5 | 6 | 7 | 8 | 9 | 10 | 11 | 12 | 13 | 14 | 15 | 16 | 17 |
|---|---|---|---|---|---|---|---|---|---|---|---|---|---|---|---|---|
| 内輪 | 投入 | 公害 | 八重 | 具体 | 六日 | 出演 | 適切 NG! ×敵切 | 切望 | 小刀 | 分別 NG! ×別 | 景勝 | 勝手 | 力量 | 感化 | 化身 | 敗北 |

| 18 | 19 | 20 | 21 | 22 | 23 | 24 | 25 | 26 | 27 | 28 | 29 | 30 | 31 | 32 | 33 | 34 |
|---|---|---|---|---|---|---|---|---|---|---|---|---|---|---|---|---|
| 正午 NG! ×正牛 | 十二分 | 千鳥 | 指南 | 折半 | 去来 | 取得 | 受理 | 反省 | 友達 | 満員 | 座右 | 諸君 | すいとう | はいじゅ | いはん | いんずう |

# 8級 第11回

| 漢字 | 部首 | 画数 | 読み | 筆順 | 用例 |
|---|---|---|---|---|---|
| 古 | 口 | 5 | コ／ふる(い)／ふる(す) | 一十十古古 | 古参・復古／古株・古着 |
| 口 | 口 | 3 | コウ／ク／くち | 丨冂口 | 口舌・口伝／口数・糸口 |
| 向 | 口 | 6 | コウ／む(く)／む(ける)／む(かう)／む(こう) | ノ丨门向 | 向学・意向／回向・不向き |
| 号 | 口 | 5 | ゴウ | 丨冂口旦号 | 号令・号泣／暗号・記号 |
| 合 | 口 | 6 | ゴウ・ガッ・カッ／あ(う)／あ(わす)／あ(わせる) | ノ人亼合合合 | 合成・合戦／試合・合図 |
| 商 | 口 | 11 | ショウ／あきな(う) | 亠亠产产产商 | 商業・行商／商人 |
| 台 | 口 | 5 | ダイ／タイ | ㇜厶台台台 | 台帳・灯台／台頭・屋台 |
| 同 | 口 | 6 | ドウ／おな(じ) | 丨冂冂同同同 | 同好・賛同／一心同体 |
| 品 | 口 | 9 | ヒン／しな | 丨冂口品品品 | 品質・手品／品行方正 |
| 名 | 口 | 6 | メイ／ミョウ／な | ノクタ夕名名 | 名勝・功名／名残・名所旧跡 |

**Point!** 読み誤りやすい漢字「合」

合は音読みがゴウ・ガッ・カッの三つある。カッは例が少ないが、「合戦」の読み方をガッセンとしないように注意。

| 漢字 | 部首 | 画数 | 読み | 筆順 | 用例 |
|---|---|---|---|---|---|
| 命 | 口 | 8 | メイ／ミョウ／いのち | 人亼亼合合命 | 命題・命令／革命・命取り |
| 問 | 口 | 11 | モン／と(う)／と(い)／とん | 丨冂門門門問 | 問答・疑問／検問・問屋 |
| 和 | 口 | 8 | ワ・オ／やわ(らぐ)／やわ(らげる)／なご(む)／なご(やか) | 二千禾禾和和 | 和解・和服／中和・和尚 |
| 土 | 土 | 3 | ド／ト／つち | 一十土 | 土砂・郷土／土地・土煙 |
| 声 | 士 | 7 | セイ／ショウ／こえ／こわ | 一十士吉吉声 | 声明・肉声／美声・声音 |
| 売 | 士 | 7 | バイ／う(る)／う(れる) | 一十士声声売 | 売買・売約／競売・売値 |
| 外 | 夕 | 5 | ガイ・ゲ／そと・ほか／はず(す)／はず(れる) | ノクタ外外 | 除外・外側／外柔内剛 |
| 夕 | 夕 | 3 | セキ／ゆう | ノクタ | 朝夕・夕立／夕映え |
| 多 | 夕 | 6 | タ／おお(い) | ノクタ多多多 | 多発・雑多／多岐亡羊 |
| 夜 | 夕 | 8 | ヤ／よ／よる | 亠广疒疒夜夜 | 夜半・除夜／夜寒・夜郎自大 |
| 央 | 大 | 5 | オウ | 丨冂口央央 | 中央 |
| 太 | 大 | 4 | タイ／タ／ふと(い)／ふと(る) | 一ナ大太 | 太陽・丸太／筆太・骨太 |
| 大 | 大 | 3 | ダイ／タイ／おお／おお(きい)／おお(いに) | 一ナ大 | 遠大・絶大／大意・大手 |

| 漢字 | 部首 | 画数 | 読み | 筆順 | 用例 |
|---|---|---|---|---|---|
| 天 | 大 | 4 | テン／あめ／あま | 一二チ天 | 晴天・天下り／奇想天外 |
| 委 | 女 | 8 | イ／ゆだ(ねる) | 二千禾禾委委 | 委員・委細／委任 |
| 女 | 女 | 3 | ジョ／ニョ／ニョウ／め／おんな | く女女 | 女優・才女／天女 |
| 学 | 子 | 8 | ガク／まな(ぶ) | 丶丷⺍⺍学学 | 学識・学級／博学・遊学 |
| 子 | 子 | 3 | シ／ス／こ | フ了子 | 子細・利子／様子・子分 |
| 字 | 子 | 6 | ジ／あざ | 丶丷宀宁字 | 字音・誤字／数字・大字 |
| 寺 | 寸 | 6 | ジ／てら | 一十土圭寺寺 | 寺院・古寺／社寺・寺子屋 |

**Point!** 書き誤りやすい漢字「天」

天は人が手足を広げて立つ形の大の上部に一線を加え、空の意を表す。一番上の「一」が長いことに注意。

**Point!** 書き誤りやすい漢字「学」

学の旧字は學。⺍は複雑な字形の一部を簡略化するときに用いられる形。他に單→単、營→営などの例がある。

**Point!** 読み誤りやすい漢字「字」

字は日常的に「ジ」と読むことが多いが、住所を書き記すときには「あざ」と読む。「あざ」は町・村の中の一区画の名。

次の各文のカタカナ部分は漢字を、漢字は読みを答えよ。

1 政界の最**コサン**。（ふるくからいる人）
2 解決の**イトグチ**をつかむ。（手がかり）
3 相手の**イコウ**を尋（たず）ねる。（考え）
4 **アンゴウ**を作る。（ひみつを守るためのきごう）
5 発進の**アイズ**を送る。（サイン）
6 魚の**ギョウショウ**に出かける。（品物を売り歩くこと）
7 武士が**タイトウ**した時代。（勢力を増してくる）
8 **ドウコウ**の士を募（つの）る。（おなじしゅみの人）
9 **ヒンシツ**管理を強化する。（しなもののせいしつ）
10 **メイショウ**の地を回る。（景色のよい土地）
11 **カクメイ**的な変化を遂（と）げる。（根本的に変わること）
12 **ケンモン**所を設ける。（といただし、調べること）
13 不仲の友と**ワカイ**する。（仲直り）
14 **キョウド**料理を食べる。（ふるさと）
15 小鳥の**コワネ**をまねる。（こえのひびき）
16 名画を**キョウバイ**にかける。（せりうり）
17 専門家は**ジョガイ**する。（はずすこと）

18 **ユウバ**えの空を眺（なが）める。（ゆうやけ）
19 **ザッタ**な要求にこたえる。（いろいろな）
20 **ジョヤ**の鐘（かね）を聞く。（おおみそかのよる）
21 広場の**チュウオウ**に立つ。（まんなか）
22 **タイヨウ**の黒点を観察する。（お日さま）
23 文章の**タイイ**をとらえる。（おおすじ）
24 **アマクダ**りを規制する。（高級官僚が関連会社等の幹部になること）
25 権限を**イニン**する。（他人にまかせること）
26 **ジョユウ**を目指す。（じょせいのはいゆう）
27 豊かな**ガクシキ**に驚（おどろ）く。（ちしきと見解）
28 **シサイ**ありげな様子。（事情）
29 文章中の**ゴジ**を直す。（まちがったじ）
30 江戸（えど）時代の**テラコヤ**。（昔、読み書きなどを教えたところ）
31 おもちゃの**問屋**を営む。（商品を仕入れ、販売する業者）
32 **和尚**さんの説法を聴く。（僧の尊称）
33 彼の性格は**外柔**内剛だ。（うわべはおとなしそうだが、意志が強い）
34 大使に全権を**委**ねる。（すっかりまかせる）

## 解答とポイント

1 古参
2 糸口
3 意向
4 暗号
5 合図　NG! 相図×
6 行商
7 台頭
8 同好
9 品質
10 名勝
11 革命
12 検問　NG! 険問×
13 和解
14 郷土
15 声音
16 競売
17 除外　NG! 徐外×
18 夕映
19 雑多
20 除夜
21 中央
22 太陽
23 大意
24 天下
25 委任
26 女優
27 学識　NG! 学織×
28 子細
29 誤字
30 寺子屋　NG! 寺小屋×
31 とん(とい)や
32 おしょう
33 がいじゅう
34 ゆだ

| 漢字 | 部首 | 画数 | 読み | 筆順 | 用例 |
|---|---|---|---|---|---|
| 対 | 寸 | 7 | タイ ツイ | 丶 ユ ナ 文 文 対 | 対策(たいさく)・対象(たいしょう) 絶対(ぜったい)・対句(ついく) |
| 小 | 小 | 3 | ショウ ちい(さい) こ お | 亅 小 小 | 小説(しょうせつ)・縮小(しゅくしょう) 小雨(こさめ)・小川(おがわ) |
| 少 | 小 | 4 | ショウ すく(ない) すこ(し) | 亅 小 小 少 | 少額(しょうがく)・少数(しょうすう) 希少(きしょう)・年少(ねんしょう) |

**Point!** 漢字の使い分け 「小(ショウ)」と「少(ショウ)」

小は大きさ、少は数をいい、大小・多少と対になる。年齢(ねんれい)の場合は年長⇅年少。「最小限」は「最大限」との対比による。

| 漢字 | 部首 | 画数 | 読み | 筆順 | 用例 |
|---|---|---|---|---|---|
| 当 | ⺌ | 6 | トウ あ(たる) あ(てる) | 丨 丷 ⺌ 当 当 当 | 当座(とうざ)・当然(とうぜん) 適当(てきとう)・手当て(てあて) |
| 岸 | 山 | 8 | ガン きし | 丨 山 山 屵 岸 岸 | 沿岸(えんがん)・対岸(たいがん) 岸辺(きしべ) |
| 岩 | 山 | 8 | ガン いわ | 丨 山 山 岩 岩 岩 | 岩塩(がんえん)・砂岩(さがん) 岩場(いわば) |
| 山 | 山 | 3 | サン やま | 丨 山 山 | 山積(さんせき)・高山(こうざん) 登山(とざん)・野山(のやま) |
| 島 | 山 | 10 | トウ しま | ノ 亻 户 阜 鳥 島 | 群島(ぐんとう)・列島(れっとう) 島流し(しまながし) |
| 州 | 川 | 6 | シュウ す | 丶 リ 少 州 州 州 | 九州(きゅうしゅう)・本州(ほんしゅう) 砂州(さす) |
| 川 | 川 | 3 | セン かわ | 丿 川 川 | 河川(かせん)・川面(かわも) 川岸(かわぎし)・小川(おがわ) |

| 漢字 | 部首 | 画数 | 読み | 筆順 | 用例 |
|---|---|---|---|---|---|
| 工 | 工 | 3 | コウ ク | 一 丅 工 | 工業(こうぎょう)・工夫(くふう) 同工異曲(どうこういきょく) |
| 左 | 工 | 5 | サ ひだり | 一 ナ 左 左 左 | 左岸(さがん)・左右(さゆう) 証左(しょうさ) |
| 帰 | 巾 | 10 | キ かえ(る) かえ(す) | 丨 刂 刂 帰 帰 帰 | 帰着(きちゃく)・帰納(きのう) 復帰(ふっき)・里帰り(さとがえり) |
| 市 | 巾 | 5 | シ いち | 丶 亠 亠 市 市 | 市価(しか)・都市(とし) 市場(いちば)・朝市(あさいち) |
| 幸 | 干 | 8 | コウ さいわ(い) しあわ(せ) | 一 十 土 幸 幸 幸 | 幸福(こうふく)・行幸(ぎょうこう) 多幸(たこう)・海の幸(うみのさち) |

**Point!** 似ている漢字 「幸(コウ)」と「辛(シン)」

どちらも象形文字。幸は手かせ、辛は罪人に入れ墨(ずみ)する針の形。幸は手かせを逃(のが)れると解釈(かいしゃく)されてハッピーな意になったとか。

| 漢字 | 部首 | 画数 | 読み | 筆順 | 用例 |
|---|---|---|---|---|---|
| 年 | 干 | 6 | ネン とし | ノ 𠂉 仁 年 年 年 | 年輪(ねんりん)・往年(おうねん) 年越し(としこし)・年波(としなみ) |
| 平 | 干 | 5 | ヘイ ビョウ たい(ら) ひら | 一 丆 丆 平 | 平易(へいい)・平屋(ひらや) 平身低頭(へいしんていとう) |
| 弓 | 弓 | 3 | キュウ ゆみ | フ コ 弓 | 弓道(きゅうどう)・強弓(ごうきゅう) 洋弓(ようきゅう)・弓矢(ゆみや) |
| 弱 | 弓 | 10 | ジャク よわ(い) よわ(る) よわ(まる) よわ(める) | フ コ 弓 弱 弱 弱 | 貧弱(ひんじゃく)・弱音(よわね) 弱肉強食(じゃくにくきょうしょく) |
| 弟 | 弓 | 7 | テイ ダイ デ おとうと | 丷 䒑 当 弟 弟 | 弟妹(ていまい)・徒弟(とてい) 兄弟(きょうだい)・弟子(でし) |
| 心 | 心 | 4 | シン こころ | 丶 心 心 心 | 心情(しんじょう)・得心(とくしん) 心機一転(しんきいってん) |

| 漢字 | 部首 | 画数 | 読み | 筆順 | 用例 |
|---|---|---|---|---|---|
| 戸 | 戸 | 4 | コ と | 一 ヨ ヨ 戸 | 戸別(こべつ)・下戸(げこ) 門戸(もんこ)・戸板(といた) |
| 所 | 戸 | 8 | ショ ところ | 一 ヨ 戸 所 所 所 | 所在(しょざい)・所得(しょとく) 住所(じゅうしょ)・場所(ばしょ) |
| 才 | 手 | 3 | サイ | 一 十 才 | 才覚(さいかく)・才能(さいのう) 英才(えいさい)・才色兼備(さいしょくけんび) |
| 手 | 手 | 4 | シュ て た | 一 二 三 手 | 手術(しゅじゅつ)・着手(ちゃくしゅ) 手順(てじゅん)・下手(へた)(したて) |
| 文 | 文 | 4 | ブン モン ふみ | 丶 亠 ナ 文 | 文書(ぶんしょ)・天文(てんもん) 矢文(やぶみ)・恋文(こいぶみ) |
| 春 | 日 | 9 | シュン はる | 一 二 三 夫 夫 春 | 早春(そうしゅん)・陽春(ようしゅん) 春雨(はるさめ)・小春(こはる) |
| 暑 | 日 | 12 | ショ あつ(い) | 口 日 旦 早 昇 暑 | 暑気(しょき)・暑中(しょちゅう) 残暑(ざんしょ)・大暑(たいしょ) |
| 星 | 日 | 9 | セイ ショウ ほし | 丨 口 日 旦 早 星 | 星座(せいざ)・衛星(えいせい) 明星(みょうじょう)・図星(ずぼし) |
| 昔 | 日 | 8 | セキ シャク むかし | 一 十 艹 昔 昔 昔 | 昔日(せきじつ)・古昔(こせき) 今昔(こんじゃく)・昔話(むかしばなし) |
| 早 | 日 | 6 | ソウ サッ はや(い) はや(まる) はや(める) | 丨 口 日 旦 旦 早 | 早春(そうしゅん)・早速(さっそく) 早業(はやわざ)・足早(あしばや) |
| 昼 | 日 | 9 | チュウ ひる | フ 尸 尺 尽 昼 昼 | 昼食(ちゅうしょく)・白昼(はくちゅう) 昼間(ひるま)・真昼(まひる) |
| 日 | 日 | 4 | ニチ ジツ ひ か | 丨 冂 日 日 | 日常(にちじょう)・日付(ひづけ) 一日千秋(いちじつせんしゅう) |
| 曲 | 曰 | 6 | キョク ま(がる) ま(げる) | 丨 冂 曲 曲 曲 | 曲芸(きょくげい)・曲解(きょっかい) 委曲(いきょく)・作曲(さっきょく) |

次の各文のカタカナ部分は漢字を、漢字は読みを答えよ。

1 ゼッタイ（必ず）に約束をたがえない。
2 規模をシュクショウ（ちぢめてちいさくすること）する。
3 キショウ（非常にまれなこと）価値がある。
4 トウゼン（あたりまえ）の報いを受ける。
5 キシベ（きしのあたり）を散歩する。
6 険しいイワバ（いわの多いところ）をのぼる。
7 トザン（やまにのぼる）部に入る。
8 日本レットウ（連なり並んでいるしまじま）の成り立ちを学ぶ。
9 入り江のサス（水に運ばれた土やすながたまったところ）を歩く。
10 カセン（かわ）の治水に取りかかる。
11 クフウ（よい方法を考えること）して作品を仕上げる。
12 無実のショウサ（あかし）を示す。
13 職場にフッキ（もどること）する。
14 イチバ（品物を売るところ）で買い物をする。
15 コウフク（しあわせ）に暮らす。
16 オウネン（むかし）の名優の出演作品。
17 ヘイイ（分かりやすいこと）な言葉で話す。

18 ユミヤ（ゆみとや・武器）を捨てて出家する。
19 ついヨワネ（きよわな言葉）を吐く。
20 大工のデシ（教えを受ける人）になる。
21 事情を知りトクシン（理解し、承知すること）する。
22 広くモンコ（出入り口）を開く。
23 ショザイ（ありか）が明らかになる。
24 サイノウ（生まれつきの力）に恵まれている。
25 再建にチャクシュ（取りかかること）する。
26 テンモン（星などに起こる現象）学を学ぶ。
27 島がハルサメ（はるのあめ）にけぶる。
28 ザンショ（秋の初めのあつさ）が厳しい。
29 友人にズボシ（急所）を指される。
30 コンジャク（いまとむかし）物語集を読む。
31 目にも留まらぬハヤワザ（すばやい動作）。
32 山頂でチュウショク（ひるごはん）を取る。
33 ニチジョウ（まいにち起こる何気ないこと）の生活。
34 考えをキョッカイ（ねじまげてとらえること）される。

## 解答とポイント

1 絶対 NG! ×絶体
2 縮小
3 希少
4 当然
5 岸辺
6 岩場
7 登山
8 列島
9 砂州
10 河川
11 工夫
12 証左
13 復帰
14 市場
15 幸福
16 往年 NG! ×住年
17 平易 NG! ×昜
18 弓矢
19 弱音
20 弟子
21 得心
22 門戸
23 所在
24 才能
25 着手
26 天文
27 春雨
28 残暑
29 図星
30 今昔
31 早業（技）
32 昼食
33 日常
34 曲解

| 漢字 | 部首・画数 | 読み | 筆順 | 用例 |
|---|---|---|---|---|
| 書 | 曰 10 | ショ / か(く) | ㇇ ⺕ 亖 聿 書 書 | 書写(しょしゃ)・清書(せいしょ) 蔵書(ぞうしょ)・書留(かきとめ) |
| 期 | 月 12 | キ / ゴ | 一 卄 甘 其 期 期 | 期待(きたい)・定期(ていき) 最期(さいご)・一期一会(いちごいちえ) |
| 月 | 月 4 | ゲツ / ガツ / つき | 丿 刀 月 月 | 月給(げっきゅう)・満月(まんげつ) 月並み(つきなみ)・年月(としつき) |
| 朝 | 月 12 | チョウ / あさ | 一 十 古 卓 朝 朝 | 王朝(おうちょう)・朝市(あさいち) 一朝一夕(いっちょういっせき) |
| 有 | 月 6 | ユウ / ウ / あ(る) | ノ ナ 冇 有 有 有 | 有益(ゆうえき)・有無(うむ) 有為転変(ういてんぺん) |

**Point!** 読み誤りやすい漢字「有」

有は普通「ユウ」と読み、有益・所有などと使う。例は少ないが「ウ」とも読むから注意。有無(うむ)・希有(けう)(めったに無い)。

| 漢字 | 部首・画数 | 読み | 筆順 | 用例 |
|---|---|---|---|---|
| 楽 | 木 13 | ガク / ラク / たの(しい) / たの(しむ) | ′ 白 白 泊 泊 楽 | 楽屋(がくや)・音楽(おんがく) 楽観(らっかん)・快楽(かいらく) |
| 業 | 木 13 | ギョウ / ゴウ / わざ | ‵ 业 业 业 丵 業 | 業務(ぎょうむ)・業師(わざし) 自業自得(じごうじとく) |
| 森 | 木 12 | シン / もり | 一 十 木 木 森 森 | 森林(しんりん)・青森(あおもり) 森羅万象(しんらばんしょう) |
| 東 | 木 8 | トウ / ひがし | 一 丆 百 申 東 | 東西(とうざい)・東洋(とうよう) 極東(きょくとう)・東奔西走(とうほんせいそう) |
| 木 | 木 4 | ボク / モク / き / こ | 一 十 オ 木 | 木刀(ぼくとう)・木目(もくめ) 木立(こだち)・並木(なみき) |

| 漢字 | 部首・画数 | 読み | 筆順 | 用例 |
|---|---|---|---|---|
| 本 | 木 5 | ホン / もと | 一 十 オ 木 本 | 本質(ほんしつ)・本領(ほんりょう) 基本(きほん)・根本(こんぽん) |
| 来 | 木 7 | ライ / く(る) / きた(る) / きた(す) | 一 ⼀ 丆 立 平 来 | 来客(らいきゃく)・来訪(らいほう) 往来(おうらい)・将来(しょうらい) |
| 止 | 止 4 | シ / と(まる) / と(める) | 丨 ト 止 止 | 止血(しけつ)・制止(せいし) 車止め(くるまどめ)・止め具(とめぐ) |
| 正 | 止 5 | セイ / ショウ / ただ(しい) / ただ(す) / まさ | 一 丅 下 正 正 | 正当(せいとう)・改正(かいせい) 正直(しょうじき)・正夢(まさゆめ) |
| 歩 | 止 8 | ホ / ブ / フ / ある(く) / あゆ(む) | 丨 ト 止 牛 歩 歩 | 初歩(しょほ)・歩合(ぶあい) 日進月歩(にっしんげっぽ) |
| 毛 | 毛 4 | モウ / け | ノ 三 毛 | 毛頭(もうとう)・毛筆(もうひつ) 不毛(ふもう)・枝毛(えだげ) |
| 犬 | 犬 4 | ケン / いぬ | 一 ナ 大 犬 | 犬馬(けんば)・愛犬(あいけん) 番犬(ばんけん)・犬死に(いぬじに) |
| 水 | 水 4 | スイ / みず | 亅 オ 才 水 | 水害(すいがい)・雨水(うすい) 治水(ちすい)・氷水(こおりみず) |
| 氷 | 水 5 | ヒョウ / こおり / ひ | 亅 刁 刁 氵 氷 | 氷解(ひょうかい)・樹氷(じゅひょう) 氷砂糖(こおりざとう)・氷室(ひむろ) |
| 火 | 火 4 | カ / ひ / ほ | 丶 丷 火 火 | 火急(かきゅう)・引火(いんか) 火種(ひだね)・火照る(ほてる) |
| 炭 | 火 9 | タン / すみ | 山 山 屵 岸 炭 | 炭素(たんそ)・石炭(せきたん) 木炭(もくたん)・炭焼き(すみやき) |
| 父 | 父 4 | フ / ちち | ノ ハ ク 父 | 父祖(ふそ)・父母(ふぼ) 神父(しんぷ)・祖父(そふ) |
| 母 | 毋 5 | ボ / はは | 乚 口 口 母 母 | 母体(ぼたい)・分母(ぶんぼ) 母音(ぼいん)・母親(ははおや) |

**Point!** 似ている漢字「母(はは)」と「毋(なかれ)」

母は女に乳房(ちぶさ)を示す点を加えて、母の意を表す。毋はもと母と同じ形だったが、字形を改め、無い、なかれの意に用いた。

| 漢字 | 部首・画数 | 読み | 筆順 | 用例 |
|---|---|---|---|---|
| 毎 | 毋 6 | マイ | ノ 𠂉 𠂉 毎 毎 毎 | 毎朝(まいあさ)・毎次(まいじ) 毎度(まいど) |
| 王 | 王 4 | オウ | 一 丅 干 王 | 王座(おうざ)・王道(おうどう) 仁王(におう)・勤王(きんのう) |
| 玉 | 玉 5 | ギョク / たま | 一 丅 王 玉 | 玉石(ぎょくせき)・宝玉(ほうぎょく) 玉虫(たまむし)・目玉(めだま) |
| 生 | 生 5 | セイ・ショウ / い(きる) / い(かす) / い(ける) / う(まれる) / う(む) / お(う) / は(える) / は(やす) / き・なま | ノ 𠂉 仁 牛 生 | 生存(せいぞん)・誕生(たんじょう) 生糸(きいと)・生傷(なまきず) 芽生え(めばえ) |

**Point!** 読み誤りやすい漢字「生」

生は草木の伸びた形を示す。訓読みの数が多いが、文章中の使われ方から身につけよう。「生け花」「生(お)い立ち」「歯が生える」。

| 漢字 | 部首・画数 | 読み | 筆順 | 用例 |
|---|---|---|---|---|
| 用 | 用 5 | ヨウ / もち(いる) | 丿 刀 月 用 | 用心(ようじん)・用命(ようめい) 活用(かつよう)・専用(せんよう) |
| 画 | 田 8 | ガ / カク | 一 丆 币 面 画 画 | 画材(がざい)・版画(はんが) 画策(かくさく)・参画(さんかく) |
| 界 | 田 9 | カイ | 丨 口 田 甲 界 界 | 界域(かいいき)・限界(げんかい) 視界(しかい)・臨界(りんかい) |
| 申 | 田 5 | シン / もう(す) | 丨 冂 日 曰 申 | 申告(しんこく)・答申(とうしん) 申し子(もうしご)・申し出(もうしで) |

次の各文のカタカナ部分は漢字を、漢字は読みを答えよ。

1 祖父のゾウショ(持っている本)を整理する。
2 いい返事をキタイ(のぞむこと)する。
3 ツキナ(へいぼん)みな言葉。
4 アサイチ(あさに立ついちば)で野菜を買う。
5 ウム(承知と不承知)を言わせず連れていく。
6 ラッカン(明るい見通し)を許さない。
7 ギョウム(仕事)に支障をきたす。
8 シンリン(もりやはやし)を伐採(ばっさい)から守る。
9 洋のトウザイ(ひがしとにし)を問わない。
10 冬のコダチ(きぎ)が風に鳴る。
11 ホンリョウ(持ち前の特色)を発揮する。
12 知人のライホウ(たずねてくること)を受ける。
13 乱暴な発言をセイシ(おさえとめる)する。
14 法令をカイセイ(ただしく直すこと)する。
15 報酬(ほうしゅう)はブアイ(ある数の、他の数に対するわりあい)制にする。
16 フモウ(草木の育たない)の大地と化す。
17 アイケン(かわいがっているイヌ)と大会に出場する。

18 スイガイ(みずのさいがい)の多い地域。
19 疑念がヒョウカイ(すっかりとけること)する。
20 カキュウ(差しせまった)の用件がある。
21 セキタン(いしのような燃料)を掘(ほ)り出す。
22 フソ(せんぞ)伝来の地を守る。
23 ブンボ(ぶんすうで割る方の式や数)の数をそろえる。
24 マイジ(まいかい)記録をつける。
25 山門にニオウ(仏教の神)像が立つ。
26 まさにギョクセキ(優れたものとつまらないもの)混交だ。
27 兄のタンジョウ(うまれること)日。
28 センヨウ(特定の人・目的に使うこと)の路線を設ける。
29 記念事業にサンカク(けいかくに加わること)する。
30 能力のゲンカイ(リミット)を感じる。
31 所得をシンコク(届け出ること)する。
32 自業(行いの報いを自分が受けること)自得としか言えない。
33 氷室(氷を保存しておくためのむろ)から氷を出す行事。
34 高熱のため体が火照る(熱を帯びて熱くなる)。

## 解答とポイント

1 蔵書
2 期待
3 月並
4 朝市
5 有無 NG! ×得無
6 楽観
7 業務
8 森林
9 東西
10 木立
11 本領
12 来訪
13 制止
14 改正
15 歩合
16 不毛
17 愛犬

18 水害
19 氷解
20 火急
21 石炭
22 父祖
23 分母 NG! ×母
24 毎次 NG! ×毎時
25 仁王
26 玉石
27 誕生 NG! ×誕
28 専用 NG! ×專
29 参画
30 限界
31 申告
32 じごう
33 ひむろ
34 ほて

| 漢字 | 部首 | 画数 | 読み | 筆順 | 用例 |
|---|---|---|---|---|---|
| 男 | 田 | 7 | ダン・ナン・おとこ | 丨 冂 罒 田 男 男 | 男子(だんし)・次男(じなん)・男前(おとこまえ)・男気(おとこぎ) |
| 田 | 田 | 5 | デン・た | 丨 冂 冂 田 | 田園(でんえん)・田畑(でんぱた)・塩田(えんでん)・青田(あおた) |
| 畑 | 田 | 9 | はた・はたけ | 丷 火 灯 畑 畑 畑 | 畑作(はたさく)・段段畑(だんだんばたけ) |
| 番 | 田 | 12 | バン | 一 ㇒ 采 番 | 番付(ばんづけ)・番頭(ばんとう)・順番(じゅんばん)・出番(でばん) |
| 由 | 田 | 5 | ユ・ユウ・ユイ・よし | 丨 冂 巾 由 由 | 由来(ゆらい)・経由(けいゆ)・理由(りゆう)・由緒(ゆいしょ) |
| 白 | 白 | 5 | ハク・ビャク・しろ・しら・しろ(い) | ノ 亻 白 白 | 白状(はくじょう)・明白(めいはく)・白夜(はくや/びゃくや)・白羽(しらは) |
| 百 | 白 | 6 | ヒャク | 一 丆 百 百 | 百害(ひゃくがい)・百出(ひゃくしゅつ)・百計(ひゃっけい) |
| 皮 | 皮 | 5 | ヒ・かわ | 丿 厂 皮 皮 | 皮相(ひそう)・皮肉(ひにく)・樹皮(じゅひ)・毛皮(けがわ) |
| 県 | 目 | 9 | ケン | 丨 冂 目 県 県 | 県営(けんえい)・県下(けんか)・近県(きんけん)・府県(ふけん) |
| 真 | 目 | 10 | シン・ま | 一 十 直 直 真 | 真理(しんり)・写真(しゃしん)・純真(じゅんしん)・真顔(まがお) |
| 相 | 目 | 9 | ソウ・ショウ・あい | 一 十 木 相 相 | 相関(そうかん)・真相(しんそう)・首相(しゅしょう)・相席(あいせき) |
| 直 | 目 | 8 | チョク・ジキ・ただ(ちに)・なお(す)・なお(る) | 一 十 直 直 | 直撃(ちょくげき)・率直(そっちょく)・直伝(じきでん)・素直(すなお) |
| 目 | 目 | 5 | モク・ボク・め・ま | 丨 冂 月 目 | 目測(もくそく)・面目(めんぼく)・目安(めやす)・目深(まぶか) |
| 石 | 石 | 5 | セキ・シャク・コク・いし | 一 厂 石 石 | 化石(かせき)・磁石(じしゃく)・石高(こくだか)・一石二鳥(いっせきにちょう) |
| 祭 | 示 | 11 | サイ・まつ(る)・まつ(り) | ノ ク タ 祭 | 祭典(さいてん)・祭礼(さいれい)・祝祭(しゅくさい)・夏祭り(なつまつり) |
| 章 | 立 | 11 | ショウ | 丶 亠 立 音 章 | 章句(しょうく)・印章(いんしょう)・記章(きしょう)・文章(ぶんしょう) |
| 童 | 立 | 12 | ドウ・わらべ | 丶 亠 立 音 童 | 童顔(どうがん)・童話(どうわ)・神童(しんどう)・童歌(わらべうた) |
| 立 | 立 | 5 | リツ・リュウ・た(つ)・た(てる) | 丶 亠 立 | 立派(りっぱ)・中立(ちゅうりつ)・建立(こんりゅう)・立場(たちば) |
| 糸 | 糸 | 6 | シ・いと | く 幺 糸 | 製糸(せいし)・糸目(いとめ)・絹糸(きぬいと) |
| 着 | 羊 | 12 | チャク・ジャク・き(る)・き(せる)・つ(く)・つ(ける) | 丷 羊 着 | 着眼(ちゃくがん)・落着(らくちゃく)・頓着(とんちゃく)・着丈(きたけ) |
| 美 | 羊 | 9 | ビ・うつく(しい) | 丷 羊 美 | 美徳(びとく)・賛美(さんび)・優美(ゆうび)・美人(びじん) |
| 羊 | 羊 | 6 | ヨウ・ひつじ | 丶 丷 羊 | 羊毛(ようもう)・羊頭(ようとう)・牧羊(ぼくよう)・羊飼い(ひつじかい) |
| 羽 | 羽 | 6 | ウ・は・はね | 𠃌 习 羽 | 羽毛(うもう)・羽織(はおり)・合羽(かっぱ)・切羽(せっぱ) |
| 習 | 羽 | 11 | シュウ・なら(う) | 𠃌 习 羽 習 | 習慣(しゅうかん)・習得(しゅうとく)・風習(ふうしゅう)・見習い(みならい) |
| 耳 | 耳 | 6 | ジ・みみ | 一 丅 耳 | 耳目(じもく)・耳寄り(みみより)・馬耳東風(ばじとうふう) |
| 聞 | 耳 | 14 | ブン・モン・き(く)・き(こえる) | 丨 門 聞 | 新聞(しんぶん)・風聞(ふうぶん)・前代未聞(ぜんだいみもん) |
| 育 | 肉 | 8 | イク・そだ(つ)・そだ(てる)・はぐく(む) | 丶 亠 育 | 育英(いくえい)・育成(いくせい)・発育(はついく)・養育(よういく) |
| 肉 | 肉 | 6 | ニク | 丨 冂 内 肉 | 肉眼(にくがん)・肉親(にくしん)・苦肉(くにく)・皮肉(ひにく) |
| 自 | 自 | 6 | ジ・シ・みずか(ら) | ノ 白 自 | 自在(じざい)・自律(じりつ)・独自(どくじ)・自然(しぜん) |
| 西 | 西 | 6 | セイ・サイ・にし | 一 丆 襾 西 | 西域(せいいき)・関西(かんさい)・東西(とうざい)・西日(にしび) |
| 色 | 色 | 6 | ショク・シキ・いろ | ノ ク 色 | 異色(いしょく)・色調(しきちょう)・景色(けしき)・色物(いろもの) |
| 虫 | 虫 | 6 | チュウ・むし | 丨 口 中 虫 | 虫垂(ちゅうすい)・益虫(えきちゅう)・防虫(ぼうちゅう)・毛虫(けむし) |
| 血 | 血 | 6 | ケツ・ち | ノ 亻 血 | 血気(けっき)・血族(けつぞく)・熱血(ねっけつ)・血眼(ちまなこ) |
| 表 | 衣 | 8 | ヒョウ・おもて・あらわ(す)・あらわ(れる) | 一 十 表 | 辞表(じひょう)・表書き(おもてがき)・表裏一体(ひょうりいったい) |

**Point!**

漢字の使い分け　「着(つ)く」と「付く」

着は「著」の俗字で、身につける(着衣)・届く(到着)などの意。付は人＋手で、人に与える・渡す(付与)・加える(付属)意。


**Point!**

漢字の使い分け　「聞(き)く」と「聴(き)く」

「聞く」が耳に入ってくる音をとらえる「聞こえる」の意味であるのに対して、「聴く」は「注意して聴く」の意味で用いる。

次の各文のカタカナ部分は漢字を、漢字は読みを答えよ。

1 オトコギ（おとこらしいきもち）のある人。
2 のどかなデンエン（たんぼやはたけ）風景。
3 この土地はハタサク（はたけでさく物をつくること）が中心だ。
4 受付のジュンバン（じゅんじょ）を守る。
5 東京をケイユ（ある地点を通り過ぎること）して帰る。
6 メイハク（はっきりした）な証拠（しょうこ）を示す。
7 ヒャクガイ（多くの悪いこと）あって一利なし。
8 白樺（しらかば）のジュヒ（木のかわ）に傷が付く。
9 ケンエイ（けんがうんえいしていること）運動場を建設する。
10 ジュンシン（けがれがなく清らかな）な心に打たれる。
11 噂（うわさ）のシンソウ（しんじつの姿）を追う。
12 言葉をスナオ（ありのまま）に受け止める。
13 木の高さをモクソク（め分量ではかる）する。
14 実験にジシャク（じりょくを持つ物体）を使う。
15 音楽のサイテン（まつり）に参加する。
16 ブンショウ（一続きの言葉）を書き直す。
17 ドウガン（子供っぽいかおつき）で親しみやすい。

18 成人したリッパ（見事であるさま）な姿。
19 キヌイト（きぬのいと）で縁（ふち）取りをする。
20 チャクガン（目のつけどころ）点に感心する。
21 サンビ（ほめたたえる）歌を合唱する。
22 この国ではボクヨウ（ヒツジを飼育すること）が盛（さか）んだ。
23 ウモウ（鳥のハネ）布団を掛（か）けて寝（ね）る。
24 土地のフウシュウ（ならわし・しきたり）を守る。
25 世間のジモク（注意）を引く。
26 フウブン（うわさ）が絶えない。
27 ハツイク（そだつこと）のよい赤ちゃん。
28 ニクガン（人の目）では見えない。
29 機械をジザイ（思いのまま）に操る。
30 カンサイ（京都・大阪を中心とした地方）なまりがある人。
31 イショク（他とちがった点があること）の作品が目を引く。
32 花粉を運ぶエキチュウ（役に立つむし）。
33 チマナコ（夢中になってするさま）になって探す。
34 上司にジヒョウ（仕事をやめることを書いた文書）を出す。

## 解答とポイント

1 男気
2 田園
3 畑作
4 順番
5 経由　NG! 径由×
6 明白
7 百害
8 樹皮
9 県営
10 純真　NG! 純心×
11 真相
12 素直
13 目測　NG! 目側×
14 磁石
15 祭典
16 文章
17 童顔
18 立派
19 絹糸
20 着眼
21 賛（讃）美
22 牧羊
23 羽毛
24 風習
25 耳目
26 風聞
27 発育
28 肉眼　NG! 肉眠×
29 自在
30 関西
31 異色
32 益虫
33 血眼
34 辞表

| 漢字 | 部首 | 画数 | 読み | 筆順 | 用例 |
|---|---|---|---|---|---|
| 見 | 見 | 7 | ケン / み(る) / み(える) / み(せる) | 丨冂月 目月見 | 見聞・意見 / 見栄・花見 |
| 親 | 見 | 16 | シン / おや / した(しい) / した(しむ) | 丶亠立 亲親親 | 親密・近親 / 親船・里親 |
| 言 | 言 | 7 | ゲン / ゴン / い(う) / こと | 丶亠亖 言言言 | 遺言・泣き言 / 言語道断 |
| 谷 | 谷 | 7 | コク / たに | ノハ公 谷谷谷 | 空谷・谷間・谷川 |
| 豆 | 豆 | 7 | トウ / ズ / まめ | 一丅百 豆豆豆 | 納豆・豆乳 / 大豆・枝豆 |
| 貝 | 貝 | 7 | かい | 丨冂目 貝貝 | 貝柱・貝合わせ / 赤貝 |
| 買 | 貝 | 12 | バイ / か(う) | 丶冖罒 罒冒買 | 買収・売買 / 仲買 |
| 負 | 貝 | 9 | フ / ま(ける) / ま(かす) / お(う) | ノ⺈⺈ 负負負 | 負担・自負 / 根負け・負い目 |
| 赤 | 赤 | 7 | セキ・シャク / あか・あか(い) / あか(らむ) / あか(らめる) | 一十土 赤赤赤 | 赤面・赤貧 / 赤銅・赤潮 |

**Point!** 漢字の使い分け「買(バイ)」と「売(バイ)」

買は貝(財貨)＋罒(網)で、網(あみ)をかぶせて、財貨を取り入れることから、買う意を表す。売はもと賣で、士(出が変化した形)＋買(売り買い)で、売り買いに物品を出すことから、売る意を表す。ちなみに「売買(ばいばい)」という熟語は売が上。

| 漢字 | 部首 | 画数 | 読み | 筆順 | 用例 |
|---|---|---|---|---|---|
| 身 | 身 | 7 | シン / み | ノ亻门 自身身 | 身上・自身 / 身一つ・身分 |
| 車 | 車 | 7 | シャ / くるま | 一丅百 亘亘車 | 車庫・車両 / 風車・糸車 |
| 麦 | 麦 | 7 | バク / むぎ | 一十土 夫麦麦 | 麦芽・麦秋 / 米麦・大麦 |
| 農 | 辰 | 13 | ノウ | 口曲曲 芦農農 | 農耕・農薬 / 半農・貧農 |
| 酒 | 酉 | 10 | シュ / さけ / さか | 丶氵汀 沥洒酒 | 酒気・飲酒 / 清酒・酒蔵 |
| 重 | 里 | 9 | ジュウ / チョウ / え・おも(い) / かさ(ねる) / かさ(なる) | 一二亓 盲重重 | 厳重・重複 / 二重・重ね着 |
| 里 | 里 | 7 | リ / さと | 丨口日 甲里里 | 里程・郷里 / 里心 |
| 長 | 長 | 8 | チョウ / なが(い) | 丨厂F 巨長長 | 助長・長屋 / 一長一短 |
| 集 | 隹 | 12 | シュウ / あつ(まる) / あつ(める) / つど(う) | ノイ什 隹隼集 | 集結・採集 / 離合集散 |
| 青 | 青 | 8 | セイ / ショウ / あお / あお(い) | 一十主 丰青青 | 青春・緑青 / 青息・青天白日 |
| 面 | 面 | 9 | メン / おも / おもて / つら | 一丆丙 而而面 | 面識・局面 / 面持ち・上っ面 |
| 音 | 音 | 9 | オン / イン / おと / ね | 丶亠立 立音音 | 音声・音頭 / 福音・音色 |

**隹 ふるとり**：尾の短い小鳥の形。鳥・小鳥に関する意。

| 漢字 | 部首 | 画数 | 読み | 筆順 | 用例 |
|---|---|---|---|---|---|
| 風 | 風 | 9 | フウ / フ / かぜ / かざ | ノ几凡 凨風風 | 台風・新風 / 風情・風花 |
| 食 | 食 | 9 | ショク / ジキ / く(う) / く(らう) / た(べる) | ノ人今 今食食 | 食指・衣食 / 断食・大食い |
| 首 | 首 | 9 | シュ / くび | 丶丷丷 艹首首 | 首領・首輪 / 首尾一貫 |
| 馬 | 馬 | 10 | バ / うま / ま | 丨厂F 王馬馬 | 馬力・人馬 / 馬子 |
| 高 | 高 | 10 | コウ / たか / たか(い) / たか(まる) / たか(める) | 丶亠古 古高高 | 高潔・最高 / 高根・声高 |
| 鳥 | 鳥 | 11 | チョウ / とり＊ | 丿卢白 鳥鳥鳥 | 鳥類・留鳥 / 鳥居・水鳥 |
| 鳴 | 鳥 | 14 | メイ / な(く) / な(る) / な(らす) | 丨口叮 呾鳴鳴 | 悲鳴・鳴り砂 / 大山鳴動 |
| 黄 | 黄 | 11 | コウ / オウ / き / こ | 一廾卄 芇黄黄 | 黄砂・黄金 / 浅黄・黄金 |
| 黒 | 黒 | 11 | コク / くろ / くろ(い) | 口日甲 里里黒 | 黒板・黒白 / 暗黒・黒幕 |
| 歯 | 歯 | 12 | シ / は | 丨卜止 止歩歯 | 歯列・犬歯 / 年歯・歯車 |
| 鼻 | 鼻 | 14 | ビ / はな | 白自畠 畠鼻鼻 | 鼻祖・酸鼻 / 鼻息・小鼻 |

＊都道府県名にのみ用いる音訓「鳥取(とっとり)県」

次の各文のカタカナ部分は漢字を、漢字は読みを答えよ。

1 大いにケンブン（経験）を広める。
2 シンミツ（とても仲の良い）な様子の二人。
3 ユイゴン（死ぬときに残すことば）状を書く。
4 タニマ（たにの中）の清流に手を浸（ひた）す。
5 朝ご飯にナットウ（だいずで作る食品）を出す。
6 アカガイ（かいの一種）を食べる。
7 会社をバイシュウ（かい取ること）する。
8 日本一だとジフ（じしんを持ちほこること）する。
9 恥（は）ずかしさにセキメン（あかい顔）する。
10 シンジョウ（みのうえ）を調査する。
11 カザグルマ（かぜで回る羽のおもちゃ）が回る。
12 バクガ（むぎをはつがさせたもの）は水飴（みずあめ）の原料だ。
13 ノウヤク（作物を作るためのくすり）の使用を抑（おさ）える。
14 シュキ（さけのにおいなど）を覚まして帰る。
15 言葉の意味がチョウフク（かさなること）する。
16 サトゴコロ（家が恋しくなるこころ）が付く。
17 健康をジョチョウ（せいちょうなどをたすけること）する。

18 昆虫（こんちゅう）をサイシュウ（とりあつめること）をする。
19 かけがえのないセイシュン（活力のある若い時）。
20 外相にメンシキ（顔見知りであること）がある。
21 美しい笛のネイロ（おとの感じ）。
22 タイフウ（熱帯性の強い低気圧）が上陸する。
23 イショク（着る物やたべる物）に事欠く始末。
24 盗賊（とうぞく）のシュリョウ（集団の親分）。
25 ジンバ（ひととうま）一体となって走る。
26 コウケツ（立派で清らか）な人格者だ。
27 神社のトリイ（神域を表す門）をくぐる。
28 暑さにヒメイ（よわね）を上げる。
29 大陸からコウサ（きいろいすな）が飛んでくる。
30 事件のクロマク（かげで指示する人）を追う。
31 社会のハグルマ（仕組みの一部）になる。
32 サンビ（むごたらしいこと）極まる事故現場。
33 明るい面持（表情）ちでやってきた。
34 秋の草花に風情（おもむき・味わい）を感じる。

## 解答とポイント

1 見聞
2 親密 NG! ×親蜜
3 遺言 NG! ×遣言
4 谷間
5 納豆
6 赤貝
7 買収 NG! ×売収
8 自負
9 赤面
10 身上 NG! ×信上
11 風車
12 麦芽
13 農薬
14 酒気 NG! ×洒
15 重複 NG! ×複
16 里心
17 助長

18 採集 NG! ×採収
19 青春
20 面識
21 音色
22 台風
23 衣食
24 首領
25 人馬
26 高潔 NG! ×潔
27 鳥居
28 悲鳴
29 黄砂
30 黒幕
31 歯車
32 酸鼻 NG! ×鼻
33 おもも
34 ふぜい

# 級別テスト 8級

（30分）

／100点

(一) 次の――線の漢字の読みをひらがなで記せ。 2×5(10点)

① 地道な努力を重ねる。（　　）
② 体の調子がよい。（　　）
③ 本の感想を話し合う。（　　）
④ 急速に実力をつける。（　　）
⑤ 激しい練習にたえる。（　　）

(二) 次の――線の漢字の読みをひらがなで記せ。 2×8(16点)

① 味方を助ける。（　　）
② 文章を味わう。（　　）
③ 一部始終を話す。（　　）
④ 新学期が始まる。（　　）
⑤ 世界の平和を願う。（　　）
⑥ 痛みが和らぐ。（　　）
⑦ 理路整然と述べる。（　　）
⑧ 部屋を整える。（　　）

(三) 次の漢字の赤い画は筆順の何画目か。（　）の中に算用数字を記せ。 2×12(24点)

① 港（　　）
② 帳（　　）
③ 旅（　　）
④ 様（　　）
⑤ 級（　　）
⑥ 角（　　）
⑦ 配（　　）
⑧ 駅（　　）
⑨ 局（　　）
⑩ 葉（　　）
⑪ 出（　　）
⑫ 国（　　）

(四) 上と反対の意味になるよう、□にあてはまる漢字を（　）の中に記せ。 2×10(20点)

① 善い ―― □い（わる）（　　）
② うれしい ―― □しい（かな）（　　）
③ 過失 ―― 故□（い）（　　）
④ 退化 ―― □歩（しん）（　　）
⑤ 近い ―― □い（とお）（　　）
⑥ 閉じる ―― □く（ひら）（　　）

⑦ 下車 ―― □車（じょう）
⑧ 売る ―― □う（か）
⑨ 負ける ―― □つ（か）
⑩ 多い ―― □ない（すく）

## (五) 次の□の読み方で、あてはまる漢字を〔　〕に記せ。 1×10(10点)

**し**
（①）事が忙しい。
正しい（②）用方法を守る。

**たい**
貴重な（③）験をする。
期（④）に胸をはずませる。

**き**
天（⑤）のよい日に外出する。
船の（⑥）笛が聞こえる。

**けっ**
指導方針を（⑦）定する。
自分の（⑧）点を自覚する。

**かい**
新しい段（⑨）に入る。
境（⑩）線を引く。

## (六) 次の部首で、□にあてはまる漢字を〔　〕に記せ。 1×10(10点)

さんずい（氵）　①夜（しん）・②息（しょう）
てへん（扌）　③示（し）・支④（じ）
きへん（木）　鉄⑤（きょう）・⑥樹（しょく）
しめすへん（ネ）　幸⑦（ふく）・精⑧（しん）
りっとう（刂）　⑨者（ぜん）・順⑩（れつ）

## (七) 次の□にあてはまる漢字を〔　〕に記せ。 1×10(10点)

① 人材を□（いく）成する。
② 英語を学□（しゅう）する。
③ 急いで□（たい）策を立てる。
④ 強□（いん）に列に入る。
⑤ □（ぐ）体的に説明する。
⑥ 作者の意□（と）を理解する。
⑦ あれこれと□（し）案する。
⑧ 旅□（かん）を予約する。
⑨ 暑さで悲□（めい）をあげる。
⑩ 動物□（えん）を見学する。

# 7級 第1回

| 漢字 | 部首 | 画数 | 読み | 筆順 | 用例 |
|---|---|---|---|---|---|
| 位 | 亻 | 7 | イ / くらい | ノ イ 亻' 仁 位 位 | 本位・順位 / 三位一体 |
| 億 | 亻 | 15 | オク | 仁 倍 倍 億 億 億 | 億万・巨億 |
| 健 | 亻 | 11 | ケン / すこ(やか) | 仁 佳 律 律 健 健 | 健康・健在 / 強健・保健 |
| 候 | 亻 | 10 | コウ / そうろう | イ 亻 仁 仁 候 候 | 気候・立候補 / 兆候・居候 |
| 佐 | 亻 | 7 | サ | ノ イ 仁 什 佐 佐 | 佐官・佐幕 / 補佐・少佐 |
| 借 | 亻 | 10 | シャク / か(りる) | イ 仁 借 借 借 借 | 借金・貸借 / 拝借・前借り |
| 信 | 亻 | 9 | シン | ノ イ 亻' 仁 信 信 | 信用・迷信 / 半信半疑 |
| 側 | 亻 | 11 | ソク / がわ | 亻 但 但 俱 俱 側 | 側面・側近 / 内側・両側 |
| 仲 | 亻 | 6 | チュウ / なか | ノ イ 亻 仂 仲 仲 | 仲秋・仲間 / 仲人・不仲 |
| 低 | 亻 | 7 | テイ / ひく(い) ひく(める) ひく(まる) | ノ イ 亻' 仁 任 低 | 低温・低下 / 高低・最低 |
| 伝 | 亻 | 6 | デン / つた(わる) つた(える) つた(う) | ノ イ 仁 仁 伝 伝 | 伝言・宣伝 / 自伝・手伝い |
| 働 | 亻 | 13 | ドウ / はたら(く) | 亻 俨 俥 俥 偅 働 | 労働・実働 / 共働き・働き者 |
| 付 | 亻 | 5 | フ / つ(ける) つ(く) | ノ イ 仁 付 付 | 付属・寄付 / 付和雷同 |
| 便 | 亻 | 9 | ベン ビン / たよ(り) | イ 仁 佰 便 便 便 | 不便・便利 / 郵便・便乗 |
| 例 | 亻 | 8 | レイ / たと(える) | イ 仁 仮 仮 例 例 | 例外・実例 / 比例・例え話 |
| 冷 | 冫 | 7 | レイ / つめ(たい) ひ(える) ひ(や) ひ(やす) ひ(やかす) さ(める) さ(ます) | 丶 冫 冫 冷 冷 冷 | 冷害・冷静 / 寒冷・秋冷 / 花冷え・湯冷め |
| 唱 | 口 | 11 | ショウ / とな(える) | 丨 口 口 口 唱 唱 | 唱歌・唱導 / 暗唱・復唱 |
| 塩 | 土 | 13 | エン / しお | 十 土 圹 埳 塩 塩 | 塩田・食塩 / 塩水・手塩 |
| 埼 | 土 | 11 | さい* | 土 圢 埣 埼 埼 埼 | 埼玉県 |
| 城 | 土 | 9 | ジョウ / しろ* | 土 圢 圹 坊 城 城 | 城門・城下 / 落城・根城 |
| 媛 | 女 | 12 | エン* | 女 女 妒 媛 媛 媛 | 才媛 |
| 好 | 女 | 6 | コウ / この(む) す(く) | く 女 女 好 好 | 好意・友好 / 好機到来 |
| 子 こへん | | | こども・年の若いことに関する意。 | | |
| 孫 | 子 | 10 | ソン / まご | 了 子 孑 孫 孫 孫 | 子孫・孫子 / 孫弟子・初孫 |
| 山 やまへん | | | 山の形。山名や山に関する意。 | | |
| 岐 | 山 | 7 | キ* | 丨 山 山 山 岐 岐 | 岐路・多岐 / 分岐 |
| 崎 | 山 | 11 | さき | 山 山 山 峠 崎 崎 | 大王崎・長崎 |
| 径 | 彳 | 8 | ケイ | ノ 彳 彳 径 径 径 | 径路・直径 / 直情径行 |
| 徒 | 彳 | 10 | ト | 彳 往 往 徒 徒 徒 | 徒弟・徒歩 / 生徒・門徒 |
| 徳 | 彳 | 14 | トク | 彳 彳 徳 徳 徳 徳 | 徳性・道徳 / 美徳・人徳 |
| 隊 | 阝 | 12 | タイ | 阝 阝 阝 阝 隊 隊 | 隊員・隊商 / 兵隊・軍隊 |

＊都道府県名にのみ用いる音訓
埼玉（さいたま）県
茨城（いばらき）県 ⬇ 茨 p.40
宮城（みやぎ）県
愛媛（えひめ）県 ⬇ 愛 p.44
岐阜（ぎふ）県 ⬇ 阜 p.46

次の各文のカタカナ部分は漢字を、漢字は読みを答えよ。

1 一挙にジュンイ（じゅんばんで表されたいち）を上げる。
2 オクマン（非常に大きい数）長者の夢。
3 ケンコウ（病気にかかっておらず、げんきな状態）に留意する。
4 選挙にリッコウホ（こうほしゃとして名乗り出ること）する。
5 会長をホサ（ひとを助けて任務を果たさせること）する役目を負う。
6 教科書をハイシャク（おかりすること）する。
7 メイシン（こんきょなくしんじられていること）を打破する。
8 ソッキン（そばで仕えるひと）が実権を握る。
9 喧嘩（けんか）して彼（かれ）とフナカ（なかがわるいこと）になる。
10 サイテイ（いちばんひくいこと）速度を設ける。
11 無公害車をセンデン（多くの人に広め知らせること）する。
12 一日ジツドウ（じっさいにはたらくこと）七時間。
13 建築費のキフ（お金や品物などをおくること）を募（つの）る。
14 通勤のフベン（べんりでないこと）が欠点だ。
15 成功したジツレイ（じっさいにあったれい）を挙げる。
16 レイセイ（感情的にならないで落ちついていること）に対処する。
17 命令をフクショウ（くり返して言うこと）する。

18 真っ向から反対をトナ（主張する）える。
19 テシオ（自分のてで世話をすること）にかけて育てる。
20 サイタマ（関東地方の県）県に住んでいる。
21 事務所をネジロ（より所とする場）にする。
22 彼女（かのじょ）は社内一のサイエン（高い教養のある女性）だ。
23 両国のユウコウ（なかのよいつき合い）を深める。
24 ハツマゴ（その人にとってはじめてのまご）誕生の知らせ。
25 人生のキロ（別れ道）に立つ。
26 ナガサキ（九州の地名）へ旅行する。
27 円のチョッケイ（円や球の中心を通りりょうはしを結ぶちょくせん）を求める。
28 トホ（あるくこと）で五分程度かかる。
29 ジントク（そのひとに備わっているとく）でひとが集まる。
30 タイイン（あるたいに属する者）の士気を高める。
31 子供が健（じょうぶでしっかりと）やかに育つ。
32 お祭り騒（さわ）ぎに便乗（機会をうまくとらえること）する。
33 体を拭（ふ）かないと湯冷（体がひえて寒くなる）めする。
34 議題が多岐（多くの分野）にわたる。

## 解答とポイント

1 順位
2 億万
3 健康 NG! 建康×
4 立候補 NG! ×補
5 補佐
6 拝借
7 迷信
8 側近
9 不仲
10 最低 NG! 最底×
11 宣伝
12 実働
13 寄付
14 不便
15 実例
16 冷静
17 復唱
18 唱
19 手塩
20 埼玉
21 根城
22 才媛
23 友好
24 初孫
25 岐路
26 長崎
27 直径 NG! 直経×
28 徒歩
29 人徳
30 隊員
31 すこ
32 びんじょう
33 ゆざ
34 たき

| 漢字 | 阪 | 陸 | 折 | 潟 | 泣 | 漁 | 治 | 滋 | 清 | 浅 | 沖 |
|---|---|---|---|---|---|---|---|---|---|---|---|
| 部首・画数 | 阝 7 | 阝 11 | 扌 7 | 氵 15 | 氵 8 | 氵 14 | 氵 8 | 氵 12 | 氵 11 | 氵 9 | 氵 7 |
| 読み | ハン ＊ | リク | セツ お(る) おり お(れる) | かた | キュウ な(く) | ギョ リョウ | ジ・チ おさ(める) おさ(まる) なお(る) なお(す) | ジ ＊ | セイ ショウ きよ(い) きよ(まる) きよ(める) | セン あさ(い) | チュウ おき |
| 筆順 | ㇇ 阝 阝 阝厂 阪 阪 | 阝 阝 阝土 陸 陸 陸 | 一 十 扌 扌 扩 折 | 氵 氵 泊 泻 潟 潟 | 丶 氵 氵 汁 泣 泣 | 氵 氵 氵 渔 漁 漁 | 丶 氵 汁 汁 治 治 | 氵 氵 氵 滋 滋 滋 | 丶 氵 汁 汁 清 清 | 丶 氵 汁 浅 浅 浅 | 丶 氵 氵 沪 沪 沖 |
| 用例 | 阪神(はんしん)・京阪(けいはん) | 陸上(りくじょう)・陸地(りくち)、大陸(たいりく)・着陸(ちゃくりく) | 折角(せっかく)・折半(せっぱん)、曲折(きょくせつ)・折り目(おりめ) | 干潟(ひがた) | 号泣(ごうきゅう)・感泣(かんきゅう)、泣き声(なきごえ)・男泣き(おとこなき) | 漁業(ぎょぎょう)・漁港(ぎょこう)、大漁(たいりょう)・漁師(りょうし) | 明治(めいじ)・治外(ちがい)、治安(ちあん)・自治(じち) | 滋雨(じう)・滋味(じみ)、滋養(じよう) | 清算(せいさん)・清水寺(きよみずでら)、清廉潔白(せいれんけっぱく) | 浅学(せんがく)・浅見(せんけん)、浅知恵(あさぢえ)・遠浅(とおあさ) | 沖積(ちゅうせき)・沖天(ちゅうてん)、沖合い(おきあい) |

| 漢字 | 法 | 満 | 浴 | 旗 | 昨 | 械 | 機 | 極 | 材 | 札 |
|---|---|---|---|---|---|---|---|---|---|---|
| 部首・画数 | 氵 8 | 氵 12 | 氵 10 | 方 14 | 日 9 | 木 11 | 木 16 | 木 12 | 木 7 | 木 5 |
| 読み | ホウ ハッ ホッ | マン み(ちる) み(たす) | ヨク あ(びる) あ(びせる) | キ はた | サク | カイ | キ はた | キョク ゴク きわ(める) きわ(まる) きわ(み) | ザイ | サツ ふだ |
| 筆順 | 丶 氵 汁 汢 法 法 | 氵 汁 浒 満 満 満 | 丶 氵 氵 氵 浴 浴 | 亠 方 方 旂 旗 旗 | 丨 日 日 旷 昨 昨 | 木 杧 械 械 械 | 木 栏 桦 機 機 機 | 十 木 朽 柯 極 極 | 一 十 才 木 村 材 | 一 十 才 木 札 |
| 用例 | 法律(ほうりつ)・方法(ほうほう)、手法(しゅほう)・法度(はっと) | 干満(かんまん)・満ち潮(みちしお)、喜色満面(きしょくまんめん) | 浴室(よくしつ)・入浴(にゅうよく)、海水浴(かいすいよく)・水浴び(みずあび) | 旗手(きしゅ)・校旗(こうき)、旗日(はたび)・白旗(しろはた) | 昨日(さくじつ)・昨年(さくねん)、昨夜(さくや)・昨今(さっこん) | 機械(きかい)・器械(きかい) | 機会(きかい)・機械(きかい)、転機(てんき)・機織り(はたおり) | 積極(せっきょく)・見極め(みきわめ)、極悪非道(ごくあくひどう) | 材質(ざいしつ)・材木(ざいもく)、取材(しゅざい)・適材(てきざい) | 札束(さつたば)・改札(かいさつ)、入札(にゅうさつ)・名札(なふだ) |

**Point!** 似ている漢字「浴(ヨク)」と「溶(ヨウ)」

浴は氵(水)＋谷(そそぐ)で、水をあびる意。溶は氵＋容(とける)で、水にとける意を表す。

| 漢字 | 松 | 栃 | 梅 | 標 | 残 | 焼 | 灯 | 特 | 牧 |
|---|---|---|---|---|---|---|---|---|---|
| 部首・画数 | 木 8 | 木 9 | 木 10 | 木 15 | 歹 10 | 火 12 | 火 6 | 牛 10 | 牛 8 |
| 読み | ショウ まつ | とち＊ | バイ うめ | ヒョウ | ザン のこ(る) のこ(す) | ショウ や(く) や(ける) | トウ ひ | トク | ボク まき |
| 筆順 | 十 木 朩 朩 松 松 | 木 朩 朩 析 栃 栃 | 木 朩 杠 梅 梅 梅 | 木 朩 朩 標 標 標 | 一 ア 歹 歹 残 残 | 火 火 炸 焼 焼 焼 | 丶 丷 火 火 火 灯 | ノ ト 牛 牛 特 特 | ノ ト 牛 牛 牧 牧 |
| 用例 | 松竹梅(しょうちくばい)・松葉(まつば)、松林(まつばやし)・門松(かどまつ) | 栃木県(とちぎけん) | 寒梅(かんばい)・入梅(にゅうばい)、梅酒(うめしゅ)・梅雨(つゆ) | 標記(ひょうき)・標高(ひょうこう)、目標(もくひょう)・商標(しょうひょう) | 残金(ざんきん)・残念(ざんねん)、無残(むざん)・居残り(いのこり) | 焼失(しょうしつ)・焼死(しょうし)、燃焼(ねんしょう)・夕焼け(ゆうやけ) | 灯火(とうか)・灯台(とうだい)、消灯(しょうとう)・電灯(でんとう) | 特色(とくしょく)・特典(とくてん)、独特(どくとく)・奇特(きとく) | 牧師(ぼくし)・牧場(ぼくじょう)、放牧(ほうぼく)・遊牧(ゆうぼく) |

**火 ひへん**

燃え上がるほのおの形。火・燃えるに関する意。

＊都道府県名にのみ用いる音訓
大阪(おおさか)府
滋賀(しが)県
栃木(とちぎ)県

次の各文のカタカナ部分は漢字を、漢字は読みを答えよ。

1 ハンシン地区に移住する。（近畿地方の一地域）
2 無事空港にチャクリクする。（空中からりくじょうにつくこと）
3 オリ目正しいあいさつ。（けじめ）
4 ヒガタで貝殻（かいがら）を拾う。（潮が引いて現れた遠浅の海岸）
5 祖父の死にゴウキュウする。（大声をあげてなくこと）
6 タイリョウ旗がひるがえる。（魚などがたくさん取れること）
7 社会のチアンを保つ。（おさまっていて危険がない状態）
8 母のジミあふれる言葉。（深いあじわい）
9 過去をセイサンする。（始末をつけること）
10 トオアサの海。（おきの方まで海底があさいこと）
11 オキアいを船が通る。（おきのほう）
12 新しいシュホウを試みる。（やりかた）
13 潮のカンマンの差が大きい。（潮のみちひき）
14 家のヨクシツを改装する。（お風呂）
15 行進のキシュを務める。（はたを持つ人）
16 しめ切りはサクジツだった。（きのう）
17 工作キカイを運び入れる。（動力によって仕事をするもの）

18 人生のテンキになる。（変わるきっかけ）
19 セッキョク的に行動する。（自分から進んで物事を行うさま）
20 記者がシュザイに来る。（事件を調べたり人に話を聞いたりすること）
21 ナフダを胸に付ける。（なまえを書いたふだ）
22 家の前にカドマツを置く。（新年にもんの前に立てるまつのかざり）
23 日光はトチギ県にある。（関東地方の県）
24 ウメシュを料理に使う。（うめの実をしょうちゅうに漬けて造ったさけ）
25 ヒョウコウが高い山。（海面から測った土地のたかさ）
26 ムザンな姿をさらす。（痛ましい）
27 火事でショウシツする。（やけてなくなること）
28 ショウトウ時間を守る。（明かりをけす）
29 各自がトクショクを出す。（他と異なったところ）
30 馬をホウボクする。（はなし飼いにすること）
31 折角の料理がまずくなる。（苦労して）
32 わが身の浅学を恥（は）じる。（学問や知識が未熟なこと）
33 機織りの夜なべがつづく。（布をつくる作業）
34 限度の見極めが必要だ。（見通し）

## 解答とポイント

1 阪神
2 着陸
3 折
4 干潟　NG! 干湯×
5 号泣
6 大漁
7 治安
8 滋味
9 清算　NG! 精算×
10 遠浅
11 沖合
12 手法
13 干満
14 浴室　NG! 溶室×
15 旗手
16 昨日
17 機械
18 転機
19 積極　NG! 績極×
20 取材
21 名札
22 門松
23 栃木
24 梅酒　NG! ×酒
25 標高
26 無残（惨）
27 焼失　NG! 消失×
28 消灯
29 特色
30 放牧
31 せっかく
32 せんがく
33 はたお
34 みきわ

7級 第2回

# 7級 第3回

| 漢字 | 部首・画数 | 読み | 筆順 | 用例 |
|---|---|---|---|---|
| 祝 | ネ 9 | シュク シュウ いわ(う) | 、ラネ ネ祀祝 | 祝福・祝典・祝辞・内祝い |
| 種 | 禾 14 | シュ たね | ノ禾秆 稍稱種 | 種子・種目・品種・菜種 |
| 積 | 禾 16 | セキ つ(む) つ(もる) | 二禾秆 秸積積 | 積雲・体積・面積・積み荷 |
| 給 | 糸 12 | キュウ | 幺糸糸 紒給給 | 給食・給付・供給・月給 |
| 結 | 糸 12 | ケツ むす(ぶ) ゆ(う) ゆ(わえる) | く幺糸 紅紝結 | 完結・結納・起承転結 |
| 縄 | 糸 15 | ジョウ なわ | 幺糸糸 紀絽縄 | 縄文・火縄銃・自縄自縛 |
| 続 | 糸 13 | ゾク つづ(く) つづ(ける) | 幺糸紅 紸続続 | 続行・続出・接続・手続き |
| 約 | 糸 9 | ヤク | く幺糸 糸約約 | 約束・要約・予約・節約 |
| 課 | 言 15 | カ | 言訂訂 訶評課 | 課題・課長・学課・日課 |

**Point!** 書き誤りやすい漢字「種」

禾(稲)+重(重い)で、稲穂の重い種の意を表す。重は人が荷物を背負って立つ形で、縦棒|はノにくっつく。

| 漢字 | 部首・画数 | 読み | 筆順 | 用例 |
|---|---|---|---|---|
| 議 | 言 20 | ギ | 言詳詳 詳議議 | 議会・議案・会議・決議 |
| 訓 | 言 10 | クン | 、言言 訂訓訓 | 訓育・訓辞・教訓・家訓 |
| 試 | 言 13 | シ こころ(みる) ため(す) | 、言言 訂試試 | 試合・試作・試行錯誤 |
| 説 | 言 14 | セツ ゼイ と(く) | 言言言 詋說説 | 説教・伝説・遊説・口説き |
| 輪 | 車 15 | リン わ | 一車軟 軟輪輪 | 輪唱・車輪・前輪・首輪 |
| 鏡 | 金 19 | キョウ かがみ | 金金鉈 鉈鏡鏡 | 鏡台・手鏡・明鏡止水 |
| 録 | 金 16 | ロク | 金金金 金録録 | 録音・録画・記録・目録 |
| 飯 | 食 12 | ハン めし | 八今食 飠飯飯 | 飯店・飯台・赤飯・昼飯 |
| 験 | 馬 18 | ケン ゲン | 丨Ⅱ馬 馬験験 | 験算・試験・経験・修験 |
| 刷 | 刂 8 | サツ す(る) | コ尸尸 吊刷刷 | 刷新・印刷・増刷 |
| 副 | 刂 11 | フク | 一戸吊 畐畐副 | 副賞・副食・副会長・副作用 |
| 別 | 刂 7 | ベツ わか(れる) | 丶口号 另別別 | 別室・別名・差別・特別 |

| 漢字 | 部首・画数 | 読み | 筆順 | 用例 |
|---|---|---|---|---|
| 利 | 刂 7 | リ き(く) | ノ二千 禾和利 | 利益・金利・利害得失 |
| 功 | 力 5 | コウ ク | 一Tエ 功功 | 功績・功名・年功・功徳 |
| 戈 | ほこづくり ほこがまえ | | | 棒に刃のついたほこの形。武器・軍隊に関する意。 |
| 成 | 戈 6 | セイ ジョウ な(る) な(す) | ノ厂厅 成成成 | 成長・成立・達成・成就 |
| 戦 | 戈 13 | セン いくさ たたか(う) | ッ当単 単戦戦 | 戦争・作戦・悪戦・負け戦 |
| 卩 | わりふ ふしづくり | | | 人がひざまずいて行う動作に関する意。 |
| 印 | 卩 6 | イン しるし | ノイF E印印 | 印刷・印象・調印・旗印 |
| 郡 | 阝 10 | グン | コヨ尹 君郡郡 | 郡部・国郡 |
| 改 | 攵 7 | カイ あらた(める) あらた(まる) | ファ己 己己改 | 改革・改正・改装・改良 |
| 散 | 攵 12 | サン ち(る) ち(らす) ち(らかす) ち(らかる) | 一艹丗 昔昔散 | 散歩・解散・発散・散り際 |

**Point!** 読み誤りやすい漢字「成」

成は普通「セイ」と読み、成功・完成などと使うが、例は少ないが「ジョウ」とも読むから注意。成就・成仏。

次の各文のカタカナ部分は漢字を、漢字は読みを答えよ。

1 道路開通のシュクテン。(いわいの儀式)
2 寒さに強いヒンシュを作る。(同じ農作物やかちくなどの細かい区分)
3 球のタイセキを求める。(りったいのかさ)
4 電力をキョウキュウする。(求められているものを与えること)
5 物語がカンケツする。(すっかり終わること)
6 ジョウモン時代の遺跡(いせき)。(なわの模様)
7 苦情がゾクシュツする。(次次とでてくること)
8 旅館をヨヤクする。(前もってするとり決め)
9 朝の体操をニッカとする。(まいにちきめてすること)
10 不信任をケツギする。(かいぎであることがらをきめること)
11 貴重なキョウクンを得る。(戒めの言葉)
12 シサク品を展示する。(ためしにつくること)
13 語りつがれてきたデンセツ。(昔から言いつたえられてきた話)
14 犬にクビワをつける。(犬や猫などのくびにはめるわ)
15 テカガミに顔を映す。(てに持って使う小さなかがみ)
16 展示品のモクロクを見る。(品物を書き並べたもの)
17 セキハンで祝う。(もち米にあずきを入れて蒸したごはん)

18 ケンザンして確かめる。(もう一度けいさんすること)
19 評判が良くゾウサツされた。(さらにいんさつし、出版する)
20 薬のフクサヨウに注意。(本来のさようにともなって起こる別のさよう)
21 トクベツに許可する。(普通一般のものとはちがうこと)
22 国民のリエキを図る。(ためになること)
23 ネンコウ序列を改める。(長くつとめたてがらやこうせき)
24 大記録をタッセイする。(なしとげること)
25 難関にアクセン苦闘(くとう)する。(困難に打ち勝とうと努力する)
26 優しいインショウの人。(心に残った感じ)
27 グンブの活性化を図る。(市街地からはなれた地域)
28 エンジンをカイリョウする。(悪いところをあらためてよくすること)
29 国会をカイサンする。(分かれてばらばらになること)
30 **結納**の日取りを決める。(婚約成立のしるしのぎしき)
31 総理が地方を**遊説**する。(意見や主張を説いて歩くこと)
32 **明鏡**止水の心持ちを目指す。(澄み切って静かな心)
33 旅のしおりを人数分**刷**る。(いんさつする)
34 彼女はとっさの機転が**利**く。(できる)

## 解答とポイント

| | | | | | | | | | | | | | | | | |
|---|---|---|---|---|---|---|---|---|---|---|---|---|---|---|---|---|
| 1 祝典 | 2 品種 | 3 体積 | 4 供給 | 5 完結 | 6 縄文 | 7 続出 | 8 予約 | 9 日課 | 10 決議 | 11 教訓 | 12 試作 | 13 伝説 | 14 首輪 | 15 手鏡 | 16 目録 | 17 赤飯 |
| 18 験(検)算 | 19 増刷 | 20 副作用 | 21 特別 NG! ×別 | 22 利益 | 23 年功 NG! 年巧× | 24 達成 NG! ×達 | 25 悪戦 | 26 印象 NG! 印像× | 27 郡部 NG! 群×部 | 28 改良 | 29 解散 NG! ×解 | 30 ゆいのう | 31 ゆうぜい | 32 めいきょう | 33 す | 34 き |

| 漢字 | 部首 | 画数 | 読み | 筆順 | 用例 |
|---|---|---|---|---|---|
| 敗 | 攵 | 11 | ハイ やぶ(れる) | 丨 冂 目 貝 貝' 敗 | 敗北(はいぼく)・敗者(はいしゃ) 失敗(しっぱい)・勝敗(しょうはい) |
| 斗 とます | | | 柄(え)のついたひしゃくの形。ます・ひしゃくに関する意。 | | |
| 料 | 斗 | 10 | リョウ | 丶 ソ 米 米 料 料 | 料理(りょうり)・料金(りょうきん) 給料(きゅうりょう)・材料(ざいりょう) |
| 欠 | 欠 | 4 | ケツ か(ける) か(く) | ノ ク ケ 欠 | 欠員(けついん)・欠航(けっこう) 残欠(ざんけつ)・補欠(ほけつ) |
| 願 | 頁 | 19 | ガン ねが(う) | 一 厂 戶 盾 原 願 | 願書(がんしょ)・願望(がんぼう) 念願(ねんがん)・願い出(ねがいで) |
| 順 | 頁 | 12 | ジュン | 丿 川 川 川 順 順 | 順守(じゅんしゅ)・道順(みちじゅん) 順風満帆(じゅんぷうまんぱん) |
| 類 | 頁 | 18 | ルイ たぐ(い) | 丷 半 米 类 类 類 | 類型(るいけい)・種類(しゅるい) 類い無い(たぐいない) |
| 害 | 宀 | 10 | ガイ | 丶 宀 宀 中 宔 害 | 害虫(がいちゅう)・害悪(がいあく) 公害(こうがい)・有害(ゆうがい) |
| 完 | 宀 | 7 | カン | 丶 宀 宀 宀 宁 完 | 未完(みかん)・補完(ほかん) 完全無欠(かんぜんむけつ) |
| 官 | 宀 | 8 | カン | 丶 宀 宀 宀 官 官 | 官庁(かんちょう)・官能(かんのう) 教官(きょうかん)・五官(ごかん) |
| 察 | 宀 | 14 | サツ | 宀 宀 宀 夊 察 察 | 察知(さっち)・警察(けいさつ) 推察(すいさつ)・考察(こうさつ) |

| 漢字 | 部首 | 画数 | 読み | 筆順 | 用例 |
|---|---|---|---|---|---|
| 富 | 宀 | 12 | フ フウ と(む) とみ ＊ | 宀 宀 宀 宫 富 富 | 貧富(ひんぷ)・富貴(ふうき) 富国強兵(ふこくきょうへい) |

**Point!** 読み誤りやすい漢字「富」

富は普通「フ」と読み、富裕(ふゆう)・貧富(ひんぷ)などと使うが、「富貴」は「フウキ」と長音化して読む。「詩歌」を「シイカ」と読むのと同じ。

⺍ つかんむり　検索のためにたてた新部首。

| 漢字 | 部首 | 画数 | 読み | 筆順 | 用例 |
|---|---|---|---|---|---|
| 巣 | ⺍ | 11 | ソウ す | 丶 ⺍ 㕣 単 巣 巣 | 営巣(えいそう)・病巣(びょうそう) 巣箱(すばこ)・古巣(ふるす) |
| 単 | ⺍ | 9 | タン | 丶 ⺍ ⺍ 当 当 単 | 単純(たんじゅん)・簡単(かんたん) 単刀直入(たんとうちょくにゅう) |
| 茨 | 艹 | 9 | いばら＊ | 一 艹 艹 茨 茨 茨 | 茨城県(いばらきけん)＊ |
| 英 | 艹 | 8 | エイ | 一 十 艹 芇 苂 英 | 英語(えいご)・英気(えいき) 英知(えいち)・育英(いくえい) |
| 芽 | 艹 | 8 | ガ め | 一 艹 艹 芏 芽 芽 | 麦芽(ばくが)・発芽(はつが) 新芽(しんめ)・若芽(わかめ) |
| 芸 | 艹 | 7 | ゲイ | 一 十 艹 芏 芸 芸 | 芸術(げいじゅつ)・芸人(げいにん) 演芸(えんげい)・手芸(しゅげい) |
| 菜 | 艹 | 11 | サイ な | 一 艹 艹 芇 苹 菜 | 菜園(さいえん)・菜食(さいしょく) 山菜(さんさい)・青菜(あおな) |

罒 あみがしら　あみめ・よこめ　あみの形。あみの種類・状態に関する意。

| 漢字 | 部首 | 画数 | 読み | 筆順 | 用例 |
|---|---|---|---|---|---|
| 置 | 罒 | 13 | チ お(く) | 一 罒 罒 罝 置 置 | 安置(あんち)・位置(いち) 処置(しょち)・置物(おきもの) |
| 管 | ⺮ | 14 | カン くだ | ⺮ ⺮ ⺮ 管 管 管 | 管理(かんり)・管制(かんせい) 移管(いかん)・保管(ほかん) |
| 笑 | ⺮ | 10 | ショウ わら(う) え(む) | ⺮ ⺮ ⺮ 竺 笑 笑 | 苦笑(くしょう)・笑顔(えがお) 笑止千万(しょうしせんばん) |
| 節 | ⺮ | 13 | セツ セチ ふし | ⺮ ⺮ 笞 節 節 節 | 節句(せっく)・節度(せつど) 調節(ちょうせつ)・節会(せちえ) |
| 老 | 耂 | 6 | ロウ お(いる) ふ(ける) | 一 十 土 耂 老 老 | 敬老(けいろう)・老い先(おいさき) 老少不定(ろうしょうふじょう) |
| 児 | 儿 | 7 | ジ ニ＊ | 丨 ‖ 旧 旧 児 児 | 児童(じどう)・育児(いくじ) 幼児(ようじ)・小児科(しょうにか) |
| 兆 | 儿 | 6 | チョウ きざ(す) きざ(し) | 丿 ﾘ 兆 兆 兆 兆 | 兆候(ちょうこう)・億兆(おくちょう) 吉兆(きっちょう)・前兆(ぜんちょう) |
| 変 | 夂 | 9 | ヘン か(わる) か(える) | 亠 亣 亦 亦 変 変 | 変形(へんけい)・変わり身(かわりみ) 千変万化(せんぺんばんか) |
| 熊 | 灬 | 14 | くま | ム 育 能 能 熊 熊 | 熊手(くまで)・熊本県(くまもとけん) |
| 照 | 灬 | 13 | ショウ て(る) て(らす) て(れる) | 日 日 昭 昭 照 照 | 照明(しょうめい)・参照(さんしょう) 対照(たいしょう)・日照り(ひでり) |

＊都道府県名にのみ用いる音訓
富山(とやま)県
茨城(いばらき)県 ➡城 p.34
鹿児島(かごしま)県

7級 第4回

✎次の各文のカタカナ部分は漢字を、漢字は読みを答えよ。

1 シッパイを重ねる。（しくじること）
2 ザイリョウをそろえる。（あるものを作るもとになるもの）
3 チームにケツインが出る。（ていいんに満たないこと）
4 長年のネンガンがかなう。（ねがい望んでいたこと）
5 駅へのミチジュンを聞く。（目的地までのみちすじ）
6 ルイケイ的な表現を避（さ）ける。（ありふれたもの）
7 ユウガイ物質を除去する。（がいがあること）
8 ミカンの大器と評される。（まだでき上がっていないこと）
9 中央カンチョウの職員。（役所）
10 事前に危険をサッチする。（推し測ってしること）
11 ヒンプの差をなくす。（まずしいこととみがあること）
12 世界を旅してフルスに帰る。（住んでいた場所）
13 ビョウソウを切除する。（やまいの根源）
14 タンジュンな仕組み。（こみいっていないこと）
15 イバラキ県で生まれた。（関東地方の県）
16 仲間のエイチを集める。（優れた深いちえ）
17 種子がハツガする。（めを出すこと）

18 木のシンメが吹（ふ）く。（あたらしく出てきため）
19 エンゲイ会を開く。（大衆的なげい）
20 地元のサンサイを料理する。（やまでとれる食用の植物）
21 正面に仏像をアンチする。（大切にすえておくこと）
22 貴重品をホカンする。（大切にしまっておくこと）
23 しくじってクショウする。（にがわらい）
24 温度をチョウセツする。（程よくととのえること）
25 ケイロウの日に会いに行く。（ろうじんをうやまうこと）
26 イクジ書を読む。（幼い子供をそだてること）
27 景気回復のチョウコウ。（前ぶれ）
28 金属がヘンケイする。（かたちがかわること）
29 クマデで落ち葉を集める。（クマのてのようなほうき）
30 教科書をサンショウする。（てらし合わせて見ること）
31 類いまれな才能を持つ。（比べるもの）
32 自ら望んで茨の道を歩む。（苦難の多い）
33 疑わしい節がある。（箇所・点）
34 回復の兆しが見える。（物事が起こりそうな気配）

## 解答とポイント

1 失敗
2 材料
3 欠員
4 念願
5 道順
6 類型 NG! ×類形
7 有害
8 未完
9 官庁
10 察知
11 貧富 NG! ×貪
12 古巣
13 病巣
14 単純 NG! ×純
15 茨城
16 英知
17 発芽
18 新芽
19 演芸
20 山菜
21 安置
22 保管 NG! ×保菅
23 苦笑
24 調節 NG! ×節
25 敬老
26 育児
27 兆（徴）候
28 変形
29 熊手
30 参照 NG! ×参昭
31 たぐ
32 いばら
33 ふし
34 きざ

| 漢字 | 部首・画数 | 読み | 筆順 | 用例 |
|---|---|---|---|---|
| 然 | 灬 12 | ゼン・ネン | ノ ク タ 外 犾 然 | 自然(しぜん)・当然(とうぜん)・必然(ひつぜん)・天然(てんねん) |
| 熱 | 灬 15 | ネツ・あつ(い) | 一 + 夫 坴 埶 熱 | 熱気(ねっき)・熱心(ねっしん)・加熱(かねつ)・情熱(じょうねつ) |
| 無 | 灬 12 | ム・ブ・な(い) | 𠂉 仁 午 無 無 無 | 無限(むげん)・無事(ぶじ)・無為自然(むいしぜん) |
| 念 | 心 8 | ネン | ノ 人 今 今 念 念 | 念頭(ねんとう)・信念(しんねん)・一念発起(いちねんほっき) |
| 康 | 广 11 | コウ | 广 户 庚 庚 康 康 | 健康(けんこう)・小康(しょうこう)・安康(あんこう) |
| 底 | 广 8 | テイ・そこ | 广 户 庀 庀 底 底 | 底辺(ていへん)・底面(ていめん)・海底(かいてい)・谷底(たにぞこ) |
| 府 | 广 8 | フ | 丶 一 广 广 庁 府 | 府庁(ふちょう)・府民(ふみん)・政府(せいふ)・首府(しゅふ) |
| 選 | 辶 15 | セン・えら(ぶ) | ㇆ 巳 巳巳 巽 巽 選 | 選考(せんこう)・選手(せんしゅ)・当選(とうせん)・予選(よせん) |
| 達 | 辶 12 | タツ | 一 十 土 幸 幸 達 | 達観(たっかん)・達成(たっせい)・速達(そくたつ)・友達(ともだち) |

**Point!** 書き誤りやすい漢字「達(タツ)」

達は子羊が跳ね回って行く意で、幸は土十羊の字形。羊だから横棒は三本。横棒が二本の「幸」ではないので注意。

| 漢字 | 部首・画数 | 読み | 筆順 | 用例 |
|---|---|---|---|---|
| 辺 | 辶 5 | ヘン・あた(り)・べ | フ 刀 刃 刃 辺 | 辺境(へんきょう)・近辺(きんぺん)・身辺(しんぺん)・窓辺(まどべ) |
| 連 | 辶 10 | レン・つら(なる)・つら(ねる)・つ(れる) | 一 百 亘 車 連 連 | 連結(れんけつ)・連想(れんそう)・国連(こくれん)・道連れ(みちづれ) |
| 廴 えんにょう | | | | 彳をのばしたもの。道・延ばす・進むに関する意。 |
| 建 | 廴 9 | ケン・コン・た(てる)・た(つ) | ㇇ ⺕ 聿 律 建 建 | 建国(けんこく)・再建(さいけん)・建物(たてもの)・建立(こんりゅう) |
| 勹 つつみがまえ | | | | 物を抱えている形。つつむ・まがるに関する意。 |
| 包 | 勹 5 | ホウ・つつ(む) | ノ 勹 勺 句 包 | 包囲(ほうい)・包装(ほうそう)・包丁(ほうちょう)・小包(こづつみ) |
| 固 | 囗 8 | コ・かた(める)・かた(まる)・かた(い) | 丨 冂 円 囘 固 固 | 固有(こゆう)・固辞(こじ)・固定(こてい)・強固(きょうこ) |
| 行 ぎょうがまえ | | | | 十字路の形。道・道をゆく意を示す。 |
| 街 | 行 12 | ガイ・カイ・まち | ノ 彳 彳 往 往 街 | 街頭(がいとう)・市街(しがい)・街道(かいどう)・街角(まちかど) |
| 関 | 門 14 | カン・せき・かか(わる) | 丨 尸 門 門 閏 関 | 関係(かんけい)・関心(かんしん)・機関(きかん)・関所(せきしょ) |
| 不 | 一 4 | フ・ブ | 一 ア 不 不 | 不意(ふい)・不足(ふそく)・不利(ふり)・不精(ぶしょう) |
| 争 | 亅 6 | ソウ・あらそ(う) | ノ ク 刍 刍 刍 争 | 争議(そうぎ)・競争(きょうそう)・百家争鳴(ひゃっかそうめい) |

| 漢字 | 部首・画数 | 読み | 筆順 | 用例 |
|---|---|---|---|---|
| 井 | 二 4 | セイ・ショウ・い | 一 二 キ 井 | 市井(しせい)・油井(ゆせい)・天井(てんじょう)・井戸(いど) |

**Point!** 読み誤りやすい漢字「井」

井桁(いげた)の形を象(かたど)ったもので、町の意味もある。共同井戸を中心に人家が集まることから。「市井」はシセイと読む。

| 漢字 | 部首・画数 | 読み | 筆順 | 用例 |
|---|---|---|---|---|
| 以 | 人 5 | イ | 丨 レ 以 以 以 | 以外(いがい)・以来(いらい)・以心伝心(いしんでんしん) |
| 倉 | 人 10 | ソウ・くら | ノ 人 亼 今 倉 倉 | 倉庫(そうこ)・穀倉(こくそう)・船倉(せんそう)・米倉(こめぐら) |
| 令 | 人 5 | レイ | ノ 人 亼 今 令 | 令息(れいそく)・号令(ごうれい)・朝令暮改(ちょうれいぼかい) |
| 共 | 八 6 | キョウ・とも | 一 十 廾 丑 丑 共 | 共有(きょうゆう)・公共(こうきょう)・共働き(ともばたらき)・諸共(もろとも) |
| 典 | 八 8 | テン | 丨 口 巾 曲 曲 典 | 典型(てんけい)・教典(きょうてん)・古典(こてん)・辞典(じてん) |
| 兵 | 八 7 | ヘイ・ヒョウ | ノ 亻 斤 丘 丘 兵 | 兵役(へいえき)・出兵(しゅっぺい)・歩兵(ほへい)・雑兵(ぞうひょう) |
| 初 | 刀 7 | ショ・はじ(め)・はじ(めて)・はつ・うい・そ(める) | 丶 ラ ネ ネ 初 初 | 最初(さいしょ)・初雪(はつゆき)・初志貫徹(しょしかんてつ) |
| 加 | 力 5 | カ・くわ(える)・くわ(わる) | フ カ か 加 加 | 加工(かこう)・加熱(かねつ)・参加(さんか)・追加(ついか) |

次の各文のカタカナ部分は漢字を、漢字は読みを答えよ。

1 成功はヒッゼンの帰結。（かならずそうなること）
2 テンネン魚を捕（つか）まえる。（人の手が加わらないもの）
3 ネッシンに質問する。（物事にこころを打ちこむ様子）
4 ムゲンに広がる宇宙。（かぎりがないこと）
5 シンネンを曲げない。（やり通そうとする気持ち）
6 病状はショウコウを保つ。（すこしよい状態）
7 カイテイに珊瑚礁（さんごしょう）が広がる。（うみのそこ）
8 日本のシュフは東京だ。（せいふがある都市）
9 ヨセンを通過する。（前もってえらぶこと）
10 手紙をソクタツで送る。（普通よりはやくはいたつする郵便物）
11 家のキンペンをぶらつく。（あたり）
12 文章からレンソウする。（かんけいして思い起こすこと）
13 ケンコク記念の日。（新しくくにをたてること）
14 贈（おく）り物をホウソウする。（くるむ・つつむこと）
15 キョウコな意志を保つ。（つよくてしっかりしていること）
16 朝のガイトウ演説。（人の行き来する通り）
17 箱根のセキショを通過する。（昔、通行者や荷物を調べたところ）

18 相手のフイをつく。（思いがけないこと）
19 厳しい生存キョウソウ。（あらそうこと）
20 テンジョウに虫がとまる。（部屋の上部の板）
21 筆記具イガイは必要ない。（それを除く他のもの）
22 ソウコに商品をしまう。（品物をしまっておく所）
23 集合のゴウレイがかかる。（めいれい・指図をすること）
24 山林をキョウユウする。（きょうどうして持つこと）
25 コテン文学に興味を持つ。（ふるい時代に書かれた書物）
26 ヘイエキを免（まぬか）れる。（義務として軍隊に入ること）
27 ハツユキがふる。（その冬または新年にはじめてふるゆき）
28 石材をカコウする。（手をくわえること）
29 宇宙飛行から無事帰る。（何も不幸のないこと）
30 窓辺にたたずむ少女。（窓のそば）
31 生命に関わる傷を負う。（つながる）
32 市井の人人と交わる。（世間）
33 名も知れぬ雑兵の写真。（身分の低い兵士）
34 何があっても初志を貫（つらぬ）く。（初めに思い立った考え）

## 解答とポイント

1 必然
2 天然
3 熱心
4 無限
5 信念
6 小康
7 海底 NG! 海×低
8 首府
9 予選
10 速達 NG! ×逹
11 近辺
12 連想
13 建国 NG! ×健国
14 包装
15 強固
16 街頭
17 関所
18 不意
19 競争
20 天井
21 以外 NG! ×意外
22 倉庫 NG! ×倉
23 号令
24 共有
25 古典
26 兵役
27 初雪 NG! ×初
28 加工
29 ぶじ NG! ×むじ
30 まどべ
31 かか
32 しせい
33 ぞうひょう
34 しょし

7級 第5回

| 漢字 | 部首 | 画数 | 音読み | 訓読み | 筆順 | 用例 |
|---|---|---|---|---|---|---|
| 努 | 力 | 7 | ド | つと(める) | く 女 女 奴 努 努 | 努力(どりょく) |
| 勇 | 力 | 9 | ユウ | いさ(む) | マ 丙 丙 甬 勇 勇 | 勇気(ゆうき)・勇姿(ゆうし)・武勇(ぶゆう)・勇み足(いさみあし) |
| 労 | 力 | 7 | ロウ | | 、 丷 ⺍ 学 学 労 | 労力(ろうりょく)・労働(ろうどう)・功労(こうろう)・心労(しんろう) |
| 協 | 十 | 8 | キョウ | | 一 十 忄 协 协 協 | 協会(きょうかい)・協定(きょうてい)・協同(きょうどう)・協力(きょうりょく) |
| 卒 | 十 | 8 | ソツ | | 亠 亣 亣 卒 卒 卒 | 卒業(そつぎょう)・卒然(そつぜん)・卒中(そっちゅう)・兵卒(へいそつ) |

**Point!** 似ている漢字「卒(ソツ)」と「率(リツ)」

卒は、終わる（卒業）・死ぬ（卒去）などの意を表し、率は、ひきいる（引率）・軽軽しい（軽率）などの意を表す。

| 漢字 | 部首 | 画数 | 音読み | 訓読み | 筆順 | 用例 |
|---|---|---|---|---|---|---|
| 博 | 十 | 12 | ハク・バク | | 十 忄 忄 博 博 博 | 博愛(はくあい)・博識(はくしき)・博覧強記(はくらんきょうき) |

**Point!** 書き誤りやすい漢字「博(ハク)」

博は十（四方）＋尃（敷きのべる）で、広く行き渡る意。「専(セン)」に似るが、「博」には「、」があることに注意。

| 漢字 | 部首 | 画数 | 音読み | 訓読み | 筆順 | 用例 |
|---|---|---|---|---|---|---|
| 参 | ム | 8 | サン | まい(る) | ム ム 厶 乒 矣 参 | 参加(さんか)・参考(さんこう)・降参(こうさん)・宮参り(みやまいり) |
| 各 | 口 | 6 | カク | おのおの | ノ ク 夂 夂 各 各 | 各位(かくい)・各国(かっこく)・各自(かくじ)・各種(かくしゅ) |
| 器 | 口 | 15 | キ | うつわ | 口 吅 吅 哭 器 器 | 器械(きかい)・器楽(きがく)・食器(しょっき)・容器(ようき) |

**Point!** 漢字の使い分け「器(キ)」と「機(キ)」

器（入れ物）は、規模の小さいものをいう。「楽器」「医療器械」。機（織物を織る機械）は規模の大きなもの。「航空機」「工作機械」。

| 漢字 | 部首 | 画数 | 音読み | 訓読み | 筆順 | 用例 |
|---|---|---|---|---|---|---|
| 司 | 口 | 5 | シ | | 𠃌 ㇆ 司 司 | 司会(しかい)・司祭(しさい)・行司(ぎょうじ)・宮司(ぐうじ) |
| 周 | 口 | 8 | シュウ | まわ(り) | 丿 冂 冂 円 円 周 | 周囲(しゅうい)・周期(しゅうき)・一周(いっしゅう)・円周(えんしゅう) |
| 失 | 大 | 5 | シツ | うしな(う) | ノ 𠂉 仁 牛 失 | 失意(しつい)・失格(しっかく)・失礼(しつれい)・消失(しょうしつ) |
| 奈 | 大 | 8 | ナ | | 一 ナ 大 夲 夲 奈 | 奈落(ならく) |
| 夫 | 大 | 4 | フ・フウ | おっと | 一 二 夫 夫 | 夫妻(ふさい)・夫人(ふじん)・農夫(のうふ)・夫婦(ふうふ) |
| 季 | 子 | 8 | キ | | 二 千 禾 禾 季 季 | 季刊(きかん)・季節(きせつ)・四季(しき)・年季(ねんき) |
| 岡 | 山 | 8 | | おか＊ | 丨 冂 冂 円 円 岡 | 岡山県(おかやまけん)・静岡県(しずおかけん)・福岡県(ふくおかけん) |
| 差 | 工 | 10 | サ | さ(す) | 丷 丷 丷 羊 羊 差 | 差額(さがく)・面差し(おもざし)・千差万別(せんさばんべつ) |
| 希 | 巾 | 7 | キ | | ノ メ 㐅 产 产 希 | 希少(きしょう)・希望(きぼう)・希求(ききゅう)・古希(こき) |
| 席 | 巾 | 10 | セキ | | 亠 广 广 庐 庐 席 | 席次(せきじ)・席順(せきじゅん)・出席(しゅっせき)・着席(ちゃくせき) |
| 帯 | 巾 | 10 | タイ | お(びる)・おび | 一 十 卄 卅 带 帯 | 包帯(ほうたい)・連帯(れんたい)・一衣帯水(いちいたいすい) |
| 愛 | 心 | 13 | アイ | | ＊ ⺈ ⺈ 爫 旡 旡 愛 | 愛好(あいこう)・親愛(しんあい)・愛別離苦(あいべつりく) |
| 必 | 心 | 5 | ヒツ | かなら(ず) | 丶 ソ 义 必 必 | 必見(ひっけん)・必要(ひつよう)・信賞必罰(しんしょうひつばつ) |
| 挙 | 手 | 10 | キョ | あ(げる)・あ(がる) | 丶 丷 ⺍ 兴 兴 挙 | 快挙(かいきょ)・挙げ句(あげく)・一挙一動(いっきょいちどう) |
| 景 | 日 | 12 | ケイ | | 日 甲 旦 旦 昱 景 | 景気(けいき)・景品(けいひん)・光景(こうけい)・風景(ふうけい) |
| 最 | 曰 | 12 | サイ | もっと(も) | 日 旦 早 早 最 最 | 最愛(さいあい)・最悪(さいあく)・最後(さいご)・最中(さいちゅう) |
| 望 | 月 | 11 | ボウ・モウ | のぞ(む) | 亠 亡 切 胡 胡 望 | 望外(ぼうがい)・望見(ぼうけん)・待望(たいぼう)・本望(ほんもう) |
| 案 | 木 | 10 | アン | | 丶 宀 安 安 安 案 | 案外(あんがい)・案内(あんない)・原案(げんあん)・思案(しあん) |

＊都道府県名にのみ用いる音訓
岡山（おかやま）県
静岡（しずおか）県
福岡（ふくおか）県
愛媛（えひめ）県 ➡媛 p.34

次の各文のカタカナ部分は漢字を、漢字は読みを答えよ。

1 **ドリョク**が報われる。（一生懸命にちからをつくすこと）
2 さっそうと**ユウシ**を現す。（いさましいすがた）
3 **シンロウ**が重なる。（こころのつかれ）
4 **キョウリョク**を求める。（他人とちからを合わせること）
5 高校を**ソツギョウ**する。（学校の課程を終えること）
6 自由**ハクアイ**の精神。（すべての人を等しくあいすること）
7 **コウサン**の意志を示す。（負けて従うこと）
8 部員**カクジ**で整理する。（めいめい）
9 使った**ショッキ**を洗う。（しょくじに使う用具や入れ物）
10 相撲（すもう）の**ギョウジ**。（相撲で勝負の進行・判定をする人）
11 地球の公転の**シュウキ**。（一回りする時間）
12 反則で**シッカク**になる。（しかくをうしなうこと）
13 **ナラク**の底に落とされる。（物事のどん底）
14 社長**フサイ**を招く。（おっととつま）
15 **キカン**雑誌を購読（こうどく）する。（年に四回発行すること）
16 **オカヤマ**県は桃（もも）の産地だ。（中国地方の県）
17 運賃の**サガク**を支払（しはら）う。（さし引いた残りの金がく）

18 **キボウ**にあふれる。（期待や願い）
19 永遠の平和を**キキュウ**する。（強く願う）
20 号令で**チャクセキ**する。（せきに座ること）
21 頭の**ホウタイ**が取れる。（傷口などに巻きつける細長い布）
22 **シンアイ**の情をしめす。（したしみあいすること）
23 受験生**ヒッケン**の本。（かならずみなければならないこと）
24 優勝という**カイキョ**を成す。（胸のすくようなおこないのこと）
25 自然の**フウケイ**を撮（と）る。（けしき）
26 **サイアク**の事態を避（さ）ける。（もっともわるいこと）
27 復帰は**ボウガイ**の喜びだ。（期待以上）
28 **アンガイ**簡単にできる。（思ったより）
29 目標に向けて**努**める。（励む）
30 **勇**み足に終わった。（調子づいて失敗すること）
31 技に**年季**が入っている。（慣れていて上手だ）
32 **面差**しが父に似ている。（顔立ち）
33 重大な使命を**帯**びる。（引き受ける）
34 ここで倒（たお）れても**本望**だ。（願い通り）

## 解答とポイント

1 努力
2 勇姿
3 心労
4 協力 NG! ×共力
5 卒業
6 博愛 NG! ×博
7 降参
8 各自
9 食器
10 行司
11 周期
12 失格
13 奈落
14 夫妻 NG! ×妻
15 季刊
16 岡山
17 差額

18 希望
19 希求
20 着席
21 包帯 NG! ×包
22 親愛
23 必見
24 快挙
25 風景
26 最悪
27 望外
28 案外
29 つと
30 いさ
31 ねんき
32 おもざ
33 お
34 ほんもう

# 7級 第7回

| 漢字 | 部首 | 画数 | 読み | 筆順 | 用例 |
|---|---|---|---|---|---|
| 栄 | 木 | 9 | エイ さか(える) は(え) は(える) | 丶 丷 ⺍ 𫝹 栄 栄 | 栄転（えいてん）・光栄（こうえい） 栄枯盛衰（えいこせいすい） |
| 果 | 木 | 8 | カ は(たす) は(てる) は(て) | 丨 口 日 旦 甲 果 | 果樹（かじゅ）・結果（けっか） 勇猛果敢（ゆうもうかかん） |
| 束 | 木 | 7 | ソク たば | 一 冂 日 申 東 束 | 結束（けっそく）・花束（はなたば） 二束三文（にそくさんもん） |
| 梨 | 木 | 11 | なし | 二 千 禾 利 梨 梨 | 梨畑（なしばたけ）・山梨県（やまなしけん） 洋梨（ようなし） |
| 末 | 木 | 5 | マツ バツ すえ | 一 二 キ 末 末 | 末期（まっき）・末日（まつじつ） 始末（しまつ）・末子（ばっし） |
| 未 | 木 | 5 | ミ | 一 二 キ 未 未 | 未開（みかい）・未完（みかん） 未知（みち）・未定（みてい） |
| 氏 | 氏 | 4 | シ うじ | ノ 𠂆 F 氏 | 氏族（しぞく）・氏名（しめい） 諸氏（しょし）・氏神（うじがみ） |
| 民 | 氏 | 5 | ミン たみ | 一 コ 巳 巳 民 | 民主（みんしゅ）・民宿（みんしゅく） 国民（こくみん）・住民（じゅうみん） |
| 求 | 水 | 7 | キュウ もと(める) | 一 十 寸 才 求 求 | 求職（きゅうしょく）・求人（きゅうじん） 追求（ついきゅう）・要求（ようきゅう） |

**Point!** 似ている漢字 「未（ミ）」と「末（マツ）」

未は木の先に小枝が出た形。字を借りて、未だ（いまだ）の意。「未来」。末は木の上部に一線を加え、梢（こずえ）の意から、末（すえ）の意。「末端」。

| 漢字 | 部首 | 画数 | 読み | 筆順 | 用例 |
|---|---|---|---|---|---|
| 産 | 生 | 11 | サン う(む) う(まれる) うぶ | 亠 立 产 产 産 産 | 産地（さんち）・遺産（いさん） 生産（せいさん）・産着（うぶぎ） |
| 的 | 白 | 8 | テキ まと | ノ 亻 白 白 的 的 | 的確（てきかく）・的中（てきちゅう） 私的（してき）・目的（もくてき） |
| 省 | 目 | 9 | セイ ショウ かえり(みる) はぶ(く) | 丨 小 小 少 省 省 | 帰省（きせい）・反省（はんせい） 省略（しょうりゃく）・省令（しょうれい） |
| 票 | 示 | 11 | ヒョウ | 一 冂 覀 覀 票 票 | 票決（ひょうけつ）・票数（ひょうすう） 開票（かいひょう）・伝票（でんぴょう） |
| 競 | 立 | 20 | キョウ ケイ きそ(う) せ(る) | 亠 十 立 音 竞 競 | 競争（きょうそう）・競泳（きょうえい） 競売（きょうばい）・競馬（けいば） |
| 群 | 羊 | 13 | グン む(れる) む(れ) むら | ヨ 尹 君 君 群 群 | 群臣（ぐんしん）・群衆（ぐんしゅう） 群像（ぐんぞう）・大群（たいぐん） |
| 要 | 覀 | 9 | ヨウ かなめ い(る) | 一 冂 覀 覀 要 要 | 要件（ようけん）・要所（ようしょ） 主要（しゅよう）・必要（ひつよう） |
| 良 | 艮 | 7 | リョウ よ(い) * | 丶 ㇇ ョ 良 良 良 | 良好（りょうこう）・良識（りょうしき） 最良（さいりょう）・優良（ゆうりょう） |
| 衣 | 衣 | 6 | イ ころも | 丶 亠 ナ 衣 衣 衣 | 衣服（いふく）・着衣（ちゃくい） 白衣（はくい）・衣替え（ころもがえ） |
| 覚 | 見 | 12 | カク おぼ(える) さ(ます) さ(める) | 丶 丷 ⺍ 覚 覚 覚 | 感覚（かんかく）・目覚め（めざめ） 前後不覚（ぜんごふかく） |
| 観 | 見 | 18 | カン | 𠂉 午 𠂉 雈 雈 観 | 観光（かんこう）・観客（かんきゃく） 参観（さんかん）・美観（びかん） |
| 臣 | 臣 | 7 | シン ジン | 一 厂 𠃌 臣 臣 臣 | 臣下（しんか）・臣民（しんみん） 家臣（かしん）・大臣（だいじん） |

| 漢字 | 部首 | 画数 | 読み | 筆順 | 用例 |
|---|---|---|---|---|---|
| 貨 | 貝 | 11 | カ | イ 亻 化 化 貨 貨 | 貨物（かもつ）・貨車（かしゃ） 金貨（きんか）・財貨（ざいか） |
| 賀 | 貝 | 12 | ガ | フ カ 加 加 賀 賀 | 賀正（がしょう）・賀状（がじょう） 祝賀（しゅくが）・年賀（ねんが） |
| 軍 | 車 | 9 | グン | 丶 冖 冖 冒 宣 軍 | 軍医（ぐんい）・軍手（ぐんて） 海軍（かいぐん）・大軍（たいぐん） |
| 辞 | 辛 | 13 | ジ や(める) | 二 千 舌 舌 辞 辞 | 辞意（じい）・辞書（じしょ） 式辞（しきじ）・祝辞（しゅくじ） |
| 量 | 里 | 12 | リョウ はか(る) | 丨 口 旦 昌 昌 量 | 器量（きりょう）・計量（けいりょう） 度量（どりょう）・分量（ぶんりょう） |
| 阜 | 阜 | 8 | フ* | ノ 𠂆 户 自 𠂤 阜 | 岐阜県（ぎふけん）* |
| 静 | 青 | 14 | セイ・ジョウ しず しず(か) しず(まる) しず(める) | 十 丰 青 青 静 静 | 静観（せいかん）・安静（あんせい） 冷静（れいせい）・静脈（じょうみゃく） |
| 飛 | 飛 | 9 | ヒ と(ぶ) と(ばす) | 乁 乁 飞 飛 飛 飛 | 飛行（ひこう）・飛来（ひらい） 飛散（ひさん）・飛び火（とびひ） |
| 養 | 食 | 15 | ヨウ やしな(う) | 䒑 䒑 美 养 養 養 | 養育（よういく）・養分（ようぶん） 休養（きゅうよう）・供養（くよう） |
| 香 | 香 | 9 | コウ キョウ か かお(り) かお(る) | 一 二 千 禾 禾 香 | 香気（こうき）・香料（こうりょう） 焼香（しょうこう）・色香（いろか） |
| 鹿 | 鹿 | 11 | しか か | 广 户 庐 庐 鹿 鹿 | 雄鹿（おじか） 鹿の子（かのこ） |

＊都道府県名にのみ用いる音訓
奈良（なら）県
岐阜（ぎふ）県 ➡岐 p.34

7級 第7回

次の各文のカタカナ部分は漢字を、漢字は読みを答えよ。

1 身に余るコウエイだ。(めいよ)
2 カジュ園の手入れをする。(くだものがなる木)
3 誕生日にハナタバを頂く。(はなをたばにしたもの)
4 ヤマナシ県に引っ越す。(甲府市が県庁所在地)
5 火のシマツをする。(後片づけ・処理)
6 ミチの世界にあこがれる。(まだしらないこと)
7 会員ショシの賛同を得る。(みなさま方)
8 職場のミンシュ化を図る。(人人の自由や平等をたいせつにする立場)
9 理想をツイキュウする。(おいもとめること)
10 サンチで直接野菜を買う。(品物のとれるとち)
11 テキカクな判断。(まちがいがなくたしかな)
12 一部ショウリャクする。(はぶくこと)
13 選挙のカイヒョウが進む。(とうひょうの結果を調べること)
14 絵画をキョウバイで落とす。(せりうり)
15 羊のタイグンが移動する。(おおきなむれ)
16 シュヨウな問題を話し合う。(大事な)
17 サイリョウの方法を選ぶ。(一番望ましい)
18 冬用のイフクを収納する。(着るもの)
19 鋭(するど)いカンカクを持つ。(かんじ方やとらえ方)
20 学校の授業サンカン日。(そこに行って実際に見ること)
21 敵将のカシンになる。(けらい)
22 カモツを船に積む。(車や船などで運送する荷もつ)
23 合格のシュクガ会を開く。(いわい喜ぶこと)
24 東西のタイグンがぶつかる。(おおぜいのぐんたい)
25 側近にジイを漏(も)らす。(やめたいという気持ち)
26 指導者のキリョウ。(能力・うつわ)
27 白川郷(しらかわごう)はギフ県にある。(中部地方の県)
28 体をアンセイにする。(体を休めてしずかにしていること)
29 植物の種がヒライする。(とんでくること)
30 ヨウブンを蓄(たくわ)える。(えいようになるせいぶん)
31 コウリョウを添加(てんか)する。(よいにおいをつけるためのもの)
32 カの子模様の着物。(シカの子のように白いまだらがある柄)
33 栄えある賞を受ける。(かがやかしい)
34 組織の要を担(にな)う。(もっともたいせつなところ)

## 解答とポイント

1 光栄 NG! ×栄
2 果樹
3 花束
4 山梨
5 始末 NG! 始未×
6 未知 NG! ×末
7 諸氏 NG! 緒×氏
8 民主
9 追求 NG! 追究×
10 産地
11 的(適)確
12 省略
13 開票
14 競売
15 大群 NG! 大郡×
16 主要
17 最良
18 衣服
19 感覚
20 参観
21 家臣
22 貨物 NG! 貸×物
23 祝賀
24 大軍
25 辞意
26 器量
27 岐阜
28 安静
29 飛来
30 養分
31 香料
32 鹿
33 は
34 かなめ

# 級別テスト 7級

（30分）　　／100点

（一）次の――線の漢字の読みをひらがなで記せ。　1×5（5点）

① 伝説の生物を調べる。（　）
② 信念は固い。（　）
③ 主観を大切にする。（　）
④ 記者が取材に来る。（　）
⑤ 旅館で静養する。（　）

（二）次の――線の漢字の読みをひらがなで記せ。　1×10（10点）

① 最低速度を設ける。（　）
② 価値が低い。（　）
③ 冷静に対処する。（　）
④ 朝晩は少し冷える。（　）
⑤ 海水浴で日焼けする。（　）
⑥ 水を浴びる。（　）
⑦ 小屋が全焼する。（　）
⑧ 枯れ草を焼く。（　）
⑨ 長年の努力が実った。（　）
⑩ 関係の修復に努める。（　）

（三）次の①～⑤の漢字の赤い画は筆順の何画目か。⑥～⑩の漢字の総画数は何画か。算用数字で記せ。　2×10（20点）

① 極（　）
② 願（　）
③ 察（　）
④ 典（　）
⑤ 必（　）
⑥ 媛（　）
⑦ 飛（　）
⑧ 健（　）
⑨ 焼（　）
⑩ 録（　）

（四）次のカタカナの部分を○内の漢字と送りがなで記せ。　1×7（7点）

〈例〉（守）友との約束を**マモル**。　答［守る］

① （親）読書に**シタシム**。（　）
② （直）**タダチニ**現場におもむく。（　）
③ （栄）店が**サカエル**。（　）
④ （必）会合に**カナラズ**出席する。（　）
⑤ （省）自分を**カエリミル**。（　）
⑥ （改）生活習慣を**アラタメル**。（　）
⑦ （冷）**ツメタイ**水を飲む。（　）

(五) 次の漢字の読みは、音読み、訓読みのどちらか。音読みには○、訓読みには×をつけよ。 1×10（10点）

① 鏡（かがみ）〔　〕
② 功（こう）〔　〕
③ 歌（うた）〔　〕
④ 都（と）〔　〕
⑤ 形（かた）〔　〕
⑥ 害（がい）〔　〕
⑦ 客（きゃく）〔　〕
⑧ 巣（す）〔　〕
⑨ 実（じつ）〔　〕
⑩ 熱（ねつ）〔　〕

(六) 後の□の中から語を選び、漢字に直して各組の熟語が反対語になるようにせよ。 1×6（6点）

① 勝利－□北〔　〕
② □止－運動〔　〕
③ 原因－結□〔　〕
④ 期待－□望〔　〕
⑤ 自□－人工〔　〕
⑥ □定－流動〔　〕

しつ・こ・せい・はい・ぜん・か

(七) 次の部首で、□にあてはまる漢字を〔　〕に記せ。 2×11（22点）

ア 言（ごんべん）　①（か）題・決②（ぎ）・③（せつ）明・教④（くん）
①〔　〕②〔　〕③〔　〕④〔　〕

イ 彳（ぎょうにんべん）　直⑤（けい）・⑥（と）歩・人⑦（とく）
⑤〔　〕⑥〔　〕⑦〔　〕

ウ 辶（しんにょう）　⑧（れん）想・⑨（たつ）成・当⑩（せん）・⑪（へん）境
⑧〔　〕⑨〔　〕⑩〔　〕⑪〔　〕

(八) 上の漢字と下の□の中の漢字を組み合わせて二字の熟語を二つ作り、記号で記せ。 2×10（20点）

| | | 選択肢 | 解答 |
|---|---|---|---|
| 〈例〉 | 待 | ア引　イ機　ウ続　エ期　オ役 | エ 待 ／ 待 イ |
| ① | 結 | ア料　イ完　ウ熱　エ必　オ束 | 結 ／ 結 |
| ② | 標 | ア林　イ梅　ウ目　エ板　オ本 | 標 ／ 標 |
| ③ | 根 | ア要　イ橋　ウ気　エ屋　オ校 | 根 ／ 根 |
| ④ | 折 | ア拾　イ半　ウ曲　エ持　オ愛 | 折 ／ 折 |
| ⑤ | 理 | ア念　イ球　ウ特　エ残　オ整 | 理 ／ 理 |

7級　級別テスト

| 漢字 | 部首・画数 | 読み | 用例 |
|---|---|---|---|
| 仮 | イ 6 | カ・ケ・かり | 仮設(かせつ)・仮説(かせつ)・仮定(かてい)・仮病(けびょう) |
| 価 | イ 8 | カ・あたい | 価格(かかく)・真価(しんか)・評価(ひょうか)・原価(げんか) |
| 件 | イ 6 | ケン | 件数(けんすう)・用件(ようけん)・事件(じけん)・条件(じょうけん) |
| 個 | イ 10 | コ | 個人(こじん)・個性(こせい)・個別(こべつ)・各個(かっこ) |
| 似 | イ 7 | ジ・に(る) | 相似(そうじ)・類似(るいじ)・似顔絵(にがおえ)・空似(そらに) |
| 修 | イ 10 | シュウ・シュ・おさ(める)・おさ(まる) | 修正(しゅうせい)・研修(けんしゅう)・必修(ひっしゅう)・修行(しゅぎょう) |
| 像 | イ 14 | ゾウ | 映像(えいぞう)・想像(そうぞう)・銅像(どうぞう)・仏像(ぶつぞう) |
| 停 | イ 11 | テイ | 停学(ていがく)・停止(ていし)・停電(ていでん)・調停(ちょうてい) |
| 任 | イ 6 | ニン・まか(せる)・まか(す) | 任意(にんい)・任務(にんむ)・解任(かいにん)・人任せ(ひとまかせ) |
| 備 | イ 12 | ビ・そな(える)・そな(わる) | 備品(びひん)・整備(せいび)・準備(じゅんび)・設備(せつび) |
| 仏 | イ 4 | ブツ・ほとけ | 仏像(ぶつぞう)・念仏(ねんぶつ)・神仏(しんぶつ)・生き仏(いきぼとけ) |

| 漢字 | 部首・画数 | 読み | 用例 |
|---|---|---|---|
| 保 | イ 9 | ホ・たも(つ) | 保護(ほご)・保健(ほけん)・保障(ほしょう)・留保(りゅうほ) |
| 境 | 土 14 | キョウ・ケイ・さかい | 境界(きょうかい)・国境(こっきょう)・境内(けいだい)・境目(さかいめ) |
| 均 | 土 7 | キン | 均一(きんいつ)・均等(きんとう)・均整(きんせい)・平均(へいきん) |
| 増 | 土 14 | ゾウ・ま(す)・ふ(える)・ふ(やす) | 増加(ぞうか)・増長(ぞうちょう)・急増(きゅうぞう)・割増し(わりまし) |
| 婦 | 女 11 | フ | 婦人(ふじん)・主婦(しゅふ)・新婦(しんぷ)・夫婦(ふうふ) |
| 張 | 弓 11 | チョウ・は(る) | 張力(ちょうりょく)・主張(しゅちょう)・拡張(かくちょう)・張り紙(はりがみ) |
| 往 | 彳 8 | オウ | 往来(おうらい)・往生(おうじょう)・右往左往(うおうさおう) |
| 得 | 彳 11 | トク・え(る)・う(る) | 得意(とくい)・得策(とくさく)・納得(なっとく)・心得(こころえ) |
| 復 | 彳 12 | フク | 復元(ふくげん)・復習(ふくしゅう)・往復(おうふく)・反復(はんぷく) |

忄 りっしんべん
心が偏(へん)になるときの形。思考や心理作用に関する意。

| 漢字 | 部首・画数 | 読み | 用例 |
|---|---|---|---|
| 快 | 忄 7 | カイ・こころよ(い) | 快活(かいかつ)・快適(かいてき)・明快(めいかい)・全快(ぜんかい) |
| 慣 | 忄 14 | カン・な(れる)・な(らす) | 慣用(かんよう)・慣例(かんれい)・慣習(かんしゅう)・習慣(しゅうかん) |
| 情 | 忄 11 | ジョウ・セイ・なさ(け) | 情熱(じょうねつ)・熱情(ねつじょう)・友情(ゆうじょう)・風情(ふぜい) |
| 性 | 忄 8 | セイ・ショウ | 性急(せいきゅう)・個性(こせい)・気性(きしょう)・根性(こんじょう) |
| 険 | 阝 11 | ケン・けわ(しい) | 険悪(けんあく)・危険(きけん)・保険(ほけん)・探険(たんけん) |
| 限 | 阝 9 | ゲン・かぎ(る) | 限定(げんてい)・限界(げんかい)・期限(きげん)・制限(せいげん) |
| 際 | 阝 14 | サイ・きわ | 際限(さいげん)・実際(じっさい)・交際(こうさい)・手際(てぎわ) |
| 防 | 阝 7 | ボウ・ふせ(ぐ) | 防止(ぼうし)・防備(ぼうび)・予防(よぼう)・消防(しょうぼう) |
| 技 | 扌 7 | ギ・わざ | 技術(ぎじゅつ)・技師(ぎし)・演技(えんぎ)・大技(おおわざ) |
| 採 | 扌 11 | サイ・と(る) | 採集(さいしゅう)・採決(さいけつ)・採用(さいよう)・採算(さいさん) |
| 授 | 扌 11 | ジュ・さず(ける)・さず(かる) | 授業(じゅぎょう)・授賞(じゅしょう)・教授(きょうじゅ)・伝授(でんじゅ) |
| 招 | 扌 8 | ショウ・まね(く) | 招待(しょうたい)・招集(しょうしゅう)・招来(しょうらい)・手招き(てまねき) |
| 接 | 扌 11 | セツ・つ(ぐ) | 接近(せっきん)・接待(せったい)・面接(めんせつ)・直接(ちょくせつ) |
| 損 | 扌 13 | ソン・そこ(なう)・そこ(ねる) | 損失(そんしつ)・損害(そんがい)・破損(はそん)・欠損(けっそん) |

次の各文のカタカナ部分は漢字を、漢字は読みを答えよ。

1 カセツ校舎で勉強する。（かりにもうけること）
2 最新技術のシンカを問う。（本当の値打ち）
3 事故のケンスウが増える。（じけんのかず）
4 コセイ豊かな作品がそろう。（その人やその物だけがもつ、ほかとは違った特質）
5 ルイジの絵を見つける。（にかよっていること）
6 指摘（してき）されてシュウセイする。（直して改めること）
7 現地のエイゾウが届く。（テレビなどのがぞう）
8 台風のためテイデンする。（てんきがとまること）
9 社長をカイニンする。（役職を辞めさせること）
10 病院のセツビを整える。（ある目的に必要なものをそなえつけること）
11 本堂にブツゾウを安置する。（ほとけの姿を表現したぞう）
12 迷子をホゴする。（助け守ること）
13 キョウカイ線を引く。（さかいめ）
14 収益はキントウに分ける。（ひとしいこと）
15 志望者がキュウゾウする。（きゅうにふえること）
16 フウフ水入らずの時間。（おっととつま）
17 事業のカクチョウを図る。（規模を大きくすること）
18 オウライで立ち止まらない。（道路）
19 様子を見るのがトクサクだ。（とくになるやり方）
20 昔の様子をフクゲンする。（もとの形に再現すること）
21 老後のカイテキな生活。（ここちよい）
22 カンレイを尊重する。（しきたり）
23 部活にかけるジョウネツ。（あつい心）
24 セイキュウに結論を出すな。（せっかちに）
25 ケンアクな様相を帯びる。（あやうく油断できないさま）
26 車のセイゲン速度を守る。（許されるげんど）
27 仕事にサイゲンがない。（げんかい）
28 敵に対するボウビを固める。（守るためのそなえ）
29 建築ギシの資格を取る。（専門のぎじゅつ者）
30 サイサンを度外視する。（収支をけいさんすること）
31 奥義（おうぎ）をデンジュする。（教えあたえること）
32 友人をショウタイする。（まねいてもてなすこと）
33 メンセツ試験を受ける。（じかに人に会うこと）
34 ソンガイ賠償（ばいしょう）を求める。（事故などによる不利益）

6級 第1回

## 解答とポイント

1 仮設 NG! 仮説×
2 真価
3 件数
4 個性
5 類似 NG! 類以×
6 修正
7 映像
8 停電
9 解任 NG! ×解
10 設備
11 仏像
12 保護
13 境界
14 均等 NG! ×均
15 急増
16 夫婦
17 拡張
18 往来 NG! 住来×
19 得策 NG! ×策
20 復元（原）
21 快適
22 慣例 NG! 貫例×
23 情熱
24 性急
25 険悪 NG! 検悪×
26 制限
27 際限
28 防備
29 技師
30 採算
31 伝授 NG! 伝受×
32 招待 NG! 紹待×
33 面接
34 損害

# 6級 第2回

| 漢字 | 部首・画数 | 読み | 筆順 | 用例 |
|---|---|---|---|---|
| 提 | 扌 12 | テイ さ(げる) | 扌扣押 捍捍提 | 提案(ていあん)・提示(ていじ) 前提(ぜんてい)・手提(てさ)げ |
| 液 | 氵 11 | エキ | 氵汁汸 汸液液 | 液化(えきか)・液体(えきたい) 液状(えきじょう)・血液(けつえき) |
| 演 | 氵 14 | エン | 氵氵'沪 湳湳演 | 演説(えんぜつ)・演技(えんぎ) 出演(しゅつえん)・熱演(ねつえん) |
| 河 | 氵 8 | カ かわ | 氵氵一 汀河河 | 河川(かせん)・河口(かこう) 運河(うんが)・銀河(ぎんが) |
| 潔 | 氵 15 | ケツ いさぎよ(い) | 氵汀汁 㓞潔潔 | 潔白(けっぱく)・清潔(せいけつ) 不潔(ふけつ)・高潔(こうけつ) |
| 減 | 氵 12 | ゲン へ(る) へ(らす) | 氵氵丆 沥減減 | 減退(げんたい)・加減(かげん) 増減(ぞうげん)・目減(めべ)り |
| 混 | 氵 11 | コン ま(じる) ま(ざる) ま(ぜる) こ(む) | 氵氵氵 涀涀混 | 混合(こんごう)・混然(こんぜん) 混雑(こんざつ)・混乱(こんらん) |
| 準 | 氵 13 | ジュン | 氵氵汁 汼淮準 | 準備(じゅんび)・水準(すいじゅん) 基準(きじゅん)・標準(ひょうじゅん) |
| 測 | 氵 12 | ソク はか(る) | 氵汌泪 浿浿測 | 測定(そくてい)・測量(そくりょう) 予測(よそく)・観測(かんそく) |
| 犭 けものへん | | | | 犬が偏(へん)になるときの形。獣・家畜に関する意。 |
| 独 | 犭 9 | ドク ひと(り) | ノ犭犭 犳狆独 | 独特(どくとく)・独断(どくだん) 単独(たんどく)・独(ひと)り言(ごと) |
| 犯 | 犭 5 | ハン おか(す) | ノ犭犭 犭犯 | 犯罪(はんざい)・犯行(はんこう) 防犯(ぼうはん)・共犯(きょうはん) |
| 月 にくづき | | | | 鳥獣の切り身を並べた形。肉・人体に関する意。 |
| 肥 | 月 8 | ヒ こ(える) こえ こ(やす) こ(やし) | 月月刀 肌肥肥 | 肥料(ひりょう)・肥満(ひまん) 肥大(ひだい)・肥(こえ)だめ |
| 脈 | 月 10 | ミャク | 月肝肝 脈脈脈 | 脈動(みゃくどう)・動脈(どうみゃく) 山脈(さんみゃく)・文脈(ぶんみゃく) |
| 桜 | 木 10 | オウ さくら | 一木杉 杪桜桜 | 桜花(おうか)・桜色(さくらいろ) 夜桜(よざくら)・葉桜(はざくら) |
| 格 | 木 10 | カク コウ | 一木杉 杪格格 | 格調(かくちょう)・格別(かくべつ) 性格(せいかく)・格子(こうし) |
| 検 | 木 12 | ケン | 木木朴 柃検検 | 検査(けんさ)・検定(けんてい) 検問(けんもん)・点検(てんけん) |
| 構 | 木 14 | コウ かま(える) かま(う) | 木杆栉 構構構 | 構図(こうず)・構想(こうそう) 結構(けっこう)・心構(こころがま)え |
| 枝 | 木 8 | シ えだ | 一木木 杜枝枝 | 枝葉(しよう)・枝葉(えだは)・小枝(こえだ) |
| 燃 | 火 16 | ネン も(える) も(やす) も(す) | 火炒炒 燃燃燃 | 燃焼(ねんしょう)・燃料(ねんりょう) 可燃(かねん)・不燃(ふねん) |
| 片 かたへん | | | | 木をたてに割った右半分の形。木ぎれ・板・札(ふだ)に関する意。 |
| 版 | 片 8 | ハン | ノ丿片 片版版 | 版木(はんぎ)・版画(はんが) 出版(しゅっぱん)・再版(さいはん) |
| 現 | 王 11 | ゲン あらわ(れる) あらわ(す) | 一Ŧ王 玑珇現 | 現実(げんじつ)・現象(げんしょう) 表現(ひょうげん)・実現(じつげん) |
| 祖 | ネ 9 | ソ | 、ネネ 礻初祖 | 祖母(そぼ)・祖先(そせん) 先祖(せんぞ)・元祖(がんそ) |
| 略 | 田 11 | リャク | 丨冂田 畋畋略 | 略図(りゃくず)・略式(りゃくしき) 計略(けいりゃく)・省略(しょうりゃく) |
| 目 めへん | | | | 目の形をたてに書いたもの。目・見るに関する意。 |
| 眼 | 目 11 | ガン ゲン まなこ | 丨目目 目眼眼 | 眼力(がんりき)・着眼(ちゃくがん) 開眼(かいげん)・血眼(ちまなこ) |
| 確 | 石 15 | カク たし(か) たし(かめる) | 石石' 矿砼確 | 確実(かくじつ)・確立(かくりつ) 正確(せいかく)・的確(てきかく) |
| 破 | 石 10 | ハ やぶ(る) やぶ(れる) | 厂石石 矽矽破 | 打破(だは)・型破(かたやぶ)り 破顔一笑(はがんいっしょう) |
| 移 | 禾 11 | イ うつ(る) うつ(す) | 二千禾 秒秒移 | 移転(いてん)・移住(いじゅう) 推移(すいい)・目移(めうつ)り |
| 税 | 禾 12 | ゼイ | 二千禾 秒税税 | 税金(ぜいきん)・税制(ぜいせい) 関税(かんぜい)・課税(かぜい) |
| 程 | 禾 12 | テイ ほど | ノ千禾 和秤程 | 程度(ていど)・過程(かてい) 日程(にってい)・身の程(ほど) |
| ネ ころもへん | | | | 衣が偏(へん)になるときの形。着物に関する意。 |
| 複 | ネ 14 | フク | ラネネ 祁複複 | 複雑(ふくざつ)・複数(ふくすう) 複製(ふくせい)・重複(ちょうふく) |

6級 第2回

✎ 次の各文のカタカナ部分は漢字を、漢字は読みを答えよ。

1 企画をテイアンする。（考えを出すこと）
2 ケツエキの流れをよくする。（体内をめぐり流れるえきたい）
3 役者のネツエンに感動する。（力の入ったえんぎ）
4 『ギンガ鉄道の夜』を読む。（天の川）
5 セイケツな空間を保つ。（よごれがなくてきれいなこと）
6 多少のゾウゲンがある。（ふえたりへったりすること）
7 帰省のコンザツを避（さ）ける。（こみ合うこと）
8 全国スイジュンを上回る。（平均的レベル）
9 学校で天体カンソクを行う。（かんさつしてそくていすること）
10 政治のドクダンは許さない。（自分だけで決めること）
11 ボウハン意識を高める。（はん罪の発生をふせぐこと）
12 ヒダイした器官を手術する。（おおきくなり過ぎた）
13 サンミャクが行く手を阻（はば）む。（多くのやまがつらなって長く続いている地形）
14 ハザクラの季節となる。（花が散って若ばが出たころのサクラ）
15 この夏の暑さはカクベツだ。（とりわけ）
16 ケンテイ試験に受かる。（ある基準に照らしてけんさし、合否を決めること）
17 論文のコウソウを練る。（全体的な組み立て）
18 それはエダハの問題だ。（重要でない部分）
19 情熱をネンショウさせる。（力の限りをつくすこと）
20 小説をシュッパンする。（印刷して発売すること）
21 自然ゲンショウを解明する。（ある事実・出来事・ことがら）
22 ソセン伝来の地を守る。（その家で、今生きている人より以前の人人）
23 リャクシキで済ませる。（正式の順序を省いた方法）
24 真実を見抜（ぬ）くガンリキ。（見分けるちから）
25 地位をカクリツする。（しっかりうちたてること）
26 旧来の悪習をダハする。（うちやぶること）
27 事態のスイイを見守る。（うつりかわること）
28 カゼイ対象額が上がる。（ぜいきんを割り当てること）
29 旅行のニッテイをたてる。（仕事・旅行などのまいにちの予定）
30 フクザツな心境だ。（こみ入っていること）
31 手荷物を提げて歩く。（手や腰からつるして持つ）
32 駅で独りぼっちにされる。（孤立しているさま）
33 何事も芸の肥やしとする。（成長の糧（かて）となるもの）
34 どんぐり眼の子ども。（ひとみ）

## 一 解答とポイント

1 提案 NG! ×堤案
2 血液
3 熱演
4 銀河
5 清潔 NG! ×潔
6 増減
7 混雑
8 水準
9 観測 NG! ×観側
10 独断
11 防犯
12 肥大
13 山脈
14 葉桜
15 格別
16 検定 NG! ×険定
17 構想
18 枝葉
19 燃焼 NG! ×焼
20 出版
21 現象
22 祖先 NG! ×祖
23 略式
24 眼力 NG! ×眼
25 確立
26 打破
27 推移
28 課税
29 日程
30 複雑 NG! ×復雑
31 さ
32 ひと
33 こ
34 まなこ

## 米 こめへん

稲穂の形。こめ・穀類に関する意。

| 漢字 | 部首・画数 | 読み | 筆順 | 用例 |
|---|---|---|---|---|
| 精 | 米 14 | セイ・ショウ | 丷 米 米⁻ 米丰 精 精 | 精神（せいしん）・精通（せいつう）・精進潔斎（しょうじんけっさい） |
| 粉 | 米 10 | フン・こ・こな | 丷 半 米 米八 粉 粉 | 粉末（ふんまつ）・花粉（かふん）・金粉（きんぷん）・粉雪（こなゆき） |
| 紀 | 糸 9 | キ | く 幺 糸 糸 紀 紀 | 紀元（きげん）・紀行（きこう）・校紀（こうき）・世紀（せいき） |
| 経 | 糸 11 | ケイ・キョウ・へ（る） | 幺 糸 糸ス 経 経 経 | 経過（けいか）・経費（けいひ）・神経（しんけい）・写経（しゃきょう） |
| 織 | 糸 18 | ショク・シキ・お（る） | 幺 糸 糸亠 織 織 織 | 織機（しょっき）・組織（そしき）・織物（おりもの） |
| 績 | 糸 17 | セキ | 糸 糸十 糸圭 績 績 績 | 功績（こうせき）・実績（じっせき）・成績（せいせき）・業績（ぎょうせき） |
| 絶 | 糸 12 | ゼツ・た（える）・た（やす）・た（つ） | 幺 糸 糸ク 絶 絶 絶 | 絶対（ぜったい）・絶望（ぜつぼう）・絶景（ぜっけい）・断絶（だんぜつ） |
| 総 | 糸 14 | ソウ | 糸 糸八 糸公 総 総 総 | 総意（そうい）・総合（そうごう）・総理（そうり）・総額（そうがく） |
| 統 | 糸 12 | トウ・す（べる） | 幺 糸 糸亠 統 統 統 | 統一（とういつ）・統計（とうけい）・伝統（でんとう）・血統（けっとう） |
| 編 | 糸 15 | ヘン・あ（む） | 糸 糸コ 糸戸 編 編 編 | 編集（へんしゅう）・編成（へんせい）・長編（ちょうへん）・手編（てあ）み |
| 綿 | 糸 14 | メン・わた | 糸 糸ノ 糸白 綿 綿 綿 | 綿糸（めんし）・綿花（めんか）・連綿（れんめん）・真綿（まわた） |

## 耒 すきへん・らいすき

田畑を耕（たがや）すすきの形。農具や工作に関する意。

| 漢字 | 部首・画数 | 読み | 筆順 | 用例 |
|---|---|---|---|---|
| 耕 | 耒 10 | コウ・たがや（す） | 一 三 耒 耒二 耕 耕 | 耕作（こうさく）・農耕（のうこう）・晴耕雨読（せいこううどく） |

## 耳 みみへん

耳の形。耳に関する意。

| 漢字 | 部首・画数 | 読み | 筆順 | 用例 |
|---|---|---|---|---|
| 職 | 耳 18 | ショク | 丁 耳 耳 耳立 職 職 | 職業（しょくぎょう）・職務（しょくむ）・求職（きゅうしょく）・在職（ざいしょく） |
| 航 | 舟 10 | コウ | ノ 介 舟 舟亠 航 航 | 航海（こうかい）・航路（こうろ）・運航（うんこう）・就航（しゅうこう） |

## 角 つのへん

牛のつのの形。つの・かどのある物に関する意。

| 漢字 | 部首・画数 | 読み | 筆順 | 用例 |
|---|---|---|---|---|
| 解 | 角 13 | カイ・ゲ・と（く）・と（かす）・と（ける） | ノ ク 角 角フ 解 解 | 解決（かいけつ）・解放（かいほう）・解脱（げだつ）・謎解（なぞと）き |
| 許 | 言 11 | キョ・ゆる（す） | 二 言 言 言ト 許 許 | 許可（きょか）・許容（きょよう）・特許（とっきょ） |
| 護 | 言 20 | ゴ | 言 言艹 言芒 護 護 護 | 護衛（ごえい）・護送（ごそう）・保護（ほご）・救護（きゅうご） |
| 講 | 言 17 | コウ | 言 言一 言艹 講 講 講 | 講堂（こうどう）・講義（こうぎ）・講演（こうえん）・講和（こうわ） |
| 識 | 言 19 | シキ | 言 言亠 言立 識 識 識 | 識別（しきべつ）・識見（しきけん）・認識（にんしき）・知識（ちしき） |
| 謝 | 言 17 | シャ・あやま（る） | 言 言' 言身 謝 謝 謝 | 謝礼（しゃれい）・謝罪（しゃざい）・感謝（かんしゃ）・代謝（たいしゃ） |
| 証 | 言 12 | ショウ | 言 言一 言 言丁 言正 証 | 証明（しょうめい）・証言（しょうげん）・検証（けんしょう）・確証（かくしょう） |
| 設 | 言 11 | セツ・もう（ける） | 二 言 言 言几 設 | 設定（せってい）・設計（せっけい）・設立（せつりつ）・建設（けんせつ） |
| 評 | 言 12 | ヒョウ | 言 言一 言 言ニ 評 | 評価（ひょうか）・評判（ひょうばん）・好評（こうひょう）・定評（ていひょう） |

## 貝 かいへん

貨幣・財宝に関する意。昔は貝殻（かいがら）を貨幣としていた。

| 漢字 | 部首・画数 | 読み | 筆順 | 用例 |
|---|---|---|---|---|
| 財 | 貝 10 | ザイ・サイ | 丨 冂 目 貝 貝一 財 | 財力（ざいりょく）・財政（ざいせい）・私財（しざい）・財布（さいふ） |
| 貯 | 貝 12 | チョ | 丨 冂 貝 貝' 貝宀 貯 | 貯金（ちょきん）・貯水（ちょすい）・貯蔵（ちょぞう） |
| 輸 | 車 16 | ユ | 厂 車 車人 輸 輸 輸 | 輸入（ゆにゅう）・輸血（ゆけつ）・輸送（ゆそう）・運輸（うんゆ） |
| 酸 | 酉 14 | サン・す（い） | 万 两 酉 酉厶 酸 酸 | 酸素（さんそ）・酸味（さんみ）・酸化（さんか）・塩酸（えんさん） |
| 鉱 | 金 13 | コウ | ノ 牟 金 金亠 鉱 鉱 | 鉱脈（こうみゃく）・鉱山（こうざん）・鉄鉱（てっこう）・炭鉱（たんこう） |
| 銅 | 金 14 | ドウ | 牟 金 金冂 釦 銅 銅 | 銅銭（どうせん）・銅貨（どうか）・銅器（どうき）・青銅（せいどう） |
| 飼 | 食 13 | シ・か（う） | 人 今 食 飠 飼 飼 | 飼育（しいく）・飼料（しりょう）・飼（か）い犬（いぬ） |

次の各文のカタカナ部分は漢字を、漢字は読みを答えよ。

1 裏事情にセイツウしている。（くわしく知っていること）
2 フンマツ状の薬。（こな）
3 キコウ文をつづる。（旅行中の出来事や感想を書いたもの）
4 大会のケイヒを節減する。（必要なひよう）
5 会社のソシキを強化する。（統一されたまとまり）
6 ジッセキを評価する。（じっさいの功せき・成果）
7 ゼッケイに息をのむ。（非常に美しいけしき）
8 ソウイで方針を決める。（全員の考え）
9 デントウ芸能を守る。（昔から受けつがれたしきたり）
10 ヘンシュウ会議を開く。（資料や原稿をあつめて本などを作ること）
11 風習がレンメンと続く。（長く続いて絶えないこと）
12 ノウコウに従事する。（田畑で作物を作ること）
13 ザイショク期間が長い。（務めについていること）
14 船のウンコウが止まる。（きまったこうろを行くこと）
15 カイケツ策を探る。（事件や問題がかたづくこと）
16 多少の誤差はキョヨウする。（認めゆるすこと）
17 急病人をキュウゴする。（助け守ること）

18 教育についてのコウエン会。（公衆に話をすること）
19 幼魚の雌雄（しゆう）をシキベツする。（見分けること）
20 新陳（しんちん）タイシャを盛んにする。（新旧の入れかわり）
21 裁判でショウゲンする。（事実を明らかにするはつげん）
22 同好会をセツリツする。（新しくつくること）
23 専門家からヒョウカされる。（ねうちを認められること）
24 事業にシザイを投じる。（個人のざいさん）
25 横穴にチョゾウする。（たくわえておくこと）
26 食料をユニュウする。（外国から買いいれること）
27 サンソを吸入する。（燃焼や呼吸に必要な気体）
28 金のコウミャクを見つける。（岩のすきまに板のようにかたまっているこう物の層）
29 セイドウ製の胸像。（どうとスズの合金）
30 牛をシイクする。（動物をかってそだてること）
31 期待に添うよう精進する。（一心に努力すること）
32 年月を経た建物を保存する。（時間がたつ）
33 学校に目安箱を設ける。（用意すること）
34 財布を持ち歩く。（お金をいれるいれもの）

## 解答とポイント

1 精通
2 粉末 NG! ×紛末
3 紀行 NG! ×記行
4 経費 NG! ×径費
5 組織 NG! ×組識
6 実績 NG! ×実積
7 絶景
8 総意
9 伝統
10 編集
11 連綿 NG! ×綿
12 農耕
13 在職
14 運航
15 解決 NG! ×解
16 許容 NG! ×許
17 救護
18 講演
19 識別 NG! ×別
20 代謝
21 証言
22 設立
23 評価
24 私財
25 貯蔵
26 輸入
27 酸素 NG! ×酸
28 鉱脈
29 青銅
30 飼育
31 しょうじん
32 へ
33 もう
34 さいふ

| 漢字 | 部首 | 画数 | 読み | 筆順 | 用例 |
|---|---|---|---|---|---|
| 刊 | 刂 | 5 | カン | 一 二 干 干 刊 | 刊行(かんこう)・新刊(しんかん) 発刊(はっかん)・週刊(しゅうかん) |
| 制 | 刂 | 8 | セイ | ノ 𠂉 𠂉 告 制 制 | 制度(せいど)・制限(せいげん) 強制(きょうせい)・体制(たいせい) |
| 則 | 刂 | 9 | ソク | 丨 冂 目 貝 則 則 | 原則(げんそく)・規則(きそく) 法則(ほうそく)・鉄則(てっそく) |
| 判 | 刂 | 7 | ハン バン | 丶 丷 ⺌ 半 半 判 | 判断(はんだん)・判明(はんめい) 判決(はんけつ)・談判(だんぱん) |
| 効 | 力 | 8 | コウ き(く) | 亠 六 ⽄ 交 交 効 | 効果(こうか)・効力(こうりょく) 無効(むこう) |
| 救 | 攵 | 11 | キュウ すく(う) | 一 十 才 求 求 救 | 救出(きゅうしゅつ)・救済(きゅうさい) 救助(きゅうじょ)・救い主(すくいぬし) |
| 故 | 攵 | 9 | コ ゆえ | 十 古 古 古 古 故 | 故意(こい)・何故(なにゆえ) 故事来歴(こじらいれき) |
| 政 | 攵 | 9 | セイ ショウ まつりごと | 一 丅 下 正 正 政 | 政治(せいじ)・行政(ぎょうせい) 財政(ざいせい)・摂政(せっしょう) |
| 断 | 斤 | 11 | ダン た(つ) ことわ(る) | 丷 半 米 迷 断 断 | 断定(だんてい)・断絶(だんぜつ) 決断(けつだん)・茶断ち(ちゃだち) |

殳 るまた ほこづくり：打つ・殴る・手で行う動作に関する意。

| 漢字 | 部首 | 画数 | 読み | 筆順 | 用例 |
|---|---|---|---|---|---|
| 殺 | 殳 | 10 | サツ サイ セツ ころ(す) | ノ メ 㐅 杀 杀 殺 | 殺害(さつがい)・暗殺(あんさつ) 相殺(そうさい)・殺生(せっしょう) |

| 漢字 | 部首 | 画数 | 読み | 筆順 | 用例 |
|---|---|---|---|---|---|
| 雑 | 隹 | 14 | ザツ ゾウ | 九 杂 剎 新 新 雑 | 雑多(ざった)・複雑(ふくざつ) 混雑(こんざつ)・雑木(ぞうき) |
| 額 | 頁 | 18 | ガク ひたい | 丶 宀 宀 客 客 額 | 額面(がくめん)・金額(きんがく) 多額(たがく)・全額(ぜんがく) |
| 領 | 頁 | 14 | リョウ | ノ 人 今 令 領 領 | 領土(りょうど)・横領(おうりょう) 受領(じゅりょう)・要領(ようりょう) |
| 寄 | 宀 | 11 | キ よ(る) よ(せる) | 宀 宀 宊 宊 害 寄 | 寄付(きふ)・寄宿(きしゅく) 寄生(きせい)・最寄り(もより) |
| 容 | 宀 | 10 | ヨウ | 丶 宀 穴 穴 突 容 | 容積(ようせき)・容量(ようりょう) 容器(ようき)・許容(きょよう) |
| 営 | ⺍ | 12 | エイ いとな(む) | 丶 ⺍ ⺌ 学 営 営 | 営業(えいぎょう)・営利(えいり) 経営(けいえい)・設営(せつえい) |
| 罪 | 罒 | 13 | ザイ つみ | 冂 罒 罒 罪 罪 罪 | 罪過(ざいか)・罪悪(ざいあく) 犯罪(はんざい)・功罪(こうざい) |
| 築 | ⺮ | 16 | チク きず(く) | ⺮ 竺 筑 筑 筑 築 | 築港(ちっこう)・建築(けんちく) 改築(かいちく)・移築(いちく) |

廾 こまぬき にじゅうあし：両手を恭(うやうや)しく差し出した形。両手の意。

| 漢字 | 部首 | 画数 | 読み | 筆順 | 用例 |
|---|---|---|---|---|---|
| 弁 | 廾 | 5 | ベン | ㇜ 厶 厶 弁 弁 | 弁護(べんご)・弁解(べんかい) 代弁(だいべん)・花弁(かべん) |

皿 さら：さらの形。容器に関する意。

| 漢字 | 部首 | 画数 | 読み | 筆順 | 用例 |
|---|---|---|---|---|---|
| 益 | 皿 | 10 | エキ ヤク | 丷 䒑 䒑 䒑 谷 益 | 益虫(えきちゅう)・利益(りえき) 無益(むえき)・御利益(ごりやく) |

| 漢字 | 部首 | 画数 | 読み | 筆順 | 用例 |
|---|---|---|---|---|---|
| 応 | 心 | 7 | オウ こた(える) | 亠 广 广 応 応 応 | 応答(おうとう)・反応(はんのう) 手応え(てごたえ) |
| 志 | 心 | 7 | シ こころざ(す) こころざし | 一 十 士 志 志 志 | 志願(しがん)・志望(しぼう) 大志(たいし)・同志(どうし) |
| 態 | 心 | 14 | タイ | 厶 厶 育 能 能 態 | 態度(たいど)・態勢(たいせい) 状態(じょうたい)・形態(けいたい) |
| 厚 | 厂 | 9 | コウ あつ(い) | 一 厂 厂 厚 厚 厚 | 厚意(こうい)・厚志(こうし) 厚顔(こうがん)・温厚(おんこう) |
| 序 | 广 | 7 | ジョ | 丶 亠 广 庁 序 序 | 序文(じょぶん)・序曲(じょきょく) 序列(じょれつ)・順序(じゅんじょ) |
| 居 | 尸 | 8 | キョ い(る) | 一 コ 尸 尸 尸 居 | 居住(きょじゅう)・住居(じゅうきょ) 居間(いま)・鳥居(とりい) |
| 属 | 尸 | 12 | ゾク | 一 尸 尸 属 属 属 | 属性(ぞくせい)・属国(ぞっこく) 金属(きんぞく)・付属(ふぞく) |
| 過 | 辶 | 12 | カ す(ぎる) す(ごす) あやま(つ) あやま(ち) | 口 冂 冎 冎 咼 過 | 過去(かこ)・過失(かしつ) 通過(つうか)・経過(けいか) |
| 逆 | 辶 | 9 | ギャク さか さか(らう) | 丷 䒑 屰 屰 逆 逆 | 逆転(ぎゃくてん)・逆説(ぎゃくせつ) 逆境(ぎゃっきょう)・逆手(さかて) |
| 述 | 辶 | 8 | ジュツ の(べる) | 十 才 木 朮 述 述 | 述語(じゅつご)・述作(じゅっさく) 口述(こうじゅつ)・記述(きじゅつ) |
| 造 | 辶 | 10 | ゾウ つく(る) | ノ 𠂉 牛 告 造 造 | 造船(ぞうせん)・造作(ぞうさ) 構造(こうぞう)・製造(せいぞう) |

6級 第4回

次の各文のカタカナ部分は漢字を、漢字は読みを答えよ。

1 シンカンの本を買う。（あたらしく発行すること）
2 立ちのきをキョウセイする。（しいること）
3 安全確保のテッソクを守る。（ゆるぎない決まり）
4 新事実がハンメイする。（あきらかになること）
5 雨で試合がムコウとなる。（通用しないこと）
6 キュウジョ活動に参加する。（危険なめにあっている人をたすけること）
7 腹を立ててコイに皿を割る。（わざと）
8 町のザイセイを建て直す。（国や公共団体の収入・支出に関する経済活動）
9 迷ったすえケツダンする。（きっぱりときめること）
10 サツガイ現場を検証する。（ころすこと）
11 ゾウキ林が赤く色づく。（ざいもくとしては役に立たない木）
12 債券のガクメン価格。（表に記されているきんがく）
13 オウリョウの疑いがかかる。（不法に自分のものにすること）
14 キセイ植物を研究する。（他の動植物から栄養を取っていきること）
15 ヨウリョウを二倍にする。（入るぶんりょう）
16 エイギョウ時間を延長する。（じぎょう・商売をいとなむこと）
17 コウザイ相半ばする。（良いことと悪いこと）
18 家の一部をカイチクする。（新しく建てかえること）
19 ベンカイの余地はない。（言いわけ）
20 ムエキな争いはしない。（価値のない）
21 客席のハンノウを見る。（手ごたえ）
22 宇宙飛行士をシガンする。（進んで希望すること）
23 受け入れタイセイが整う。（身構え、じょうたい）
24 ごコウシに感謝する。（深い思いやり）
25 本のジョブンを書く。（前書き）
26 テレビをイマで見る。（リビング）
27 フゾクの部品で組み立てる。（主となるものについてぞくしているもの）
28 台風が九州をツウカする。（とおりすぎること）
29 ギャッキョウに負けない。（苦労の多い立場）
30 キジュツ問題を解く。（書きしるすこと）
31 機体のコウゾウを調べる。（物の内部の組み立て）
32 友人との貸し借りを**相殺**する。（帳消しにすること）
33 国民の要請に**応**える。（働きかけに報いること）
34 生物学者を**志**す。（心にきめて目指す）

## 解答とポイント

1 新刊
2 強制
3 鉄則 NG! ×鉄
4 判明
5 無効
6 救助
7 故意
8 財政
9 決断
10 殺害
11 雑木
12 額面
13 横領
14 寄生 NG! ×奇生
15 容量
16 営業 NG! ×営
17 功罪 NG! ×巧罪
18 改築
19 弁解
20 無益
21 反応
22 志願
23 態勢 NG! ×熊勢
24 厚志
25 序文 NG! ×序
26 居間
27 付(附)属
28 通過
29 逆境
30 記述
31 構造
32 そうさい
33 こた
34 こころざ

# 6級 第5回

| 漢字 | 部首・画数 | 読み | 筆順 | 用例 |
|---|---|---|---|---|
| 適 | ⻌ 14 | テキ | 亠 产 产 啇 商 適 | 適切(てきせつ)・適度(てきど)・適材適所(てきざいてきしょ) |
| 迷 | ⻌ 9 | メイ / まよ(う) | 丶 丷 䒑 半 米 迷 | 迷路(めいろ)・迷信(めいしん)・混迷(こんめい)・低迷(ていめい) |
| 再 | 冂 6 | サイ・サ / ふたた(び) | 一 厂 冂 币 再 再 | 再来(さいらい)・再会(さいかい)・再現(さいげん)・再来年(さらいねん) |
| 囲 | 囗 7 | イ / かこ(む)・かこ(う) | 丨 冂 冃 冄 冉 囲 囲 | 胸囲(きょうい)・周囲(しゅうい)・外囲(がいい)・四囲(しい) |
| 因 | 囗 6 | イン / よ(る) | 丨 冂 冃 冃 因 因 | 因果(いんが)・因縁(いんねん)・原因(げんいん)・要因(よういん) |
| 団 | 囗 6 | ダン・トン | 丨 冂 冃 冃 団 団 | 団体(だんたい)・団結(だんけつ)・楽団(がくだん)・布団(ふとん) |
| 衛 | 行 16 | エイ | 彳 彳 彳 徫 徫 衛 | 衛星(えいせい)・衛生(えいせい)・護衛(ごえい)・防衛(ぼうえい) |
| 術 | 行 11 | ジュツ | ノ 彳 行 休 休 術 | 技術(ぎじゅつ)・手術(しゅじゅつ)・芸術(げいじゅつ)・話術(わじゅつ) |
| 久 | ノ 3 | キュウ・ク / ひさ(しい) | ノ ク 久 | 持久(じきゅう)・永久(えいきゅう)・久遠(くおん)・久久(ひさびさ) |
| 余 | 𠆢 7 | ヨ / あま(る)・あま(す) | ノ 𠆢 今 全 余 余 | 余計(よけい)・余地(よち)・余波(よは)・余分(よぶん) |
| 勢 | 力 13 | セイ / いきお(い) | 土 夫 坴 坴 埶 勢 | 勢力(せいりょく)・形勢(けいせい)・情勢(じょうせい)・気勢(きせい) |
| 務 | 力 11 | ム / つと(める)・つと(まる) | マ 予 矛 矛 矜 務 | 任務(にんむ)・責務(せきむ)・事務(じむ)・義務(ぎむ) |
| 可 | 口 5 | カ | 一 丁 可 可 可 | 可決(かけつ)・可能(かのう)・不可(ふか)・許可(きょか) |
| 喜 | 口 12 | キ / よろこ(ぶ) | 十 吉 吉 吉 壴 喜 | 喜色(きしょく)・悲喜(ひき)・一喜一憂(いっきいちゆう) |
| 句 | 口 5 | ク | ノ 勹 勹 句 句 | 句読(くとう)・字句(じく)・節句(せっく) |
| 告 | 口 7 | コク / つ(げる) | ノ 𠂉 牛 生 牛 告 | 告示(こくじ)・広告(こうこく)・報告(ほうこく)・告げ口(つげぐち) |
| 史 | 口 5 | シ | 丶 口 口 中 史 | 史学(しがく)・史書(ししょ)・女史(じょし)・国史(こくし) |
| 圧 | 土 5 | アツ | 一 厂 圧 圧 | 圧力(あつりょく)・水圧(すいあつ)・制圧(せいあつ)・気圧(きあつ) |
| 基 | 土 11 | キ / もと・もとい | 一 廾 甘 其 其 基 | 基準(きじゅん)・基地(きち)・基調(きちょう)・基づく(もとづく) |
| 型 | 土 9 | ケイ / かた | 一 二 干 开 刑 型 | 型式(けいしき)・原型(げんけい)・模型(もけい)・型紙(かたがみ) |
| 在 | 土 6 | ザイ / あ(る) | 一 ナ 𠂇 存 存 在 | 在住(ざいじゅう)・在留(ざいりゅう)・現在(げんざい)・健在(けんざい) |
| 堂 | 土 11 | ドウ | 丨 丷 ⺌ 尚 尚 堂 | 食堂(しょくどう)・金堂(こんどう)・母堂(ぼどう)・本堂(ほんどう) |
| 墓 | 土 13 | ボ / はか | 一 艹 艹 莒 莫 墓 | 墓地(ぼち)・墓参(ぼさん)・墓参り(はかまいり) |
| 報 | 土 12 | ホウ / むく(いる) | 土 圭 幸 幸 郣 報 | 報告(ほうこく)・報道(ほうどう)・情報(じょうほう)・予報(よほう) |
| 士 | 士 3 | シ | 一 十 士 | 士気(しき)・武士(ぶし)・士魂商才(しこんしょうさい) |
| 夢 | 夕 13 | ム / ゆめ | 艹 艹 苗 苗 萝 夢 | 夢中(むちゅう)・正夢(まさゆめ)・無我夢中(むがむちゅう) |
| 妻 | 女 8 | サイ / つま | 彐 ヨ 事 事 妻 妻 | 妻子(さいし)・妻帯(さいたい)・夫妻(ふさい)・人妻(ひとづま) |
| 導 | 寸 15 | ドウ / みちび(く) | 丷 䒑 产 首 道 導 | 導入(どうにゅう)・導線(どうせん)・指導(しどう)・引導(いんどう) |
| 師 | 巾 10 | シ | 丨 𠂤 𠂤 𠂤 帥 師 | 師弟(してい)・師事(しじ)・教師(きょうし)・技師(ぎし) |
| 常 | 巾 11 | ジョウ / つね・とこ | 丨 ⺌ 尚 尚 常 常 | 常識(じょうしき)・常時(じょうじ)・日常(にちじょう)・常日頃(つねひごろ) |
| 布 | 巾 5 | フ / ぬの | ノ ナ 右 布 | 布告(ふこく)・分布(ぶんぷ)・配布(はいふ)・布地(ぬのじ) |
| 幹 | 干 13 | カン / みき | 十 古 卓 卓 幹 幹 | 幹事(かんじ)・幹部(かんぶ)・根幹(こんかん)・基幹(きかん) |
| 支 | 支 4 | シ / ささ(える) | 一 十 す 支 | 支点(してん)・支持(しじ)・支配(しはい)・支流(しりゅう) |
| 易 | 日 8 | エキ・イ / やさ(しい) | 口 日 日 月 易 易 | 易者(えきしゃ)・容易(ようい)・不易流行(ふえきりゅうこう) |

次の各文のカタカナ部分は漢字を、漢字は読みを答えよ。

1 水分をテキドに補給する。(いい具合に)
2 売り上げがテイメイする。(活動がにぶること)
3 当時の状況をサイゲンする。(もう一度あらわすこと)
4 家のシュウイを走る。(もののまわり)
5 インガ関係をさかのぼる。(げんいんとけっか)
6 ダンケツしてことに当たる。(力を合わせて一つにまとめること)
7 要人にゴエイを付ける。(つきそって守る人)
8 ワジュツに引き込まれる。(はなしをするテクニック)
9 ジキュウ力を付ける。(長くもちこたえること)
10 台風のヨハで風が強い。(後に残っているえいきょう)
11 勝ってキセイが上がる。(いきごみ)
12 個個のセキムをはたす。(やらねばならないこと)
13 条例案をカケツする。(議案が通ること)
14 ヒキこもごもの様子。(かなしみとよろこび)
15 文章にクトウ点を打つ。(くてんとどうてん)
16 投票日がコクジされる。(公に知らせること)
17 平安時代のシショを読む。(れきしのしょもつ)

18 反乱軍がセイアツされる。(せいりょくをおさえること)
19 観測キチを建設する。(軍隊・探検隊などの行動のきょてん)
20 飛行機のモケイを作る。(実物に似せて小さくつくったもの)
21 往年のスターはケンザイだ。(じょうぶで元気に暮らしてること)
22 中尊寺のコンドウ。(本尊を安置している建物)
23 ボサンのために帰省する。(はかまいり)
24 ジョウホウが混乱する。(ある物事についての知らせ)
25 隊員のシキが上がる。(やろうとするきもち)
26 ムチュウで遊ぶ。(われを忘れること)
27 サイシを大事にしている。(つまとこども)
28 シドウ的役割をはたす。(教えみちびくこと)
29 著名な作家にシジする。(先生として教えを受けること)
30 ジョウジ片付いている。(いつも)
31 方言のブンプ図を作る。(わかれてそんざいすること)
32 組織のカンブの意見を聞く。(中心となる人人)
33 ボールをシハイする選手。(自分の意のままに動かせること)
34 問題がヨウイに解けた。(簡単)

## 解答とポイント

1 適度
2 低迷
3 再現
4 周囲
5 因果
6 団結
7 護衛
8 話術
9 持久
10 余波
11 気勢
12 責務
13 可決 NG! ×司決
14 悲喜
15 句読
16 告示
17 史書 NG! ×史
18 制圧
19 基地
20 模型 NG! 模×形
21 健在 NG! ×建在
22 金堂
23 墓参
24 情報
25 士気
26 夢中 NG! ×無中
27 妻子
28 指導 NG! 指×道
29 師事 NG! ×飾
30 常時
31 分布
32 幹部
33 支配
34 容易

# 6級 第6回

| 漢字 | 部首 | 画数 | 読み | 筆順 | 用例 |
|---|---|---|---|---|---|
| 旧 | 日 | 5 | キュウ | 丨 ‖ ‖丁 ‖日 旧 旧 | 旧友(きゅうゆう)・旧知(きゅうち)・新旧(しんきゅう)・復旧(ふっきゅう) |
| 暴 | 日 | 15 | ボウ バク あば(く) あば(れる) | 旦 早 早 异 暴 暴 暴 | 暴力(ぼうりょく)・暴言(ぼうげん)・暴動(ぼうどう)・横暴(おうぼう) |
| 査 | 木 | 9 | サ | 十 木 木 杏 杳 査 | 査定(さてい)・査察(ささつ)・検査(けんさ)・調査(ちょうさ) |
| 条 | 木 | 7 | ジョウ | ノ ク 夂 冬 条 条 | 条理(じょうり)・条件(じょうけん)・条約(じょうやく)・信条(しんじょう) |
| 武 | 止 | 8 | ブ ム | 一 ニ 亍 正 武 武 | 武力(ぶりょく)・武道(ぶどう)・文武(ぶんぶ)・武者(むしゃ) |
| 歴 | 止 | 14 | レキ | 一 厂 厈 麻 歴 歴 | 歴史(れきし)・歴代(れきだい)・学歴(がくれき)・経歴(けいれき) |
| 比 | 比 | 4 | ヒ くら(べる) | 一 上 上 比 | 比重(ひじゅう)・比例(ひれい)・対比(たいひ)・無比(むひ) |
| 状 | 犬 | 7 | ジョウ | 丨 丬 丬 丬 状 状 | 状態(じょうたい)・名状(めいじょう)・白状(はくじょう)・賞状(しょうじょう) |
| 永 | 水 | 5 | エイ なが(い) | 丶 亠 习 永 永 | 永久(えいきゅう)・永遠(えいえん)・永世(えいせい)・日永(ひなが) |
| 災 | 火 | 7 | サイ わざわ(い) | 〈 巛 巛 巛 巛 災 | 災害(さいがい)・息災(そくさい)・無病息災(むびょうそくさい) |
| 毒 | 母 | 8 | ドク | 一 十 圭 毒 毒 毒 | 毒殺(どくさつ)・毒物(どくぶつ)・消毒(しょうどく)・中毒(ちゅうどく) |
| 率 | 玄 | 11 | ソツ リツ ひき(いる) | 亠 亡 玄 玆 玆 率 | 率先(そっせん)・引率(いんそつ)・確率(かくりつ)・能率(のうりつ) |
| 留 | 田 | 10 | リュウ ル と(める) と(まる) | ノ 匚 卯 卯 卯 留 | 留意(りゅうい)・保留(ほりゅう)・留守(るす)・書留(かきとめ) |
| 禁 | 示 | 13 | キン | 十 木 林 埜 禁 禁 | 禁止(きんし)・禁制(きんせい)・解禁(かいきん)・発禁(はっきん) |
| 示 | 示 | 5 | ジ シ しめ(す) | 一 二 亍 亓 示 | 示談(じだん)・指示(しじ)・暗示(あんじ)・示度(しど) |
| 素 | 糸 | 10 | ソ ス | 一 十 圭 耒 麦 素 | 素行(そこう)・素質(そしつ)・平素(へいそ)・素顔(すがお) |
| 義 | 羊 | 13 | ギ | 䒑 兰 羊 美 義 義 | 義務(ぎむ)・正義(せいぎ)・大義名分(たいぎめいぶん) |
| 能 | 肉 | 10 | ノウ | ム 台 自 自 能 能 | 能力(のうりょく)・性能(せいのう)・効能(こうのう)・可能(かのう) |
| 興 | 臼 | 16 | コウ キョウ おこ(る) おこ(す) | 亻 𠂉 印 佣 興 興 | 興業(こうぎょう)・復興(ふっこう)・再興(さいこう)・興味(きょうみ) |
| 舎 | 舌 | 8 | シャ | ノ 人 亼 今 全 舎 | 舎弟(しゃてい)・宿舎(しゅくしゃ)・校舎(こうしゃ) |
| 製 | 衣 | 14 | セイ | 𠂉 午 制 制 製 製 | 製造(せいぞう)・製作(せいさく)・作製(さくせい)・特製(とくせい) |
| 規 | 見 | 11 | キ | 二 夫 夫 知 規 規 | 規則(きそく)・規定(きてい)・定規(じょうぎ)・法規(ほうき) |
| 豊 | 豆 | 13 | ホウ ゆた(か) | 丨 冂 曲 曲 豊 豊 | 豊作(ほうさく)・豊富(ほうふ)・豊年(ほうねん)・豊満(ほうまん) |
| 象 | 豕 | 12 | ショウ ゾウ | ノ 个 午 争 象 象 | 心象(しんしょう)・対象(たいしょう)・有象無象(うぞうむぞう) |
| 賛 | 貝 | 15 | サン | 二 夫 夫 扶 賛 賛 | 賛否(さんぴ)・賞賛(しょうさん)・自画自賛(じがじさん) |
| 資 | 貝 | 13 | シ | 冫 冫 次 洛 資 資 | 資本(しほん)・資格(しかく)・投資(とうし)・物資(ぶっし) |
| 質 | 貝 | 15 | シツ シチ チ | 厂 斤 斦 斦 質 質 | 質素(しっそ)・人質(ひとじち)・質疑応答(しつぎおうとう) |
| 賞 | 貝 | 15 | ショウ | 丶 ⺌ 尚 尚 賞 賞 | 賞金(しょうきん)・賞状(しょうじょう)・受賞(じゅしょう)・入賞(にゅうしょう) |
| 責 | 貝 | 11 | セキ せ(める) | 一 十 丰 青 青 責 | 責任(せきにん)・責務(せきむ)・自責(じせき)・職責(しょくせき) |
| 貸 | 貝 | 12 | タイ か(す) | ノ 亻 仁 代 貸 貸 | 貸借(たいしゃく)・貸与(たいよ)・貸し出し(かしだし) |
| 費 | 貝 | 12 | ヒ つい(やす) つい(える) | 一 ㇇ 弓 弗 費 費 | 費用(ひよう)・会費(かいひ)・消費(しょうひ)・食費(しょくひ) |
| 貧 | 貝 | 11 | ヒン ビン まず(しい) | ノ 八 分 分 貧 貧 | 貧苦(ひんく)・貧血(ひんけつ)・貧困(ひんこん)・貧乏(びんぼう) |
| 貿 | 貝 | 12 | ボウ | ノ ㄈ 卯 卯 留 貿 | 貿易(ぼうえき) |
| 非 | 非 | 8 | ヒ | 丿 丿 ヨ 非 非 非 | 非道(ひどう)・非力(ひりき)・理非曲直(りひきょくちょく) |

次の各文のカタカナ部分は漢字を、漢字は読みを答えよ。

1 キュウユウに会いに行く。（古いともだち）
2 オウボウな態度を改める。（わがまま）
3 金額をサテイする。（調べて価値を決めること）
4 シンジョウを紙に書く。（かたくしんじ守っている考え）
5 ブンブ両道を修める。（学芸とぶ道）
6 自分のケイレキを書く。（今までへてきた学業・仕事など）
7 痛快ムヒな物語。（他にくらべるものがないさま）
8 罪をハクジョウする。（隠していたことを打ち明けること）
9 時間はエイエンに流れる。（限りなくいつまでも続くこと）
10 ソクサイを願う。（健康であること）
11 食チュウドクに注意する。（どくそが体に障害を起こすこと）
12 仕事のノウリツを上げる。（はかどる速度）
13 態度をホリュウする。（一時ひかえること）
14 鮎（あゆ）釣りがカイキンになる。（おこなってよくなること）
15 警備員のシジに従う。（さしず）
16 芸能人のスガオを語る。（ありのままの姿）
17 しっかりとギムを果たす。（やらねばならないつとめ）

18 車のセイノウを高める。（せいしつとのうりょく）
19 被災地（ひさいち）がフッコウする。（再び盛んになること）
20 選手村のシュクシャに入る。（やど）
21 セイゾウ元を表す。（原材料を加工して商品をつくること）
22 素直にキソクを守る。（きまり）
23 ホウフな経験を生かす。（たくさんゆたかにあること）
24 研究タイショウを定める。（目標とするもの・相手）
25 受け入れのサンピを問う。（さんせいか反対か）
26 あれこれ言うシカクはない。（あることをするのに必要な身分や地位）
27 シッソでも幸せな暮らし。（ぜいたくをしないこと）
28 ニュウショウを果たす。（しょうをもらうこと）
29 ジセキの念に駆（か）られる。（じぶんでじぶんをせめること）
30 金銭のタイシャクはない。（かしかり）
31 電力のショウヒが増える。（使用）
32 ヒンコンは由由しい問題だ。（まずしく生活に苦しむこと）
33 ボウエキ会社を設立する。（外国と品物を売り買いすること）
34 ヒリキながら手助けする。（ちからがとぼしいこと）

## 解答とポイント

1 旧友
2 横暴
3 査定 NG! ×杳
4 信条
5 文武
6 経歴 NG! 径×歴
7 無比
8 白状
9 永遠
10 息災
11 中毒
12 能率 NG! 能卒×
13 保留
14 解禁
15 指示 NG! 支×示
16 素顔
17 義務
18 性能
19 復興
20 宿舎
21 製造 NG! 制×造
22 規則
23 豊富
24 対象
25 賛否
26 資格
27 質素
28 入賞
29 自責
30 貸借
31 消費 NG! ×費
32 貧困 NG! ×貧
33 貿易 NG! ×易
34 非力

6級 第6回

# 級別テスト 6級

（30分）

/100点

(一) 次の——線の漢字の読みをひらがなで記せ。 1×5（5点）

① 収益は均等に分配する。（　）
② 手際よく処理する。（　）
③ 率先して仕事をする。（　）
④ 論文の構想を練る。（　）
⑤ 話の根幹に関わる。（　）

(二) 次のカタカナの部分を○の漢字と送りがなで記せ。 1×10（10点）

① 率 二万の大軍を**ヒキイル**。（　）
② 耕 じゃがいも畑を**タガヤス**。（　）
③ 報 一矢**ムクイル**。（　）
④ 営 新事業を**イトナム**。（　）
⑤ 断 申し出を**コトワル**。（　）
⑥ 設 新しく支店を**モウケル**。（　）
⑦ 確 相手の真意を**タシカメル**。（　）
⑧ 授 賞状を**サズケル**。（　）
⑨ 潔 **イサギヨイ**態度をとる。（　）
⑩ 快 そよ風が**ココロヨイ**。（　）

(三) 次の漢字の部首と部首名を書け。ただし、部首名は下の□の中から選び、記号で記せ。 2×10（20点）

| | 部首 | 部首名 |
|---|---|---|
| 〈例〉仮・価 | （イ） | （ア） |
| 快・慣 | ①（　） | ②（　） |
| 険・限 | ③（　） | ④（　） |
| 税・移 | ⑤（　） | ⑥（　） |
| 刊・制 | ⑦（　） | ⑧（　） |
| 態・志 | ⑨（　） | ⑩（　） |

ア にんべん
イ こざとへん
ウ りっとう
エ りっしんべん
オ のぎへん
カ ぼくづくり
キ こころ
ク おおがい

(四) 次の漢字の赤い画は筆順の何画目か。また、総画数は何画か。算用数字で記せ。 2×10（20点）

| | 何画目 | 総画数 |
|---|---|---|
| ア 暴 | ①（　） | ②（　） |
| イ 希 | ③（　） | ④（　） |
| ウ 制 | ⑤（　） | ⑥（　） |
| エ 方 | ⑦（　） | ⑧（　） |
| オ 非 | ⑨（　） | ⑩（　） |

(五) 漢字を二字組み合わせた熟語では、意味の上で次のような関係がある。

ア 同じような意味の字を重ねたもの (例 岩石)
イ 反対または対応の意味を表す字を重ねたもの (例 高低)
ウ 上の字が下の字を修飾しているもの (例 洋画)
エ 下の字が上の字の目的語・補語になっているもの (例 着席)
オ 上の字が下の字の意味を打ち消しているもの (例 非常)

次の熟語は、右のア～オのどれにあたるか、記号で記せ。 2×10(20点)

① 任意 (　　)
② 知識 (　　)
③ 往復 (　　)
④ 読書 (　　)
⑤ 好評 (　　)
⑥ 技術 (　　)
⑦ 修業 (　　)
⑧ 飼育 (　　)
⑨ 防犯 (　　)
⑩ 無罪 (　　)

(六) 上の読みの漢字を□の中から選び、(　)にあてはめて熟語を作れ。答えは記号で記せ。 1×5(5点)

コウ
① (　)図
② (　)能
③ (　)演

セイ
④ (　)力
⑤ (　)治

| ア 勢 | オ 効 |
|---|---|
| イ 構 | カ 興 |
| ウ 政 | キ 製 |
| エ 高 | ク 講 |

(七) 後の□の中のひらがなを漢字に直して、対義語・類義語を記せ。 1×10(10点)

対義語
① 利益 ↔ (　)失
② 理想 ↔ (　)実
③ 許可 ↔ (　)止
④ 集合 ↔ (　)散
⑤ 肉体 ↔ 精(　)

かい・きん・そん・しん・げん

類義語
⑥ 意外 ＝ (　)外
⑦ 準備 ＝ (　)意
⑧ 返事 ＝ (　)答
⑨ 任務 ＝ (　)命
⑩ 留守 ＝ (　)在

おう・ふ・し・あん・よう

(八) 漢字の読みには音と訓がある。次の熟語の読みはどんな組み合わせになっているか、記号で記せ。 1×10(10点)

ア 音と音　イ 音と訓　ウ 訓と訓　エ 訓と音

① 毛糸 (　　)
② 責務 (　　)
③ 正夢 (　　)
④ 仕事 (　　)
⑤ 布地 (　　)
⑥ 客間 (　　)
⑦ 境目 (　　)
⑧ 交際 (　　)
⑨ 往来 (　　)
⑩ 気配 (　　)

# 5級 第1回

| 漢字 | 部首 | 画数 | 読み | 筆順 | 用例 |
|---|---|---|---|---|---|
| 供 | イ | 8 | キョウ、ク、そな(える)、とも | ノ イ 什 付 仕 供 | 供給(きょうきゅう)・自供(じきょう)、供養(くよう)・子供(こども) |
| 傷 | イ | 13 | ショウ、きず、いた(む)、いた(める) | イ 作 作 復 傷 傷 | 傷心(しょうしん)・傷害(しょうがい)、負傷(ふしょう)・感傷(かんしょう) |
| 仁 | イ | 4 | ジン、ニ | ノ イ 仁 仁 | 仁徳(じんとく)・仁義(じんぎ)、仁術(じんじゅつ)・仁王(におう) |
| 値 | イ | 10 | チ、ね、あたい | イ 仁 什 佶 値 値 | 価値(かち)・数値(すうち)、値段(ねだん)・値札(ねふだ) |
| 俳 | イ | 10 | ハイ | イ 们 付 俳 俳 俳 | 俳句(はいく)・俳人(はいじん)、俳味(はいみ)・俳優(はいゆう) |
| 俵 | イ | 10 | ヒョウ、たわら | イ 仁 佳 俵 俵 俵 | 土俵(どひょう)・米俵(こめだわら) |
| 優 | イ | 17 | ユウ、やさ(しい)、すぐ(れる) | イ 仁 価 優 優 優 | 優先(ゆうせん)・優勝(ゆうしょう)、優待(ゆうたい)・俳優(はいゆう) |
| 吸 | 口 | 6 | キュウ、す(う) | 丨 口 口 叨 吸 吸 | 吸収(きゅうしゅう)・吸引(きゅういん)、吸着(きゅうちゃく)・吸い物(すいもの) |
| 呼 | 口 | 8 | コ、よ(ぶ) | 丨 口 口 叮 呕 呼 | 呼吸(こきゅう)・呼応(こおう)、点呼(てんこ)・呼び水(よびみず) |
| 域 | 土 | 11 | イキ | 土 圻 垣 垣 域 域 | 域内(いきない)・地域(ちいき)、区域(くいき)・流域(りゅういき) |
| 従 | イ | 10 | ジュウ、ショウ、ジュ、したが(う)、したが(える) | 彳 徉 徉 徉 従 従 | 従来(じゅうらい)・追従(ついじゅう(しょう))、従容(しょうよう) |
| 律 | イ | 9 | リツ、リチ | 彳 彳 行 律 律 律 | 法律(ほうりつ)・律儀(りちぎ)、二律背反(にりつはいはん) |
| 降 | 阝 | 10 | コウ、お(りる)、お(ろす)、ふ(る) | 阝 阝 降 降 降 降 | 降参(こうさん)・降雨(こうう)、以降(いこう)・乗降(じょうこう) |
| 除 | 阝 | 10 | ジョ、ジ、のぞ(く) | 阝 阝 阶 除 除 除 | 除外(じょがい)・除去(じょきょ)、解除(かいじょ)・掃除(そうじ) |
| 障 | 阝 | 14 | ショウ、さわ(る) | 阝 阝 阝 障 障 障 | 障害(しょうがい)・支障(ししょう)、故障(こしょう)・保障(ほしょう) |
| 陛 | 阝 | 10 | ヘイ | 阝 阝 阝 陛 陛 陛 | 陛下(へいか) |
| 拡 | 扌 | 8 | カク | 一 扌 扌 扩 拡 拡 | 拡大(かくだい)・拡張(かくちょう)、拡充(かくじゅう) |
| 揮 | 扌 | 12 | キ | 扌 扌 扩 揮 揮 揮 | 揮発(きはつ)・発揮(はっき)、指揮(しき) |
| 捨 | 扌 | 11 | シャ、す(てる) | 扌 扑 拎 拎 捨 捨 | 取捨(しゅしゃ)・喜捨(きしゃ)、捨て石(すていし) |
| 推 | 扌 | 11 | スイ、お(す) | 一 扌 扌 扌 推 推 | 推進(すいしん)・推察(すいさつ)、推測(すいそく)・類推(るいすい) |
| 操 | 扌 | 16 | ソウ、みさお、あやつ(る) | 一 扌 扌 扌 操 操 | 操作(そうさ)・操縦(そうじゅう)、情操(じょうそう)・節操(せっそう) |
| 担 | 扌 | 8 | タン、かつ(ぐ)、にな(う) | 一 扌 扌 扣 担 担 | 担当(たんとう)・担任(たんにん)、加担(かたん)・負担(ふたん) |
| 探 | 扌 | 11 | タン、さぐ(る)、さが(す) | 扌 扌 扌 扌 探 探 | 探検(たんけん)・探査(たんさ)、手探り(てさぐり)・人探し(ひとさがし) |
| 拝 | 扌 | 8 | ハイ、おが(む) | 一 扌 扌 扌 拝 拝 | 拝観(はいかん)・参拝(さんぱい)、三拝九拝(さんぱいきゅうはい) |
| 批 | 扌 | 7 | ヒ | 一 扌 扌 扎 批 批 | 批評(ひひょう)・批正(ひせい)、批難(ひなん)・批判(ひはん) |
| 沿 | 氵 | 8 | エン、そ(う) | 丶 氵 氵 沿 沿 沿 | 沿岸(えんがん)・沿線(えんせん)、沿革(えんかく)・海沿い(うみぞい) |
| 激 | 氵 | 16 | ゲキ、はげ(しい) | 氵 氵 泊 淂 激 激 | 激務(げきむ)・激動(げきどう)、感激(かんげき)・過激(かげき) |
| 源 | 氵 | 13 | ゲン、みなもと | 氵 汇 沥 源 源 源 | 源泉(げんせん)・源流(げんりゅう)、資源(しげん)・起源(きげん) |
| 済 | 氵 | 11 | サイ、す(む)、す(ます) | 氵 汶 汶 済 済 済 | 済世(さいせい)・救済(きゅうさい)、経済(けいざい)・返済(へんさい) |
| 洗 | 氵 | 9 | セン、あら(う) | 丶 氵 汁 洗 洗 洗 | 洗面(せんめん)・洗練(せんれん)、手洗い(てあらい) |
| 潮 | 氵 | 15 | チョウ、しお | 氵 汁 沪 淖 淖 潮 | 潮流(ちょうりゅう)・風潮(ふうちょう)、潮風(しおかぜ)・上げ潮(あげしお) |

**Point!** 読み誤りやすい漢字「従」

従は、時に「ショウ」と読むので注意。従容（ゆったり落ち着いたさま）はショウヨウ、追従（へつらうさま）はツイショウ。

**Point!** 漢字の使い分け「激(ゲキ)」と「劇(ゲキ)」

共通して使うことが多いが、励ます意（激励）や、氵だから水関係（激流）は激。過激な「劇薬」「劇毒」は劇しか使わない。

次の各文のカタカナ部分は漢字を、漢字は読みを答えよ。

1 犯人が犯行をジキョウする。（じぶんから話すこと）
2 景色にカンショウ的になる。（かんじ入り心をいためること）
3 彼はジンギを重んじる人だ。（道徳上守るべき筋道）
4 具体的なスウチを公表する。（かずのあたい）
5 季節の美をハイクに詠む。（五・七・五の短詩）
6 ドヒョウに塩をまく。（つちをつめたたわらで周りを囲んだ場所）
7 ユウセン席を譲る。（他よりもさきにすること）
8 栄養をキュウシュウする。（取り入れること）
9 集合地点でテンコを取る。（一人ずつ確認すること）
10 リュウイキの環境を守る。（川のながれの付近）
11 他人の意見にツイジュウする。（人の言葉にしたがうこと）
12 ホウリツを専攻する。（国が定めたきまり）
13 月曜日イコウは家にいる。（それよりのち）
14 警報がカイジョされる。（取りやめてもとに戻すこと）
15 実行に何のシショウもない。（さしつかえ）
16 国王ヘイカが来日される。（天皇・皇后などへの敬称）
17 画像をカクダイする。（広げておおきくすること）

18 力を十分にハッキする。（表に現すこと）
19 シュシャ選択の決断。（えらぶこととすてること）
20 文脈からスイソクする。（おしはかること）
21 ジョウソウ教育に力を注ぐ。（社会的価値のあるかんじょう）
22 余計なフタンをかけない。（重荷）
23 宇宙タンサ機を打ち上げる。（さぐって調べること）
24 本堂内陣をハイカンする。（へり下って見る）
25 厳しいヒハンを受ける。（物事のよしあしの評価・はんだん）
26 日本海エンガンの漁場。（陸地に近い）
27 幕末はゲキドウの時代。（はげしくゆれうごくこと）
28 友人が活力のゲンセンだ。（生じる元）
29 借金をヘンサイする。（借りたものをかえすこと）
30 共同でセンメン台を使う。（顔をあらうこと）
31 時代のフウチョウに逆らう。（時代や世間の傾向）
32 日がたって果実が傷む。（悪くなる）
33 一部を除いて通行止めだ。（とりのぞく）
34 部長にふさわしいと推す。（すすめる）

## 解答とポイント

1 自供 NG! 自共×
2 感傷
3 仁義
4 数値
5 俳句 NG! 排句×
6 土俵 NG! 土表×
7 優先
8 吸収
9 点呼 NG! ×呼
10 流域
11 追従
12 法律
13 以降
14 解除 NG! 解徐×
15 支障
16 陛下
17 拡大
18 発揮 NG! 発気×
19 取捨 NG! 取拾×
20 推測
21 情操
22 負担
23 探査
24 拝観
25 批判
26 沿岸
27 激動
28 源(原)泉
29 返済 NG! ×済
30 洗面
31 風潮 NG! 風朝×
32 いた
33 のぞ
34 お

| 漢字 | 部首・画数 | 読み | 用例 |
|---|---|---|---|
| 派 | 氵 9 | ハ | 派生（はせい）・派兵（はへい）・流派（りゅうは）・立派（りっぱ） |
| 映 | 日 9 | エイ／うつ(る)／うつ(す)／は(える) | 映像（えいぞう）・映写（えいしゃ）・反映（はんえい）・夕映（ゆうば）え |
| 暖 | 日 13 | ダン／あたた(か)／あたた(かい)／あたた(まる)／あたた(める) | 暖冬（だんとう）・暖流（だんりゅう）・温暖（おんだん）・寒暖（かんだん） |
| 晩 | 日 12 | バン | 晩年（ばんねん）・早晩（そうばん）・大器晩成（たいきばんせい） |
| 胸 | 月 10 | キョウ／むね／むな | 胸囲（きょうい）・胸中（きょうちゅう）・度胸（どきょう）・胸元（むなもと） |
| 臓 | 月 19 | ゾウ | 臓器（ぞうき）・臓物（ぞうもつ）・心臓（しんぞう）・内臓（ないぞう） |
| 腸 | 月 13 | チョウ | 胃腸（いちょう）・大腸（だいちょう）・断腸（だんちょう）・直腸（ちょくちょう） |
| 脳 | 月 11 | ノウ | 脳波（のうは）・脳裏（のうり）・首脳（しゅのう）・頭脳（ずのう） |
| 肺 | 月 9 | ハイ | 肺臓（はいぞう）・肺炎（はいえん）・片肺（かたはい）・心肺（しんぱい） |
| 腹 | 月 13 | フク／はら | 腹心（ふくしん）・腹案（ふくあん）・私腹（しふく）・立腹（りっぷく） |
| 株 | 木 10 | かぶ | 株式（かぶしき）・株主（かぶぬし）・古株（ふるかぶ）・切（き）り株（かぶ） |

| 漢字 | 部首・画数 | 読み | 用例 |
|---|---|---|---|
| 机 | 木 6 | キ／つくえ | 机上（きじょう）・机下（きか）・文机（ふづくえ） |
| 権 | 木 15 | ケン／ゴン | 権利（けんり）・実権（じっけん）・権化（ごんげ）・権謀術数（けんぼうじゅっすう） |
| 樹 | 木 16 | ジュ | 樹立（じゅりつ）・樹海（じゅかい）・果樹（かじゅ）・植樹（しょくじゅ） |
| 棒 | 木 12 | ボウ | 棒立（ぼうだ）ち・棒読（ぼうよ）み・金棒（かなぼう）・鉄棒（てつぼう） |
| 枚 | 木 8 | マイ | 枚挙（まいきょ）・枚数（まいすう）・大枚（たいまい）・三枚目（さんまいめ） |
| 模 | 木 14 | モ／ボ | 模写（もしゃ）・模型（もけい）・模造（もぞう）・規模（きぼ） |
| 片 | 片 4 | ヘン／かた | 断片（だんぺん）・破片（はへん）・片道（かたみち）・片時（かたとき） |
| 班 | 王 10 | ハン | 班別（はんべつ）・班長（はんちょう）・首班（しゅはん）・救護班（きゅうごはん） |
| 砂 | 石 9 | サ／シャ／すな | 砂鉄（さてつ）・砂利（じゃり）・土砂（どしゃ）・砂場（すなば） |
| 磁 | 石 14 | ジ | 磁気（じき）・磁石（じしゃく）・青磁（せいじ）・電磁（でんじ） |
| 穀 | 禾 14 | コク | 穀物（こくもつ）・穀倉（こくそう）・雑穀（ざっこく）・脱穀（だっこく） |
| 私 | 禾 7 | シ／わたくし／わたし | 私有（しゆう）・私腹（しふく）・公私（こうし）・私事（わたくしごと） |

| 漢字 | 部首・画数 | 読み | 用例 |
|---|---|---|---|
| 秘 | 禾 10 | ヒ／ひ(める) | 秘密（ひみつ）・秘書（ひしょ）・神秘（しんぴ）・秘（ひ）め事（ごと） |
| 補 | 衤 12 | ホ／おぎな(う) | 補給（ほきゅう）・補欠（ほけつ）・補強（ほきょう）・候補（こうほ） |
| 糖 | 米 16 | トウ | 糖分（とうぶん）・糖類（とうるい）・砂糖（さとう）・果糖（かとう） |
| 絹 | 糸 13 | ケン／きぬ | 人絹（じんけん）・正絹（しょうけん）・絹糸（きぬいと）・薄絹（うすぎぬ） |
| 紅 | 糸 9 | コウ／ク／べに／くれない | 紅葉（こうよう）・紅茶（こうちゃ）・真紅（しんく）・口紅（くちべに） |
| 縦 | 糸 16 | ジュウ／たて | 縦横（じゅうおう）・縦貫（じゅうかん）・操縦（そうじゅう）・縦糸（たていと） |
| 縮 | 糸 17 | シュク・ちぢ(む)／ちぢ(まる)／ちぢ(める)／ちぢ(れる)／ちぢ(らす) | 縮尺（しゅくしゃく）・縮小（しゅくしょう）・短縮（たんしゅく）・縮（ちぢ）れ毛（げ） |
| 純 | 糸 10 | ジュン | 純情（じゅんじょう）・純真（じゅんしん）・清純（せいじゅん）・単純（たんじゅん） |
| 納 | 糸 10 | ノウ・ナッ／ナ・ナン・トウ／おさ(める)／おさ(まる) | 納入（のうにゅう）・収納（しゅうのう）・納得（なっとく）・出納（すいとう） |
| 誤 | 言 14 | ゴ／あやま(る) | 誤解（ごかい）・誤差（ごさ）・正誤（せいご）・過誤（かご） |

**Point!** 書き誤りやすい漢字「補（ホ）」

補は、ネ（衣服）＋甫（ホ）（付ける）で、衣服の破れに布を付けて補う意を表す。

次の各文のカタカナ部分は漢字を、漢字は読みを答えよ。

1 新たな問題がハセイする。（分かれうまれること）
2 民意をハンエイさせる。（えいきょうが別のものにあらわれること）
3 山のユウバえが美しい。（ゆう焼け）
4 オンダンな気候の地域。（気候があたたかなこと）
5 ソウバン分裂（ぶんれつ）するだろう。（おそかれはやかれ）
6 遺族のキョウチュウを思う。（気持ち）
7 シンゾウの働きを助ける。（血液のじゅんかんをつかさどる器官）
8 ダンチョウの思い。（腹わたが千切れるほど）
9 光景がノウリに焼き付く。（頭のなか）
10 シンパイ機能を強化する。（しんぞうとはい）
11 友にフクシンを打ち明ける。（こころの奥底）
12 利益をカブヌシへ配当する。（かぶ式を持っている人）
13 キジョウの空論に過ぎない。（つくえのうえ）
14 組織のジッケンを握（にぎ）る。（本当のけん力）
15 新記録をジュリツする。（しっかりうちたてること）
16 鬼（おに）にカナボウだ。（鉄で作ったぼう）
17 マイキョにいとまがない。（数え上げること）

18 よくできたモゾウ品。（似せてつくった物）
19 ガラスのハヘンが散らばる。（こわれたもののかけら）
20 ハンチョウが提出物を集める。（グループのリーダー）
21 ドシャ災害のおそれがある。（つちとすな）
22 ジシャクで方角を知る。（方角を知ることができるもの）
23 コクモツの輸入が増える。（人間が主食とする作もつ）
24 シフクを肥やす。（自分の財産や利益）
25 友人のヒミツを守る。（かくして人に知らせないこと）
26 ホケツで合格する。（かけた人員をおぎなうこと）
27 トウブンを補給する。（食物にふくまれるとう類のせいぶん）
28 キヌイトで織られた服。（カイコのまゆからつむいだいと）
29 朝食にコウチャを飲む。（ちゃの一種）
30 ジュウオウ無尽（むじん）に戦う。（自由自在であるさま）
31 タンシュク授業を行う。（時間や距離などをみじかくちぢめること）
32 セイジュンな少年少女。（きよくけがれのない）
33 ナットクし難（がた）い結論。（理解して認めること）
34 用字のセイゴを調べる。（ただしいこととあやまり）

## 解答とポイント

1 派生
2 反映 NG! ×反影
3 夕映
4 温暖 NG! ×暖
5 早晩
6 胸中
7 心臓
8 断腸
9 脳裏 NG! ×裏
10 心肺
11 腹心
12 株主
13 机上
14 実権
15 樹立
16 金棒 NG! ×棒
17 枚挙 NG! ×挙
18 模造
19 破片
20 班長
21 土砂
22 磁石
23 穀物 NG! ×穀
24 私腹
25 秘密
26 補欠 NG! ×補
27 糖分
28 絹糸
29 紅茶
30 縦横
31 短縮
32 清純 NG! ×純
33 納得
34 正誤

| 漢字 | 部首・画数 | 読み | 用例 |
|---|---|---|---|
| 詞 | 言 12 | シ | 詞章（ししょう）・詞花（しか）<br>歌詞（かし）・品詞（ひんし） |
| 誌 | 言 14 | シ | 誌上（しじょう）・誌面（しめん）<br>雑誌（ざっし）・日誌（にっし） |
| 諸 | 言 15 | ショ | 諸説（しょせつ）・諸国（しょこく）<br>諸行無常（しょぎょうむじょう） |
| 誠 | 言 13 | セイ<br>まこと | 誠意（せいい）・忠誠（ちゅうせい）<br>誠心誠意（せいしんせいい） |
| 誕 | 言 15 | タン | 誕生（たんじょう）・生誕（せいたん）<br>降誕（こうたん） |
| 討 | 言 10 | トウ<br>う（つ） | 討議（とうぎ）・追討（ついとう）<br>検討（けんとう）・敵討ち（かたきうち） |
| 認 | 言 14 | ニン<br>みと（める） | 認可（にんか）・確認（かくにん）<br>承認（しょうにん）・認め印（みとめいん） |
| 訪 | 言 11 | ホウ<br>おとず（れる）<br>たず（ねる） | 訪問（ほうもん）・探訪（たんぼう）<br>歴訪（れきほう）・来訪（らいほう） |
| 訳 | 言 11 | ヤク<br>わけ | 訳文（やくぶん）・訳詩（やくし）<br>通訳（つうやく）・内訳（うちわけ） |
| 論 | 言 15 | ロン | 論争（ろんそう）・討論（とうろん）<br>論功行賞（ろんこうこうしょう） |
| 鋼 | 金 16 | コウ<br>はがね | 鋼鉄（こうてつ）・鉄鋼（てっこう）<br>製鋼（せいこう）・鋼材（こうざい） |

| 漢字 | 部首・画数 | 読み | 用例 |
|---|---|---|---|
| 針 | 金 10 | シン<br>はり | 針路（しんろ）・針金（はりがね）<br>針小棒大（しんしょうぼうだい） |
| 銭 | 金 14 | セン<br>ぜに | 銭湯（せんとう）・金銭（きんせん）<br>悪銭（あくせん）・小銭（こぜに） |
| 骨 | 骨 10 | コツ<br>ほね | 骨格（こっかく）・反骨（はんこつ）<br>骨太（ほねぶと） |
| 割 | 刂 12 | カツ<br>わ（る）<br>わり<br>わ（れる）<br>さ（く） | 割愛（かつあい）・分割（ぶんかつ）<br>割合（わりあい）・役割（やくわり） |
| 劇 | 刂 15 | ゲキ | 劇場（げきじょう）・劇薬（げきやく）<br>演劇（えんげき）・観劇（かんげき） |
| 刻 | 刂 8 | コク<br>きざ（む） | 刻限（こくげん）・分刻み（ふんきざみ）<br>一刻千金（いっこくせんきん） |
| 創 | 刂 12 | ソウ<br>つく（る） | 創始（そうし）・創造（そうぞう）<br>創傷（そうしょう）・独創（どくそう） |
| 勤 | 力 12 | キン<br>ゴン<br>つと（める）<br>つと（まる） | 勤務（きんむ）・転勤（てんきん）<br>欠勤（けっきん）・勤行（ごんぎょう） |
| 我 | 戈 7 | ガ<br>われ<br>わ | 我欲（がよく）・自我（じが）<br>我田引水（がでんいんすい） |
| 巻 | 㔾 9 | カン<br>ま（く）<br>まき | 巻頭（かんとう）・圧巻（あっかん）<br>全巻（ぜんかん）・巻き舌（まきじた） |

**Point!** 書き誤りやすい漢字「勤（キン）」

勤は、力＋堇（尽きる）で力を出し尽くして勤める意を表す。横線が三本に注意。謹・僅の旁（つくり）も同じ。

| 漢字 | 部首・画数 | 読み | 用例 |
|---|---|---|---|
| 危 | 㔾 6 | キ<br>あぶ（ない）<br>あや（うい）<br>あや（ぶむ） | 危険（きけん）・危機（きき）<br>危急（ききゅう）・安危（あんき） |
| 卵 | 卩 7 | ラン<br>たまご | 卵巣（らんそう）・産卵（さんらん）<br>卵型（たまごがた）・生卵（なまたまご） |
| 郷 | 阝 11 | キョウ<br>ゴウ | 郷土（きょうど）・郷里（きょうり）<br>故郷（こきょう）・望郷（ぼうきょう） |
| 郵 | 阝 11 | ユウ | 郵送（ゆうそう）・郵便（ゆうびん）<br>郵船（ゆうせん） |
| 敬 | 攵 12 | ケイ<br>うやま（う） | 敬意（けいい）・敬服（けいふく）<br>尊敬（そんけい）・失敬（しっけい） |
| 敵 | 攵 15 | テキ<br>かたき | 敵対（てきたい）・敵意（てきい）<br>天敵（てんてき）・強敵（きょうてき） |
| 欲 | 欠 11 | ヨク<br>ほっ（する）<br>ほ（しい） | 欲求（よっきゅう）・欲望（よくぼう）<br>意欲（いよく）・無欲（むよく） |
| 段 | 殳 9 | ダン | 段階（だんかい）・段落（だんらく）<br>階段（かいだん）・値段（ねだん） |
| 難 | 隹 18 | ナン<br>かた（い）<br>むずか（しい） | 難解（なんかい）・至難（しなん）<br>難攻不落（なんこうふらく） |
| 頂 | 頁 11 | チョウ<br>いただ（く）<br>いただき | 頂上（ちょうじょう）・頂点（ちょうてん）<br>絶頂（ぜっちょう）・登頂（とうちょう） |
| 預 | 頁 13 | ヨ<br>あず（ける）<br>あず（かる） | 預金（よきん）・預託（よたく）<br>預かり金（あずかりきん） |
| 亡 | 亠 3 | ボウ<br>モウ<br>な（い） | 亡命（ぼうめい）・死亡（しぼう）<br>興亡（こうぼう）・存亡（そんぼう） |

次の各文のカタカナ部分は漢字を、漢字は読みを答えよ。

1 新曲のカシを覚える。（曲にのせる言葉）
2 座席でザッシをめくる。（定期的に刊行する出版物）
3 アジアショコクを回る。（たくさんのくに）
4 セイイをもって対応する。（まごころ）
5 新内閣がタンジョウする。（うまれること）
6 議案のケントウを重ねる。（よく調べて考えること）
7 議会のショウニンを求める。（よいとみとめること）
8 各国をレキホウする。（次次とたずねること）
9 旅先でツウヤクを付ける。（双方の言葉を翻やくして伝える人）
10 導入の可否をロンソウする。（意見を戦わせること）
11 テッコウ業の盛んな町。（てつ材の総称）
12 船は北にシンロをとる。（進むべき方向）
13 アクセン身に付かず。（不正な手段で得た金）
14 ハンコツ精神が共感を呼ぶ。（権威に刃向かう気性）
15 話の一部をカツアイする。（おしみながら省くこと）
16 面談のために時間をサく。（とる）
17 ゲキヤクを厳重に管理する。（はげしい作用のあるくすり）

18 帰りのコクゲンを守る。（リミットの時間）
19 ドクソウ的な作品。（自分の考えで作り出すこと）
20 父のテンキンで引っ越す。（つとめる場所が変わること）
21 ガヨクが強い人間。（自分だけの利益を考える心）
22 対決場面はアッカンの一言。（一番優れた所）
23 何度もキキを乗り越える。（あぶない時）
24 鮭が遡上しサンランする。（たまごをうむこと）
25 十年ぶりにキョウドに帰る。（ふるさと）
26 ユウビン切手を集める。（手紙や小包を集配する業務）
27 両親をソンケイする。（とうとびうやまうこと）
28 蛇は蛙のテンテキだ。（ある動物をえさにする他の動物）
29 改革のイヨクに燃える。（積極的に行おうとする心）
30 文章をダンラクに分ける。（文章をいくつかのまとまりに分けたときのひと区切り）
31 ナンカイな問題に手を焼く。（むずかしくてわかりにくい）
32 冬山のトウチョウを目指す。（一番上までのぼること）
33 老後に備えてヨキンする。（おかねをあずけること）
34 ソンボウの危機に直面する。（続くかほろびるか）

5級 第3回

## 解答とポイント

1 歌詞 NG! ×歌詩
2 雑誌 NG! ×雑紙
3 諸国
4 誠意
5 誕生 NG! ×誔
6 検討
7 承認
8 歴訪
9 通訳
10 論争
11 鉄鋼
12 針路
13 悪銭
14 反骨
15 割愛
16 割
17 劇薬
18 刻限
19 独創 NG! ×創
20 転勤 NG! ×勤
21 我欲
22 圧巻 NG! ×巻
23 危機
24 産卵
25 郷土
26 郵便 NG! ×郵
27 尊敬
28 天敵 NG! ×天適
29 意欲
30 段落
31 難解
32 登頂
33 預金 NG! ×預
34 存亡

# 5級 第4回

| 漢字 | 部首 | 画数 | 読み | 筆順 | 用例 |
|---|---|---|---|---|---|
| 宇 | 宀 | 6 | ウ | 丶 丷 宀 宀 宇 宇 | 宇宙(うちゅう)・堂宇(どうう) 気宇壮大(きうそうだい) |
| 宗 | 宀 | 8 | シュウ ソウ | 丶 丷 宀 宀 宇 宗 | 宗教(しゅうきょう)・宗派(しゅうは) 改宗(かいしゅう)・宗家(そうけ) |
| 宣 | 宀 | 9 | セン | 丶 丷 宀 宀 宣 宣 | 宣伝(せんでん)・宣言(せんげん) 宣告(せんこく) |
| 宅 | 宀 | 6 | タク | 丶 丷 宀 宀 宀 宅 | 宅地(たくち)・宅配(たくはい) 自宅(じたく)・帰宅(きたく) |
| 宙 | 宀 | 8 | チュウ | 丶 丷 宀 宀 宙 宙 | 宙返り(ちゅうがえり)・宇宙(うちゅう) |
| 宝 | 宀 | 8 | ホウ たから | 丶 宀 宀 宇 宝 宝 | 宝玉(ほうぎょく)・宝庫(ほうこ) 至宝(しほう)・国宝(こくほう) |
| 密 | 宀 | 11 | ミツ | 宀 宓 宓 宓 宓 密 | 密議(みつぎ)・密接(みっせつ) 秘密(ひみつ)・機密(きみつ) |
| 厳 | ⺍ | 17 | ゲン ゴン おごそ(か) きび(しい) | ⺍ 产 产 厳 厳 厳 | 厳密(げんみつ)・尊厳(そんげん) 荘厳(そうごん)・厳正中立(げんせいちゅうりつ) |
| 若 | 艹 | 8 | ジャク ニャク わか(い) も(しくは) | 一 十 艹 艹 芓 若 | 若干(じゃっかん)・若者(わかもの) 老若男女(ろうにゃくなんにょ) |
| 蒸 | 艹 | 13 | ジョウ む(す) む(れる) む(らす) | 一 艹 芓 茅 荥 蒸 | 蒸発(じょうはつ)・蒸留(じょうりゅう) 蒸し焼き(むしやき) |
| 蔵 | 艹 | 15 | ゾウ くら | 芦 芦 芦 蔵 蔵 蔵 | 蔵書(ぞうしょ)・秘蔵(ひぞう) 貯蔵(ちょぞう)・蔵元(くらもと) |

| 漢字 | 部首 | 画数 | 読み | 筆順 | 用例 |
|---|---|---|---|---|---|
| 著 | 艹 | 11 | チョ あらわ(す) いちじる(しい) | 一 艹 芏 芏 著 著 | 著作(ちょさく)・著名(ちょめい) 名著(めいちょ)・顕著(けんちょ) |
| 穴 | 穴 | 5 | ケツ あな | 丶 丷 宀 穴 穴 | 穴居(けっきょ)・墓穴(ぼけつ) 穴場(あなば)・節穴(ふしあな) |
| 窓 | 穴 | 11 | ソウ まど | 丶 丷 宀 穴 窓 窓 | 窓外(そうがい)・同窓(どうそう) 車窓(しゃそう)・窓口(まどぐち) |
| 署 | 罒 | 13 | ショ | 丶 冂 罒 罒 署 署 | 署名(しょめい)・署長(しょちょう) 代署(だいしょ)・連署(れんしょ) |
| 簡 | ⺮ | 18 | カン | 竹 竹 竹 簡 簡 簡 | 簡易(かんい)・簡単(かんたん) 簡潔(かんけつ)・書簡(しょかん) |
| 筋 | ⺮ | 12 | キン すじ | 竹 竹 竹 筋 筋 筋 | 筋肉(きんにく)・筋骨(きんこつ) 鉄筋(てっきん)・筋金(すじがね) |
| 策 | ⺮ | 12 | サク | 竹 竹 竹 策 策 策 | 策略(さくりゃく)・策定(さくてい) 対策(たいさく)・散策(さんさく) |
| 党 | 儿 | 10 | トウ | 丨 丷 ⺌ 党 党 党 | 党首(とうしゅ)・党派(とうは) 徒党(ととう)・悪党(あくとう) |
| 熟 | 灬 | 15 | ジュク う(れる) | 亠 亨 享 孰 孰 熟 | 熟知(じゅくち)・成熟(せいじゅく) 熟慮断行(じゅくりょだんこう) |
| 盛 | 皿 | 11 | セイ ジョウ も(る) さか(る) さか(ん) | 丿 厂 成 成 成 盛 | 盛会(せいかい)・最盛(さいせい) 繁盛(はんじょう)・山盛り(やまもり) |

**Point!** 読み誤りやすい漢字「著」

音はチョ。艹＋者の字形から、シャと間違えやすい。書物を書き著(あらわ)す意から、はっきりしていることを表し、著(いちじる)しい意にも。

| 漢字 | 部首 | 画数 | 読み | 筆順 | 用例 |
|---|---|---|---|---|---|
| 盟 | 皿 | 13 | メイ | 丨 日 日 明 明 盟 | 盟友(めいゆう)・盟約(めいやく) 同盟(どうめい)・加盟(かめい) |
| 恩 | 心 | 10 | オン | 丨 冂 因 因 恩 恩 | 恩義(おんぎ)・恩師(おんし) 報恩(ほうおん)・謝恩(しゃおん) |
| 憲 | 心 | 16 | ケン | 宀 宀 宀 憲 憲 憲 | 憲法(けんぽう)・憲章(けんしょう) 違憲(いけん)・官憲(かんけん) |
| 忠 | 心 | 8 | チュウ | 丨 口 中 中 忠 忠 | 忠実(ちゅうじつ)・忠告(ちゅうこく) 忠誠(ちゅうせい) |
| 忘 | 心 | 7 | ボウ わす(れる) | 丶 亠 亡 亡 忘 忘 | 忘失(ぼうしつ)・備忘(びぼう) 物忘れ(ものわすれ) |
| 座 | 广 | 10 | ザ すわ(る) | 丶 亠 广 庂 座 座 | 座右(ざゆう)・座席(ざせき) 講座(こうざ)・居座り(いすわり) |
| 庁 | 广 | 5 | チョウ | 丶 亠 广 庁 庁 | 庁舎(ちょうしゃ)・官庁(かんちょう) 県庁(けんちょう)・登庁(とうちょう) |
| 痛 | 疒 | 12 | ツウ いた(い) いた(む) いた(める) | 广 疒 疒 痟 痟 痛 | 痛切(つうせつ)・痛快(つうかい) 痛感(つうかん)・心痛(しんつう) |
| 尺 | 尸 | 4 | シャク | 𠃌 コ 尸 尺 | 尺度(しゃくど)・尺八(しゃくはち) 一尺(いっしゃく)・縮尺(しゅくしゃく) |
| 層 | 尸 | 14 | ソウ | 𠃌 尸 尸 層 層 層 | 層雲(そううん)・断層(だんそう) 階層(かいそう)・地層(ちそう) |
| 展 | 尸 | 10 | テン | 𠃌 コ 尸 屈 屈 展 | 展示(てんじ)・展開(てんかい) 発展(はってん)・進展(しんてん) |
| 届 | 尸 | 8 | とど(ける) とど(く) | 𠃌 コ 尸 居 届 届 | 欠席届(けっせきとどけ) |

次の各文のカタカナ部分は漢字を、漢字は読みを答えよ。

1 壮大なキウ（心いき）に感動する。
2 シュウキョウ（神や仏などを信仰すること）上のタブー。
3 独立をセンゲン（意志や方針を世間に表明すること）する。
4 部活でキタク（家にかえること）は九時を回る。
5 ウチュウ（すべての天体をふくむ空間）への夢を育む。
6 コクホウ（くにのたから）に指定された仏像。
7 ミッセツ（すきまがない）に関係している。
8 人間のソンゲン（とうとくおごそかなこと）を保障する。
9 席がジャッカン（いくらか）余る。
10 水分のジョウハツ（液体が気体に変わること）を防ぐ。
11 旧家ヒゾウ（大事にしまっていること）のつぼを見る。
12 チョメイ（ゆうめい）な作家のサイン。
13 イチジル（めざましい）しい成長を遂（と）げる。
14 かえってボケツ（原因を自分から作る）を掘（ほ）る。
15 ソウガイ（まどのそと）の景色に見とれる。
16 消防ショチョウ（消防しょ・警察しょなどの責任者）を務める。
17 思いをカンケツ（要点をおさえてむだがない）に述べる。

18 キンコツ（肉づきとほねぐみ）たくましい選手。
19 公園をサンサク（ぶらぶら歩くこと）する。
20 トトウ（集まった仲間）を組んで暴れる。
21 内情をジュクチ（よくしっていること）している。
22 祭はセイカイ（にぎやかにもり上がった状態）裏に終わった。
23 条約にカメイ（団体にくわわること）する。
24 育ててもらったオンギ（報いなければならないおん）。
25 ケンポウ（くにの根本を定めたほうりつ）が制定される。
26 チュウコク（相手の悪いところを指摘して直すようにいうこと）に耳を貸さない。
27 電話番号をボウシツ（わすれ去る）する。
28 経済学のコウザ（大学で教授がこうぎを受け持つ学科）を設ける。
29 市長が初トウチョウ（官ちょうに出勤すること）する。
30 力不足をツウセツ（身にしみて）に感じる。
31 シャクハチ（竹で作ったたて笛）の音色がさえる。
32 チソウ（土砂や岩石などが積み重なってできたそう）から年代を測定する。
33 事件がシンテン（すすみ広がること）を見せる。
34 ケッセキトドケ（会などに出ないことを知らせる書類）をだす。

## 解答とポイント

1 気宇
2 宗教
3 宣言 NG! ×宣
4 帰宅 NG! ×宅
5 宇宙
6 国宝
7 密接
8 尊厳 NG! ×厳
9 若干
10 蒸発
11 秘蔵
12 著名
13 著
14 墓穴
15 窓外
16 署長 NG! ×所長
17 簡潔 NG! ×潔

18 筋骨
19 散策 NG! ×散索
20 徒党
21 熟知
22 盛会
23 加盟
24 恩義
25 憲法
26 忠告
27 忘失
28 講座 NG! ×構座
29 登庁 NG! ×登頂
30 痛切 NG! ×切
31 尺八
32 地層
33 進展 NG! ×展
34 欠席届 NG! ×届

5級 第4回

| 漢字 | 部首・画数 | 読み | 筆順 | 用例 |
| --- | --- | --- | --- | --- |
| 遺 | ⻌ 15 | イ、ユイ | 口中冉 冉貴遺 | 遺伝(いでん)・遺失(いしつ)・補遺(ほい)・遺言(ゆいごん) |
| 退 | ⻌ 9 | タイ、しりぞ(く)、しりぞ(ける) | フヨ艮 艮退退 | 退職(たいしょく)・退化(たいか)・引退(いんたい)・辞退(じたい) |
| 延 | 廴 8 | エン、の(びる)、の(べる)、の(ばす) | 一丆千 正延延 | 延長(えんちょう)・延期(えんき)・順延(じゅんえん)・間延び(まのび) |
| 冊 | 冂 5 | サツ、サク | 丨冂冂 冊冊 | 冊子(さっし)・一冊(いっさつ)・別冊(べっさつ)・短冊(たんざく) |
| 困 | 口 7 | コン、こま(る) | 丨冂冂 円困困 | 困苦(こんく)・困難(こんなん)・貧困(ひんこん) |
| 閣 | 門 14 | カク | 丨冂門 閃閣閣 | 閣下(かっか)・閣議(かくぎ)・内閣(ないかく)・組閣(そかく) |
| 閉 | 門 11 | ヘイ、と(じる)、と(ざす)、し(める)、し(まる) | 丨冂門 門門閉 | 閉口(へいこう)・閉門(へいもん)・開閉(かいへい)・密閉(みっぺい) |
| 並 | 一 8 | ヘイ、なみ、なら(べる)、なら(ぶ)、なら(びに) | 丶丷亠 并並並 | 並列(へいれつ)・並立(へいりつ)・並木(なみき)・人並み(ひとなみ) |
| 乳 | 乚 8 | ニュウ、ちち、ち | 一丆爫 孚孚乳 | 乳牛(にゅうぎゅう)・母乳(ぼにゅう)・離乳(りにゅう)・乳飲み子(ちのみご) |
| 乱 | 乚 7 | ラン、みだ(れる)、みだ(す) | 一二千 舌舌乱 | 乱暴(らんぼう)・乱戦(らんせん)・混乱(こんらん)・反乱(はんらん) |
| 処 | 几 5 | ショ | ノク夂 処処 | 処理(しょり)・処分(しょぶん)・出処(しゅっしょ)・対処(たいしょ) |

| 漢字 | 部首・画数 | 読み | 筆順 | 用例 |
| --- | --- | --- | --- | --- |
| 券 | 刀 8 | ケン | 丶丷䒑 龹券券 | 券面(けんめん)・食券(しょっけん)・旅券(りょけん)・入場券(にゅうじょうけん) |

**Point!**

**書き誤りやすい漢字「券(ケン)」**

券は、刀＋龹(刻む)で、刻み目を付けて二つに割った木や竹の札から、証書、切符などの意を表す。刀が力にならないように注意。

| 漢字 | 部首・画数 | 読み | 筆順 | 用例 |
| --- | --- | --- | --- | --- |
| 収 | 又 4 | シュウ、おさ(める)、おさ(まる) | 丨丩収 収 | 収拾(しゅうしゅう)・収縮(しゅうしゅく)・吸収(きゅうしゅう)・領収(りょうしゅう) |
| 后 | 口 6 | コウ | 一厂斤 斤后后 | 皇后(こうごう)・太后(たいこう) |
| 善 | 口 12 | ゼン、よ(い) | 丶丷䒑 羊羔善 | 善処(ぜんしょ)・善意(ぜんい)・改善(かいぜん)・親善(しんぜん) |

**Point!**

**書き誤りやすい漢字「善(ゼン)」**

もと譱(多くの言葉)＋羊(めでたい)で、よい意を表す。羊では羊にならないので、突き抜けて書くこと。

| 漢字 | 部首・画数 | 読み | 筆順 | 用例 |
| --- | --- | --- | --- | --- |
| 否 | 口 7 | ヒ、いな | 一ア不 不不否 | 否定(ひてい)・否決(ひけつ)・可否(かひ)・安否(あんぴ) |
| 垂 | 土 8 | スイ、た(れる)、た(らす) | 二三弁 垂垂垂 | 垂直(すいちょく)・垂線(すいせん)・垂死(すいし)・垂れ幕(たれまく) |
| 奏 | 大 9 | ソウ、かな(でる) | 三夫夫 奏奏奏 | 奏効(そうこう)・奏上(そうじょう)・演奏(えんそう)・合奏(がっそう) |
| 奮 | 大 16 | フン、ふる(う) | 大衣衣 奞奮奮 | 奮起(ふんき)・奮発(ふんぱつ)・発奮(はっぷん)・興奮(こうふん) |

| 漢字 | 部首・画数 | 読み | 筆順 | 用例 |
| --- | --- | --- | --- | --- |
| 姿 | 女 9 | シ、すがた | 冫次次 次姿姿 | 姿勢(しせい)・英姿(えいし)・容姿端麗(ようしたんれい) |
| 孝 | 子 7 | コウ | 一十土 耂孝孝 | 孝行(こうこう)・孝養(こうよう)・忠孝(ちゅうこう)・不孝(ふこう) |
| 存 | 子 6 | ソン、ゾン | 一ナ𠂇 存存 | 存在(そんざい)・存亡(そんぼう)・保存(ほぞん)・温存(おんぞん) |
| 射 | 寸 10 | シャ、い(る) | ノ亻介 身身射 | 射的(しゃてき)・射殺(しゃさつ)・反射(はんしゃ)・注射(ちゅうしゃ) |
| 将 | 寸 10 | ショウ | 丨丬丬 丬丬将 | 将軍(しょうぐん)・将来(しょうらい)・主将(しゅしょう)・武将(ぶしょう) |
| 寸 | 寸 3 | スン | 一十寸 | 寸法(すんぽう)・寸分(すんぶん)・採寸(さいすん)・原寸(げんすん) |
| 専 | 寸 9 | セン、もっぱ(ら) | 一冂日 由亩専 | 専門(せんもん)・専念(せんねん)・一意専心(いちいせんしん) |
| 尊 | 寸 12 | ソン、たっと(い)、とうと(い)、たっと(ぶ)、とうと(ぶ) | 丶丷亠 酋酋尊 | 尊重(そんちょう)・自尊(じそん)・唯我独尊(ゆいがどくそん) |
| 就 | 尢 12 | シュウ、ジュ、つ(く)、つ(ける) | 亠古京 京就就 | 就任(しゅうにん)・就職(しゅうしょく)・去就(きょしゅう)・成就(じょうじゅ) |
| 己 | 己 3 | コ、キ、おのれ | フコ己 | 利己(りこ)・知己(ちき)・自己矛盾(じこむじゅん) |
| 幕 | 巾 13 | マク、バク | 艹苩苩 莫幕幕 | 幕切れ(まくぎれ)・暗幕(あんまく)・開幕(かいまく) |
| 干 | 干 3 | カン、ほ(す)、ひ(る) | 一二干 | 干満(かんまん)・干潮(かんちょう)・干害(かんがい)・梅干し(うめぼし) |

次の各文のカタカナ部分は漢字を、漢字は読みを答えよ。

1 駅のイシツ物を確認する。（忘れたり、落としたりすること）
2 受賞を丁重にジタイする。（ことわること）
3 雨のためジュンエンする。（先のばしにすること）
4 詳細を記したサッシを配る。（とじてある本）
5 最初のコンナンにぶつかる。（むずかしいこと）
6 ナイカクが総辞職する。（国の最高行政機関）
7 連日の大雨にヘイコウする。（こまらされること）
8 二つの勢力がヘイリツする。（ならびたつこと）
9 ニュウギュウを育てる農家。（ちちをだすうし）
10 試合はランセンとなった。（試合がもつれること）
11 いらない物をショブンする。（始末すること）
12 リョケンが発給される。（パスポート）
13 リョウシュウ書をきる。（金銭を受け取ること）
14 コウゴウ陛下に謁見（えっけん）する。（てんのう・こうていの妻）
15 シンゼン大使として訪れる。（したしんで仲を深めること）
16 家族のアンピを尋（たず）ねる。（無事かどうか）
17 重傷でスイシの状態だ。（しにかけていること）

18 音楽の授業でガッソウする。（二つ以上の楽器でえんそうすること）
19 フンキして再建を果たす。（ふるい立つこと）
20 富士山（ふじさん）のエイシを歌に詠（よ）む。（堂堂として立派なすがた）
21 コウコウな娘を持つ。（子が親につくすこと）
22 カをオンゾンしておく。（使わず大事に持っていること）
23 光のハンシャがまぶしい。（光などが物に当たってはね返ること）
24 ショウライの夢を語る。（行く末）
25 スンブンの狂（くる）いもない。（ごくわずか）
26 勉強にセンネンする。（没頭すること）
27 人の意見をソンチョウする。（おもんじること）
28 今後のキョシュウに迷う。（進退）
29 リコ的な行動を取らない。（自分本位）
30 カイマク戦で勝利する。（物事が始まること）
31 カンガイに見舞（ま）われる。（日照りのひがい）
32 正義のために勇気を奮う。（気力をさかんにする）
33 休日は専ら寝ている。（ひたすら）
34 念願の仕事に就く。（就職すること）

## 解答とポイント

1 遺失 NG! 遺失（×）
2 辞退
3 順延
4 冊子
5 困難
6 内閣
7 閉口 NG! 並口（×）
8 並立
9 乳牛
10 乱戦
11 処分
12 旅券 NG! ×券
13 領収
14 皇后
15 親善 NG! ×善
16 安否
17 垂死 NG! ×垂

18 合奏 NG! ×奏
19 奮起
20 英姿
21 孝行
22 温存
23 反射
24 将来
25 寸分
26 専念 NG! ×専
27 尊重
28 去就
29 利己 NG! 利子（×）
30 開幕
31 干害
32 ふる
33 もっぱ
34 つ

# 5級 第6回

| 漢字 | 部首 | 画数 | 読み | 筆順 | 用例 |
|---|---|---|---|---|---|
| 幼 | 幺 | 5 | ヨウ おさな(い) | 〈 幺 幺 幻 幼 | 幼少・幼児・幼虫・老幼 |
| 承 | 手 | 8 | ショウ うけたまわ(る) | フ 了 孑 手 承 承 | 承知・承服・伝承・口承 |
| 暮 | 日 | 14 | ボ く(れる) く(らす) | 一 艹 艹 苩 莫 暮 | 暮色・暮春・野暮・日暮れ |
| 朗 | 月 | 10 | ロウ ほが(らか) | 丶 ㇉ ョ 良 朗 朗 | 朗読・朗報・明朗・晴朗 |
| 染 | 木 | 9 | セン そ(める) そ(まる) し(みる) し(み) | 丶 氵 氿 氿 氿 染 | 染色・染料・感染・伝染 |

**Point!** 書き誤りやすい漢字「幼(ヨウ)」

幼は、力＋幺（小さい）で、力が弱いことから、幼い意を表す。幺は糸の上半分で、小さいことを示す。

| 漢字 | 部首 | 画数 | 読み | 筆順 | 用例 |
|---|---|---|---|---|---|
| 泉 | 水 | 9 | セン いずみ | ′ 白 白 皁 皁 泉 | 泉源・泉下・温泉・黄泉 |
| 灰 | 火 | 6 | カイ はい | 一 厂 灰 灰 | 石灰・灰色・灰皿 |

**Point!** 書き誤りやすい漢字「染(セン)」

染は氿（湧き出る水）＋木で樹液の意から、染める意を表す。九の部分を、丸と書かないように注意。

| 漢字 | 部首 | 画数 | 読み | 筆順 | 用例 |
|---|---|---|---|---|---|
| 異 | 田 | 11 | イ こと | 冂 四 田 田 里 異 | 異論・特異・異口同音 |
| 疑 | 疋 | 14 | ギ うたが(う) | 匕 吴 吴 疑 疑 疑 | 疑念・質疑・疑心暗鬼 |
| 皇 | 白 | 9 | コウ オウ | ノ 亻 白 白 皁 皇 | 皇后・皇室・法皇・天皇 |
| 看 | 目 | 9 | カン | 一 二 三 手 看 看 | 看護・看過・看病・看破 |
| 系 | 糸 | 7 | ケイ | 一 ノ 幺 系 系 系 | 系図・系統・系列・体系 |
| 翌 | 羽 | 11 | ヨク | フ ヲ ヲ 羽 翌 翌 | 翌日・翌朝・翌年・翌月 |
| 聖 | 耳 | 13 | セイ | 丅 耳 耳 耶 聖 聖 | 聖火・聖域・神聖・詩聖 |
| 胃 | 肉 | 9 | イ | 丶 冂 田 田 胃 胃 | 胃液・胃腸・胃弱・胃酸 |
| 背 | 肉 | 9 | ハイ せ せい そむ(く) そむ(ける) | 一 ㇉ 北 北 背 背 | 背景・背信・背中・背比べ |
| 至 | 至 | 6 | シ いた(る) | 一 厶 厶 至 至 至 | 至誠・至福・至上・至極 |
| 舌 | 舌 | 6 | ゼツ した | ノ 二 千 千 舌 舌 | 舌戦・口舌・舌先 |
| 蚕 | 虫 | 10 | サン かいこ | 一 二 天 天 吞 蚕 | 蚕糸・蚕食・養蚕 |
| 衆 | 血 | 12 | シュウ シュ | ノ 血 血 衆 衆 衆 | 衆目・衆知・民衆・衆生 |
| 裁 | 衣 | 12 | サイ た(つ) さば(く) | 圭 圭 圭 裁 裁 裁 | 裁判・裁定・制裁・体裁 |
| 装 | 衣 | 12 | ソウ ショウ よそお(う) | 丨 丬 壮 壮 装 装 | 装置・装備・服装・衣装 |
| 裏 | 衣 | 13 | リ うら | 亠 亩 亩 重 裏 裏 | 裏面・胸裏・表裏・裏口 |
| 視 | 見 | 11 | シ | ラ ネ 礻 礻 視 視 | 視覚・視察・注視・軽視 |
| 覧 | 見 | 17 | ラン | 丨 臣 臣 臣 覧 覧 | 一覧・展覧・博覧・観覧 |
| 臨 | 臣 | 18 | リン のぞ(む) | 丨 𠂆 𠂆 臣 臨 臨 | 臨時・君臨・臨機応変 |
| 警 | 言 | 19 | ケイ | 一 艹 芍 苟 敬 警 | 警告・警察・警護・自警 |
| 貴 | 貝 | 12 | キ たっと(い) とうと(い) たっと(ぶ) とうと(ぶ) | 丶 口 中 虫 貴 貴 | 貴族・貴重・高貴・富貴 |
| 賃 | 貝 | 13 | チン | イ 仁 任 任 賃 賃 | 賃金・賃貸・運賃・家賃 |
| 革 | 革 | 9 | カク かわ | 一 十 廿 廿 革 革 | 革新・改革・沿革・革帯 |

5級 第6回

次の各文のカタカナ部分は漢字を、漢字は読みを答えよ。

1 ロウヨウを問わない。（としよりと小さい子）
2 ショウフクしかねる。（納得して従うこと）
3 日が傾き（かたむ）ボショクが迫（せま）る。（夕ぐれのいろあい）
4 合格のロウホウを受け取る。（うれしい知らせ）
5 病原体のカンセンを防ぐ。（体内に侵入すること）
6 家族でオンセンに行く。（熱せられた地下水がわき出る所）
7 セッカイで白線を引く。（炭酸カルシウムが主成分の岩をくだいたもの）
8 提案にイロンが続出する。（ことなるいけん）
9 シツギ応答の時間。（わからないことを問いただすこと）
10 ホウオウが院政を行う。（出家したじょうこう）
11 カンカできない事態だ。（見すごすこと）
12 ケイズから祖先をたどる。（けいとうを書いたもの）
13 姉はヨクネン卒業した。（次のとし）
14 セイカランナーになる。（大会などの間じゅう燃やし続けるひ）
15 イエキの分泌（ぶんぴつ）を調節する。（いから出る消化えき）
16 政治的ハイケイを探る。（ある物事の後ろにある事情）
17 年内達成はシジョウ命令だ。（絶対）

18 人をシタサキで操る。（たくみな言葉）
19 ヨウサン業を営む家。（カイコを飼うこと）
20 シュウチを集めて策を練る。（多くの人のちえ）
21 議長のサイテイに従う。（さばいて決めること）
22 登山のソウビを整える。（用具などをととのえ、そなえつけること）
23 キョウリに思いを秘める。（心中）
24 人々のチュウシを浴びる。（ちゅう意して見つめること）
25 カンラン席から見守る。（見ること）
26 リンジ列車を運行する。（定期ではなくそのときだけの）
27 事前に再三ケイコクする。（いましめ知らせること）
28 キチョウな体験をする。（非常に大切なこと）
29 チンタイ住宅に入居する。（お金を取って物をかすこと）
30 カイカクを推進する。（あらためること）
31 朗らかに笑う人。（快活な様子）
32 異なる文化を受け入れる。（ちがう）
33 親の言いつけに背く。（さからう）
34 仕立ての布をはさみで裁つ。（切る）

## 解答とポイント

1 老幼
2 承服（伏）
3 暮色
4 朗報　NG! ×郎報
5 感染
6 温泉
7 石灰
8 異論
9 質疑
10 法皇
11 看過
12 系図
13 翌年
14 聖火
15 胃液
16 背景　NG! ×拝景
17 至上
18 舌先
19 養蚕
20 衆知　NG! ×衆
21 裁定　NG! ×栽定
22 装備
23 胸裏
24 注視
25 観覧
26 臨時
27 警告
28 貴重　NG! ×貴
29 賃貸
30 改革
31 ほが
32 こと
33 そむ
34 た

（30分）　／100点

(一) 次の——線の漢字の読みをひらがなで記せ。　1×8(8点)

① 測定の数値を公表する。（　）
② 実行するのに支障はない。（　）
③ 力を十分に発揮する。（　）
④ 取捨選択（せんたく）が大切だ。（　）
⑤ 納得しがたい結論だ。（　）
⑥ 首相としての去就に迷う。（　）
⑦ 枚挙にいとまがない。（　）
⑧ 思いを簡潔に述べる。（　）

(二) 次の漢字の部首と部首名を書け。ただし、部首は下の□の中から選び、記号で記せ。　1×10(10点)

| | 部首 | 部首名 |
|---|---|---|
| 〈例〉拡 | （ウ） | （てへん） |
| 呼 | ①（　） | ②（　） |
| 域 | ③（　） | ④（　） |
| 肺 | ⑤（　） | ⑥（　） |
| 難 | ⑦（　） | ⑧（　） |
| 宇 | ⑨（　） | ⑩（　） |

| | | |
|---|---|---|
| ア 土 | | カ 戈 |
| イ 冂 | | キ 口 |
| ウ 扌 | | ク 隹 |
| エ 宀 | | ケ 艹 |
| オ 月 | | コ 亠 |

(三) 次の漢字の赤い画は筆順の何画目か。また、総画数は何画か。算用数字で記せ。　2×8(16点)

| | 何画目 | 総画数 | | 何画目 | 総画数 |
|---|---|---|---|---|---|
| 推 | ①（　） | ②（　） | 補 | ⑤（　） | ⑥（　） |
| 権 | ③（　） | ④（　） | 卵 | ⑦（　） | ⑧（　） |

(四) 次のカタカナの部分を漢字一字と送りがなに直せ。　2×8(16点)

① やがて春が**オトズレル**。（　）
② たき火で**アタタマル**。（　）
③ 進歩が**イチジルシイ**。（　）
④ 池でつり糸を**タラス**。（　）
⑤ 音楽を**カナデル**。（　）
⑥ **ホガラカナ**歌声が流れる。（　）
⑦ **オサナイ**子供と遊ぶ。（　）
⑧ 年長者を**ウヤマウ**。（　）

(五) 漢字の読みには音と訓がある。次の熟語の読みはどんな組み合わせになっているか、記号で記せ。 1×10(10点)

ア 音と音　イ 音と訓　ウ 訓と訓　エ 訓と音

① 正誤（　　）
② 割合（　　）
③ 派手（　　）
④ 討論（　　）
⑤ 株主（　　）
⑥ 針金（　　）
⑦ 相棒（　　）
⑧ 裏地（　　）
⑨ 姿勢（　　）
⑩ 新芽（　　）

(六) 後の□の中のひらがなを漢字に直して、対義語・類義語を記せ。 1×10(10点)

対義語

① 保守↕（　）新
② 往信↕（　）信
③ 観察↕実（　）
④ 外交↕内（　）
⑤ 楽観↕（　）観

類義語

⑥ 欠点＝（　）所
⑦ 直前＝（　）前
⑧ 質素＝（　）素
⑨ 価格＝（　）段
⑩ 努力＝（　）勉

ね・ひ・たん・かく・きん・せい・すん・けん・かん・へん

(七) 漢字を二字組み合わせた熟語では、意味の上で次のような関係がある。

ア 同じような意味の字を重ねたもの （例 岩石）
イ 反対または対応の意味を表す字を重ねたもの （例 高低）
ウ 上の字が下の字を修飾しているもの （例 洋画）
エ 下の字が上の字の目的語・補語になっているもの （例 着席）
オ 上の字が下の字の意味を打ち消しているもの （例 非常）

次の熟語は、右のア～オのどれにあたるか、記号で記せ。 2×10(20点)

① 未熟（　　）
② 激動（　　）
③ 存亡（　　）
④ 就任（　　）
⑤ 不孝（　　）
⑥ 安否（　　）
⑦ 誕生（　　）
⑧ 閉口（　　）
⑨ 損益（　　）
⑩ 朝晩（　　）

(八) 後の□の中から漢字を選んで、次の意味にあてはまる熟語を作れ。 2×5(10点)

① 困っている人を助けること（　　）
② 制限などをといて元にもどすこと（　　）
③ 気持ちなどをおしはかること（　　）
④ 書物などで最も優れている所（　　）
⑤ 適切に取り計らうこと（　　）

除　圧　救　処　善　推　解　済　巻　察

5級　級別テスト

| 漢字 | 部首 | 画数 | 読み | 用例 |
|---|---|---|---|---|
| 依 | イ | 8 | イ、エ | 依頼(いらい)・帰依(きえ)、旧態依然(きゅうたいいぜん) |
| 偉 | イ | 12 | イ、えら(い) | 偉大(いだい)・偉人(いじん)、偉観(いかん)・偉業(いぎょう) |
| 儀 | イ | 15 | ギ | 儀式(ぎしき)・礼儀(れいぎ)、威儀(いぎ)・行儀(ぎょうぎ) |
| 仰 | イ | 6 | ギョウ、コウ、あお(ぐ)、おお(せ) | 仰視(ぎょうし)・仰天(ぎょうてん)、信仰(しんこう) |
| 傾 | イ | 13 | ケイ、かたむ(く)、かたむ(ける) | 傾斜(けいしゃ)・傾向(けいこう)、傾倒(けいとう) |
| 伺 | イ | 7 | シ、うかが(う) | 伺候(しこう)、進退伺(しんたいうかがい) |
| 侵 | イ | 9 | シン、おか(す) | 侵入(しんにゅう)・侵略(しんりゃく)、侵攻(しんこう)・侵害(しんがい) |
| 僧 | イ | 13 | ソウ | 僧院(そういん)・高僧(こうそう) |
| 俗 | イ | 9 | ゾク | 俗説(ぞくせつ)・俗悪(ぞくあく)、民俗(みんぞく)・風俗(ふうぞく) |
| 倒 | イ | 10 | トウ、たお(れる)、たお(す) | 倒産(とうさん)・圧倒(あっとう)、一辺倒(いっぺんとう)・着倒れ(きだおれ) |
| 傍 | イ | 12 | ボウ、かたわ(ら) | 傍観(ぼうかん)・路傍(ろぼう)、傍若無人(ぼうじゃくぶじん) |

| 漢字 | 部首 | 画数 | 読み | 用例 |
|---|---|---|---|---|
| 叫 | ロ | 6 | キョウ、さけ(ぶ) | 叫呼(きょうこ)・絶叫(ぜっきょう)、叫び声(さけびごえ) |
| 咲 | ロ | 9 | さ(く) | 早咲き(はやざき) |
| 吹 | ロ | 7 | スイ、ふ(く) | 吹奏(すいそう)・鼓吹(こすい)、吹雪(ふぶき)・息吹(いぶき) |
| 嘆 | ロ | 13 | タン、なげ(く)、なげ(かわしい) | 嘆願(たんがん)・嘆息(たんそく)、悲嘆(ひたん) |
| 吐 | ロ | 6 | ト、は(く) | 吐血(とけつ)・吐露(とろ)、青息吐息(あおいきといき) |
| 噴 | ロ | 15 | フン、ふ(く) | 噴水(ふんすい)・噴火(ふんか)、噴出(ふんしゅつ) |
| 壊 | 土 | 16 | カイ、こわ(す)、こわ(れる) | 破壊(はかい)・決壊(けっかい)、倒壊(とうかい) |
| 堤 | 土 | 12 | テイ、つつみ | 堤防(ていぼう)・防波堤(ぼうはてい) |
| 塔 | 土 | 12 | トウ | 石塔(せきとう)・管制塔(かんせいとう)、三重の塔(さんじゅうのとう) |
| 坊 | 土 | 7 | ボウ、ボッ | 坊主(ぼうず)・寝坊(ねぼう)、宿坊(しゅくぼう)・赤ん坊(あかんぼう) |
| 婚 | 女 | 11 | コン | 婚約(こんやく)・婚期(こんき)、結婚(けっこん)・新婚(しんこん) |
| 姓 | 女 | 8 | セイ、ショウ | 姓名(せいめい)・改姓(かいせい)、同姓(どうせい)・百姓(ひゃくしょう) |

| 漢字 | 部首 | 画数 | 読み | 用例 |
|---|---|---|---|---|
| 奴 | 女 | 5 | ド | 奴隷(どれい)・農奴(のうど)、守銭奴(しゅせんど) |
| 妙 | 女 | 7 | ミョウ | 妙案(みょうあん)・神妙(しんみょう)、当意即妙(とういそくみょう) |
| 娘 | 女 | 10 | むすめ | 娘心(むすめごころ)・孫娘(まごむすめ) |
| 峠 | 山 | 9 | とうげ | 峠道(とうげみち) |
| 峰 | 山 | 10 | ホウ、みね | 連峰(れんぽう)・霊峰(れいほう)、秀峰(しゅうほう)・剣が峰(けんがみね) |
| 幅 | 巾 | 12 | フク、はば | 紙幅(しふく)・振幅(しんぷく)、全幅(ぜんぷく)・肩幅(かたはば) |
| 帽 | 巾 | 12 | ボウ | 帽子(ぼうし)・帽章(ぼうしょう)、脱帽(だつぼう) |
| 弾 | 弓 | 12 | ダン、ひ(く)、はず(む)、たま | 弾圧(だんあつ)・弾力(だんりょく)、連弾(れんだん)・鉄砲弾(てっぽうだま) |
| 御 | 彳 | 12 | ギョ、ゴ、おん | 御者(ぎょしゃ)・制御(せいぎょ)、御殿(ごてん)・御中(おんちゅう) |

**Point!** 国字

峠(とうげ)・畑(はたけ)・働(ドウ)・腺(セン)など、平安時代以降、日本で作られた文字をいう。原則として訓読みだが、働は音訓ともあり、腺は音のみ。

次の各文のカタカナ部分は漢字を、漢字は読みを答えよ。

1 重要な仕事をイライする。（人にたのむこと）
2 母はイダイな存在だ。（優れて立派なさま）
3 イギを正して式に参列する。（礼にかなった態度）
4 話の結末にギョウテンする。（ひどく驚くこと）
5 太宰治（だざいおさむ）にケイトウする。（心をかたむけ熱中すること）
6 先生のお宅にウカガう。（お訪ねする）
7 他人の権利をシンガイする。（おかし、損なうこと）
8 コウソウのありがたい話。（優れたおぼうさん）
9 ゾクセツに惑わされない。（根拠のない話）
10 敵を数でアットウする。（はるかに差をつけて勝つこと）
11 人の不幸をボウカンする。（そばで見ていること）
12 悪夢にゼッキョウする。（声を限りにさけぶこと）
13 四月には美しい桜がサく。（花開く）
14 スイソウ楽部に所属する。（管楽器を演そうすること）
15 タンガン書に署名する。（訴えねがうこと）
16 思わずトイキがもれる。（ためいき）
17 不満がフンシュツする。（ふきだすこと）

18 建物がトウカイする。（こわれ、たおれること）
19 豪雨でテイボウが崩（くず）れる。（水害をふせぐ土手）
20 古いセキトウを見に行く。（いしのとう）
21 寺のシュクボウに泊まる。（寺でとまる施設）
22 姉が近近ケッコンする。（夫婦になること）
23 学校にドウセイの人がいる。（おなじ名字）
24 ドレイ取り引きに反対する。（財産として売買される人間）
25 シンミョウに話を聞く。（けなげで感心なさま）
26 マゴムスメと遊ぶ。（子のむすめ）
27 トウゲを越えると海だ。（山の上り下りの境目）
28 雪に覆（おお）われたレンポウ。（幾つも続く高い山）
29 ゼンプクの信頼を置く。（ありったけ）
30 我慢強さにダツボウする。（敬意を表すること）
31 言論がダンアツされる。（おさえこみ封じること）
32 出力をセイギョする。（適切に調整すること）
33 仏教に深く帰依する。（神仏の教えを深くしんこうする）
34 仕事の傍ら学校に通う。（あることをする一方）

## 解答とポイント

1 依頼
2 偉大　NG! 違大×
3 威儀
4 仰天
5 傾倒　NG! 頃倒×
6 伺
7 侵害
8 高僧　NG! 高曽×
9 俗説
10 圧倒　NG! 圧到×
11 傍観
12 絶叫
13 咲
14 吹奏
15 嘆願
16 吐息
17 噴出　NG! 墳出×
18 倒壊　NG! 倒懐×
19 堤防　NG! ×提
20 石塔
21 宿坊
22 結婚
23 同姓
24 奴隷
25 神妙
26 孫娘
27 峠
28 連峰
29 全幅
30 脱帽　NG! ×帽
31 弾圧
32 制御　NG! 製御×
33 きえ
34 かたわ

4級 第1回

| 漢字 | 部首 | 画数 | 読み | 用例 |
|---|---|---|---|---|
| 征 | 彳 | 8 | セイ | 征討(せいとう)・征服(せいふく)、遠征(えんせい)・出征(しゅっせい) |
| 徴 | 彳 | 14 | チョウ | 徴候(ちょうこう)・徴収(ちょうしゅう)、象徴(しょうちょう)・特徴(とくちょう) |
| 彼 | 彳 | 8 | ヒ、かれ、かの | 彼我(ひが)・彼岸(ひがん)、彼氏(かれし)・彼女(かのじょ) |
| 微 | 彳 | 13 | ビ | 微笑(びしょう)・微細(びさい)、微力(びりょく)・機微(きび) |
| 憶 | 忄 | 16 | オク | 憶説(おくせつ)・憶測(おくそく)、記憶(きおく)・追憶(ついおく) |
| 恒 | 忄 | 9 | コウ | 恒久(こうきゅう)・恒常(こうじょう)、恒星(こうせい)・恒例(こうれい) |
| 惨 | 忄 | 11 | サン、ザン、みじ(め) | 惨劇(さんげき)・惨状(さんじょう)、悲惨(ひさん)・惨敗(ざんぱい) |
| 慎 | 忄 | 13 | シン、つつし(む) | 慎重(しんちょう)・謹慎(きんしん) |
| 悩 | 忄 | 10 | ノウ、なや(む)、なや(ます) | 悩殺(のうさつ)・苦悩(くのう) |
| 怖 | 忄 | 8 | フ、こわ(い) | 畏怖(いふ)・恐怖(きょうふ) |
| 忙 | 忄 | 6 | ボウ、いそが(しい) | 忙殺(ぼうさつ)・忙中(ぼうちゅう)、多忙(たぼう)・繁忙(はんぼう) |

| 漢字 | 部首 | 画数 | 読み | 用例 |
|---|---|---|---|---|
| 慢 | 忄 | 14 | マン | 慢心(まんしん)・慢性(まんせい)、我慢(がまん)・自慢(じまん) |
| 陰 | 阝 | 11 | イン、かげ、かげ(る) | 陰影(いんえい)・陰気(いんき)、光陰(こういん)・日陰者(ひかげもの) |
| 隠 | 阝 | 14 | イン、かく(す)、かく(れる) | 隠居(いんきょ)・雲隠れ(くもがくれ)、隠忍自重(いんにんじちょう) |
| 陣 | 阝 | 10 | ジン | 陣営(じんえい)・陣容(じんよう)、対陣(たいじん)・布陣(ふじん) |
| 隣 | 阝 | 16 | リン、とな(る)、となり | 隣国(りんごく)・隣接(りんせつ)、近隣(きんりん)・両隣(りょうどなり) |
| 握 | 扌 | 12 | アク、にぎ(る) | 一握(いちあく)・握力(あくりょく)、一握り(ひとにぎり)・握り飯(にぎりめし) |
| 扱 | 扌 | 6 | あつか(う) | 扱い品(あつかいひん)、取り扱い(とりあつかい) |
| 援 | 扌 | 12 | エン | 援護(えんご)・応援(おうえん)、孤立無援(こりつむえん) |
| 押 | 扌 | 8 | オウ、お(す)、お(さえる) | 押印(おういん)・押収(おうしゅう)、押し返す(おしかえす) |
| 拠 | 扌 | 8 | キョ、コ | 拠点(きょてん)・証拠(しょうこ)、群雄割拠(ぐんゆうかっきょ) |
| 掘 | 扌 | 11 | クツ、ほ(る) | 採掘(さいくつ)・試掘(しくつ)、発掘(はっくつ)・芋掘り(いもほり) |
| 抗 | 扌 | 7 | コウ | 抗議(こうぎ)・抗争(こうそう)、対抗(たいこう)・抵抗(ていこう) |

| 漢字 | 部首 | 画数 | 読み | 用例 |
|---|---|---|---|---|
| 振 | 扌 | 10 | シン、ふ(る)、ふ(るう)、ふ(れる) | 振興(しんこう)・振動(しんどう)、振幅(しんぷく)・振替(ふりかえ) |
| 拓 | 扌 | 8 | タク | 拓本(たくほん)・開拓(かいたく)、干拓(かんたく)・魚拓(ぎょたく) |
| 抵 | 扌 | 8 | テイ | 抵抗(ていこう)・抵触(ていしょく)、抵当(ていとう)・大抵(たいてい) |
| 摘 | 扌 | 14 | テキ、つ(む) | 摘発(てきはつ)・摘要(てきよう)、指摘(してき)・花摘み(はなつみ) |
| 拍 | 扌 | 8 | ハク、ヒョウ | 拍車(はくしゃ)・拍手(はくしゅ)、心拍(しんぱく)・拍子(ひょうし) |
| 抜 | 扌 | 7 | バツ、ぬ(く)、ぬ(ける)、ぬ(かす)、ぬ(かる) | 抜群(ばつぐん)・海抜(かいばつ)、選抜(せんばつ)・抜き足(ぬきあし) |
| 搬 | 扌 | 13 | ハン | 搬出(はんしゅつ)・搬送(はんそう)、搬入(はんにゅう)・運搬(うんぱん) |
| 描 | 扌 | 11 | ビョウ、えが(く)、か(く) | 描写(びょうしゃ)・描出(びょうしゅつ)、素描(そびょう)・点描(てんびょう) |
| 払 | 扌 | 5 | フツ、はら(う) | 払底(ふってい)・露払い(つゆはらい)、支払い(しはらい) |
| 捕 | 扌 | 10 | ホ、と(らえる)、と(らわれる)、と(る)、つか(まえる)、つか(まる) | 捕獲(ほかく)・捕球(ほきゅう)、捕食(ほしょく) |

**Point!** 似ている漢字「抗(コウ)」と「坑(コウ)」

抗は、扌(手)＋亢(上げる)で、手向かう意を表す。抗議・抵抗。坑は、土(土)＋亢(穴)で、土に掘った穴の意。坑道・炭坑。

次の各文のカタカナ部分は漢字を、漢字は読みを答えよ。

1 古代王国のセイフク者。（支配下におくこと）
2 鳩（はと）は平和のショウチョウだ。（目に見えないものを形に表したもの）
3 暑さ寒さもヒガンまで。（春分・秋分の前後三日）
4 感情のキビを表現する。（表に出ない細かな趣）
5 オクソクで判断しない。（いい加減な推量）
6 家族コウレイの行事。（決まって行われること）
7 試験はヒサンな結果だった。（かなしくいたましい）
8 シンチョウに言葉を選ぶ。（注意深く気配りをするさま）
9 身内の過失にクノウする。（くるしみなやむこと）
10 キョウフのどん底にある。（おそれること）
11 雑事にボウサツされる。（大変いそがしいさま）
12 これ以上ガマンできない。（耐えしのぶこと）
13 コウイン矢の如（ごと）し。（時間の経過）
14 田舎（いなか）でインキョ生活を送る。（静かにくらすこと）
15 選挙のジンエイを整える。（党派・階級の集まり）
16 家は学校にリンセツしている。（となり合うこと）
17 アクリョクが強い。（手で物をにぎりしめる力）

18 高級品は本店でアツカう。（取りさばく）
19 友人をオウエンする。（味方になってはげますこと）
20 オしても引いても動かない。（力をくわえる）
21 動かぬショウコをつかむ。（しょうめいするもの）
22 有能な新人をハックツする。（見つけ出すこと）
23 不当なことにコウギする。（反対意見を主張すること）
24 地元産業のシンコウを図る。（盛んにすること）
25 荒野をカイタクする。（きりひらくこと）
26 法律にテイショクする。（違反すること）
27 誤りを鋭くシテキする。（取り上げ示すこと）
28 練習にハクシャをかける。（勢いをつけること）
29 バツグンの記憶力を誇る。（ずばぬけた）
30 船で物資をハンソウする。（運んでおくること）
31 心の機微をビョウシャする。（えがき出すこと）
32 品物がフッテイする。（すっかり無くなること）
33 行列のツユハラいを務める。（先導すること）
34 魚のホカク量を制限する。（とらえること）

## 解答とポイント

1 征服
2 象徴 NG! 象徴×
3 彼岸
4 機微 NG! 機徴×
5 憶（臆）測
6 恒例 NG! 垣例×
7 悲惨
8 慎重
9 苦悩
10 恐怖
11 忙殺
12 我慢 NG! 我漫×
13 光陰 NG! 陰×
14 隠居
15 陣営
16 隣接
17 握力
18 扱
19 応援
20 押
21 証拠 NG! 証処×
22 発掘 NG! 発堀×
23 抗議
24 振興 NG! 新興×
25 開拓
26 抵触 NG! 低触×
27 指摘 NG! 指適×
28 拍車
29 抜群 NG! 抜郡×
30 搬送 NG! 般送×
31 描写
32 払底
33 露払
34 捕獲 NG! 捕穫×

# 4級 第3回

| 漢字 | 部首 | 画数 | 読み | 筆順 | 用例 |
|---|---|---|---|---|---|
| 抱 | 扌 | 8 | ホウ／だ(く)／いだ(く)／かか(える) | 一 扌 扌 扚 扚 抱 | 介抱・一抱え・抱腹絶倒 |
| 汚 | 氵 | 6 | オ／けが(す)／けが(れる)／けが(らわしい)／よご(す)／よご(れる)／きたな(い) | 丶 丶 氵 汀 汚 汚 | 汚職・汚染・汚名・汚れ役 |
| 汗 | 氵 | 6 | カン／あせ | 丶 丶 氵 汀 汗 | 汗顔・発汗・汗水・脂汗 |
| 況 | 氵 | 8 | キョウ | 丶 丶 氵 氵 沪 況 | 好況・実況・状況・比況 |
| 沼 | 氵 | 8 | ショウ／ぬま | 丶 丶 氵 汈 沼 沼 | 沼沢・湖沼・沼地 |
| 浸 | 氵 | 10 | シン／ひた(す)／ひた(る) | 丶 丶 氵 氵 浔 浸 | 浸食・浸透・浸入・水浸し |

**Point!** 漢字の使い分け 「浸」と「侵」

浸は氵(水)＋𠬶(進み入る)で、水が染み込む意を、侵はイ(人)＋𠬶(箒で掃き進む)で、人が他の領地に侵し入る意を表す。

| 漢字 | 部首 | 画数 | 読み | 筆順 | 用例 |
|---|---|---|---|---|---|
| 沢 | 氵 | 7 | タク／さわ | 丶 丶 氵 氵 沪 沢 | 恩沢・光沢・沼沢・沢登り |
| 濁 | 氵 | 16 | ダク／にご(る)／にご(す) | 丶 氵 氵 沪 濁 濁 | 濁流・汚濁・清濁・濁り酒 |
| 淡 | 氵 | 11 | タン／あわ(い) | 丶 氵 氵 氵 淡 淡 | 淡白・枯淡・冷淡・淡路島 |
| 澄 | 氵 | 15 | チョウ／す(む)／す(ます) | 氵 氵 氵 氵 澄 澄 | 清澄・明澄 |
| 沈 | 氵 | 7 | チン／しず(む)／しず(める) | 丶 丶 氵 氵 沈 沈 | 沈黙・沈み橋・冷静沈着 |
| 滴 | 氵 | 14 | テキ／しずく／したた(る) | 氵 氵 氵 滴 滴 滴 | 水滴・点滴・雨の滴 |
| 添 | 氵 | 11 | テン／そ(える)／そ(う) | 氵 氵 添 添 添 添 | 添加・添乗・添付・添え物 |
| 渡 | 氵 | 12 | ト／わた(る)／わた(す) | 氵 氵 氵 渡 渡 渡 | 渡航・渡来・過渡・渡り鳥 |
| 濃 | 氵 | 16 | ノウ／こ(い) | 氵 氵 氵 濃 濃 濃 | 濃厚・濃淡・濃度・濃霧 |
| 泊 | 氵 | 8 | ハク／と(まる)／と(める) | 丶 丶 氵 氵 泊 泊 | 仮泊・外泊・宿泊・停泊 |
| 浜 | 氵 | 10 | ヒン／はま | 丶 丶 氵 氵 浜 浜 | 海浜・浜辺・砂浜 |
| 浮 | 氵 | 10 | フ／う(く)／う(かれる)／う(かぶ)／う(かべる) | 氵 氵 氵 浮 浮 浮 | 浮上・浮沈・浮遊・浮き雲 |
| 漫 | 氵 | 14 | マン | 氵 氵 氵 漫 漫 漫 | 漫画・漫才・漫然・散漫 |
| 溶 | 氵 | 13 | ヨウ／と(ける)／と(かす)／と(く) | 氵 氵 氵 溶 溶 溶 | 溶液・溶岩・溶接・溶き卵 |
| 涙 | 氵 | 10 | ルイ／なみだ | 氵 氵 氵 涙 涙 涙 | 感涙・落涙・空涙 |
| 獲 | 犭 | 16 | カク／え(る) | 犭 犭 犭 犭 獲 獲 | 獲得・捕獲・乱獲・獲物 |
| 狂 | 犭 | 7 | キョウ／くる(う)／くる(おしい) | ノ 犭 犭 犭 狂 狂 | 狂気・狂喜・狂暴・熱狂 |
| 狭 | 犭 | 9 | キョウ／せま(い)／せば(める)／せば(まる) | ノ 犭 犭 犭 狭 狭 | 狭義・狭小・狭量・手狭 |
| 狩 | 犭 | 9 | シュ／か(る)／か(り) | ノ 犭 犭 犭 狩 狩 | 狩猟・潮干狩り |
| 猛 | 犭 | 11 | モウ | ノ 犭 犭 犭 猛 猛 | 猛威・猛暑・猛烈・勇猛 |
| 暇 | 日 | 13 | カ／ひま | 日 日 日 暇 暇 暇 | 休暇・寸暇・余暇・手間暇 |
| 脚 | 月 | 11 | キャク／キャ／あし | ) 月 月 脚 脚 脚 | 脚光・脚色・立脚・行脚 |
| 脂 | 月 | 10 | シ／あぶら | ) 月 月 脂 脂 脂 | 脂粉・脂肪・樹脂・脂汗 |
| 脱 | 月 | 11 | ダツ／ぬ(ぐ)／ぬ(げる) | ) 月 月 脱 脱 脱 | 脱線・脱退・離脱・脱ぎ着 |
| 胴 | 月 | 10 | ドウ | ) 月 月 胴 胴 胴 | 胴衣・胴体・胴上げ |
| 肪 | 月 | 8 | ボウ | ) 月 月 肪 肪 肪 | 脂肪 |
| 腰 | 月 | 13 | ヨウ／こし | 月 月 月 腰 腰 腰 | 腰痛・足腰・本腰・物腰 |

次の各文のカタカナ部分は漢字を、漢字は読みを答えよ。

1 負傷者をカイホウ（看護すること）する。
2 放射能オセン（よごすこと）を防ぐ。
3 カンガン（とても恥ずかしいこと）の至りだ。
4 ジョウキョウ（場面のありさま）により変わる。
5 この辺りはヌマチ（水気が多いとち）が多い。
6 人権意識がシントウ（しみこむように広がること）する。
7 表面にコウタク（つや）が出る。
8 セイダク（きよいものとにごったもの）あわせ呑（の）む老人。
9 コタン（俗でなくあっさりしているさま）の味わいのある書。
10 セイチョウ（さわやかな）な空気が漂う。
11 スんだ（にごりや曇りが無い）瞳（ひとみ）の少年。
12 かたくなにチンモク（だまりこむこと）を守る。
13 窓にスイテキ（しずく）が付いている。
14 化学調味料をテンカ（付けくわえること）する。
15 世代交代のカト（変化する途中の時期）期にある。
16 ノウム（こいきり）のため通行止めだ。
17 旅館にシュクハク（とまること）する。

18 カイヒン（うみべ）公園で花火をする。
19 国家のフチン（うきしずみ）にかかわる。
20 マンゼン（とりとめもなく）と時を過ごす。
21 鉄を高温でヨウセツ（とかしてつなぐこと）する。
22 しばしカンルイ（かん激のなみだ）にむせぶ。
23 ランカク（みだりにとらえること）で魚が激減した。
24 逆転勝利にキョウキ（激しくよろこぶこと）する。
25 物で家がテゼマ（場所がせまいこと）になる。
26 森の奥へカリ（獣を追ってとらえること）に行く。
27 台風がモウイ（激しい勢い）を振るう。
28 スンカ（わずかな時間）を惜（お）しんで勉強する。
29 科学にリッキャク（より所とすること）した論。
30 アブラアセ（苦しい時などに出るあせ）がにじむ。
31 党からリダツ（所属からぬけ出すこと）する。
32 飛行機のドウタイ（手足や頭を除く部分）着陸。
33 牛乳に含まれるシボウ（動物のあぶら分）分。
34 勉強にホンゴシ（真剣な態度）を入れる。

## 解答とポイント

1 介抱
2 汚染
3 汗顔
4 状(情)況
5 沼地
6 浸透 NG! ×侵透
7 光沢
8 清濁
9 枯淡
10 清澄
11 澄
12 沈黙
13 水滴
14 添加 NG! ×添
15 過渡
16 濃霧
17 宿泊
18 海浜
19 浮沈
20 漫然
21 溶接
22 感涙
23 乱(濫)獲
24 狂喜
25 手狭
26 狩
27 猛威
28 寸暇
29 立脚
30 脂汗 NG! ×油汗
31 離脱
32 胴体
33 脂肪 NG! ×脂肪
34 本腰

| 漢字 | 部首 | 画数 | 読み | 筆順 | 用例 |
|---|---|---|---|---|---|
| 腕 | 月 | 12 | ワン / うで | 月 肝 肸 肸 胺 腕 | 腕白（わんぱく）・手腕（しゅわん）・敏腕（びんわん）・腕前（うでまえ） |
| 朽 | 木 | 6 | キュウ / く（ちる） | 一 十 木 朽 朽 | 不朽（ふきゅう）・腐朽（ふきゅう）・老朽（ろうきゅう）・朽ち木（くちき） |
| 枯 | 木 | 9 | コ / か（れる） か（らす） | 一 十 木 朴 朴 枯 | 枯死（こし）・枯淡（こたん）・枯れ木（かれき） |
| 桃 | 木 | 10 | トウ / もも | 一 木 杊 杊 杊 桃 | 桜桃（おうとう）・白桃（はくとう）・桃色（ももいろ） |
| 杯 | 木 | 8 | ハイ / さかずき | 一 木 木 杯 杯 杯 | 乾杯（かんぱい）・苦杯（くはい）・祝杯（しゅくはい） |
| 柄 | 木 | 9 | ヘイ / がら え | 一 木 杠 柄 柄 柄 | 横柄（おうへい）・手柄（てがら）・間柄（あいだがら）・作柄（さくがら） |
| 欄 | 木 | 20 | ラン | 村 栩 栩 欄 欄 欄 | 欄外（らんがい）・欄干（らんかん）・欄間（らんま）・空欄（くうらん） |
| 殖 | 歹 | 12 | ショク / ふ（える） ふ（やす） | 一 歹 歹 殖 殖 殖 | 生殖（せいしょく）・増殖（ぞうしょく）・繁殖（はんしょく）・養殖（ようしょく） |
| 煙 | 火 | 13 | エン / けむ（る） けむり けむ（い） | 丷 火 炉 炉 煙 煙 | 煙突（えんとつ）・禁煙（きんえん）・噴煙（ふんえん）・湯煙（ゆけむり） |
| 燥 | 火 | 17 | ソウ | 火 火 炉 炉 焊 燥 | 乾燥（かんそう）・高燥（こうそう）・無味乾燥（むみかんそう） |
| 爆 | 火 | 19 | バク | 火 炉 焊 爆 爆 爆 | 爆笑（ばくしょう）・爆破（ばくは）・爆発（ばくはつ）・爆風（ばくふう） |
| 環 | 王 | 17 | カン | T 王 玾 環 環 環 | 環境（かんきょう）・一環（いっかん）・衆人環視（しゅうじんかんし） |
| 珍 | 王 | 9 | チン / めずら（しい） | 一 T 王 玢 珍 珍 | 珍奇（ちんき）・珍事（ちんじ）・珍重（ちんちょう）・珍妙（ちんみょう） |
| 祈 | ネ | 8 | キ / いの（る） | 丶 ラ ネ 祈 祈 祈 | 祈願（きがん）・祈念（きねん） |
| 瞬 | 目 | 18 | シュン / またた（く） | 目 目 瞬 瞬 瞬 瞬 | 瞬間（しゅんかん）・瞬時（しゅんじ）・一瞬（いっしゅん） |
| 眠 | 目 | 10 | ミン / ねむ（る） ねむ（い） | Π 目 目 眠 眠 眠 | 安眠（あんみん）・居眠り（いねむり）・不眠不休（ふみんふきゅう） |
| 砲 | 石 | 10 | ホウ | 一 ア 石 矽 砲 砲 | 砲火（ほうか）・砲弾（ほうだん）・空砲（くうほう）・鉄砲（てっぽう） |
| 稿 | 禾 | 15 | コウ | 禾 秆 秆 稿 稿 稿 | 稿料（こうりょう）・寄稿（きこう）・原稿（げんこう）・脱稿（だっこう） |
| 称 | 禾 | 10 | ショウ | 二 千 禾 秒 称 称 | 称号（しょうごう）・称賛（しょうさん）・敬称（けいしょう）・通称（つうしょう） |
| 稲 | 禾 | 14 | トウ / いね いな | 禾 秆 秆 稲 稲 稲 | 水稲（すいとう）・陸稲（りくとう）・稲作（いなさく）・稲妻（いなずま） |
| 被 | ネ | 10 | ヒ / こうむ（る） | ラ ネ 礻 衤 衤 被 | 被害（ひがい）・被災（ひさい）・被服（ひふく）・法被（はっぴ） |
| 粒 | 米 | 11 | リュウ / つぶ | 丷 半 米 粒 粒 粒 | 粒子（りゅうし）・粒状（りゅうじょう）・小粒（こつぶ）・米粒（こめつぶ） |
| 維 | 糸 | 14 | イ | 幺 糸 糸 紆 紲 維 | 維持（いじ）・維新（いしん） |
| 緯 | 糸 | 16 | イ | 糸 糸 紆 緯 緯 緯 | 経緯（けいい）・緯度（いど）・南緯（なんい）・北緯（ほくい） |
| 縁 | 糸 | 15 | エン / ふち | 糸 紀 紀 緑 縁 縁 | 縁側（えんがわ）・縁故（えんこ）・因縁（いんねん）・額縁（がくぶち） |
| 繰 | 糸 | 19 | く（る） | 糸 紀 紀 縲 縲 繰 | 繰越金（くりこしきん）・繰り延べ（くりのべ）・手繰る（たぐる） |
| 継 | 糸 | 13 | ケイ / つ（ぐ） | 幺 糸 紅 紲 継 継 | 継承（けいしょう）・継続（けいぞく）・中継（ちゅうけい）・後継ぎ（あとつぎ） |
| 紹 | 糸 | 11 | ショウ | く 幺 糸 紹 紹 紹 | 紹介（しょうかい） |
| 網 | 糸 | 14 | モウ / あみ | 幺 糸 紅 網 網 網 | 法網（ほうもう）・投網（とあみ）・一網打尽（いちもうだじん） |
| 紋 | 糸 | 10 | モン | く 幺 糸 紋 紋 紋 | 紋章（もんしょう）・家紋（かもん）・指紋（しもん）・波紋（はもん） |
| 絡 | 糸 | 12 | ラク / から（む） から（まる） から（める） | 幺 糸 紀 紀 終 絡 | 短絡（たんらく）・脈絡（みゃくらく）・連絡（れんらく） |

**Point!**

**書き誤りやすい漢字「瞬（シュン）」**

瞬は、目（目）＋舜（素早い）で、瞬（また）く意を表す。目を日と書き間違えないように。「瞬間」は極めて短い時間の意。

**Point!**

**漢字の使い分け「紹（ショウ）」と「招（ショウ）」**

紹は糸（糸）＋召（至らせる）で、糸をつなぐことから取り持つ、招は扌（手）＋召（呼ぶ）で、手で招き呼ぶ意。

次の各文のカタカナ部分は漢字を、漢字は読みを答えよ。

1 彼は**ビンワン**記者だ。（優れた能力を持つこと）
2 **フキュウ**の名画。（いつまでも残ること）
3 公園の名木が**コシ**する。（すっかりかれること）
4 **モモイロ**の花を付ける。（ピンク）
5 準決勝で**クハイ**を嘗(な)める。（辛い思いをする＝負けること）
6 **テガラ**を横取りされる。（功績）
7 **ランカン**にもたれる。（橋などのてすり）
8 雑草が**ハンショク**する。（生まれふえること）
9 活火山が**フンエン**を上げる。（ふき出すけむり）
10 空気が**カンソウ**する。（かわくこと）
11 怒りが**バクハツ**する。（はげしくはれつすること）
12 改革の**イッカン**として行う。（関連あるもののひとつ）
13 **チンミョウ**な踊りだった。（変わっていておかしい）
14 勝利を**キガン**する。（ねがいがかなうよういのること）
15 光った**シュンカン**をとらえる。（とても短いあいだ）
16 暑くて**アンミン**できない。（ぐっすりねむること）
17 **テッポウ**が伝来した島。（弾丸を発射する武器）

18 長編小説を**ダッコウ**する。（作品が書き上がること）
19 **ショウサン**に値する行為。（ほめたたえること）
20 **イナサク**の盛んな地帯。（いねをつくること）
21 台風による**ヒガイ**が出る。（損がいを受けること）
22 **コメツブ**に文字を書く。（こめのつぶ）
23 現状を**イジ**する。（保ち続けること）
24 事件の**ケイイ**を説明する。（いきさつ）
25 **エンコ**を頼って上京する。（ゆかり）
26 **クリコシキン**の計算。（順次に送るおかね）
27 伝統芸を**ケイショウ**する。（受けつぐこと）
28 友人を**ショウカイ**する。（仲立ちをすること）
29 **ホウモウ**の隙間(すきま)をねらう。（ほう律があみのように精密なたとえ）
30 思わぬ**ハモン**を呼ぶ。（影響）
31 話の**ミャクラク**をたどる。（つながった筋道）
32 **腕白**な男の子だ。（活発でいたずら）
33 **横柄**な態度だ。（威張ったさま）
34 **瞬**(ま)く間にたいらげる。（ごく短いあいだ）

4級 第4回

## 解答とポイント

1 敏腕
2 不朽
3 枯死
4 桃色
5 苦杯
6 手柄 NG! ×柄
7 欄干
8 繁殖
9 噴煙
10 乾燥 NG! 乾操×
11 爆発
12 一環 NG! 一還×
13 珍妙
14 祈願
15 瞬間
16 安眠
17 鉄砲
18 脱稿
19 称(賞)賛
20 稲作
21 被害 NG! ×被
22 米粒
23 維持
24 経緯
25 縁故
26 繰越金
27 継承
28 紹介 NG! 招介×
29 法網 NG! 法綱×
30 波紋
31 脈絡
32 わんぱく
33 おうへい
34 またた

| 漢字 | 部首 | 画数 | 読み | 用例 |
|---|---|---|---|---|
| 舟 | 舟 | 6 | シュウ ふね ふな | 舟運・舟遊 小舟・舟歌 |
| 般 | 舟 | 10 | ハン | 一般・諸般 先般・全般 |
| 触 | 角 | 13 | ショク ふ(れる) さわ(る) | 触発・御触書 一触即発 |
| 詰 | 言 | 13 | キツ つ(める) つ(まる) つ(む) | 詰問・難詰 面詰・詰め所 |
| 誇 | 言 | 13 | コ ほこ(る) | 誇示・誇張 誇大妄想 |
| 詳 | 言 | 13 | ショウ くわ(しい) | 詳細・詳述 不詳・未詳 |
| 訴 | 言 | 12 | ソ うった(える) | 訴状・起訴 告訴・提訴 |
| 謡 | 言 | 16 | ヨウ うたい うた(う) | 謡曲・歌謡 童謡・民謡 |
| 贈 | 貝 | 18 | ゾウ ソウ おく(る) | 贈答・贈与 寄贈・恵贈 |
| 販 | 貝 | 11 | ハン | 販売・販路 拡販・市販 |
| 賦 | 貝 | 15 | フ | 賦課・賦与 割賦・天賦 |

| 漢字 | 部首 | 画数 | 読み | 用例 |
|---|---|---|---|---|
| 距 | 𧾷 | 12 | キョ | 距離・遠距離 長距離 |
| 跡 | 𧾷 | 13 | セキ あと | 形跡・跡形 人跡未踏 |
| 跳 | 𧾷 | 13 | チョウ は(ねる) と(ぶ) | 跳馬・跳躍 跳び箱・高跳び |
| 踏 | 𧾷 | 15 | トウ ふ(む) ふ(まえる) | 踏襲・値踏み 前人未踏 |
| 躍 | 𧾷 | 21 | ヤク おど(る) | 躍進・躍動 活躍・飛躍 |
| 踊 | 𧾷 | 14 | ヨウ おど(る) おど(り) | 舞踊 踊り場・盆踊り |

**Point!** 漢字の使い分け「躍る」と「踊る」

躍るは跳ね上がる(魚が躍る)意で、特に心をわくわくさせるのをいう。踊るは音楽や歌謡に合わせて体を舞わすこと。

| 漢字 | 部首 | 画数 | 読み | 用例 |
|---|---|---|---|---|
| 較 | 車 | 13 | カク | 較差・比較 |
| 軒 | 車 | 10 | ケン のき | 軒先・軒下 軒端・軒並み |

釆 のごめへん　穀物の種をまく意を示す。分けるに関する意。

| 漢字 | 部首 | 画数 | 読み | 用例 |
|---|---|---|---|---|
| 釈 | 釆 | 11 | シャク | 釈放・釈明 会釈・解釈 |

**Point!** 書き誤りやすい漢字「釈」

釈は、釆(手のひらに種を載せる)に、尺(分ける)で、種を選り分ける→細かに分ける意を表す。釆を含む常用漢字は「釈」だけ。

| 漢字 | 部首 | 画数 | 読み | 用例 |
|---|---|---|---|---|
| 鋭 | 金 | 15 | エイ するど(い) | 鋭気・鋭敏 気鋭・新鋭 |
| 鉛 | 金 | 13 | エン なまり | 鉛管・鉛筆 鉛色 |
| 鑑 | 金 | 23 | カン かんが(みる) | 鑑賞・鑑定 印鑑・図鑑 |
| 鎖 | 金 | 18 | サ くさり | 鎖国・鎖骨 閉鎖・連鎖 |
| 鈍 | 金 | 12 | ドン にぶ(い) にぶ(る) | 鈍化・鈍感 鈍重・鈍痛 |
| 飾 | 食 | 13 | ショク かざ(る) | 修飾・装飾 粉飾・首飾り |
| 駆 | 馬 | 14 | ク か(ける) か(る) | 駆使・駆除 先駆・駆け足 |
| 騒 | 馬 | 18 | ソウ さわ(ぐ) | 騒然・騒動 物騒・胸騒ぎ |

魚 うおへん　さかなの形。魚に関する意。

| 漢字 | 部首 | 画数 | 読み | 用例 |
|---|---|---|---|---|
| 鮮 | 魚 | 17 | セン あざ(やか) | 鮮度・鮮明 鮮烈・新鮮 |

次の各文のカタカナ部分は漢字を、漢字は読みを答えよ。

1 シュウウン（ふねによる交通）の便がよい。
2 ショハン（種種の）の事情で延期する。
3 映画にショクハツ（きっかけとなって呼び起こすこと）される。
4 理由を厳しく問いツ（聞きただす）める。
5 彼の話にはコチョウ（大げさなところ）がある。
6 伊勢物語の作者はミショウ（まだ分かっていないこと）だ。
7 理由をクワ（細かく）しく説明する。
8 殺人罪でキソ（うったえをおこすこと）される。
9 土地のミンヨウ（郷土色を持つ歌）を唄（うた）う。
10 著書のケイゾウ（相手を敬って物をおくること）を受ける。
11 シハン（一般に売っていること）のものを利用する。
12 テンプ（持って生まれた）の才能が花開く。
13 キョリ（へだたり）をおいて見直す。
14 人の住んでいたケイセキ（あとかた）。
15 勢いよくチョウヤク（とび上がること）する。
16 先代の技をトウシュウ（そのまま受け継ぐこと）する。
17 来期のヒヤク（いきおいよく活動すること）を期す。

18 妹は日本ブヨウ（おどり）の名手だ。
19 他人とヒカク（くらべること）しない。
20 泥棒にノキナ（ならんだ家すべて）み狙（ねら）われる。
21 遅刻の理由をシャクメイ（申し開き）する。
22 エイビン（すばやくするどいこと）な感覚の持ち主。
23 エンピツ（ひっき用具のひとつ）を削（けず）る。
24 古い書画をカンテイ（見さだめること）する。
25 レンサ（れん続してつながっていること）反応を起こす。
26 後頭部にドンツウ（にぶいいたみ）を感じる。
27 決算の数字をフンショク（よく見えるようにつくろうこと）する。
28 外国貿易のセンク（さきに立つ者）となる。
29 暗がりはブッソウ（危険）だ。
30 センレツ（はっきりとして強いこと）な印象を残す。
31 周りから厳しく詰問（問い詰める）される。
32 天から賦与（持って生まれた）された才能。
33 先例に鑑（照らし合わせて考える）みて行う。
34 鮮（巧みで素晴らしい）やかな返し技を見せる。

## 解答とポイント

| | | | |
|---|---|---|---|
| 1 舟運 | 10 恵贈 NG! ×恵 | 18 舞踊 | 27 粉飾 NG! ×飾 |
| 2 諸般 | 11 市販 | 19 比較 | 28 先駆 |
| 3 触発 | 12 天賦 NG! 天武× | 20 軒並 | 29 物騒 |
| 4 詰 | 13 距離 NG! ×距 | 21 釈明 NG! ×釈 | 30 鮮烈 |
| 5 誇張 | 14 形跡 | 22 鋭敏 | 31 きつもん |
| 6 未詳 | 15 跳躍 | 23 鉛筆 | 32 ふよ |
| 7 詳 | 16 踏襲 NG! ×襲 | 24 鑑定 NG! 観×定 | 33 かんが |
| 8 起訴 NG! ×訴 | 17 飛躍 | 25 連鎖 | 34 あざ |
| 9 民謡 | | 26 鈍痛 | |

| 漢字 | 部首 | 画数 | 読み | 筆順 | 用例 |
|---|---|---|---|---|---|
| 刈 | リ | 4 | か(る) | ノ メ 㐅 刈 | 稲刈り・刈り田 |
| 剣 | リ | 10 | ケン / つるぎ | ノ 𠆢 亼 合 㑒 剣 | 剣道・剣舞 真剣・刀剣 |
| 剤 | リ | 10 | ザイ | 亠 文 产 斉 斉 剤 | 洗剤・調剤 薬剤・配剤 |
| 刺 | リ | 8 | シ / さ(す) / さ(さる) | 一 𠂊 市 朿 朿 刺 | 刺激・風刺 名刺・目刺し |
| 到 | リ | 8 | トウ | 一 𠫔 至 至 至 到 | 到来・殺到 用意周到 |
| 勧 | 力 | 13 | カン / すす(める) | 𠂉 午 午 奞 雚 勧 | 勧業・勧告 勧進 |

**Point!** 漢字の使い分け「勧」と「歓」

勧は雚(喜ぶ)＋力(務める)で人に働きかける意。勧告・勧誘。歓は雚＋欠(口を開ける)で喜び楽しむ意。歓迎・交歓。

| 漢字 | 部首 | 画数 | 読み | 筆順 | 用例 |
|---|---|---|---|---|---|
| 戒 | 戈 | 7 | カイ / いまし(める) | 一 二 テ 开 戒 戒 | 戒告・戒律 訓戒・警戒 |
| 戯 | 戈 | 15 | ギ / たわむ(れる) | ト 广 卢 虍 虚 戯 | 戯画・戯曲 児戯・遊戯 |
| 却 | 卩 | 7 | キャク | 一 十 土 去 去 却 | 却下・退却 売却・返却 |
| 即 | 卩 | 7 | ソク | フ ヨ 艮 卽 即 | 即興・即刻 不即不離 |
| 影 | 彡 | 15 | エイ / かげ | 日 旦 昌 景 景 影 | 影響・投影 影絵・面影 |
| 彩 | 彡 | 11 | サイ / いろど(る) | 一 爫 爫 采 采 彩 | 彩色・色彩 多彩・淡彩 |
| 郎 | 阝 | 9 | ロウ | ㇇ ヨ 良 良 郎 郎 | 郎党・新郎 野郎 |
| 攻 | 攵 | 7 | コウ / せ(める) | 一 工 エ 攻 攻 攻 | 専攻・城攻め 難攻不落 |
| 敏 | 攵 | 10 | ビン | 𠂉 仁 每 每 每 敏 | 敏感・敏速 鋭敏・機敏 |
| 敷 | 攵 | 15 | フ / し(く) | 一 戸 甫 甫 専 敷 | 敷設・敷布 座敷・屋敷 |
| 斜 | 斗 | 11 | シャ / なな(め) | ノ 𠆢 余 余 斜 斜 | 斜線・斜面 斜陽・傾斜 |
| 歓 | 欠 | 15 | カン | 𠂉 午 午 奞 雚 歓 | 歓喜・歓迎 歓談・交歓 |
| 殿 | 殳 | 13 | デン / テン / との / どの | コ 尸 屏 展 展 殿 | 殿堂・宮殿 御殿・湯殿 |

**隶 れいづくり**
動物の尻尾を手でつかむ形。追い付く意。

| 漢字 | 部首 | 画数 | 読み | 筆順 | 用例 |
|---|---|---|---|---|---|
| 隷 | 隶 | 16 | レイ | 士 圭 寺 隶 隶 隷 | 隷書・隷従 隷属・奴隷 |
| 雅 | 隹 | 13 | ガ | 一 于 牙 牙 邪 雅 | 雅俗・雅楽 風雅・優雅 |
| 雌 | 隹 | 14 | シ / め / めす | ト 止 此 此 此 雌 | 雌雄・雌花・雌牛 |
| 雄 | 隹 | 12 | ユウ / お / おす | 一 ナ 厷 厷 厷 雄 | 雄姿・雄大 雄途・英雄 |
| 離 | 隹 | 18 | リ / はな(れる) / はな(す) | 亠 文 卤 离 离 離 | 離脱・距離 分離・親離れ |
| 項 | 頁 | 12 | コウ | 一 エ 工 巧 項 項 | 項目・事項 条項・要項 |
| 頼 | 頁 | 16 | ライ / たの(む) / たの(もしい) / たよ(る) | 一 一 束 束 頼 頼 | 依頼・信頼 末頼もしい |
| 寂 | 宀 | 11 | ジャク / セキ / さび / さび(しい) / さび(れる) | 宀 宀 宀 宇 宋 寂 | 静寂・入寂 寂然 |
| 寝 | 宀 | 13 | シン / ね(る) / ね(かす) | 宀 宀 宀 宀 寑 寝 | 寝室・寝食 就寝・空寝 |
| 芋 | 艹 | 6 | いも | 一 十 艹 艹 芋 芋 | 芋虫・里芋 山芋 |
| 菓 | 艹 | 11 | カ | 一 艹 艹 苩 菓 菓 | 菓子・茶菓 製菓 |
| 荒 | 艹 | 9 | コウ / あら(い) / あ(れる) / あ(らす) | 一 艹 艹 芒 芒 荒 | 荒天・凶荒 破天荒・荒れ野 |

次の各文のカタカナ部分は漢字を、漢字は読みを答えよ。

1 稲をカり取る。（まとめて切ること）
2 シンケンに勉強する。（本気）
3 自然のハイザイの妙。（ほどよい取り合わせ）
4 子どもにはシゲキが強い。（興奮させること）
5 シュウトウに準備する。（すべてに抜かりのないこと）
6 退陣をカンコクする。（すすめること）
7 年末のケイカイに当たる。（悪いことが起きないように注意すること）
8 ジギに等しい戦略だ。（子どもの遊び）
9 借りた本をヘンキャクする。（かえすこと）
10 ソッキョウで演奏する。（その場の思いつき）
11 電車遅延によるエイキョウ。（作用による変化）
12 タサイな顔ぶれがそろう。（たくさんでにぎやかな）
13 シンロウしん婦の入場。（はなむこ）
14 経済学をセンコウしている。（主に勉強すること）
15 キビンな行動が望まれる。（すばやい）
16 お客をザシキに通す。（客間）
17 南へケイシャした土地。（かたむく）

18 遠来の客をカンゲイする。（好意をもってむかえること）
19 美のデンドウと名高い教会。（りっぱな建物）
20 本国にレイゾクする植民地。（しはいされ従うこと）
21 琴（こと）のユウガな調べを楽しむ。（みやびやか）
22 シユウを決する時が来た。（勝ち負け）
23 ユウダイな山容に見ほれる。（すぐれておおきいこと）
24 油と水はブンリする。（わかれること）
25 募集（ぼしゅう）ヨウコウを確認する。（ひつようなことを記したもの）
26 あの人ならシンライできる。（しんじてたよれること）
27 夜のセイジャクに包まれる。（落ち着いたしずかさ）
28 八時にシュウシンした。（ねる）
29 サトイモを醤油（しょうゆ）で煮付ける。（いもの一種）
30 お茶とおカシを用意する。（甘味のある食事以外の食べ物）
31 コウテンをついて出航する。（雨風のはげしいてんこう）
32 テーブルを花で**彩**る。（飾る）
33 新しく鉄道を**敷設**する。（広い範囲に備えつける）
34 **寂**として声無しの状況だ。（ひっそりとして）

## 解答とポイント

1 刈
2 真剣
3 配剤 NG! 配済×
4 刺激 NG! ×刺
5 周到 NG! 周倒×
6 勧告
7 警戒
8 児戯
9 返却
10 即興
11 影響 NG! ×響
12 多彩
13 新郎 NG! 新朗×
14 専攻 NG! ×専
15 機敏
16 座敷
17 傾斜
18 歓迎 NG! 歓仰×
19 殿堂
20 隷属
21 優雅
22 雌雄
23 雄大
24 分離
25 要項
26 信頼
27 静寂 NG! ×寂
28 就寝
29 里芋
30 菓子
31 荒天
32 いろど
33 ふせつ
34 せき

4級 第6回

# 4級 第7回

| 漢字 | 部首 | 画数 | 読み | 筆順 | 用例 |
|---|---|---|---|---|---|
| 芝 | 艹 | 6 | しば | 一十艹 艹芝芝 | 芝居(しばい)・芝刈り(しばかり)・芝生(しばふ) |
| 薪 | 艹 | 16 | シン / たきぎ | 一艹𦬇 薪薪薪 | 薪水(しんすい)・薪炭(しんたん)・薪能(たきぎのう) |
| 蓄 | 艹 | 13 | チク / たくわ(える) | 一艹艹 苎蓄蓄 | 蓄財(ちくざい)・蓄積(ちくせき)・含蓄(がんちく)・貯蓄(ちょちく) |
| 薄 | 艹 | 16 | ハク・うす(い) / うす(める) / うす(まる) / うす(らぐ) / うす(れる) | 艹艹芦 蒲蒲薄 | 薄謝(はくしゃ)・希薄(きはく)・意志薄弱(いしはくじゃく) |
| 茂 | 艹 | 8 | モ / しげ(る) | 一艹艹 芦芪茂 | 繁茂(はんも)・生い茂る(おいしげる) |

**戸 どだれ とかんむり**　両びらきの戸の半分の形。とびら・家に関する意。

| 漢字 | 部首 | 画数 | 読み | 筆順 | 用例 |
|---|---|---|---|---|---|
| 扇 | 戸 | 10 | セン / おうぎ | 一ヨ戸 戸扇扇 | 扇状地(せんじょうち)・扇子(せんす)・扇動(せんどう)・扇形(おうぎがた) |
| 突 | 穴 | 8 | トツ / つ(く) | 丶八宀 穴空突 | 突進(とっしん)・突発(とっぱつ)・激突(げきとつ)・突き指(つきゆび) |
| 罰 | 罒 | 14 | バツ / バチ | 丨冂罒 罒罰罰 | 罰金(ばっきん)・天罰(てんばつ)・罰当たり(ばちあたり) |
| 箇 | ⺮ | 14 | カ | 𠂉𥫗竹 笛筒箇 | 箇所(かしょ)・箇条(かじょう) |
| 範 | ⺮ | 15 | ハン | 𠂉𥫗笵 筆範範 | 範囲(はんい)・模範(もはん)・率先垂範(そっせんすいはん) |

| 漢字 | 部首 | 画数 | 読み | 筆順 | 用例 |
|---|---|---|---|---|---|
| 需 | 雨 | 14 | ジュ | 一雨雨 雫雲需 | 需給(じゅきゅう)・需要(じゅよう)・特需(とくじゅ)・必需(ひつじゅ) |
| 震 | 雨 | 15 | シン / ふる(う) / ふる(える) | 一雨雨 雫霞震 | 震源(しんげん)・震災(しんさい)・耐震(たいしん)・身震い(みぶるい) |
| 霧 | 雨 | 19 | ム / きり | 一雨雫 雺霧霧 | 霧散(むさん)・霧雨(きりさめ)・五里霧中(ごりむちゅう) |
| 雷 | 雨 | 13 | ライ / かみなり | 一戸雨 雫雷雷 | 雷雨(らいう)・雷鳴(らいめい)・地雷(じらい)・落雷(らくらい) |
| 露 | 雨 | 21 | ロ / ロウ / つゆ | 一雨雫 雲露露 | 露見(ろけん)・暴露(ばくろ)・発露(はつろ)・露払い(つゆはらい) |

**髟 かみがしら**　くしで整った髪を示す。かみの毛・ひげに関する意。

| 漢字 | 部首 | 画数 | 読み | 筆順 | 用例 |
|---|---|---|---|---|---|
| 髪 | 髟 | 14 | ハツ / かみ | 丨Ｅ镸 髟髪髪 | 頭髪(とうはつ)・髪型(かみがた)・危機一髪(ききいっぱつ) |
| 為 | 灬 | 9 | イ | ソ为为 為為為 | 為政(いせい)・行為(こうい)・無為無策(むいむさく) |
| 煮 | 灬 | 12 | シャ / に(る) / に(える) / に(やす) | 一土耂 者者煮 | 煮沸(しゃふつ)・煮物(にもの)・雑煮(ぞうに) |
| 烈 | 灬 | 10 | レツ | 一ア歹 列列烈 | 烈火(れっか)・強烈(きょうれつ)・鮮烈(せんれつ)・痛烈(つうれつ) |

**Point!　漢字の使い分け「烈(レツ)」と「裂(レツ)」**

烈は列(裂ける)＋灬(火)で火が燃えて物が弾ける意。猛烈。裂は列＋衣で衣を裂く、破れる意。裂傷・決裂・分裂。

| 漢字 | 部首 | 画数 | 読み | 筆順 | 用例 |
|---|---|---|---|---|---|
| 監 | 皿 | 15 | カン | 丨厂臣 臣監監 | 監禁(かんきん)・監査(かんさ)・監視(かんし)・収監(しゅうかん) |
| 盗 | 皿 | 11 | トウ / ぬす(む) | 丶冫次 次盗盗 | 盗難(とうなん)・盗用(とうよう)・強盗(ごうとう)・盗人(ぬすっと) |
| 盤 | 皿 | 15 | バン | 丿力舟 舟般盤 | 盤石(ばんじゃく)・基盤(きばん)・地盤(じばん)・落盤(らくばん) |
| 盆 | 皿 | 9 | ボン | ノ八分 分盆盆 | 盆踊り(ぼんおどり)・盆景(ぼんけい)・盆地(ぼんち) |

**舛 まいあし**　左右に向いた足をあわせて、足がみだれそむく意。

| 漢字 | 部首 | 画数 | 読み | 筆順 | 用例 |
|---|---|---|---|---|---|
| 舞 | 舛 | 15 | ブ / ま(う) / まい | 𠂉無無 舞舞舞 | 鼓舞(こぶ)・舞子(まいこ)・狂喜乱舞(きょうきらんぶ) |
| 恐 | 心 | 10 | キョウ / おそ(れる) / おそ(ろしい) | 工巩巩 巩恐恐 | 恐縮(きょうしゅく)・恐怖(きょうふ)・末恐ろしい(すえおそろしい) |
| 恵 | 心 | 10 | ケイ / エ / めぐ(む) | 一戸百 由恵恵 | 恵贈(けいぞう)・恵与(けいよ)・恩恵(おんけい)・知恵(ちえ) |

**Point!　書き誤りやすい漢字「恵(ケイ)」**

恵は旧字・惠。叀(思う意)＋心で、心に思う→情けをかける(恩恵)。さらに聡(さと)い意(知恵)も。

| 漢字 | 部首 | 画数 | 読み | 筆順 | 用例 |
|---|---|---|---|---|---|
| 怒 | 心 | 9 | ド / いか(る) / おこ(る) | ㄑ女女 奴怒怒 | 怒号(どごう)・激怒(げきど)・喜怒哀楽(きどあいらく) |
| 慮 | 心 | 15 | リョ | 丨广广 虍慮慮 | 遠慮(えんりょ)・考慮(こうりょ)・配慮(はいりょ)・不慮(ふりょ) |

次の各文のカタカナ部分は漢字を、漢字は読みを答えよ。

1 まるでシバイ（演劇）のようだ。
2 水を汲（く）みタキギ（燃料にする木）を拾う。
3 チクザイ（ざいさんをためること）に励（はげ）んでいる。
4 帰属意識がキハク（うすい）である。
5 水草がハンモ（おいしげること）する。
6 大衆をセンドウ（そそのかすこと）する。
7 車が電柱にゲキトツ（はげしく当たること）する。
8 違反者にはバッキン（ばつとして払うかね）を科す。
9 バチ（神仏のとがめ）当たりなことをしない。
10 カジョウ（項目に分けて並べること）書きでメモする。
11 全校生徒のモハン（手本）に値する。
12 ジュヨウ（買おうとする気持ち）と供給が釣（つ）り合う。
13 タイシン（じしんでこわれにくいこと）構造の建物。
14 積年の夢がムサン（はかなく消えること）する。
15 はげしい雨とライメイ（かみなりの音）。
16 秘密をバクロ（あばき出すこと）する。
17 トウハツ（かみの毛）を整える。

18 人間として当然のコウイ（おこない）。
19 京風のゾウニ（もちや野菜の入った汁）を食べる。
20 ツウレツ（非常にはげしいこと）な批判を浴びせる。
21 人の出入りをカンシ（気をつけて見ること）する。
22 表現のトウヨウ（無断でそのまま使うこと）は違法だ。
23 備えはバンジャク（非常にかたくしっかりしていること）である。
24 ボンチ（山に囲まれた土地）の夏は暑い。
25 勇気をコブ（奮い立たせる）して立ち向かう。
26 心遣いにキョウシュク（申し訳なく思うこと）する。
27 社会のオンケイ（めぐみ）に感謝する。
28 卑怯（ひきょう）な行いにゲキド（はげしくおこること）する。
29 弱者へのハイリョ（思いやり）に欠ける。
30 大根を扇形（扇を開いた形）に切る。
31 ビンを煮沸（にえたたせる）消毒する。
32 盗人（泥棒）猛猛（たけだけ）しいにも程がある。
33 盆踊（夏の夜に人が集まって舞う行事）りの輪に入る。
34 不慮（思いがけない）の事故に遭（あ）う。

4級 第7回

## 解答とポイント

1 芝居
2 薪　NG! 新×
3 蓄財
4 希薄
5 繁茂
6 扇動
7 激突
8 罰金
9 罰
10 箇条
11 模範
12 需要
13 耐震
14 霧散
15 雷鳴
16 暴露
17 頭髪　NG! ×髪
18 行為
19 雑煮
20 痛烈　NG! 痛裂×
21 監視
22 盗用
23 盤石　NG! 磐×石
24 盆地
25 鼓舞　NG! ×鼔
26 恐縮
27 恩恵　NG! ×恵
28 激怒
29 配慮
30 おうぎがた（せんけい）
31 しゃふつ
32 ぬすっと（ぬすびと）
33 ぼんおど
34 ふりょ

## 4級 第8回

| 漢字 | 部首 | 画数 | 読み | 筆順 | 用例 |
|---|---|---|---|---|---|
| 恋 | 心 | 10 | レン、こ(う)、こい、こい(しい) | 一 ナ 方 亦 恋 恋 | 恋愛(れんあい)・失恋(しつれん)・悲恋(ひれん)・恋路(こいじ) |
| 惑 | 心 | 12 | ワク、まど(う) | 一 可 或 或 惑 惑 | 疑惑(ぎわく)・困惑(こんわく)・当惑(とうわく)・戸惑(とまど)い |
| 床 | 广 | 7 | ショウ、とこ、ゆか | 丶 一 广 庁 庄 床 | 起床(きしょう)・床板(ゆかいた)・同床異夢(どうしょういむ) |
| 疲 | 疒 | 10 | ヒ、つか(れる) | 广 疒 疒 疒 疲 疲 | 疲労(ひろう)・気疲(きづか)れ |
| 療 | 疒 | 17 | リョウ | 广 疒 疾 痳 療 療 | 療法(りょうほう)・療養(りょうよう)・医療(いりょう)・治療(ちりょう) |
| 屈 | 尸 | 8 | クツ | 一 コ 尸 屈 屈 屈 | 屈強(くっきょう)・屈指(くっし)・退屈(たいくつ)・理屈(りくつ) |
| 尽 | 尸 | 6 | ジン、つ(くす)、つ(きる)、つ(かす) | 一 コ 尸 尺 尽 尽 | 尽力(じんりょく)・理不尽(りふじん)・縦横無尽(じゅうおうむじん) |
| 尾 | 尸 | 7 | ビ、お | 一 コ 尸 尸 尾 尾 | 首尾(しゅび)・尾羽(おばね)・徹頭徹尾(てっとうてつび) |
| 違 | 辶 | 13 | イ、ちが(う)、ちが(える) | ノ 卉 卋 韋 違 違 | 違反(いはん)・違法(いほう)・差違(さい)・手違(てちが)い |
| 迎 | 辶 | 7 | ゲイ、むか(える) | ノ ヒ 卬 卬 迎 迎 | 迎合(げいごう)・歓迎(かんげい)・送迎(そうげい)・迎(むか)え火(び) |
| 遣 | 辶 | 13 | ケン、つか(う)、つか(わす) | 口 中 冑 冑 冑 遣 | 遣唐使(けんとうし)・派遣(はけん)・気遣(きづか)い・小遣(こづか)い |

| 漢字 | 部首 | 画数 | 読み | 筆順 | 用例 |
|---|---|---|---|---|---|
| 込 | 辶 | 5 | こ(む)、こ(める) | ノ 入 込 込 込 | 仕込(しこ)み・見込(みこ)み |
| 遅 | 辶 | 12 | チ、おく(れる)、おく(らす)、おそ(い) | コ 尸 尸 屖 犀 遅 | 遅延(ちえん)・遅刻(ちこく)・遅配(ちはい)・遅筆(ちひつ) |
| 途 | 辶 | 10 | ト | ノ 人 今 余 途 途 | 途方(とほう)・帰途(きと)・前途多難(ぜんとたなん) |
| 逃 | 辶 | 9 | トウ、に(げる)、に(がす)、のが(す)、のが(れる) | ノ 丬 兆 兆 逃 逃 | 逃走(とうそう)・逃避(とうひ)・逃亡(とうぼう)・逃(に)げ腰(ごし) |
| 透 | 辶 | 10 | トウ、す(く)、す(かす)、す(ける) | 一 千 禾 秀 秀 透 | 透視(とうし)・透写(とうしゃ)・透明(とうめい)・浸透(しんとう) |
| 迫 | 辶 | 8 | ハク、せま(る) | ノ 亻 白 白 迫 迫 | 迫害(はくがい)・迫力(はくりょく)・圧迫(あっぱく)・気迫(きはく) |
| 避 | 辶 | 16 | ヒ、さ(ける) | コ 尸 启 辟 辟 避 | 避暑(ひしょ)・避難(ひなん)・回避(かいひ)・逃避(とうひ) |
| 越 | 走 | 12 | エツ、こ(す)、こ(える) | 土 キ 走 走 越 越 | 越境(えっきょう)・越権(えっけん)・優越(ゆうえつ)・峠越(とうげご)え |
| 趣 | 走 | 15 | シュ、おもむき | 土 走 走 趄 趣 趣 | 趣向(しゅこう)・趣旨(しゅし)・趣味(しゅみ)・興趣(きょうしゅ) |
| 匹 | 匚 | 4 | ヒツ、ひき | 一 厂 兀 匹 | 匹敵(ひってき)・匹夫(ひっぷ)・一匹(いっぴき) |
| 圏 | 囗 | 12 | ケン | 冂 冂 円 圂 圏 圏 | 圏外(けんがい)・圏内(けんない)・大気圏(たいきけん) |
| 弐 | 弋 | 6 | ニ | 二 三 三 弐 弐 弐 | 弐百円(にひゃくえん) |

| 漢字 | 部首 | 画数 | 読み | 筆順 | 用例 |
|---|---|---|---|---|---|
| 闘 | 門 | 18 | トウ、たたか(う) | 門 門 門 闘 闘 闘 | 闘志(とうし)・健闘(けんとう)・悪戦苦闘(あくせんくとう) |
| 丘 | 一 | 5 | キュウ、おか | ノ 亻 斤 丘 | 砂丘(さきゅう)・段丘(だんきゅう) |
| 丈 | 一 | 3 | ジョウ、たけ | 一 ナ 丈 | 丈夫(じょうぶ)・気丈(きじょう)・背丈(せたけ) |
| 与 | 一 | 3 | ヨ、あた(える) | 一 与 与 | 与党(よとう)・関与(かんよ)・寄与(きよ)・給与(きゅうよ) |
| 丹 | 丶 | 4 | タン | ノ 冂 月 丹 | 丹精(たんせい)・丹誠(たんせい)・丹頂(たんちょう)・丹念(たんねん) |
| 乾 | 乙 | 11 | カン、かわ(く)、かわ(かす) | 一 十 古 卓 卓 乾 | 乾期(かんき)・乾燥(かんそう)・乾杯(かんぱい)・乾物(かんぶつ) |
| 互 | 二 | 4 | ゴ、たが(い) | 一 ㇄ 互 互 | 互角(ごかく)・互助(ごじょ)・交互(こうご)・相互(そうご) |
| 介 | 人 | 4 | カイ | ノ 人 介 介 | 介護(かいご)・介入(かいにゅう)・介抱(かいほう)・紹介(しょうかい) |
| 兼 | 八 | 10 | ケン、か(ねる) | 丷 䒑 兰 当 兼 兼 | 兼業(けんぎょう)・兼任(けんにん)・兼備(けんび)・兼務(けんむ) |
| 凡 | 几 | 3 | ボン、ハン | ノ 几 凡 | 凡人(ぼんじん)・非凡(ひぼん)・平凡(へいぼん)・凡例(はんれい) |

**Point!** 漢字の使い分け 「闘(たたか)い」と「戦(たたか)い」

闘は二人が手と手でつかみあい争う意で「病気と闘う」、戦は武器を交えて争う意で「反乱軍と戦う」などと使う。

次の各文のカタカナ部分は漢字を、漢字は読みを答えよ。

1 ヒレン（かなしい結末のこい）の物語を読む。
2 意外な展開にトウワク（めんくらうこと）する。
3 午前四時半にキショウ（おきること）する。
4 ヒロウ（つかれ）の色が濃い。
5 戦地の児童をチリョウ（手当て）する。
6 球界クッシ（ゆび折り）の名選手。
7 計画の成功にジンリョク（ちからをつくすこと）する。
8 シュビ（物事の経過や結果）は上上だ。
9 両者にさほどサイ（ちがい）はない。
10 世論にゲイゴウ（自分の意見を曲げて他にあわせること）する。
11 現地へ係員をハケン（行かせること）する。
12 料理のシコ（下ごしらえ）みが始まる。
13 寝坊してチコク（時間におくれること）する。
14 財布を忘れトホウ（どうしてよいか分からないこと）に暮れる。
15 現実からトウヒ（にげること）する。
16 無色トウメイ（すき通った）な液体。
17 筆づかいにハクリョク（心にせまるちから）がある。

18 衝突をカイヒ（のがれること）する。
19 君が決めるのはエッケン（けんげんをこえること）だ。
20 装飾にシュコウ（デザイン・面白い工夫）を凝^こ^らす。
21 大将にヒッテキ（肩を並べること）する働き。
22 優勝のケンガイ（範囲のそと）に去る。
23 領収書には漢字で二（「二」の書き換えを防ぐ書き方）と書く。
24 全身にトウシ（たたかおうとする強い心）がみなぎる。
25 サキュウ（すなのおか）を駆け上がる。
26 ジョウブ（がんじょう）で長持ちする。
27 本件には一切カンヨ（かかわりを持つこと）しない。
28 ほつれをタンネン（ねんいり）に繕^つくろ^う。
29 カンパイ（さかずきを上げること）の音頭をとる。
30 ゴカク（対等の）の勝負を続ける。
31 人事にカイニュウ（横やりをいれること）する。
32 副会長をケンム（仕事をいくつかかねること）する。
33 ヘイボン（ごく普通）な日日こそ大切だ。
34 辞書のハンレイ（その本の読み方を示したもの）を確認する。

## 解答とポイント

1 悲恋
2 当惑
3 起床
4 疲労
5 治療 NG! ×療
6 屈指
7 尽力
8 首尾
9 差違（異）
10 迎合 NG! ×迎
11 派遣
12 仕込
13 遅刻 NG! ×遅
14 途方
15 逃避
16 透明
17 迫力
18 回避
19 越権
20 趣向
21 匹敵 NG! ×匹適
22 圏外
23 弐
24 闘志
25 砂丘
26 丈夫
27 関与
28 丹念 NG! ×凡念
29 乾杯
30 互角 NG! ×角
31 介入
32 兼務
33 平凡 NG! ×平丹
34 凡例

4級 第8回

# 4級 第9回

| 漢字 | 部首 | 画数 | 読み | 筆順 | 用例 |
|---|---|---|---|---|---|
| 凶 | 凵 | 4 | キョウ | ノ メ 㐫 凶 凶 | 凶悪(きょうあく)・凶器(きょうき)・凶作(きょうさく)・凶暴(きょうぼう) |
| 劣 | 力 | 6 | レツ / おと(る) | ｜ 小 小 少 劣 劣 | 劣悪(れつあく)・劣勢(れっせい)・優劣(ゆうれつ)・見劣(みおと)り |
| 占 | ト | 5 | セン / し(める) / うらな(う) | ｜ ト ⺊ 占 占 | 占領(せんりょう)・独占(どくせん)・買い占(し)め |
| 及 | 又 | 3 | キュウ / およ(ぶ) / およ(び) / およ(ぼす) | ノ 乃 及 | 及第(きゅうだい)・追及(ついきゅう)・普及(ふきゅう)・及(およ)び腰(ごし) |
| 含 | 口 | 7 | ガン / ふく(む) / ふく(める) | ノ 𠆢 𠆢 今 含 含 含 | 含有(がんゆう)・含蓄(がんちく)・含(ふく)み笑(わら)い |
| 召 | 口 | 5 | ショウ / め(す) | フ 刀 刀 召 召 | 召集(しょうしゅう)・応召(おうしょう)・召(め)し上(あ)がる |
| 唐 | 口 | 10 | トウ / から | 亠 广 户 户 庚 唐 唐 | 唐詩(とうし)・唐突(とうとつ)・唐紙(からかみ)・唐様(からよう) |
| 堅 | 土 | 12 | ケン / かた(い) | 厂 戸 戸 臣 臤 堅 | 堅持(けんじ)・堅実(けんじつ)・中堅(ちゅうけん)・手堅(てがた)い |
| 執 | 土 | 11 | シツ / シュウ / と(る) | 土 去 幸 訁 執 執 | 執行(しっこう)・執務(しつむ)・固執(こしつ)・執念(しゅうねん) |
| 壁 | 土 | 16 | ヘキ / かべ | コ 尸 居 辟 辟 壁 | 壁画(へきが)・岸壁(がんぺき)・城壁(じょうへき)・壁紙(かべがみ) |
| 壱 | 士 | 7 | イチ | 一 十 士 吉 声 壱 | 壱億円(いちおくえん) |
| 奥 | 大 | 12 | オウ / おく | ノ 冂 冂 冂 奥 奥 | 奥義(おうぎ)・奥書(おくがき)・奥底(おくそこ)・山奥(やまおく) |
| 奇 | 大 | 8 | キ | 一 ナ 大 杢 奇 奇 | 奇跡(きせき)・奇抜(きばつ)・怪奇(かいき)・好奇(こうき) |
| 威 | 女 | 9 | イ | 厂 厂 反 反 威 威 | 威厳(いげん)・権威(けんい)・威風堂堂(いふうどうどう) |
| 尋 | 寸 | 12 | ジン / たず(ねる) | ヨ ヨ 尹 尋 尋 尋 | 尋常(じんじょう)・尋問(じんもん)・尋(たず)ね人(びと) |
| 巡 | 巛 | 6 | ジュン / めぐ(る) | く 巜 巛 巡 巡 巡 | 巡業(じゅんぎょう)・巡視(じゅんし)・一巡(いちじゅん)・島巡(しまめぐ)り |
| 巨 | 工 | 5 | キョ | ｜ 厂 戸 巨 巨 | 巨額(きょがく)・巨漢(きょかん)・巨体(きょたい)・巨大(きょだい) |
| 幾 | 幺 | 12 | キ / いく | 幺 幺 幺幺 幾 幾 幾 | 幾何(きか)・幾多(いくた)・幾分(いくぶん) |
| 恥 | 心 | 10 | チ / は(じる) / はじ / は(じらう) / は(ずかしい) | 丅 F 耳 耳 耻 恥 | 恥部(ちぶ)・赤恥(あかはじ)・厚顔無恥(こうがんむち) |
| 撃 | 手 | 15 | ゲキ / う(つ) | 一 亘 車 軗 毄 撃 | 撃退(げきたい)・撃破(げきは)・目撃(もくげき)・早撃(はやう)ち |
| 旨 | 日 | 6 | シ / むね | ｜ ヒ 上 旨 旨 旨 | 主旨(しゅし)・趣旨(しゅし)・要旨(ようし)・論旨(ろんし) |
| 旬 | 日 | 6 | ジュン / シュン | ノ 勹 勺 旬 旬 旬 | 旬刊(じゅんかん)・旬日(じゅんじつ)・初旬(しょじゅん)・上旬(じょうじゅん) |
| 是 | 日 | 9 | ゼ | 日 旦 早 旱 昰 是 | 是正(ぜせい)・是認(ぜにん)・是非(ぜひ)・国是(こくぜ) |
| 曇 | 日 | 16 | ドン / くも(る) | 日 旦 旱 昙 曇 曇 | 曇天(どんてん)・曇(くも)り空(ぞら)・花曇(はなぐも)り |
| 普 | 日 | 12 | フ | ソ 丷 廾 並 並 普 | 普及(ふきゅう)・普段(ふだん)・普通(ふつう) |
| 暦 | 日 | 14 | レキ / こよみ | 厂 厂 厂 厤 厤 暦 | 暦日(れきじつ)・暦年(れきねん)・陰暦(いんれき)・花暦(はなごよみ) |
| 更 | 曰 | 7 | コウ / さら / ふ(ける) / ふ(かす) | 一 厂 冂 亘 更 更 | 更衣(こうい)・更改(こうかい)・今更(いまさら)・夜更(よふ)け |
| 替 | 曰 | 12 | タイ / か(える) / か(わる) | 一 夫 夫 扶 替 替 | 交替(こうたい)・代替(だいたい)・両替(りょうがえ) |
| 冒 | 曰 | 9 | ボウ / おか(す) | ｜ 冂 日 冐 冒 冒 | 冒険(ぼうけん)・冒頭(ぼうとう)・感冒(かんぼう) |
| 朱 | 木 | 6 | シュ | ノ 𠂉 二 牛 牛 朱 | 朱色(しゅいろ)・朱書(しゅが)き・朱肉(しゅにく)・朱筆(しゅひつ) |
| 柔 | 木 | 9 | ジュウ / ニュウ / やわ(らか) / やわ(らかい) | フ マ 予 予 矛 柔 | 柔順(じゅうじゅん)・柔和(にゅうわ)・優柔不断(ゆうじゅうふだん) |
| 歳 | 止 | 13 | サイ / セイ | ト 止 屵 产 岸 歳 | 歳月(さいげつ)・歳費(さいひ)・万歳(ばんざい)・歳暮(せいぼ) |

**Point!** 書き誤りやすい漢字「歳(サイ)」

穀物の取り入れから次の取り入れまでの周期、つまり一年の意を表す。年齢を歳の代わりに「十才」などと書くのは俗用。

次の各文のカタカナ部分は漢字を、漢字は読みを答えよ。

1 **キョウアク**（ざんにんでひどいこと）事件の解決。
2 **レツアク**（おとっていて質がわるいこと）な環境で過ごす。
3 利益を**ドクセン**（ひとりじめ）する。
4 人権意識を**フキュウ**（広く行き届くこと）させる。
5 **ガンチク**（意味深く味わいがあること）のある言葉。
6 臨時の**ショウシュウ**（呼び出してあつめること）がかかる。
7 **トウトツ**（出し抜け）な訪問に驚く。
8 原則を**ケンジ**（かたく守ってゆずらないこと）する。
9 自分の考えに**コシュウ**（こだわること）する。
10 **ジョウヘキ**（しろを囲むかべ）をよじ登る。
11 領収書には漢字で**イチ**（「一」の書き換えを防ぐ書き方）と書く。
12 **オクガキ**（書物の終わりにかきつけた文）で出版年を調べる。
13 **キバツ**（風変わりで思いがけないこと）な服装で登場する。
14 **ケンイ**（人を従わせる力）を笠（かさ）に着る。
15 **ジンジョウ**（普通一般の）でない手段。
16 校内を**ジュンシ**（見て回ること）する。
17 **キョガク**（金銭の数量が非常に多い）の脱税事件。

18 気持ちが**イクブン**（少し）楽になる。
19 自らの**チブ**（知られたくない所）をさらけ出す。
20 難敵を見事**ゲキタイ**（迎えうってしりぞけること）する。
21 文章の**ヨウシ**（中心となる事柄）をまとめる。
22 八月**ジョウジュン**（月のはじめ十日間）に帰る。
23 平和・不戦を**コクゼ**（くにの方針）とする。
24 **ドンテン**（くもったてん気）の日日が続く。
25 **フダン**（にちじょう）から整頓（せいとん）を心がける。
26 今日は**インレキ**（昔のこよみ）の正月だ。
27 別室で**コウイ**（きがえ）する。
28 **ダイタイ**（かわり）案を用意する。
29 名作の**ボウトウ**（しょっぱな）を暗記する。
30 作文に**シュヒツ**（てんさくすること）を入れる。
31 **ニュウワ**（おだやかでやさしいこと）な笑顔で迎える。
32 喜んで**バンザイ**（両手を上げて祝うこと）を三唱する。
33 **旬**（もっとも味のよい時期）の魚が食卓を飾る。
34 **夜更**（深夜）けまで起きている。

## 解答とポイント

1 凶悪
2 劣悪
3 独占
4 普及
5 含蓄 NG! 含畜×
6 召集 NG! 招集×
7 唐突
8 堅持
9 固執
10 城壁
11 壱
12 奥書
13 奇抜 NG! 寄抜×
14 権威
15 尋常
16 巡視
17 巨額
18 幾分 NG! ×分
19 恥部
20 撃退
21 要旨
22 上旬 NG! 上句×
23 国是
24 曇天 NG! ×曇
25 普段(不断)
26 陰暦 NG! 陰歴×
27 更衣
28 代替
29 冒頭
30 朱筆
31 柔和
32 万歳 NG! 万才×
33 しゅん
34 よふ

4級 第9回

| 漢字 | 部首 | 画数 | 読み | 筆順 | 用例 |
|---|---|---|---|---|---|
| 獣 | 犬 | 16 | ジュウ けもの | 丶 ⺍ 㕣 兽 獣 | 獣医(じゅうい)・鳥獣(ちょうじゅう) 猛獣(もうじゅう)・野獣(やじゅう) |
| 玄 | 玄 | 5 | ゲン | 丶 亠 玄 玄 玄 | 玄関(げんかん)・玄米(げんまい) 玄人(くろうと) |
| 甘 | 甘 | 5 | カン あま(い) あま(える) あま(やかす) | 一 十 廾 甘 甘 | 甘言(かんげん)・甘受(かんじゅ) 甘美(かんび)・甘酒(あまざけ) |
| 畳 | 田 | 12 | ジョウ たた(む) たたみ | 丨 冂 田 畕 畳 畳 | 畳語(じょうご)・重畳(ちょうじょう) 青畳(あおだたみ)・石畳(いしだたみ) |
| 皆 | 白 | 9 | カイ みな | 一 ヒ 比 比 皆 皆 | 皆勤(かいきん)・皆無(かいむ) 皆目(かいもく)・皆皆様(みなみなさま) |
| 盾 | 目 | 9 | ジュン たて | 一 厂 斤 斤 盾 盾 | 矛盾(むじゅん) 後ろ盾(うしろだて) |
| 矛 | 矛 | 5 | ム ほこ | マ 予 予 矛 | 矛盾(むじゅん) 矛先(ほこさき) |
| 秀 | 禾 | 7 | シュウ ひい(でる) | 二 千 禾 禾 秀 秀 | 秀才(しゅうさい)・秀作(しゅうさく) 秀麗(しゅうれい)・優秀(ゆうしゅう) |
| 端 | 立 | 14 | タン はし は はた | 亠 立 立 立 端 端 | 極端(きょくたん)・道端(みちばた) 多事多端(たじたたん) |
| 紫 | 糸 | 12 | シ むらさき | 丨 卜 止 此 紫 紫 | 紫外線(しがいせん)・青紫(あおむらさき) 山紫水明(さんしすいめい) |
| 繁 | 糸 | 16 | ハン | 𠂉 亡 每 每 敏 繁 | 繁栄(はんえい)・繁華街(はんかがい) 繁殖(はんしょく)・繁忙(はんぼう) |

| 漢字 | 部首 | 画数 | 読み | 筆順 | 用例 |
|---|---|---|---|---|---|
| 翼 | 羽 | 17 | ヨク つばさ | ヨ 羽 羽 習 翌 翼 | 一翼(いちよく)・銀翼(ぎんよく) 主翼(しゅよく)・尾翼(びよく) |
| 耐 | 而 | 9 | タイ た(える) | 一 丆 丙 而 而 耐 | 耐火(たいか)・耐久(たいきゅう) 耐水(たいすい)・耐用(たいよう) |
| 肩 | 肉 | 8 | ケン かた | 一 ヨ 彐 戸 肩 肩 | 強肩(きょうけん)・比肩(ひけん) 肩書き(かたがき)・路肩(ろかた) |
| 腐 | 肉 | 14 | フ くさ(る) くさ(れる) くさ(らす) | 广 广 府 府 腐 腐 | 腐食(ふしょく)・腐心(ふしん) 豆腐(とうふ)・腐れ縁(くされえん) |
| 膚 | 肉 | 15 | フ | 卜 卢 广 虍 膚 膚 | 完膚(かんぷ)・皮膚(ひふ) |
| 致 | 至 | 10 | チ いた(す) | 一 エ 五 至 到 致 | 致命傷(ちめいしょう)・一致(いっち) 招致(しょうち)・筆致(ひっち) |
| 舗 | 舌 | 15 | ホ | 𠆢 舍 舍 舍 舗 舗 | 舗装(ほそう)・舗道(ほどう) 店舗(てんぽ)・本舗(ほんぽ) |
| 襲 | 衣 | 22 | シュウ おそ(う) | 亠 音 育 龍 龍 襲 | 襲撃(しゅうげき)・襲名(しゅうめい) 因襲(いんしゅう)・世襲(せしゅう) |
| 誉 | 言 | 13 | ヨ ほま(れ) | 丶 ⺍ 𭕄 兴 举 誉 | 栄誉(えいよ)・名誉(めいよ) |
| 豪 | 豕 | 14 | ゴウ | 亠 亡 亨 亭 亭 豪 | 豪快(ごうかい)・豪雪(ごうせつ) 豪放(ごうほう)・強豪(きょうごう) |

**Point!**

**書き誤りやすい漢字「襲(シュウ)」**

襲は、衣(衣服)+龍(重ねる)で、衣服を重ね着する意を表す。龍の最後の横線は三本。二本にしないように注意。

| 漢字 | 部首 | 画数 | 読み | 筆順 | 用例 |
|---|---|---|---|---|---|
| 輝 | 車 | 15 | キ かがや(く) | 丨 ⺌ ⺌ 光 光 輝 | 輝石(きせき)・光輝(こうき) |
| 載 | 車 | 13 | サイ の(せる) の(る) | 土 吉 車 載 載 載 | 記載(きさい)・満載(まんさい) 千載一遇(せんざいいちぐう) |
| 輩 | 車 | 15 | ハイ | ノ ヲ ヲ 非 輩 輩 | 輩出(はいしゅつ)・先輩(せんぱい) 同輩(どうはい)・年輩(ねんぱい) |
| 響 | 音 | 20 | キョウ ひび(く) | 幺 乡 纽 组 郷 響 | 影響(えいきょう)・音響(おんきょう) 残響(ざんきょう)・反響(はんきょう) |
| 驚 | 馬 | 22 | キョウ おどろ(く) おどろ(かす) | 艹 芍 敬 敬 警 驚 | 驚異(きょうい)・驚嘆(きょうたん) 驚き入る(おどろきいる) |
| 鬼 | 鬼 | 10 | キ おに | ノ 亻 白 由 鬼 鬼 | 鬼気(きき)・青鬼(あおおに) 疑心暗鬼(ぎしんあんき) |
| 麗 | 鹿 | 19 | レイ うるわ(しい) | 一 丽 丽 麗 麗 麗 | 麗人(れいじん)・美麗(びれい) 美辞麗句(びじれいく) |
| 黙 | 黒 | 15 | モク だま(る) | 口 日 甲 里 默 黙 | 黙認(もくにん)・暗黙(あんもく) 沈思黙考(ちんしもっこう) |
| 齢 | 歯 | 17 | レイ | 丨 止 歩 歯 齢 齢 | 樹齢(じゅれい)・適齢(てきれい) 年齢(ねんれい)・妙齢(みょうれい) |
| 鼓 | 鼓 | 13 | コ つづみ | 十 吉 吉 壴 鼓 鼓 | 鼓吹(こすい)・鼓動(こどう) 鼓舞(こぶ)・舌鼓(したつづみ) |

**Point!**

**書き誤りやすい漢字「齢(レイ)」**

齢は歯(年)+令(経る)で、経てきた年の意を表す。「年令」は誤用。画数の多い字を書く煩わしさを避けた俗用。

4級 第10回

次の各文のカタカナ部分は漢字を、漢字は読みを答えよ。

1 モウジュウ（肉食のけもの）の棲息（せいそく）する密林。
2 ゲンマイ（精まいしていないこめ）は健康によい。
3 批判をカンジュ（あまんじてうけること）する。
4 イシダタミ（いしを敷きつめた所）の道を歩く。
5 同意する者はカイム（全くない）だ。
6 言うことがムジュン（くい違う）する。
7 突然ホコサキ（攻撃する相手）をかえる。
8 シュウレイ（すっきりと美しいこと）な富士（ふじ）の姿。
9 キョクタン（きわめて外れているさま）に偏（かたよ）っている。
10 アオムラサキ（あお味がかったむらさき）の花が咲く。
11 駅前のハンカガイ（にぎやかな通り）。
12 新規事業のイチヨク（ひとつの役割）を担う。
13 タイキュウ（長持ちすること）性に優れる。
14 ロカタ（道ろの両端）に車を止める。
15 和を保つことにフシン（ひどく気をつかうこと）する。
16 カンプ（てってい的に）なきまでに負かす。
17 世界大会をショウチ（来てもらうこと）する。
18 道を広げホソウ（道路の表面を整えること）する。
19 社長職をセシュウ（親の地位などを代受け継ぐこと）する。
20 メイヨ（ほまれ）ある賞だ。
21 ゴウカイ（気持ちがよいほど力強く）に笑いとばす。
22 コウキ（かがやき）を放つ財宝。
23 話題作がマンサイ（多数収録した）の雑誌。
24 英雄をハイシュツ（次次送りだすこと）する。
25 新製品がハンキョウ（えいきょうとそのはんのう）を呼ぶ。
26 巧（たく）みさにキョウタン（おどろき感心すること）する。
27 キキ（身の毛がよだつこと）迫る描写。
28 映画のレイジン（美しい女性）にあこがれる。
29 それはアンモク（だまっていること）の了解（りょうかい）だ。
30 ミョウレイ（うら若い）の婦人と話す。
31 民主主義をコスイ（意見や思想を盛んに唱えること）する。
32 芸術の中でも絵画に秀（特に優れる）でる。
33 一流企業に比肩（同等の）する。
34 うまい料理に舌鼓（思わず舌を鳴らす）を打つ。

## 解答とポイント

1 猛獣
2 玄米
3 甘受
4 石畳
5 皆無
6 矛盾
7 矛先
8 秀麗 NG! ×秀
9 極端
10 青紫
11 繁華街
12 一翼
13 耐久
14 路肩 NG! ×肩
15 腐心
16 完膚 NG! 完膚×
17 招致 NG! 召×致
18 舗装 NG! 補×装
19 世襲 NG! ×襲
20 名誉
21 豪快
22 光輝
23 満載
24 輩出 NG! 排×出
25 反響
26 驚嘆
27 鬼気
28 麗人
29 暗黙
30 妙齢 NG! 妙令×
31 鼓吹
32 ひい
33 ひけん
34 したつづみ

(30分)

/100点

(一) 次のカタカナの部分にあてはまる漢字をア〜エから選び、記号で記せ。 2×5(10点)

① 花火は夏の**コウレイ**だ。 (ア好例 イ高例 ウ恒例 エ恒礼) ( )

② **シンチョウ**に言葉を選ぶ。 (ア深長 イ慎重 ウ新調 エ信重) ( )

③ **コウイン**矢のごとし。 (ア光陰 イ高陰 ウ行員 エ光引) ( )

④ **コウテン**をついて出航する。 (ア交点 イ好天 ウ荒天 エ好転) ( )

⑤ 逆転勝利に**キョウキ**する。 (ア驚気 イ狂気 ウ強喜 エ狂喜) ( )

(二) 次の漢字の部首をア〜エから選び、記号で記せ。 2×5(10点)

① 彩 (ア⺤ イ木 ウ采 エ彡) ( )

② 膚 (ア广 イ虍 ウ[虍+田] エ月) ( )

③ 載 (ア土 イ𢦏 ウ車 エ戈) ( )

④ 撃 (ア車 イ殳 ウ軗 エ手) ( )

⑤ 髪 (ア镸 イ彡 ウ髟 エ友) ( )

(三) 次のカタカナの部分にあてはまる漢字を記せ。 2×6(12点)

① 辞職を**カン**告する。 ( )

② 喜びの**カン**声をあげる。 ( )

③ 絵画を**カン**賞する。 ( )

④ 一日の仕事が**ス**む。 ( )

⑤ 青く**ス**んだ目。 ( )

⑥ 老後はいなかに**ス**みたい。 ( )

(四) 漢字を二字組み合わせた熟語では、意味の上で次のような関係がある。

ア 同じような意味の字を重ねたもの (例 岩石)

イ 反対または対応の意味を表す字を重ねたもの (例 高低)

ウ 上の字が下の字を修飾しているもの (例 洋画)

エ 下の字が上の字の目的語・補語になっているもの (例 着席)

オ 上の字が下の字の意味を打ち消しているもの (例 非常)

次の熟語は、右のア〜オのどれにあたるか、記号で記せ。 2×5(10点)

① 捕獲 ( )

② 未詳 ( )

③ 砂丘 ( )

④ 経緯 ( )

⑤ 越冬 ( )

(五) 次の四字熟語を完成させるにはどれが正しいか。ア～エから選び、記号で記せ。 2×5(10点)

① 優柔□断（ア付　イ普　ウ負　エ不）（　　）
② 人□未踏（ア責　イ跡　ウ石　エ績）（　　）
③ 本末転□（ア到　イ逃　ウ倒　エ投）（　　）
④ 危機一□（ア髪　イ発　ウ初　エ八）（　　）
⑤ 一網打□（ア陣　イ尽　ウ尋　エ人）（　　）

(六) 次の――線の読みをひらがなで記せ。 2×5(10点)

① 繁雑な手続きが必要だ。（　　）
② 勇気を鼓舞して立ち向かう。（　　）
③ 他人の秘密を暴露する。（　　）
④ デザインに趣向をこらす。（　　）
⑤ 含蓄のある言葉。（　　）

(七) 次の――線にあてはまる送りがなをひらがなで記せ。 2×4(8点)

① 不意を突かれて逃げ惑――。（　　）
② カーテンから光が透――。（　　）
③ 夕陽が空を赤く彩――。（　　）
④ ちょうが花に戯――。（　　）

(八) 後の□の中のひらがなを漢字に直して、対義語・類義語を記せ。 2×10(20点)

対義語

① 需要 ↕ 供（　　）
② 積極 ↕（　　）極
③ 借用 ↕ 返（　　）
④ 鋭敏 ↕（　　）感
⑤ 広義 ↕（　　）義

類義語

⑥ 汚名 ＝ 悪（　　）
⑦ 離合 ＝ 集（　　）
⑧ 匹敵 ＝ 比（　　）
⑨ 追従 ＝（　　）合
⑩ 思慮 ＝ 分（　　）

どん・けん・げい・ひょう・きゅう
べつ・しょう・さん・きょう・きゃく

(九) 次の文中に間違って使われている同じ音訓の漢字が一字ずつある。上に誤字を、下に正しい字を記せ。 2×5(10点)

① 他社の人事に会入する。（　）→（　）
② 父の力量に全腹の信頼を置く。（　）→（　）
③ 規約の第三条に低触する。（　）→（　）
④ 人権意識が深く侵透する。（　）→（　）
⑤ 普団の態度が大切だ。（　）→（　）

4級 級別テスト

| 漢字 | 部首 | 画数 | 読み | 筆順 | 用例 |
|---|---|---|---|---|---|
| 佳 | イ | 8 | カ | ノ イ 仁 什 仕 佳 | 佳境(かきょう)・佳作(かさく)・佳麗(かれい)・絶佳(ぜっか) |
| 偶 | イ | 11 | グウ | ノ 们 伹 偶 偶 偶 | 偶数(ぐうすう)・偶然(ぐうぜん)・偶像(ぐうぞう)・配偶者(はいぐうしゃ) |
| 倹 | イ | 10 | ケン | ノ イ 仆 价 佮 倹 | 倹約(けんやく)・勤倹(きんけん)・節倹(せっけん) |
| 債 | イ | 13 | サイ | ノ 仁 什 佳 債 債 | 債券(さいけん)・債権(さいけん)・起債(きさい)・負債(ふさい) |
| 催 | イ | 13 | サイ もよお(す) | ノ 仙 俗 催 催 催 | 催促(さいそく)・催眠(さいみん)・開催(かいさい)・主催(しゅさい) |
| 侍 | イ | 8 | ジ さむらい | ノ 仁 什 仕 侍 侍 | 侍医(じい)・侍従(じじゅう)・侍女(じじょ)・近侍(きんじ) |
| 伸 | イ | 7 | シン の(びる) の(ばす) の(べる) | ノ イ 仆 仰 伯 伸 | 伸縮(しんしゅく)・伸長(しんちょう)・伸張(しんちょう)・屈伸(くっしん) |
| 促 | イ | 9 | ソク うなが(す) | イ 仰 仰 伻 伻 促 | 促音(そくおん)・促進(そくしん)・促成(そくせい)・催促(さいそく) |
| 伐 | イ | 6 | バツ | ノ イ 仁 代 伐 伐 | 伐採(ばっさい)・間伐(かんばつ)・殺伐(さつばつ)・征伐(せいばつ) |

**Point!** 似ている漢字「侍(ジ)」と「待(タイ)」

侍はイ(人)＋寺(止(と)まる)で、貴人のそばに止まって仕える。侍女(ジジョ)。待は彳(道)＋寺で、道に立ち止まって待つ。待機(タイキ)。

| 漢字 | 部首 | 画数 | 読み | 筆順 | 用例 |
|---|---|---|---|---|---|
| 伴 | イ | 7 | ハン バン ともな(う) | ノ イ 伫 伫 伫 伴 | 伴奏(ばんそう)・伴走(ばんそう)・同伴(どうはん)・相伴(しょうばん) |
| 伏 | イ | 6 | フク ふ(せる) ふ(す) | ノ イ 仁 什 伏 伏 | 伏線(ふくせん)・起伏(きふく)・雌伏(しふく)・潜伏(せんぷく) |
| 倣 | イ | 10 | ホウ なら(う) | ノ 伫 仿 仿 仿 倣 | 模倣(もほう)・先例(せんれい)に倣(なら)う |
| 凝 | 冫 | 16 | ギョウ こ(る) こ(らす) | 冫 冫 冫 凝 凝 凝 | 凝固(ぎょうこ)・凝視(ぎょうし)・凝縮(ぎょうしゅく)・肩凝(かたこ)り |
| 凍 | 冫 | 10 | トウ こお(る) こご(える) | 丶 冫 冱 冱 凍 凍 | 凍結(とうけつ)・凍傷(とうしょう)・解凍(かいとう)・冷凍(れいとう) |
| 喚 | 口 | 12 | カン | 口 口 吶 吶 喚 喚 | 喚起(かんき)・喚声(かんせい)・喚問(かんもん)・召喚(しょうかん) |
| 喫 | 口 | 12 | キツ | 口 叶 吽 喫 喫 喫 | 喫煙(きつえん)・喫茶(きっさ)・喫水線(きっすいせん)・満喫(まんきつ) |
| 嘱 | 口 | 15 | ショク | 口 吖 呢 嘱 嘱 嘱 | 嘱託(しょくたく)・嘱望(しょくぼう)・嘱目(しょくもく)・委嘱(いしょく) |
| 塊 | 土 | 13 | カイ かたまり | 十 圹 坤 塊 塊 塊 | 塊根(かいこん)・金塊(きんかい)・団塊(だんかい)・氷塊(ひょうかい) |
| 坑 | 土 | 7 | コウ | 十 土 圹 圹 圹 坑 | 坑道(こうどう)・坑内(こうない)・坑夫(こうふ)・炭坑(たんこう) |
| 壇 | 土 | 16 | ダン タン | 土 圹 圹 壇 壇 壇 | 壇上(だんじょう)・演壇(えんだん)・文壇(ぶんだん)・土壇場(どたんば) |
| 墳 | 土 | 15 | フン | 土 圹 圹 墳 墳 墳 | 墳丘(ふんきゅう)・墳墓(ふんぼ)・古墳(こふん) |

| 漢字 | 部首 | 画数 | 読み | 筆順 | 用例 |
|---|---|---|---|---|---|
| 埋 | 土 | 10 | マイ う(める) う(まる) う(もれる) | 土 圠 圯 坦 坦 埋 | 埋蔵(まいぞう)・埋没(まいぼつ)・埋(う)め立(た)て |
| 嫁 | 女 | 13 | カ よめ とつ(ぐ) | く 女 妒 姱 嫁 嫁 | 嫁入(よめい)り・花嫁(はなよめ)・責任転嫁(せきにんてんか) |
| 娯 | 女 | 10 | ゴ | く 女 如 娯 娯 娯 | 娯楽(ごらく) |
| 如 | 女 | 6 | ジョ ニョ | く 夕 女 如 如 如 | 欠如(けつじょ)・突如(とつじょ)・如実(にょじつ)・面目躍如(めんぼくやくじょ) |
| 嬢 | 女 | 16 | ジョウ | く 女 妒 嬢 嬢 嬢 | 愛嬢(あいじょう)・令嬢(れいじょう)・受付嬢(うけつけじょう) |
| 婿 | 女 | 12 | セイ むこ | く 女 妒 婿 婿 婿 | 女婿(じょせい)・花婿(はなむこ) |
| 姫 | 女 | 10 | ひめ | く 女 如 姫 姫 姫 | 姫君(ひめぎみ)・姫小松(ひめこまつ)・歌姫(うたひめ)・舞姫(まいひめ) |
| 妨 | 女 | 7 | ボウ さまた(げる) | く 女 女 妨 妨 妨 | 妨害(ぼうがい) |
| 孤 | 子 | 9 | コ | 了 子 孤 孤 孤 孤 | 孤高(ここう)・孤独(こどく)・孤城落日(こじょうらくじつ) |
| 孔 | 子 | 4 | コウ | 乛 了 子 孔 | 孔版(こうはん)・気孔(きこう)・鼻孔(びこう) |
| 峡 | 山 | 9 | キョウ | 丨 山 山 峡 峡 峡 | 峡谷(きょうこく)・海峡(かいきょう)・山峡(さんきょう) |

次の各文のカタカナ部分は漢字を、漢字は読みを答えよ。

1 物語がカキョウに入る。（おもしろい所）
2 旧友とグウゼン出くわす。（思いがけず）
3 ケンヤクを心がけた生活。（切り詰めること）
4 多額のフサイを抱える。（金銭や物資を借りていること）
5 貸した金のサイソクをする。（早くするように要求すること）
6 多くのジジョが王に従う。（貴人の身の回りの世話をするじょせい）
7 実力のシンチョウを図る。（のばすこと）
8 町の開発をソクシンする。（物事がはかどるようにすること）
9 サツバツとした空気。（荒荒しい様子）
10 ごショウバンにあずかる。（自分も一緒にごちそうになること）
11 解決へのフクセンとなる。（あらかじめ設けておくこと）
12 名人の芸をモホウする。（まねること）
13 一点をギョウシする。（じっと見つめること）
14 道路がトウケツする。（こおりつくこと）
15 注意をカンキする。（呼びおこすこと）
16 釣（つ）りをマンキツする。（十分に味わうこと）
17 代表幹事をイショクする。（人に任せ頼むこと）

18 ダンカイの世代を形成する。（人口分布が集中していること）
19 タンコウが閉鎖される。（せきたんを掘り出すこうざん）
20 ダンジョウで演説する。（講演者などが立って話すところ）
21 コフンの復元図を作る。（土を高く盛ったこだいの墓）
22 日常にマイボツする。（うずもれること）
23 責任を他人にテンカする。（なすりつけること）
24 休日のゴラクは映画だ。（たのしみ）
25 意欲のケツジョは明白だ。（かけて足りないこと）
26 彼女は良家のレイジョウだ。（他人の娘を敬った言い方）
27 ハナムコが入場する。（新郎）
28 華やかなマイヒメたち。（まいをまう女）
29 守備をボウガイする。（邪魔すること）
30 コドクな時間を過ごす。（ひとりぼっち）
31 葉の裏にキコウがある。（き体を通す小さなあな）
32 カイキョウを船で渡る。（陸地にはさまれたせまいうみ）
33 犯人が山中に潜伏する。（見つからないように隠れていること）
34 遠くの人影に目を凝らす。（集中する）

## 解答とポイント

1 佳境
2 偶然　NG! 隅然×
3 倹約　NG! 検約×
4 負債
5 催促
6 侍女　NG! 待女×
7 伸張（長）
8 促進　NG! 捉進×
9 殺伐
10 相伴
11 伏線
12 模倣　NG! 模放×
13 凝視　NG! 疑視×
14 凍結
15 喚起　NG! 換起×
16 満喫
17 委（依）嘱
18 団塊
19 炭坑（鉱）
20 壇上
21 古墳　NG! 古噴×
22 埋没
23 転嫁
24 娯楽　NG! ×娯
25 欠如　NG! 欠除×
26 令嬢
27 花婿
28 舞姫
29 妨害
30 孤独
31 気孔
32 海峡　NG! 海狭×
33 せんぷく
34 こ

3級 第1回

# 3級 第2回

**工 たくみへん**
直線を引くためのさしがねの形。工作に関する意。

| 漢字 | 部首・画数 | 読み | 用例 |
|---|---|---|---|
| 巧 | 工 5 | コウ / たく(み) | 精巧(せいこう)・悪巧み(わるだくみ) 巧言令色(こうげんれいしょく) |
| 帆 | 巾 6 | ハン / ほ | 帆船(はんせん)・帆走(はんそう) 出帆(しゅっぱん)・帆柱(ほばしら) |
| 弧 | 弓 9 | コ | 弧状(こじょう)・円弧(えんこ) |
| 徐 | 彳 10 | ジョ | 徐行(じょこう)・徐徐(じょじょ)に |
| 悦 | 忄 10 | エツ | 悦楽(えつらく)・喜悦(きえつ) 法悦(ほうえつ)・満悦(まんえつ) |
| 怪 | 忄 8 | カイ / あや(しい) / あや(しむ) | 怪奇(かいき)・怪物(かいぶつ) 奇奇怪怪(ききかいかい) |
| 悔 | 忄 9 | カイ / く(いる) / く(やむ) / くや(しい) | 悔悟(かいご)・悔恨(かいこん) 後悔(こうかい)・悔(くや)し涙(なみだ) |
| 慨 | 忄 13 | ガイ | 慨嘆(がいたん)・感慨(かんがい) |
| 悟 | 忄 10 | ゴ / さと(る) | 悟道(ごどう)・悔悟(かいご) 覚悟(かくご)・大悟(たいご) |
| 慌 | 忄 12 | コウ / あわ(てる) / あわ(ただしい) | 恐慌(きょうこう) 大慌(おおあわ)て |

| 漢字 | 部首・画数 | 読み | 用例 |
|---|---|---|---|
| 恨 | 忄 9 | コン / うら(む) / うら(めしい) | 遺恨(いこん)・悔恨(かいこん) 痛恨(つうこん)・逆恨(さかうら)み |
| 惜 | 忄 11 | セキ / お(しい) / お(しむ) | 惜別(せきべつ)・哀惜(あいせき) 不惜身命(ふしゃくしんみょう) |
| 憎 | 忄 14 | ゾウ / にく(む) / にく(い) / にく(らしい) / にく(しみ) | 憎悪(ぞうお)・愛憎(あいぞう) 心憎(こころにく)い |
| 隔 | 阝 13 | カク / へだ(てる) / へだ(たる) | 隔世(かくせい)・隔離(かくり) 遠隔(えんかく)・間隔(かんかく) |
| 随 | 阝 12 | ズイ | 随意(ずいい)・随行(ずいこう) 随筆(ずいひつ)・追随(ついずい) |
| 阻 | 阝 8 | ソ / はば(む) | 阻害(そがい)・阻止(そし) 険阻(けんそ) |
| 陳 | 阝 11 | チン | 陳謝(ちんしゃ)・陳腐(ちんぷ) 新陳代謝(しんちんたいしゃ) |
| 陶 | 阝 11 | トウ | 陶器(とうき)・陶芸(とうげい) 陶工(とうこう)・陶酔(とうすい) |
| 陪 | 阝 11 | バイ | 陪臣(ばいしん)・陪審(ばいしん) 陪席(ばいせき) |
| 隆 | 阝 11 | リュウ | 隆起(りゅうき)・隆盛(りゅうせい) 隆替(りゅうたい)・興隆(こうりゅう) |
| 陵 | 阝 11 | リョウ / みささぎ | 陵墓(りょうぼ)・丘陵(きゅうりょう) 御陵(ごりょう) |
| 掛 | 扌 11 | か(ける) / か(かる) / かかり | 掛(か)け売(う)り・掛(か)け軸(じく) 手掛(てが)かり |

| 漢字 | 部首・画数 | 読み | 用例 |
|---|---|---|---|
| 換 | 扌 12 | カン / か(える) / か(わる) | 換言(かんげん)・転換(てんかん) 換骨奪胎(かんこつだったい) |
| 掲 | 扌 11 | ケイ / かか(げる) | 掲載(けいさい)・掲示(けいじ) 掲揚(けいよう)・前掲(ぜんけい) |
| 携 | 扌 13 | ケイ / たずさ(える) / たずさ(わる) | 携行(けいこう)・携帯(けいたい) 提携(ていけい)・連携(れんけい) |
| 拘 | 扌 8 | コウ | 拘引(こういん)・拘束(こうそく) 拘置(こうち)・拘留(こうりゅう) |
| 控 | 扌 11 | コウ / ひか(える) | 控除(こうじょ)・控訴(こうそ) 控(ひか)え室(しつ) |
| 搾 | 扌 13 | サク / しぼ(る) | 搾取(さくしゅ)・搾乳(さくにゅう) 圧搾(あっさく)・乳搾(ちちしぼ)り |
| 撮 | 扌 15 | サツ / と(る) | 撮影(さつえい)・特撮(とくさつ) 隠(かく)し撮(ど)り |
| 擦 | 扌 17 | サツ / す(る) / す(れる) | 擦過傷(さっかしょう) 擦(す)り傷(きず) |
| 摂 | 扌 13 | セツ | 摂取(せっしゅ)・摂政(せっしょう) 摂生(せっせい)・摂理(せつり) |
| 措 | 扌 11 | ソ | 措辞(そじ)・措置(そち) 挙措(きょそ) |

**Point!** 読み誤りやすい漢字「措」

扌(手)＋昔(重ねる)で、他の物の上に重ねて置く意を表す。挙措(きょそ)で挙げおろし。借(シャク)(借金)惜(セキ)(惜別・惜敗)錯(サク)(交錯・錯覚)と区別。

次の各文のカタカナ部分は漢字を、漢字は読みを答えよ。

1 **セイコウ**に作られた人形。（細かくたくみにできていること）
2 船が港を**シュッパン**する。（船が港をでること）
3 白球が**エンコ**を描く。（えんしゅうの一部分）
4 横断歩道では**ジョコウ**する。（ゆっくりと進むこと）
5 成功し**マンエツ**の様子。（まんぞくし喜ぶこと）
6 複雑で**カイキ**な世界。（不思議で変わった）
7 準備不足を**コウカイ**する。（くやむこと）
8 **カンガイ**深い面持ち。（しみじみとかんじること）
9 **カクゴ**を決めて事に当たる。（心を決めること）
10 **オオアワ**てで家に戻る。（うろたえること）
11 **ツウコン**の一打を浴びる。（非常に残念なこと）
12 **セキベツ**の情を抑え難い。（わかれをおしむこと）
13 **アイゾウ**を超えた肉親の情。（好悪）
14 一定の**カンカク**を保つ。（物と物とのあいだ）
15 欧米に**ツイズイ**する。（後からまねてついて行くこと）
16 発育を**ソガイ**する食品。（はばみ、さまたげること）
17 **チンプ**な表現を避ける。（ありふれてつまらない）

18 自分の姿に**トウスイ**する。（うっとりすること）
19 機密会議に**バイセキ**する。（身分の高い人と同じ場にいること）
20 **リュウセイ**を極めた都市。（勢いがさかんなこと）
21 古代の**リョウボ**を調査する。（みささぎ）
22 **テガ**かりが見つからない。（問題の解決の糸口）
23 新制度へ**テンカン**する。（方向や方針をかえること）
24 校旗を**ケイヨウ**する。（高くかかげること）
25 関係機関と**レンケイ**する。（つながりをつけ合って行うこと）
26 身柄を**コウソク**される。（行動の自由を縛ること）
27 **ヒカ**え目に意見をだす。（そっと）
28 果汁を**シボ**る。（力を加えて水分をだすこと）
29 試合の模様を**サツエイ**する。（写真や動画をとること）
30 ほんの**ス**り傷にすぎない。（皮膚をすりむいてできた傷）
31 自然の**セツリ**に従う。（この世を支配している法則）
32 びっくりして**キョソ**を失う。（立ち居振る舞い）
33 **控除**の申請をする。（金銭などを差し引くこと）
34 不当に**搾取**されている。（しぼりとること）

## 解答とポイント

1 精巧 NG! 精功×
2 出帆
3 円弧
4 徐行 NG! 除行×
5 満悦
6 怪奇
7 後悔
8 感慨 NG! 感概×
9 覚悟
10 大慌
11 痛恨 NG! 痛根×
12 惜別 NG! 措別×
13 愛憎
14 間隔
15 追随
16 阻害 NG! 祖害×
17 陳腐

18 陶酔 NG! ×酔
19 陪席 NG! 倍席×
20 隆盛
21 陵墓
22 手掛
23 転換 NG! 転喚×
24 掲揚
25 連携
26 拘束
27 控
28 搾
29 撮影 NG! 撮映×
30 擦
31 摂理
32 挙措
33 こうじょ
34 さくしゅ

| 漢字 | 部首 | 画数 | 読み | 筆順 | 用例 |
|---|---|---|---|---|---|
| 掃 | 扌 | 11 | ソウ は(く) | 扌扫扫 掃掃掃 | 掃除(そうじ)・一掃(いっそう) 清掃(せいそう) |
| 択 | 扌 | 7 | タク | 一扌扌 扣护択 | 択一(たくいつ)・採択(さいたく) 選択(せんたく) |
| 抽 | 扌 | 8 | チュウ | 一十扌 扣抽抽 | 抽出(ちゅうしゅつ)・抽象(ちゅうしょう) 抽選(ちゅうせん) |
| 排 | 扌 | 11 | ハイ | 扌扌扌 排排排 | 排気(はいき)・排除(はいじょ) 排斥(はいせき)・排他(はいた) |
| 揚 | 扌 | 12 | ヨウ あ(げる) あ(がる) | 扌扣担 担揚揚 | 掲揚(けいよう)・高揚(こうよう) 称揚(しょうよう)・抑揚(よくよう) |
| 揺 | 扌 | 12 | ヨウ ゆ(れる) ゆ(る) ゆ(らぐ) ゆ(るぐ) ゆ(する) ゆ(さぶる) ゆ(すぶる) | 扌扌扌 揺揺揺 | 動揺(どうよう) 揺(ゆ)り返(かえ)し |
| 擁 | 扌 | 16 | ヨウ | 扌扩扩 擁擁擁 | 擁護(ようご)・擁立(ようりつ) 抱擁(ほうよう) |
| 抑 | 扌 | 7 | ヨク おさ(える) | 十扌扌 扣抑抑 | 抑圧(よくあつ)・抑制(よくせい) 抑揚(よくよう)・抑留(よくりゅう) |

**Point!** 漢字の使い分け「抑(おさ)える」と「押(お)さえる」

具体的に上から力を加えるのが押(オウ)(押収)、抽象的にこらえる・防ぐのが抑(ヨク)(抑圧・抑制)。「押さえる」の送り仮名にも注意。

| 漢字 | 部首 | 画数 | 読み | 筆順 | 用例 |
|---|---|---|---|---|---|
| 滑 | 氵 | 13 | カツ コツ すべ(る) なめ(らか) | 氵氵汀 泗泗滑 | 滑降(かっこう)・滑走(かっそう) 円滑(えんかつ)・地滑(じすべ)り |
| 湿 | 氵 | 12 | シツ しめ(る) しめ(す) | 氵沪沪 湿湿湿 | 湿度(しつど)・乾湿(かんしつ) 多湿(たしつ)・湿(しめ)り気(け) |
| 潤 | 氵 | 15 | ジュン うるお(う) うるお(す) うる(む) | 氵汈潤 潤潤潤 | 潤色(じゅんしょく)・潤沢(じゅんたく) 湿潤(しつじゅん)・利潤(りじゅん) |
| 瀬 | 氵 | 19 | せ | 氵氵沪 涑瀬瀬 | 瀬音(せおと)・瀬戸(せと) 瀬戸際(せとぎわ)・浅瀬(あさせ) |
| 潜 | 氵 | 15 | セン ひそ(む) もぐ(る) | 氵氵汁 涉涉潜 | 潜在(せんざい)・潜入(せんにゅう) 潜伏(せんぷく)・素潜(すもぐ)り |
| 滞 | 氵 | 13 | タイ とどこお(る) | 氵氵汁 浀浀滞 | 滞貨(たいか)・滞在(たいざい) 沈滞(ちんたい)・停滞(ていたい) |
| 滝 | 氵 | 13 | たき | 氵汁汻 浐滝滝 | 滝口(たきぐち)・雌滝(めだき) 雄滝(おだき)・白滝(しらたき) |
| 泌 | 氵 | 8 | ヒツ ヒ | 丶氵沁 汊泌泌 | 分泌(ぶんぴつ) 泌尿器(ひにょうき) |
| 漂 | 氵 | 14 | ヒョウ ただよ(う) | 氵氵汀 潭潭漂 | 漂着(ひょうちゃく)・漂白(ひょうはく) 漂泊(ひょうはく)・漂流(ひょうりゅう) |
| 没 | 氵 | 7 | ボツ | 丶氵氵 氵汃没 | 没収(ぼっしゅう)・没頭(ぼっとう) 出没(しゅつぼつ)・日没(にちぼつ) |
| 滅 | 氵 | 13 | メツ ほろ(びる) ほろ(ぼす) | 氵氵汇 沔滅滅 | 絶滅(ぜつめつ)・点滅(てんめつ) 支離滅裂(しりめつれつ) |
| 濫 | 氵 | 18 | ラン | 氵氵沪 涅濫濫 | 濫獲(らんかく)・濫伐(らんばつ) 濫発(らんぱつ)・濫用(らんよう) |

| 漢字 | 部首 | 画数 | 読み | 筆順 | 用例 |
|---|---|---|---|---|---|
| 浪 | 氵 | 10 | ロウ | 氵氵氵 沪浪浪 | 浪人(ろうにん)・浪費(ろうひ) 波浪(はろう)・放浪(ほうろう) |
| 漏 | 氵 | 14 | ロウ も(る) も(れる) も(らす) | 氵氵沪 涓漏漏 | 漏水(ろうすい)・漏電(ろうでん) 遺漏(いろう)・雨漏(あまも)り |
| 湾 | 氵 | 12 | ワン | 氵氵汁 浐湾湾 | 湾岸(わんがん)・湾曲(わんきょく) 湾内(わんない)・港湾(こうわん) |
| 獄 | 犭 | 14 | ゴク | 犭犭犭 狺獄獄 | 獄舎(ごくしゃ)・監獄(かんごく) 疑獄(ぎごく)・地獄(じごく) |
| 猟 | 犭 | 11 | リョウ | 犭犭犭 犸猟猟 | 猟師(りょうし)・禁猟(きんりょう) 狩猟(しゅりょう)・密猟(みつりょう) |
| 施 | 方 | 9 | シ セ ほどこ(す) | 亠方方 於旃施 | 施行(しこう)・施設(しせつ) 実施(じっし)・施主(せしゅ) |
| 肝 | 月 | 7 | カン きも | 丿月月 肝肝肝 | 肝心(かんじん)・肝要(かんよう) 心肝(しんかん)・肝試(きもだめ)し |
| 胎 | 月 | 9 | タイ | 丿月月 胎胎胎 | 胎児(たいじ)・胎動(たいどう) 受胎(じゅたい)・母胎(ぼたい) |
| 胆 | 月 | 9 | タン | 丿月月 胆胆胆 | 胆力(たんりょく)・魂胆(こんたん) 大胆不敵(だいたんふてき) |
| 胞 | 月 | 9 | ホウ | 丿月月 胞胞胞 | 胞子(ほうし)・気胞(きほう) 細胞(さいぼう)・同胞(どうほう) |
| 膨 | 月 | 16 | ボウ ふく(らむ) ふく(れる) | 丿月月 膨膨膨 | 膨大(ぼうだい)・膨張(ぼうちょう) 着膨(きぶく)れ |
| 膜 | 月 | 14 | マク | 丿月月 膜膜膜 | 鼓膜(こまく)・粘膜(ねんまく) 被膜(ひまく)・網膜(もうまく) |

3級 第3回

次の各文のカタカナ部分は漢字を、漢字は読みを答えよ。

1 不安がイッソウされる。（残らず払いのけること）
2 満場一致でサイタクする。（よいものとしてとり上げること）
3 成分をチュウシュツする。（抜きだすこと）
4 よそ者としてハイジョする。（取りのぞくこと）
5 人の鑑（かがみ）とショウヨウする。（ほめたたえること）
6 ドウヨウが隠せない。（気持ちがゆれうごくこと）
7 友人をヨウゴする。（かばい守ること）
8 ヨクヨウをつけて話す。（イントネーション）
9 カッソウ路を建設する。（すべるようにはしること）
10 高温でタシツな気候。（しめり気がおおいこと）
11 資金はジュンタクにある。（たくさんある様子）
12 セトギワの攻防が続く。（重大な分かれ目）
13 センザイ能力を引き出す。（内にひそんでいること）
14 チンタイした空気がただよう。（活気がなくしずんでいること）
15 あと少しでタキが見える。（がけから水が流れ落ちている場所）
16 消化液をブンピツする。（体内で作られた液体を排出すること）
17 太平洋をヒョウリュウする。（ただよいながれること）
18 読書にボットウする。（一つのことに集中すること）
19 希少動物のゼツメツを防ぐ。（すっかりほろぶこと）
20 薬物ランヨウを防ぐ。（むやみに使うこと）
21 ホウロウの旅にでる。（さまよい歩くこと）
22 イロウなく準備を整える。（手抜かり）
23 船がワンナイに停泊する。（入り海の中）
24 ジゴクの苦しみを味わう。（非常な苦しみを受ける状態）
25 シュリョウと採集の暮らし。（野生動物をとらえること）
26 高齢者のためのシセツ。（建物などのせつび）
27 日常の努力がカンヨウだ。（非常に大切なこと）
28 新時代のタイドウを感じる。（内面的なうごきが表出してくること）
29 君のコンタンは丸見えだ。（心の中に隠しているたくらみ）
30 植物のサイボウを調べる。（体をつくっている単位）
31 ボウダイな枚数の書類。（非常に多い）
32 コマクに傷がつく。（耳の奥にある薄いまく）
33 雨で作業が滞る。（たまる）
34 最善の治療を施す。（行う・加える）

## 解答とポイント

1 一掃
2 採択
3 抽出
4 排除 NG! 俳除×
5 称（賞）揚
6 動揺
7 擁護 NG! ×擁
8 抑揚
9 滑走
10 多湿
11 潤沢
12 瀬戸際
13 潜在
14 沈滞 NG! 沈帯×
15 滝
16 分泌 NG! 分秘×
17 漂流
18 没頭
19 絶滅
20 濫（乱）用
21 放浪
22 遺漏
23 湾内
24 地獄
25 狩猟
26 施設
27 肝要
28 胎動
29 魂胆
30 細胞
31 膨大
32 鼓膜 NG! 鼓模×
33 とどこお
34 ほどこ

| 漢字 | 部首 | 画数 | 読み | 用例 |
|---|---|---|---|---|
| 概 | 木 | 14 | ガイ | 概観(がいかん)・概況(がいきょう)・概念(がいねん)・概要(がいよう) |
| 棋 | 木 | 12 | キ | 棋士(きし)・棋道(きどう)・棋風(きふう)・将棋(しょうぎ) |
| 楼 | 木 | 13 | ロウ | 楼閣(ろうかく)・鐘楼(しょうろう)・空中楼閣(くうちゅうろうかく) |
| 殊 | 歹 | 10 | シュ・こと | 殊勝(しゅしょう)・特殊(とくしゅ)・殊更(ことさら) |
| 炊 | 火 | 8 | スイ・た(く) | 炊事(すいじ)・炊飯(すいはん)・自炊(じすい)・雑炊(ぞうすい) |
| 炉 | 火 | 8 | ロ | 炉端(ろばた)・炉辺(ろへん)・香炉(こうろ)・暖炉(だんろ) |
| 犠 | 牛 | 17 | ギ | 犠牲(ぎせい)・犠打(ぎだ) |
| 牲 | 牛 | 9 | セイ | 犠牲(ぎせい) |
| 祉 | ネ | 8 | シ | 福祉(ふくし) |
| 畔 | 田 | 10 | ハン | 河畔(かはん)・湖畔(こはん)・池畔(ちはん) |
| 硬 | 石 | 12 | コウ・かた(い) | 硬化(こうか)・硬直(こうちょく)・強硬(きょうこう)・生硬(せいこう) |
| 礎 | 石 | 18 | ソ・いしずえ | 礎石(そせき)・基礎(きそ)・定礎(ていそ) |
| 碑 | 石 | 14 | ヒ | 碑文(ひぶん)・歌碑(かひ)・石碑(せきひ)・記念碑(きねんひ) |
| 穏 | 禾 | 16 | オン・おだ(やか) | 穏健(おんけん)・穏便(おんびん)・安穏(あんのん)・平穏(へいおん) |
| 穫 | 禾 | 18 | カク | 収穫(しゅうかく) |
| 穂 | 禾 | 15 | スイ・ほ | 穂状(すいじょう)・出穂(しゅっすい)・穂波(ほなみ)・稲穂(いなほ) |
| 稚 | 禾 | 13 | チ | 稚気(ちき)・稚魚(ちぎょ)・稚児(ちご)・幼稚(ようち) |
| 裸 | ネ | 13 | ラ・はだか | 裸体(らたい)・赤裸裸(せきらら)・裸一貫(はだかいっかん) |
| 粋 | 米 | 10 | スイ・いき | 生粋(きっすい)・純粋(じゅんすい)・精粋(せいすい)・抜粋(ばっすい) |
| 粗 | 米 | 11 | ソ・あら(い) | 粗悪(そあく)・粗末(そまつ)・粗略(そりゃく)・粗方(あらかた) |
| 粘 | 米 | 11 | ネン・ねば(る) | 粘液(ねんえき)・粘着(ねんちゃく)・粘土(ねんど)・粘り腰(ねばりごし) |
| 糧 | 米 | 18 | リョウ・ロウ・かて | 糧食(りょうしょく)・食糧(しょくりょう)・兵糧(ひょうろう) |
| 緩 | 糸 | 15 | カン・ゆる(い)・ゆる(やか)・ゆる(む)・ゆる(める) | 緩衝(かんしょう)・緩和(かんわ)・緩急自在(かんきゅうじざい) |
| 絞 | 糸 | 12 | コウ・しぼ(る)・し(める)・し(まる) | 絞殺(こうさつ)・絞首刑(こうしゅけい)・豆絞り(まめしぼり) |
| 綱 | 糸 | 14 | コウ・つな | 綱紀(こうき)・綱目(こうもく) |
| 紺 | 糸 | 11 | コン | 紺青(こんじょう)・紺屋(こう(こん)や)・紫紺(しこん)・濃紺(のうこん) |
| 繕 | 糸 | 18 | ゼン・つくろ(う) | 営繕(えいぜん)・修繕(しゅうぜん)・取り繕う(とりつくろう) |
| 締 | 糸 | 15 | テイ・し(まる)・し(める) | 締結(ていけつ)・締約(ていやく)・締め切り(しめきり) |
| 縛 | 糸 | 16 | バク・しば(る) | 束縛(そくばく)・捕縛(ほばく)・金縛り(かなしばり) |

**Point! 書き誤りやすい漢字 「犠(ギ)」と「牲(セイ)」**

犠は牛＋義（立派な意）で、神に捧げる牛、牲は牛に生きている意を加えて、生け贄(にえ)の牛。ともにうしへんの字であることに注意。

**Point! 似ている漢字 「穏(オン)」と「隠(イン)」**

穏は禾（穀物）＋㥯（隠す意）で穀物を仕舞う→穏やか、隠は阝（山）＋㥯で山に覆われる→隠す意。それぞれの偏に注意。

**Point! 漢字の使い分け 「食糧(しょくりょう)」と「食料(しょくりょう)」**

糧は米＋量（はかる）で生きるために不可欠な糧(かて)。主食。料は米＋斗（升(ます)）で元になる材料。「食料」で食品一般をいう。

次の各文のカタカナ部分は漢字を、漢字は読みを答えよ。

1 一般的なガイネンを表す。（大まかな意味・内容）
2 天才的なショウギの名人。（二人でする室内ゲームの一つ）
3 重要文化財のショウロウ。（かねをつるしてある堂）
4 シュショウにも頭を下げる。（けなげで感心なさま）
5 ジスイして暮らす。（食事をじ分で作ること）
6 ダンロに火が燃える。（火をたいて室内をあたためる設備）
7 ギダで一点とる。（走者を進塁させるためのフライやバント）
8 交通事故のギセイとなる。（災難などで生命を失うこと）
9 フクシ政策に重点をおく。（社会の構成員にもたらされるこうふく）
10 夕暮れのコハンを散策する。（みずうみのほとり）
11 文章にセイコウさが見える。（未熟でかたい感じ）
12 キソを固める。（土台）
13 セキヒに刻まれた漢詩。（いしに文字を彫って建てたもの）
14 今回はオンビンにすます。（おだやかで荒立てないさま）
15 麦のシュウカクが近づく。（農作物の取り入れ）
16 イナホが垂れる。（いねのほ）
17 ヨウチな態度を改める。（子どもっぽい）

18 内面をセキララに描く。（包み隠しのないさま）
19 関連部分をバッスイする。（必要な部分をぬき出すこと）
20 物をソマツに扱わない。（おろそかに）
21 ネンチャク性に富む液体。（ねばりつくこと）
22 ショクリョウ事情が悪い。（生きていくためのたべ物）
23 カンショウ地帯を設ける。（対立を和らげること）
24 みんなで知恵をシボる。（考えたり工夫したりする）
25 官庁のコウキを粛正する。（規律）（しゅくせい）
26 ノウコンの着物を買う。（こいこんいろ）
27 器具をシュウゼンして使う。（つくろい直すこと）
28 条約をテイケツする。（とりむすぶこと）
29 行動がソクバクされる。（制限を加えて自由をうばうこと）
30 妹を殊更かわいがる。（わざと・とりわけ）
31 飯ごうでご飯を炊く。（食べ物を煮て作る）
32 伝統の礎を打ち立てる。（土台・基礎）
33 小枝に穂状の花が咲く。（群がり付いた）
34 城中で兵糧攻めにあう。（軍用の食料）

## 解答とポイント

1 概念 NG! ×慨念
2 将棋
3 鐘楼
4 殊勝
5 自炊
6 暖炉
7 犠打
8 犠牲
9 福祉
10 湖畔
11 生硬 NG! ×精巧
12 基礎
13 石碑
14 穏便 NG! ×隠便
15 収穫 NG! ×収獲
16 稲穂 NG! ×穂
17 幼稚

18 赤裸裸 NG! ×裸
19 抜粋
20 粗末 NG! ×阻末
21 粘着
22 食糧 NG! ×食量
23 緩衝
24 絞
25 綱紀
26 濃紺
27 修繕
28 締結
29 束縛
30 ことさら
31 た
32 いしずえ
33 すいじょう
34 ひょうろう

| 漢字 | 部首 | 画数 | 読み | 用例 |
|---|---|---|---|---|
| 紛 | 糸 | 10 | フン まぎ(れる) まぎ(らす) まぎ(らわす) まぎ(らわしい) | 紛議(ふんぎ)・紛失(ふんしつ) 紛争(ふんそう)・内紛(ないふん) |
| 縫 | 糸 | 16 | ホウ ぬ(う) | 縫合(ほうごう)・手縫(てぬ)い 天衣無縫(てんいむほう) |
| 聴 | 耳 | 17 | チョウ き(く) | 聴取(ちょうしゅ)・聴衆(ちょうしゅう) 傾聴(けいちょう)・傍聴(ぼうちょう) |
| 詠 | 言 | 12 | エイ よ(む) | 詠歌(えいか)・詠進(えいしん) 詠嘆(えいたん)・朗詠(ろうえい) |
| 該 | 言 | 13 | ガイ | 該当(がいとう)・該博(がいはく) 当該(とうがい) |
| 諮 | 言 | 16 | シ はか(る) | 諮問(しもん) |
| 譲 | 言 | 20 | ジョウ ゆず(る) | 譲渡(じょうと)・譲歩(じょうほ) 譲与(じょうよ)・委譲(いじょう) |
| 請 | 言 | 15 | セイ シン こ(う) う(ける) | 請求(せいきゅう)・申請(しんせい) 普請(ふしん)・下請(したう)け |
| 託 | 言 | 10 | タク | 託児所(たくじしょ)・委託(いたく) 屈託(くったく)・嘱託(しょくたく) |

**Point!** 書き誤りやすい漢字「託(タク)」

託は言(言葉)十乇(身を寄せる)で、言葉を寄せる→頼む意。もと上に突き出さない。

| 漢字 | 部首 | 画数 | 読み | 用例 |
|---|---|---|---|---|
| 諾 | 言 | 15 | ダク | 応諾(おうだく)・快諾(かいだく) 受諾(じゅだく)・承諾(しょうだく) |
| 訂 | 言 | 9 | テイ | 訂正(ていせい)・改訂(かいてい) 校訂(こうてい) |
| 謀 | 言 | 16 | ボウ ム はか(る) | 謀議(ぼうぎ)・無謀(むぼう) 深謀遠慮(しんぼうえんりょ) |
| 誘 | 言 | 14 | ユウ さそ(う) | 誘因(ゆういん)・誘致(ゆうち) 誘惑(ゆうわく)・勧誘(かんゆう) |
| 賊 | 貝 | 13 | ゾク | 海賊(かいぞく)・国賊(こくぞく) 山賊(さんぞく)・盗賊(とうぞく) |
| 軌 | 車 | 9 | キ | 軌条(きじょう)・軌跡(きせき) 軌道(きどう)・常軌(じょうき) |
| 軸 | 車 | 12 | ジク | 機軸(きじく)・車軸(しゃじく) 主軸(しゅじく)・中軸(ちゅうじく) |
| 酵 | 酉 | 14 | コウ | 酵素(こうそ)・酵母(こうぼ) 発酵(はっこう) |
| 酔 | 酉 | 11 | スイ よ(う) | 酔眼(すいがん)・心酔(しんすい) 陶酔(とうすい)・船酔(ふなよ)い |
| 錯 | 金 | 16 | サク | 錯覚(さっかく)・交錯(こうさく) 試行錯誤(しこうさくご) |
| 鐘 | 金 | 20 | ショウ かね | 鐘楼(しょうろう)・警鐘(けいしょう) 晩鐘(ばんしょう)・早鐘(はやがね) |
| 錠 | 金 | 16 | ジョウ | 錠剤(じょうざい)・錠前(じょうまえ) 施錠(せじょう)・手錠(てじょう) |

| 漢字 | 部首 | 画数 | 読み | 用例 |
|---|---|---|---|---|
| 鍛 | 金 | 17 | タン きた(える) | 鍛造(たんぞう) 鍛練(鍊)(たんれん) |
| 鋳 | 金 | 15 | チュウ い(る) | 鋳造(ちゅうぞう)・鋳鉄(ちゅうてつ) 改鋳(かいちゅう)・鋳物(いもの) |
| 鎮 | 金 | 18 | チン しず(める) しず(まる) | 鎮圧(ちんあつ)・鎮火(ちんか) 鎮魂(ちんこん)・重鎮(じゅうちん) |
| 錬 | 金 | 16 | レン | 錬成(れんせい)・錬金術(れんきんじゅつ) 精錬(せいれん)・鍛錬(たんれん) |
| 餓 | 食 | 15 | ガ | 餓鬼(がき)・餓死(がし) |
| 飽 | 食 | 13 | ホウ あ(きる) あ(かす) | 飽満(ほうまん)・見飽(みあ)きる 暖衣飽食(だんいほうしょく) |
| 騎 | 馬 | 18 | キ | 騎手(きしゅ)・騎乗(きじょう) 一騎当千(いっきとうせん) |
| 駐 | 馬 | 15 | チュウ | 駐在(ちゅうざい)・駐留(ちゅうりゅう) 常駐(じょうちゅう)・進駐(しんちゅう) |

**骨 ほねへん** 肉のついている骨と関節を示す。骨に関する意。

| 漢字 | 部首 | 画数 | 読み | 用例 |
|---|---|---|---|---|
| 髄 | 骨 | 19 | ズイ | 骨髄(こつずい)・延髄(えんずい) 脳髄(のうずい)・神(真)髄(しんずい) |
| 鯨 | 魚 | 19 | ゲイ くじら | 鯨油(げいゆ)・捕鯨(ほげい) 鯨飲馬食(げいいんばしょく) |
| 刑 | 刂 | 6 | ケイ | 刑事(けいじ)・刑罰(けいばつ) 処刑(しょけい) |

次の各文のカタカナ部分は漢字を、漢字は読みを答えよ。

1 筆箱をフンシツする。（なくすこと）
2 傷口をホウゴウする。（ぬいあわせること）
3 裁判をボウチョウする。（そばで一緒に聞くこと）
4 漢詩をロウエイする。（節をつけて歌うこと）
5 ガイハクな知識の持ち主。（広く知っている様子）
6 委員会にシモンする。（意見を求めること）
7 互いにジョウホする。（あゆみ寄ること）
8 役所に許可をシンセイする。（願い出ること）
9 クッタクのない笑顔。（気になってくよくよすること）
10 二つ返事でカイダクする。（気持ちよく引き受けること）
11 誤りをテイセイする。（ただしく直すこと）
12 ムボウな計画は立てない。（よく考えずに危険なことを行う様子）
13 昼寝のユウワクにかられる。（よくないことにさそいこむこと）
14 トウゾクに襲われる。（どろぼう）
15 ジョウキを逸（いっ）した言動。（普通のやり方）
16 企画立案のチュウジク。（根幹となる大切な事柄や人）
17 米をハッコウさせる。（菌などによって有機化合物が化学変化を起こすこと）

18 好きな作家にシンスイする。（共感し、したうこと）
19 複雑な思いがコウサクする。（入り混じること）
20 人類へのケイショウを鳴らす。（前もっての注意）
21 玄関は忘れずセジョウする。（かぎをかけること）
22 日ごろからタンレンする。（体や心や技能をきたえること）
23 古代にチュウゾウされた像。（溶かした金属を型にはめてつくること）
24 文壇のジュウチンと会う。（組織の中のじゅう要な人）
25 鉱石をセイレンする。（混じり物を除いて純度を高くすること）
26 飢饉（ききん）でガシする人が出る。（飢えてしぬこと）
27 現代はホウショクの時代だ。（たべものが有り余ること）
28 競馬のキシュを目指す。（馬の乗りて）
29 看護師がジョウチュウする。（いつもいること）
30 芸のシンズイを極める。（物事のちゅうしん・奥義）
31 ホゲイが禁止される。（くじらをとること）
32 罪人がショケイされる。（罰として殺すこと）
33 工業製品の**下請**け会社。（大きい会社の仕事を引き受けること）
34 彼を陥（おとしい）れようと**謀**る。（計画的に人をだます）

## 解答とポイント

1 紛失 NG! ×粉失
2 縫合
3 傍聴
4 朗詠
5 該博
6 諮問
7 譲歩
8 申請
9 屈託 NG! ×詫
10 快諾
11 訂正
12 無謀
13 誘惑
14 盗賊
15 常軌 NG! ×軌
16 中軸
17 発酵 NG! ×酵
18 心酔
19 交錯
20 警鐘
21 施錠
22 鍛練（錬）
23 鋳造
24 重鎮
25 精錬 NG! ×精練
26 餓死
27 飽食
28 騎手
29 常駐
30 神（真）髄
31 捕鯨
32 処刑
33 したう
34 はか

3級 第5回

| 漢字 | 部首・画数 | 読み | 筆順 | 用例 |
|---|---|---|---|---|
| 削 | 刂 9 | サク けず(る) | ⺍ ⺌ ⺌ 肖 肖 削 | 削減(さくげん)・掘削(くっさく) 添削(てんさく)・荒削り(あらけずり) |
| 勘 | 力 11 | カン | 十 卄 甘 其 甚 勘 | 勘案(かんあん)・勘弁(かんべん) 勘違い(かんちがい)・山勘(やまかん) |
| 励 | 力 7 | レイ はげ(む) はげ(ます) | 一 厂 厅 厉 厉 励 | 励行(れいこう)・激励(げきれい) 精励(せいれい)・勉励(べんれい) |
| 卸 | 卩 9 | おろ(す) おろし | 丿 𠂉 午 缶 缶 卸 | 卸商(おろししょう)・卸値(おろしね) |
| 彫 | 彡 11 | チョウ ほ(る) | 丿 冂 月 周 周 彫 | 彫金(ちょうきん)・彫刻(ちょうこく) 彫像(ちょうぞう)・木彫り(きぼり) |
| 郭 | 阝 11 | カク | 亠 亩 亨 享 享 郭 | 外郭(がいかく)・胸郭(きょうかく) 城郭(じょうかく)・輪郭(りんかく) |
| 郊 | 阝 9 | コウ | 亠 六 ㇇ 交 交 郊 | 郊外(こうがい)・近郊(きんこう) |
| 邪 | 阝 8 | ジャ | 一 工 于 牙 牙 邪 | 邪推(じゃすい)・邪念(じゃねん) 正邪(せいじゃ)・風邪(かぜ) |
| 邦 | 阝 7 | ホウ | 一 二 三 手 邦 邦 | 邦楽(ほうがく)・邦人(ほうじん) 本邦(ほんぽう)・友邦(ゆうほう) |
| 敢 | 攵 12 | カン | 一 工 干 耳 耳 敢 | 敢行(かんこう)・敢闘(かんとう) 勇猛果敢(ゆうもうかかん) |
| 斗 | 斗 4 | ト | 丶 冫 三 斗 | 斗酒(としゅ)・漏斗(ろうと) 北斗七星(ほくとしちせい) |

| 漢字 | 部首・画数 | 読み | 筆順 | 用例 |
|---|---|---|---|---|
| 斤 | 斤 4 | キン | ノ 厂 斤 斤 | 斤量(きんりょう)・一斤(いっきん) |
| 斥 | 斤 5 | セキ | ノ 厂 斤 斤 斥 | 斥候(せっこう)・排斥(はいせき) |
| 欧 | 欠 8 | オウ | 一 フ ヌ 区 欧 欧 | 欧州(おうしゅう)・欧風(おうふう) 欧米(おうべい)・西欧(せいおう) |
| 欺 | 欠 12 | ギ あざむ(く) | 十 卄 甘 其 欺 欺 | 詐欺(さぎ) |
| 殴 | 殳 8 | オウ なぐ(る) | 一 フ 又 区 区 殴 | 殴打(おうだ) |
| 顧 | 頁 21 | コ かえり(みる) | 一 戸 戸 扉 雇 顧 | 顧問(こもん)・回顧(かいこ) 脚下照顧(きゃっかしょうこ) |
| 冠 | 冖 9 | カン かんむり | 丶 冖 冖 冗 冠 冠 | 冠水(かんすい)・冠絶(かんぜつ) 栄冠(えいかん)・弱冠(じゃっかん) |
| 冗 | 冖 4 | ジョウ | 丶 冖 冗 冗 | 冗員(じょういん)・冗談(じょうだん) 冗長(じょうちょう)・冗漫(じょうまん) |
| 宴 | 宀 10 | エン | 丶 宀 宀 宣 宴 宴 | 宴会(えんかい)・宴席(えんせき) 酒宴(しゅえん)・祝宴(しゅくえん) |
| 審 | 宀 15 | シン | 宀 宀 宷 宷 宷 審 | 審議(しんぎ)・審査(しんさ) 陪審(ばいしん)・不審(ふしん) |
| 華 | 艹 10 | カ ケ はな | 一 艹 艹 芈 莘 華 | 華美(かび)・華麗(かれい) 栄華(えいが)・香華(こうげ) |
| 菊 | 艹 11 | キク | 艹 艹 芍 芍 菊 菊 | 菊花(きっか)・残菊(ざんぎく) 白菊(しらぎく)・野菊(のぎく) |

| 漢字 | 部首・画数 | 読み | 筆順 | 用例 |
|---|---|---|---|---|
| 葬 | 艹 12 | ソウ ほうむ(る) | 一 艹 艹 苑 葬 葬 | 葬儀(そうぎ)・埋葬(まいそう) 冠婚葬祭(かんこんそうさい) |
| 藩 | 艹 18 | ハン | 艹 艹 艹 萍 藩 藩 | 藩士(はんし)・藩主(はんしゅ) 雄藩(ゆうはん)・列藩(れっぱん) |
| 苗 | 艹 8 | ビョウ なえ なわ | 十 艹 艹 苗 苗 苗 | 種苗(しゅびょう)・早苗(さなえ) 苗木(なえぎ)・苗代(なわしろ) |
| 芳 | 艹 7 | ホウ かんば(しい) | 十 艹 艹 芏 芳 芳 | 芳紀(ほうき)・芳香(ほうこう) 芳志(ほうし)・芳名(ほうめい) |
| 房 | 戸 8 | ボウ ふさ | 一 ヨ 戸 戸 房 房 | 官房(かんぼう)・子房(しぼう) 冷房(れいぼう)・花房(はなぶさ) |
| 窒 | 穴 11 | チツ | 丶 宀 穴 空 空 窒 | 窒素(ちっそ)・窒息(ちっそく) |
| 籍 | ⺮ 20 | セキ | ノ 𥫗 笁 笋 籍 籍 | 国籍(こくせき)・書籍(しょせき) 転籍(てんせき)・本籍(ほんせき) |
| 篤 | ⺮ 16 | トク | 𥫗 竹 竹 笁 篤 篤 | 篤志(とくし)・危篤(きとく) 温厚篤実(おんこうとくじつ) |
| 符 | ⺮ 11 | フ | ノ 𥫗 竹 符 符 符 | 符号(ふごう)・符合(ふごう) 符節(ふせつ)・切符(きっぷ) |
| 簿 | ⺮ 19 | ボ | 𥫗 竹 笵 箔 簿 簿 | 簿記(ぼき)・原簿(げんぼ) 帳簿(ちょうぼ)・名簿(めいぼ) |
| 虍 | | とらがしら とらかんむり | | 虎(とら)の頭の形。虎に関する意。 |
| 虐 | 虍 9 | ギャク しいた(げる) | 丨 ト 卢 虍 虐 虐 | 虐殺(ぎゃくさつ)・虐待(ぎゃくたい) 残虐(ざんぎゃく)・自虐(じぎゃく) |

次の各文のカタカナ部分は漢字を、漢字は読みを答えよ。

1 妹の作文をテンサク（直してよくすること）する。
2 諸般の事情をカンアン（織りこんで考えること）する。
3 早起きをレイコウ（努力しておこなうこと）する。
4 売価がオロシネ（おろし売りでの価格）を下回る。
5 柱に花をチョウコク（木・石などをほって作品をつくること）する。
6 リンカク（アウトライン）が見えてくる。
7 コウガイ（都市の周辺にある地域）に自宅を建てる。
8 人の親切をジャスイ（悪く解釈すること）する。
9 在米のホウジン（日本じん）数を調べる。
10 カカン（思い切った）な攻めが成功する。
11 トシュ（多量のさけ・一と（18リットル）のさけ）なお辞せず。
12 食パンをイッキン（重さの単位・食パンの単位）買う。
13 ハイセキ（押しのけること）運動が起こる。
14 オウフウ（ヨーロッパ的な）文化を取り入れる。
15 桜花をもアザムく（劣らないほどの）美しさ。
16 ナグりあい（たたいたり打ったりすること）のけんかになる。
17 この一年をカイコ（振り返ること）する。

18 ジャッカン（年が若いこと）二十歳の受賞。
19 ジョウイン（むだな人）を整理する。
20 勝利のシュクエン（おいわいパーティー）を開く。
21 フシン（怪しい）な人物がうろつく。
22 カレイ（はなやかで美しい）な衣装に身を包む。
23 ノギク（のに咲くきく）のような少女。
24 遺体をマイソウ（ほうむること）する。
25 鍋島（なべしま）は九州のユウハン（勢力のあるはん）だった。
26 ナワシロ（稲のなえを育てるための田）を耕す。
27 ホウコウ（よいにおい）を放つ花束。
28 レイボウ（室内の温度を外気よりも低くすること）がきいた部屋。
29 窮屈（きゅうくつ）でチッソク（いきがつまること）しそうだ。
30 コクセキ（そのくにの民であるという身分・資格）を取得する。
31 キトク（病気が重くて、今にも死にそうなこと）状態をぬける。
32 過去の事例とフゴウ（ぴったりあうこと）する。
33 丹念にチョウボ（お金や品物の出し入れを書き入れる紙）をつける。
34 幼児をギャクタイ（むごい扱い）から守る。

## 解答とポイント

1 添削
2 勘案
3 励行
4 卸値 NG! ×鉬
5 彫刻
6 輪郭
7 郊外 NG! ×効外
8 邪推
9 邦人
10 果敢 NG! ×敢
11 斗酒
12 一斤 NG! ×一斥
13 排斥
14 欧風
15 欺 NG! ×斯
16 殴
17 回顧

18 弱冠 NG! ×若干
19 冗（剰）員
20 祝宴
21 不審
22 華麗
23 野菊
24 埋葬
25 雄藩
26 苗代 NG! ×苖
27 芳香
28 冷房
29 窒息
30 国籍
31 危篤 NG! ×危
32 符合 NG! ×付合
33 帳簿 NG! ×帳薄
34 虐待 NG! ×虐

3級 第6回

| 漢字 | 部首・画数 | 読み | 筆順 | 用例 |
|---|---|---|---|---|
| 虚 | 虍 11 | キョ、コ | 卜 广 庐 虍 虎 虚 | 虚構(きょこう)・空虚(くうきょ)、虚虚実実(きょきょじつじつ) |
| 零 | 雨 13 | レイ | 一 干 雨 雫 雳 零 | 零下(れいか)・零細(れいさい)、零度(れいど)・零落(れいらく) |
| 霊 | 雨 15 | レイ、リョウ、たま | 一 雨 雫 雫 霊 霊 | 霊感(れいかん)・霊魂(れいこん)、幽霊(ゆうれい)・精霊(しょうりょう) |
| 克 | 儿 7 | コク | 一 十 古 古 声 克 | 克服(こくふく)・克明(こくめい)、克己(こっき)・相克(そうこく) |
| 免 | 儿 8 | メン、まぬか(れる) | ノ ク 各 各 多 免 | 免許(めんきょ)・免除(めんじょ)、免税(めんぜい)・任免(にんめん) |
| 焦 | 灬 12 | ショウ、こ(げる)、こ(がす)、こ(がれる)、あせ(る) | ノ イ 仁 什 隹 焦 | 焦燥(しょうそう)・焦点(しょうてん)、焦土(しょうど)・焦げ茶(こげちゃ) |
| 慰 | 心 15 | イ、なぐさ(める)、なぐさ(む) | コ 尸 尸 尉 尉 慰 | 慰安(いあん)・慰問(いもん)、慰留(いりゅう)・慰労(いろう) |
| 忌 | 心 7 | キ、い(む)、い(まわしい) | フ コ 己 己 忌 忌 | 忌中(きちゅう)・忌避(きひ)、禁忌(きんき)・物忌み(ものいみ) |
| 愚 | 心 13 | グ、おろ(か) | 丨 日 月 禺 禺 愚 | 愚策(ぐさく)・愚問(ぐもん)、愚劣(ぐれつ)・愚か者(おろかもの) |
| 憩 | 心 16 | ケイ、いこ(い)、いこ(う) | 二 舌 甜 甜 憩 憩 | 休憩(きゅうけい)・少憩(しょうけい) |
| 慈 | 心 13 | ジ、いつく(しむ) | 丷 艹 兹 兹 慈 慈 | 慈愛(じあい)・慈雨(じう)、慈善(じぜん)・慈悲(じひ) |

| 漢字 | 部首・画数 | 読み | 筆順 | 用例 |
|---|---|---|---|---|
| 怠 | 心 9 | タイ、おこた(る)、なま(ける) | ㇜ 厶 台 台 怠 怠 | 怠業(たいぎょう)・怠慢(たいまん)、怠け癖(なまけぐせ) |

**小 したごころ** 「心」の変形したもの。思考や心理作用に関する意。

| 漢字 | 部首・画数 | 読み | 筆順 | 用例 |
|---|---|---|---|---|
| 慕 | 小 14 | ボ、した(う) | 一 艹 苩 莫 莫 慕 | 慕情(ぼじょう)・敬慕(けいぼ)、思慕(しぼ) |
| 厘 | 厂 9 | リン | 一 厂 厂 厚 厘 厘 | 厘毛(りんもう)、九分九厘(くぶくりん) |
| 廉 | 广 13 | レン | 广 庐 庐 廉 廉 廉 | 廉価(れんか)・廉売(れんばい)、清廉(せいれん)・破廉恥(はれんち) |
| 廊 | 广 12 | ロウ | 丶 广 库 底 廊 廊 | 廊下(ろうか)・画廊(がろう)、回廊(かいろう)・歩廊(ほろう) |
| 疾 | 疒 10 | シツ | 丶 亠 疒 疒 疾 疾 | 疾走(しっそう)・疾病(しっぺい)、疾風迅雷(しっぷうじんらい) |
| 痘 | 疒 12 | トウ | 亠 疒 疒 疠 痘 痘 | 種痘(しゅとう)・水痘(すいとう)、天然痘(てんねんとう) |
| 癖 | 疒 18 | ヘキ、くせ | 广 疒 疒 痞 癖 癖 | 悪癖(あくへき)・潔癖(けっぺき)、習癖(しゅうへき)・難癖(なんくせ) |
| 尿 | 尸 7 | ニョウ | フ コ 尸 尸 尿 尿 | 尿意(にょうい)・尿素(にょうそ)、検尿(けんにょう)・排尿(はいにょう) |
| 遇 | 辶 12 | グウ | 口 日 月 禺 禺 遇 | 境遇(きょうぐう)・奇遇(きぐう)、遭遇(そうぐう)・待遇(たいぐう) |
| 遵 | 辶 15 | ジュン | 丷 产 酋 酋 尊 遵 | 遵守(じゅんしゅ)・遵法(じゅんぽう) |

**Point!** 読み誤りやすい漢字「遵」

遵は辶十尊(従う)で、特に法・規則に従い、守る意。遵法(じゅんぽう)・遵守(じゅんしゅ)など。字形から「ソン」と読み誤らないように。

| 漢字 | 部首・画数 | 読み | 筆順 | 用例 |
|---|---|---|---|---|
| 遂 | 辶 12 | スイ、と(げる) | 丷 䒑 㒸 㒸 遂 遂 | 遂行(すいこう)・完遂(かんすい)、既遂(きすい)・未遂(みすい) |
| 遭 | 辶 14 | ソウ、あ(う) | 一 冂 曲 曲 曹 遭 | 遭遇(そうぐう)・遭難(そうなん) |
| 逮 | 辶 11 | タイ | フ ヨ 聿 隶 隶 逮 | 逮捕(たいほ)・逮夜(たいや) |
| 超 | 走 12 | チョウ、こ(える)、こ(す) | 土 キ 走 起 起 超 | 超越(ちょうえつ)・超過(ちょうか)、超絶(ちょうぜつ)・超然(ちょうぜん) |
| 赴 | 走 9 | フ、おもむ(く) | 十 土 キ 走 走 赴 | 赴任(ふにん) |

**匚 はこがまえ** 四角な箱を横から見た形。箱に関する意。

| 漢字 | 部首・画数 | 読み | 筆順 | 用例 |
|---|---|---|---|---|
| 匠 | 匚 6 | ショウ | 一 ア 戸 斤 匠 | 意匠(いしょう)・巨匠(きょしょう)、師匠(ししょう)・宗匠(そうしょう) |
| 匿 | 匸 10 | トク | 一 丅 丌 若 若 匿 | 匿名(とくめい)・隠匿(いんとく)、秘匿(ひとく) |
| 衝 | 行 15 | ショウ | 彳 彳 彷 循 衝 衝 | 衝撃(しょうげき)・折衝(せっしょう)、意気衝天(いきしょうてん) |
| 閲 | 門 15 | エツ | 𠁣 門 門 問 閲 閲 | 閲読(えつどく)・閲覧(えつらん)、検閲(けんえつ)・校閲(こうえつ) |

次の各文のカタカナ部分は漢字を、漢字は読みを答えよ。

1 小説はあくまでキョコウ（フィクション）だ。
2 レイラク（おちぶれること）した貴族の行く末。
3 ユウレイ（おばけ）の正体を探る。
4 コクメイ（細かく）に記録する。
5 支払いをメンジョ（しなくてもよいようにすること）する。
6 ショウソウ（あせっていらだつこと）の色が濃い。
7 退会をイリュウ（思いとどまらせること）する。
8 民族特有のキンキ（タブー）がある。
9 グサク（つまらないはかりごと）を弄（ろう）してもむだだ。
10 しばらくキュウケイ（やすむこと）する。
11 ジヒ（情け・哀れみ）に満ちた仏の表情。
12 仕事に対するタイマン（おこたり）な態度。
13 父をケイボ（うやまいしたうこと）してやまない。
14 打率は三割三分サンリン（千分の三）だ。
15 金銭にセイレン（きよらかで欲がない）な政治。
16 ガロウ（ギャラリー）で個展を開く。
17 シッペイ（やまい）により静養する。

18 テンネントウ（法定伝染病の一つ）を予防する。
19 彼はケッペキ（不正を嫌うこと）な性格だ。
20 ハイニョウ（小便をすること）を促す薬品。
21 キョウグウ（身の上）に同情する。
22 法律はジュンシュ（かたくまもること）すべきだ。
23 計画はミスイ（やりとげてはいないこと）に終わった。
24 宇宙人とソウグウ（たまたま出会うこと）する。
25 犯人がタイホ（つかまえること）された。
26 俗事をチョウエツ（全く気にしないこと）する。
27 転勤先にフニン（おもむくこと）する。
28 画壇のキョショウ（大家）に会う。
29 証拠の品をヒトク（ひそかに隠すこと）する。
30 取引先とセッショウ（交渉のかけひき）する。
31 事前にケンエツ（公の機関が内容を取り調べること）を受ける。
32 類焼を免（災難・責任などから逃れる）れる。
33 憩（ひととき ゆったりとくつろぐ）いの一時を過ごす。
34 何かと難癖（言い掛かり）を付ける。

3級 第7回

## 解答とポイント

1 虚構
2 零落
3 幽霊
4 克明 NG! ×克
5 免除
6 焦燥 NG! ×蕉燥
7 慰留
8 禁忌
9 愚策 NG! ×策
10 休憩
11 慈悲
12 怠慢
13 敬慕
14 三厘
15 清廉
16 画廊
17 疾病 NG! ×疾

18 天然痘
19 潔癖
20 排尿
21 境遇
22 遵（順）守
23 未遂 NG! ×未遂
24 遭遇
25 逮捕
26 超越
27 赴任
28 巨匠
29 秘匿
30 折衝
31 検閲 NG! ×検
32 まぬか（まぬが）
33 いこ
34 なんくせ

| 漢字 | 部首 | 画数 | 読み | 筆順 | 用例 |
|---|---|---|---|---|---|
| 乏 | ノ | 4 | ボウ とぼ(しい) | ノ イ 乏 乏 | 欠乏・耐乏 貧乏 |
| 乙 | 乙 | 1 | オツ | 乙 | 乙種・甲乙 |
| 了 | 亅 | 2 | リョウ | フ 了 | 了解・完了 終了・魅了 |
| 企 | へ | 6 | キ くわだ(てる) | ノ 𠆢 个 个 企 企 | 企画・企業 企図 |
| 募 | 力 | 12 | ボ つの(る) | 艹 苎 苜 莫 莫 募 | 募金・募集 応募・公募 |
| 卓 | 十 | 8 | タク | ｜ ト 占 占 卓 卓 | 卓越・卓絶 卓抜・卓見 |
| 卑 | 十 | 9 | ヒ いや(しい) いや(しむ) いや(しめる) | ′ 白 由 由 卑 卑 | 卑近・卑屈 卑下・卑劣 |
| 双 | 又 | 4 | ソウ ふた | フ ヌ ヌ 双 | 双眼鏡・双肩 無双・双子 |
| 又 | 又 | 2 | また | フ 又 | 又貸し・又聞き 又は |

**Point!** 似ている漢字「募」と「慕」

募は莫(求める)＋力で努めて探す意。募集・応募。慕は莫＋小(心)で心で求める意。思慕・慕情。

| 漢字 | 部首 | 画数 | 読み | 筆順 | 用例 |
|---|---|---|---|---|---|
| 哀 | 口 | 9 | アイ あわ(れ) あわ(れむ) | 亠 亠 古 亨 亨 哀 | 哀歓・哀願 哀惜・悲哀 |
| 吉 | 口 | 6 | キチ キツ | 一 十 士 士 吉 吉 | 吉日・吉凶 吉報・不吉 |
| 啓 | 口 | 11 | ケイ | 一 ㇇ 戸 戸 启 啓 | 啓示・啓上 啓発・拝啓 |
| 哲 | 口 | 10 | テツ | 扌 扌 扩 折 折 哲 | 哲学・哲理 先哲・変哲 |
| 吏 | 口 | 6 | リ | 一 一 戸 戸 吏 吏 | 吏員・官吏 能吏 |
| 墾 | 土 | 16 | コン | 豸 豸 貇 貇 墾 | 墾田・開墾 |
| 墜 | 土 | 15 | ツイ | 阝 阝 阝 隊 隊 墜 | 墜死・墜落 撃墜・失墜 |
| 塗 | 土 | 13 | ト ぬ(る) | 氵 氵 氵 涂 涂 塗 | 塗装・塗炭 塗布・塗料 |
| 墨 | 土 | 14 | ボク すみ | 口 甲 里 里 黒 墨 | 墨守・墨跡 水墨・薄墨 |
| 契 | 大 | 9 | ケイ ちぎ(る) | 一 十 丰 丰 刧 契 | 契印・契機 契約 |

**Point!** 似ている漢字「哀」と「衷」

哀は口＋衣(悲しみの声の形容)で悲しむ意。悲哀。衷は衣(衣服)＋中(まんなか)で、肌着の意から転じて真心の意。衷心。

| 漢字 | 部首 | 画数 | 読み | 筆順 | 用例 |
|---|---|---|---|---|---|
| 奪 | 大 | 14 | ダツ うば(う) | 大 夵 夵 奞 奞 奪 | 奪回・争奪 生殺与奪 |
| 奉 | 大 | 8 | ホウ ブ たてまつ(る) | 三 丰 夫 夫 奉 奉 | 奉公・奉仕 信奉・奉行 |
| 婆 | 女 | 11 | バ | 氵 氵 氵 波 波 婆 | 産婆・塔婆 老婆 |
| 寿 | 寸 | 7 | ジュ ことぶき | 一 三 丰 丰 寿 寿 | 寿命・長寿 天寿 |
| 封 | 寸 | 9 | フウ ホウ | 十 土 圭 圭 封 封 | 封印・封鎖 密封・封建 |
| 岳 | 山 | 8 | ガク たけ | 亻 亻 丘 丘 岳 岳 | 岳父・山岳 富岳 |
| 崩 | 山 | 11 | ホウ くず(れる) くず(す) | 山 屵 屵 崩 崩 | 崩壊・崩御 土砂崩れ |
| 帝 | 巾 | 9 | テイ | 亠 亠 立 产 啇 帝 | 帝王・帝国 皇帝・女帝 |
| 幻 | 幺 | 4 | ゲン まぼろし | 乙 幺 幺 幻 | 幻影・幻想 幻滅・幻惑 |
| 幽 | 幺 | 9 | ユウ | 丨 丨 ㇄ 幽 幽 幽 | 幽玄・幽閉 深山幽谷 |
| 憂 | 心 | 15 | ユウ うれ(える) うれ(い) う(い) | 一 百 亘 惪 夢 憂 | 憂国・憂色 憂慮 |
| 掌 | 手 | 12 | ショウ | ⺌ ⺌ 䒑 尚 堂 掌 | 掌握・掌中 合掌・車掌 |

次の各文のカタカナ部分は漢字を、漢字は読みを答えよ。

1 健康ならビンボウでもよい。（まずしいこと）
2 オツシュに分類される。（第二位のランク）
3 観衆をミリョウする演技。（夢中にさせること）
4 当初のキトと違ってくる。（ねらい・目的）
5 雑誌の懸賞にオウボする。（けんしょう／求めにおうじて申し込むこと）
6 タクバツした能力の持ち主。（非常に優れた）
7 ヒキンな事例を集める。（身ぢかな）
8 ムソウの力自慢。（比べる者のない）
9 マタギきだから不確かだ。（間接的にきくこと）
10 人生のアイカンを描く。（悲しみと喜び）
11 フキツな予感が走る。（悪いことが起きそうな）
12 読書で自己をケイハツする。（目をひらかせること）
13 何のヘンテツもない石ころ。（かわった所のない）
14 カンリに登用される。（役人）
15 原野をカイコンする。（切りひらいて田畑にすること）
16 飛行機がツイラクする。（高いところからおちること）
17 トタンの苦しみに耐える。（泥にまみれ火に焼かれるような）

18 旧習をボクシュする。（かたくなにまもること）
19 新しいケイヤクを結ぶ。（法律上有効なとり決め）
20 首位をダッカイする。（取り返すこと）
21 社会にホウシする活動。（ほかの人のために力を尽くすこと）
22 ロウバに席を譲る。（年取った女性）
23 静かにテンジュを全うする。（てんから授かったじゅみょう）
24 主要道路をフウサする。（出入りできないようにすること）
25 サンガク地帯に住む民族。（高く険しいやま）
26 大帝国がホウカイする。（くずれ、こわれること）
27 新しいコウテイが即位する。（ていこくの君主）
28 内容に乏しくゲンメツする。（期待外れでがっかりすること）
29 長年ユウヘイされた兵士。（とじ込めること）
30 ユウリョすべき事態となる。（心配すること）
31 全軍をショウアクする。（指揮下に置くこと）
32 母への思いが募る。（高じる）
33 信頼を一気に失墜する。（落としうしなうこと）
34 憂いを帯びた表情。（もの悲しさ）

## 解答とポイント

1 貧乏
2 乙種
3 魅了
4 企図
5 応募　NG! 応慕×
6 卓抜
7 卑近　NG! ×卑
8 無双
9 又聞
10 哀歓　NG! ×衷
11 不吉
12 啓発
13 変哲
14 官吏　NG! ×吏
15 開墾　NG! 開懇×
16 墜落
17 塗炭
18 墨守
19 契約　NG! ×契
20 奪回
21 奉仕
22 老婆
23 天寿
24 封鎖
25 山岳
26 崩壊
27 皇帝
28 幻滅
29 幽閉
30 憂慮
31 掌握　NG! ×掌
32 つの
33 しっつい
34 うれ

| 漢字 | 部首・画数 | 読み | 用例 |
|---|---|---|---|
| 暫 | 日 15 | ザン | 暫時・暫定 |
| 昇 | 日 8 | ショウ / のぼ(る) | 昇華・昇降・昇進・上昇 |
| 晶 | 日 12 | ショウ | 液晶・結晶・水晶 |
| 架 | 木 9 | カ / か(ける) / か(かる) | 架空・書架・架け橋 |
| 棄 | 木 13 | キ | 棄権・放棄・自暴自棄 |
| 桑 | 木 10 | ソウ / くわ | 桑園・桑田・桑門・桑畑 |
| 某 | 木 9 | ボウ | 某国・某日・某所 |
| 炎 | 火 8 | エン / ほのお | 炎暑・炎上・炎天・気炎 |
| 甲 | 田 5 | コウ / カン | 甲乙・甲虫・甲板・甲高い |
| 畜 | 田 10 | チク | 畜産・家畜・人畜・牧畜 |
| 既 | 无 10 | キ / すで(に) | 既往・既成・既製・既存 |

| 漢字 | 部首・画数 | 読み | 用例 |
|---|---|---|---|
| 緊 | 糸 15 | キン | 緊急・緊張・緊迫・緊密 |

**Point!** 似ている漢字 「緊」と「堅」

緊は糸＋臤（堅く締める）で、糸を締めることから、引き締める意。堅は土＋臤（堅い）で、かたい土から、堅い意を表す。

| 漢字 | 部首・画数 | 読み | 用例 |
|---|---|---|---|
| 翻 | 羽 18 | ホン / ひるがえ(る) / ひるがえ(す) | 翻案・翻意・翻訳 |
| 脅 | 肉 10 | キョウ / おびや(かす) / おど(す) / おど(かす) | 脅威・脅迫 |
| 覆 | 襾 18 | フク / おお(う) / くつがえ(す) / くつがえ(る) | 覆面・転覆・反覆・被覆 |
| 蛮 | 虫 12 | バン | 蛮行・蛮声・蛮勇・野蛮 |
| 衰 | 衣 10 | スイ / おとろ(える) | 衰運・衰弱・衰退・盛衰 |

**Point!** 書き誤りやすい漢字 「衰」

草で作った雨具の形で、蓑の原字。借りて、衰える意に用いる。字形は、衣を亠と𧘇に分け、間に⊞が入った形。衷も似た構成。

| 漢字 | 部首・画数 | 読み | 用例 |
|---|---|---|---|
| 袋 | 衣 11 | タイ / ふくろ | 風袋・胃袋・寝袋・足袋 |
| 裂 | 衣 12 | レツ / さ(く) / さ(ける) | 決裂・裂け目・四分五裂 |

| 漢字 | 部首・画数 | 読み | 用例 |
|---|---|---|---|
| 豚 | 豕 11 | トン / ぶた | 豚児・豚舎・養豚・子豚 |
| 貫 | 貝 11 | カン / つらぬ(く) | 貫通・貫流・一貫・縦貫 |
| 賢 | 貝 16 | ケン / かしこ(い) | 賢察・賢人・賢明・諸賢 |
| 赦 | 赤 11 | シャ | 赦免・恩赦・大赦・容赦 |
| 辛 | 辛 7 | シン / から(い) | 辛苦・辛酸・辛勝・辛抱 |
| 辱 | 辰 10 | ジョク / はずかし(める) | 汚辱・屈辱・雪辱・恥辱 |
| 雇 | 隹 12 | コ / やと(う) | 雇員・雇用・解雇・雇い主 |
| 隻 | 隹 10 | セキ | 隻眼・隻語 |
| 魂 | 鬼 14 | コン / たましい | 商魂・精魂・鎮魂・闘魂 |
| 魔 | 鬼 21 | マ | 魔法・魔力・邪魔・病魔 |
| 魅 | 鬼 15 | ミ | 魅了・魅力・魅惑 |
| 鶏 | 鳥 19 | ケイ / にわとり | 鶏鳴・養鶏・鶏口牛後 |

次の各文のカタカナ部分は漢字を、漢字は読みを答えよ。

1 ザンジ(しばらく)この場で休息する。
2 心の悩みをショウカ(高い次元で解消すること)させる。
3 雪のケッショウ(一定の規則正しい形をした固体)を観察する。
4 カクウ(実のない仮の)の話には乗れない。
5 国政選挙でキケン(投票しないこと)する。
6 窓外にクワバタケ(くわを植えたはたけ)が見える。
7 首相がボウショ(さるところ)で会見する。
8 勝利に向けキエン(さかんないき)を上げる。
9 二人はコウオツ(優劣)つけがたい。
10 ジンチク(ひとや家ちく)には無害の薬品。
11 キセイ(すでにあること)の概念を超える。
12 キンパク(差し迫ること)した展開のドラマ。
13 説得によりホンイ(決心を変えること)する。
14 核(かく)のキョウイ(おびやかされること)にさらされる。
15 船が荒波でテンプク(ひっくり返ること)する。
16 武力に訴えるのはヤバン(無作法で乱暴なさま)だ。
17 源平のセイスイ(さかんになったりおとろえたりすること)を語る。

18 ネブクロ(ねるためのふくろ)を持って旅する。
19 交渉はケツレツ(まとまらず物別れになること)した。
20 村ではヨウトン(ぶたの飼育)がさかんだ。
21 町をジュウカン(たてまたは南北につらぬくこと)する河川。
22 事情は御ケンサツ(さっし)のとおり。
23 ヨウシャ(手加減)なく追及する。
24 シンサン(苦しくつらいこと)をなめた経験。
25 次回にセツジョク(前に受けた恥をそそぐこと)を期す。
26 勤務先からカイコ(やとっていた人をやめさせること)される。
27 政宗(まさむね)はセキガン(片目)の武将だ。
28 セイコン(たましい)を込めた作品。
29 ジャマ(さまたげになる)な枝を切る。
30 漢字のミリョク(ひとの心を引きつけるちから)が分かる。
31 ケイメイ(にわとりのなき声)とともに田畑に出る。
32 青空に校旗が翻る(ひらひら揺れる)。
33 首位の座を脅かす(危うくさせる)。
34 常識を根底から覆す(ひっくり返す)。

## 解答とポイント

1 暫時 NG! 漸時×
2 昇華
3 結晶
4 架空 NG! 仮空×
5 棄権
6 桑畑
7 某所
8 気炎
9 甲乙
10 人畜 NG! 人蓄×
11 既成
12 緊迫
13 翻意
14 脅威 NG! 驚威×
15 転覆
16 野蛮
17 盛衰 NG! 盛哀×
18 寝袋
19 決裂 NG! 決烈×
20 養豚
21 縦貫
22 賢察 NG! 覧×
23 容赦 NG! 容謝×
24 辛酸
25 雪辱
26 解雇
27 隻眼
28 精魂
29 邪魔
30 魅力
31 鶏鳴
32 ひるがえ
33 おびや
34 くつがえ

# 級別テスト 3級

（30分）

／100点

㈠ 次のカタカナの部分にあてはまる漢字をア～エから選び、記号で記せ。 2×5(10点)

① 街で旧友と**グウゼン**出会う。（ア遇然　イ偶然　ウ偶全　エ遇前）（　　）

② 責任を他人に**テンカ**する。（ア添加　イ転稼　ウ転化　エ転嫁）（　　）

③ 劣勢に**ショウソウ**の色が濃い。（ア焼燥　イ尚早　ウ焦燥　エ焦操）（　　）

④ 緊急の案件を会議に**ハカ**る。（ア図　イ量　ウ計　エ諮）（　　）

⑤ **キセイ**の概念を打破する。（ア規制　イ帰省　ウ機制　エ既成）（　　）

㈡ 次の漢字の部首をア～エから選び、記号で記せ。 2×5(10点)

① **奪**（ア大　イ隹　ウ奞　エ寸）（　　）

② **募**（ア艹　イ⿱艹日　ウ莫　エ力）（　　）

③ **衝**（ア彳　イ重　ウ亍　エ行）（　　）

④ **憂**（ア𦣻　イ⿱𦣻冖　ウ心　エ夂）（　　）

⑤ **暫**（ア車　イ斤　ウ斬　エ日）（　　）

㈢ 次のカタカナの部分にあてはまる漢字を（　）に記せ。 2×6(12点)

① 教科書を全面的に改**テイ**する。（　　）

② 漁業協定を**テイ**結する。（　　）

③ 軍部に対する**テイ**抗運動が続く。（　　）

④ 結婚写真を**ト**る。（　　）

⑤ 会社で事務を**ト**る。（　　）

⑥ 新しく社員を**ト**る。（　　）

㈣ 漢字を二字組み合わせた熟語では、意味の上で次のような関係がある。

ア　同じような意味の字を重ねたもの　（例　岩石）

イ　反対または対応の意味を表す字を重ねたもの　（例　高低）

ウ　上の字が下の字を修飾しているもの　（例　洋画）

エ　下の字が上の字の目的語・補語になっているもの　（例　着席）

オ　上の字が下の字の意味を打ち消しているもの　（例　非常）

次の熟語は、右のア～オのどれにあたるか、記号で記せ。 2×4(8点)

① 優遇（　　）

② 消毒（　　）

③ 自炊（　　）

④ 愛憎（　　）

## (五) 次の四字熟語を完成させるにはどれが正しいか。ア～エから選び、記号で記せ。 2×5(10点)

① 心□転（ア気市　イ危逸　ウ機一　エ軌一）（　　）
② 栄枯□（ア成水　イ盛衰　ウ聖粋　エ勢吹）（　　）
③ 言語□（ア同談　イ導段　ウ胴断　エ道断）（　　）
④ □錯誤（ア試行　イ志向　ウ思考　エ指工）（　　）
⑤ 無味□（ア感想　イ歓送　ウ乾燥　エ汗操）（　　）

## (六) 次の――線の読みをひらがなで記せ。 2×5(10点)

① 今更後悔しても始まらない。（　　）
② 痛恨の逆転打を浴びる。（　　）
③ 資金は潤沢にある。（　　）
④ 雑費を経費から控除する。（　　）
⑤ 自然の摂理に目を向ける。（　　）

## (七) 次の――線にあてはまる送りがなをひらがなで記せ。 2×5(10点)

① 不意の客に慌――。（　　）
② 梅の花が芳――。（　　）
③ 客に注意を促――。（　　）
④ 手を携――て歩く。（　　）
⑤ 大事業を成し遂――。（　　）

## (八) 後の□の中のひらがなを漢字に直して、対義語・類義語を記せ。 2×10(20点)

対義語

① 過激↔（　　）健
② 日出↔日（　　）
③ 拡大↔（　　）小
④ 栄誉↔（　　）辱
⑤ 創造↔（　　）倣

類義語

⑥ 困苦＝（　　）酸
⑦ 西洋＝西（　　）
⑧ 熟読＝（　　）読
⑨ 大要＝（　　）略
⑩ 納得＝（　　）解

がい・しゅく・しん・も・りょう
おん・おう・ぼつ・せい・ち

## (九) 次の文中に間違って使われている同じ音訓の漢字が一字ずつある。上に誤字を、下に正しい字を記せ。 2×5(10点)

① わずか三日で山城を普新した。（　　）→（　　）
② 声に出して反複練習する。（　　）→（　　）
③ 交渉は結局決烈した。（　　）→（　　）
④ 弱干二十歳で課長に昇進する。（　　）→（　　）
⑤ 出来事を刻明に記録する。（　　）→（　　）

| 漢字 | 部首 | 画数 | 読み | 用例 |
|---|---|---|---|---|
| 偽 | イ | 11 | ギ / いつわ(る) / にせ | 偽善(ぎぜん)・虚偽(きょぎ) 偽札(にせさつ) |
| 傑 | イ | 13 | ケツ | 傑物(けつぶつ)・傑作(けっさく) 英傑(えいけつ)・豪傑(ごうけつ) |
| 侯 | イ | 9 | コウ | 侯爵(こうしゃく)・諸侯(しょこう) 王侯(おうこう)・列侯(れっこう) |
| 儒 | イ | 16 | ジュ | 儒教(じゅきょう)・儒学(じゅがく) 儒家(じゅか)・大儒(たいじゅ) |
| 俊 | イ | 9 | シュン | 俊英(しゅんえい)・俊敏(しゅんびん) 英俊(えいしゅん)・賢俊(けんしゅん) |
| 償 | イ | 17 | ショウ / つぐな(う) | 償還(しょうかん)・賠償(ばいしょう) 弁償(べんしょう)・補償(ほしょう) |
| 仙 | イ | 5 | セン | 仙人(せんにん)・仙境(せんきょう) 歌仙(かせん)・水仙(すいせん) |
| 但 | イ | 7 | ただ(し) | 但(ただ)し書(が)き |
| 偵 | イ | 11 | テイ | 偵察(ていさつ)・探偵(たんてい) 密偵(みってい)・内偵(ないてい) |

**Point!** 似ている漢字 「侯(コウ)」と「候(コウ)」

侯はもと「矦」で、窺(うかが)う意であったが、そこから転じて諸侯の意。候は「矦」にイ(人)を加え、うかがう、仕えるなどの意。

| 漢字 | 部首 | 画数 | 読み | 用例 |
|---|---|---|---|---|
| 伯 | イ | 7 | ハク | 伯爵(はくしゃく)・伯仲(はくちゅう) 画伯(がはく)・伯母(おば) |
| 侮 | イ | 8 | ブ / あなど(る) | 侮言(ぶげん)・侮辱(ぶじょく) 軽侮(けいぶ) |
| 併 | イ | 8 | ヘイ / あわ(せる) | 併記(へいき)・併用(へいよう) 併合(へいごう)・合併(がっぺい) |
| 偏 | イ | 11 | ヘン / かたよ(る) | 偏狭(へんきょう)・偏見(へんけん) 不偏不党(ふへんふとう) |
| 俸 | イ | 10 | ホウ | 俸給(ほうきゅう)・年俸(ねんぽう) 月俸(げっぽう)・減俸(げんぽう) |
| 僕 | イ | 14 | ボク | 従僕(じゅうぼく)・下僕(げぼく) 公僕(こうぼく)・老僕(ろうぼく) |
| 僚 | イ | 14 | リョウ | 僚友(りょうゆう)・僚船(りょうせん) 同僚(どうりょう)・官僚(かんりょう) |
| 倫 | イ | 10 | リン | 倫理(りんり)・人倫(じんりん) 絶倫(ぜつりん)・不倫(ふりん) |
| 准 | 冫 | 10 | ジュン | 准将(じゅんしょう)・批准(ひじゅん) |
| 嚇 | 口 | 17 | カク | 威嚇(いかく) |

**Point!** 似ている漢字 「僕(ボク)」と「撲(ボク)」

僕は人十業(むち打つ意)で御者・従者→下働きの者。転じて「私」。撲は手十業(打つ意)で殴る・倒す。打撲・撲滅。

| 漢字 | 部首 | 画数 | 読み | 用例 |
|---|---|---|---|---|
| 喝 | 口 | 11 | カツ | 喝破(かっぱ)・一喝(いっかつ) 恐喝(きょうかつ)・大喝(だいかつ) |
| 吟 | 口 | 7 | ギン | 吟味(ぎんみ)・吟詠(ぎんえい) 苦吟(くぎん)・詩吟(しぎん) |
| 唆 | 口 | 10 | サ / そそのか(す) | 示唆(しさ)・教唆(きょうさ) |
| 唯 | 口 | 11 | ユイ / イ | 唯物(ゆいぶつ)・唯一(ゆいいつ) 唯唯諾諾(いいだくだく) |
| 垣 | 土 | 9 | かき | 垣根(かきね)・石垣(いしがき) 人垣(ひとがき) |
| 堪 | 土 | 12 | カン / た(える) | 堪忍(かんにん)・堪能(かん(たん)のう) |
| 壌 | 土 | 16 | ジョウ | 土壌(どじょう) 鼓腹撃壌(こふくげきじょう) |
| 塚 | 土 | 12 | つか | 塚穴(つかあな)・貝塚(かいづか) 一里塚(いちりづか) |
| 坪 | 土 | 8 | つぼ | 坪庭(つぼにわ)・延(の)べ坪(つぼ) |
| 培 | 土 | 11 | バイ / つちか(う) | 培養(ばいよう)・栽培(さいばい) |

**Point!** 書き誤りやすい漢字 「喝(カツ)」

喝は口(くち)十曷(叱りつける声)で、叱る意。曷はもと曷だが、新字体では曷と書く。他に渇(カツ)・褐(カツ)があるので注意。

次の各文のカタカナ部分は漢字を、漢字は読みを答えよ。

1 役所にキョギの申告をする。（うそいつわり）
2 市内にニセサツが出回る。（似せて作った紙幣）
3 天下のゴウケツを自称する。（度胸があり、強いひと）
4 ショコウが天下を争う。（封建時代の大名たち）
5 孔子はジュカの始祖だ。（中国の伝統的思想）
6 シュンビンに行動する。（素早いさま）
7 損害をベンショウする。（損害に対してつぐなうこと）
8 スイセンの花が咲いた。（春に咲く花のひとつ）
9 タダし書きを注意して読む。（書き添えた文）
10 敵の様子をテイサツする。（ひそかに探ること）
11 勢力がハクチュウする。（優劣が付けにくいこと）
12 相手にブジョクされる。（ばかにして恥をかかせること）
13 二つの会社がガッペイする。（ひとつにあわさること）
14 ヘンケンに満ちた考え方。（かたよったみ方）
15 業績不良でゲンポウになる。（給料をへらされること）
16 コウボクと言われる職業。（社会に奉仕するひと）
17 ドウリョウと結婚する。（職場などがおなじひと）
18 ジンリンにもとる行為だ。（ひととして守るべき道）
19 条約がヒジュンされる。（条約を承認すること）
20 敵のイカク射撃を受ける。（力でおどすこと）
21 わがままをイッカツされる。（大声で叱られること）
22 内容をよくギンミする。（念入りに調べること）
23 シサに富んだ内容の文章。（それとなく教えしめすこと）
24 彼のユイイツの欠点。（ただひとつ）
25 ヒトガキをかきわけて進む。（多くのひとが立ち並ぶこと）
26 ここらでカンニンしてやれ。（許す）
27 ドジョウを改良する。（つち）
28 カイヅカを発掘調査する。（古代の人が捨てたかいがらなどが積もってできた遺跡）
29 ツボニワの光景が素晴らしい。（建物の内部につくられた小さなにわ）
30 裏庭で花をサイバイする。（草木を育てること）
31 子どもだと思って侮る。（みくびる）
32 考え方が偏る。（公平でない）
33 悪事を唆す。（扇動する）
34 訓練して技能を培う。（養う）

## 解答とポイント

1 虚偽 NG! ×虚
2 偽札
3 豪傑
4 諸侯 NG! 諸候×
5 儒家
6 俊敏
7 弁償
8 水仙
9 但
10 偵察
11 伯仲
12 侮辱 NG! 悔辱×
13 合併
14 偏見 NG! 変見×
15 減俸
16 公僕
17 同僚
18 人倫
19 批准 NG! ×淮
20 威嚇
21 一喝
22 吟味
23 示唆
24 唯一
25 人垣
26 堪忍 NG! 勘忍×
27 土壌
28 貝塚
29 坪庭
30 栽培 NG! 裁培×
31 あなど
32 かたよ
33 そそのか
34 つちか

| 漢字 | 部首・画数 | 読み | 用例 |
|---|---|---|---|
| 塀 | 土 12 | ヘイ | 土塀(どべい)・板塀(いたべい) |
| 堀 | 土 11 | ほり | 堀端(ほりばた)・内堀(うちぼり)・釣り堀(つりぼり) |
| 姻 | 女 9 | イン | 姻族(いんぞく)・婚姻(こんいん) |
| 嫌 | 女 13 | ケン・ゲン・きら(う)・いや | 嫌悪(けんお)・嫌疑(けんぎ)・機嫌(きげん)・嫌味(いやみ) |
| 娠 | 女 10 | シン | 妊娠(にんしん) |
| 嫡 | 女 14 | チャク | 嫡子(ちゃくし)・嫡男(ちゃくなん)・嫡流(ちゃくりゅう)・正嫡(せいちゃく) |
| 妊 | 女 7 | ニン | 妊婦(にんぷ)・妊娠(にんしん)・懐妊(かいにん)・避妊(ひにん) |
| 媒 | 女 12 | バイ | 媒体(ばいたい)・媒酌(ばいしゃく)・溶媒(ようばい)・触媒(しょくばい) |
| 妃 | 女 6 | ヒ | 王妃(おうひ)・后妃(こうひ) |
| 岬 | 山 8 | みさき | 潮岬(しおのみさき) |
| 弦 | 弓 8 | ゲン・つる | 弦月(げんげつ)・上弦(じょうげん)・管弦(かんげん)・弦音(つるおと) |

| 漢字 | 部首・画数 | 読み | 用例 |
|---|---|---|---|
| 循 | 彳 12 | ジュン | 循環(じゅんかん)・因循(いんじゅん) |
| 徹 | 彳 15 | テツ | 徹底(てってい)・貫徹(かんてつ)・徹頭徹尾(てっとうてつび) |

**Point!** 似ている漢字 「徹(テツ)」と「撤(テツ)」

徹は彳(行く)＋𢿱(通る)で道路が貫通している意。撤は手＋𢿱で邪魔者を取り除いて通りよくする意。

| 漢字 | 部首・画数 | 読み | 用例 |
|---|---|---|---|
| 懐 | 忄 16 | カイ・ふところ・なつ(かしい)・なつ(かしむ)・なつ(く)・なつ(ける) | 懐古(かいこ)・懐柔(かいじゅう)・述懐(じゅっかい)・懐刀(ふところがたな) |
| 憾 | 忄 16 | カン | 遺憾(いかん) |
| 惰 | 忄 12 | ダ | 惰性(だせい)・惰弱(だじゃく)・惰眠(だみん)・怠惰(たいだ) |

**Point!** 漢字の使い分け 「惰(ダ)」と「堕(ダ)」

惰は忄(心)＋育(崩(くず)れる)で怠(おこた)る意。堕は土＋隋で崩れ落ちる意。怠(なま)けるのは「怠惰」。身を持ち崩すのは「堕落(ダラク)」。

| 漢字 | 部首・画数 | 読み | 用例 |
|---|---|---|---|
| 悼 | 忄 11 | トウ・いた(む) | 悼辞(とうじ)・悼惜(とうせき)・追悼(ついとう)・哀悼(あいとう) |
| 憤 | 忄 15 | フン・いきどお(る) | 憤激(ふんげき)・憤慨(ふんがい)・義憤(ぎふん)・発憤(はっぷん) |
| 愉 | 忄 12 | ユ | 愉快(ゆかい)・愉悦(ゆえつ) |

| 漢字 | 部首・画数 | 読み | 用例 |
|---|---|---|---|
| 陥 | 阝 10 | カン・おちい(る)・おとしい(れる) | 陥落(かんらく)・陥没(かんぼつ)・欠陥(けっかん) |
| 隅 | 阝 12 | グウ・すみ | 一隅(いちぐう)・片隅(かたすみ) |
| 附 | 阝 8 | フ | 附属(ふぞく)・附録(ふろく)・附則(ふそく)・寄附(きふ) |
| 拐 | 扌 8 | カイ | 誘拐(ゆうかい) |
| 括 | 扌 9 | カツ | 括弧(かっこ)・総括(そうかつ)・統括(とうかつ)・包括(ほうかつ) |
| 擬 | 扌 17 | ギ | 擬似(ぎじ)・擬装(ぎそう)・擬人(ぎじん)・模擬(もぎ) |
| 拒 | 扌 8 | キョ・こば(む) | 拒否(きょひ)・拒絶(きょぜつ) |
| 挟 | 扌 9 | キョウ・はさ(む)・はさ(まる) | 挟撃(きょうげき)・挟殺(きょうさつ) |

**Point!** 似ている漢字 「挟(キョウ)」と「狭(キョウ)」

挟(旧字は挾)は手で夾(はさ)む。狭は本来は峡・陜と書かれ、山間のせまいさま。誤記されて「狭」になったという。

| 漢字 | 部首・画数 | 読み | 用例 |
|---|---|---|---|
| 拷 | 扌 9 | ゴウ | 拷問(ごうもん) |

次の各文のカタカナ部分は漢字を、漢字は読みを答えよ。

1 イタベイ越しに庭が見える。（いたのへい）
2 休日に釣りボリに行く。（有料で魚がつれるところ）
3 コンイン届を提出する。（けっこんすること）
4 父のキゲンがよい。（気分）
5 妻がニンシンする。（子ができること）
6 彼は本家のチャクナンだ。（正式なちょうなん）
7 従姉妹（いとこ）のカイニンを祝う。（みごもること）
8 光をバイタイとした通信。（情報伝達の手段）
9 オウヒを他国から迎える。（国おうの妻）
10 ミサキの灯台にのぼる。（海などに突き出した陸地の先端）
11 中空にジョウゲンの月。（新月から満月になるまでの間の半月）
12 市内をジュンカンする路線。（ぐるぐる回ること）
13 要求をカンテツする。（つらぬき通すこと）
14 青春時代をジュッカイする。（思いや思い出をのべること）
15 イカンの意を表明する。（残念に思うこと）
16 タイダな心を戒める。（なまけていること）
17 ツイトウの法要を営む。（死者をしのび悲しむこと）

18 不合理にフンガイする。（ひどく怒ること）
19 ユカイな仲間たちと遊ぶ。（楽しくおもしろい）
20 雨で道路がカンボツする。（落ち込むこと）
21 カタスミを照らす光。（目立たないすみ）
22 フゾクの高校に通う。（主になるものについていること）
23 ユウカイ事件を解決する。（人を連れ去ること）
24 組織をトウカツできる力。（ひとつにまとめて管理すること）
25 モギ試験の結果が出る。（本物に似せて行うこと）
26 申し入れをキョゼツする。（断ること）
27 前後からキョウゲキされる。（はさみうち）
28 敵に前後からハサまれる。（間に入れる）
29 ゴウモンにも耐える。（苦痛を与えて自白させること）
30 部下の婚礼を媒酌する。（仲人）
31 冷えた手を懐で暖める。（衣服の胸の内側）
32 生前親しかった人の死を悼む。（人の死を惜しみ悲しむ）
33 彼の仕打ちに憤る。（腹が立つ）
34 罠（わな）をかけて陥れる。（計略にかける）

## 解答とポイント

1 板塀
2 堀
3 婚姻
4 機嫌 NG! ×気嫌
5 妊娠
6 嫡男
7 懐妊
8 媒体
9 王妃
10 岬
11 上弦
12 循環 NG! ×循還
13 貫徹 NG! ×完徹
14 述懐
15 遺憾 NG! ×遺感
16 怠惰
17 追悼

18 憤慨 NG! ×噴慨
19 愉快
20 陥没
21 片隅
22 附（付）属
23 誘拐 NG! ×拐
24 統括
25 模擬 NG! ×模疑
26 拒絶
27 挟撃
28 挟
29 拷問
30 ばいしゃく
31 ふところ
32 いた
33 いきどお
34 おとしい

| 漢字 | 部首 | 画数 | 読み | 筆順 | 用例 |
|---|---|---|---|---|---|
| 抄 | 扌 | 7 | ショウ | 一 扌 扌 扌 抄 抄 | 抄出(しょうしゅつ)・抄本(しょうほん) 抄録(しょうろく)・抄訳(しょうやく) |
| 据 | 扌 | 11 | す(える) す(わる) | 一 扌 扌 护 护 据 | 据え膳(すえぜん) |
| 拙 | 扌 | 8 | セツ つたな(い) | 一 扌 扌 扌 拙 拙 | 拙劣(せつれつ)・拙速(せっそく) 巧拙(こうせつ)・稚拙(ちせつ) |
| 捜 | 扌 | 10 | ソウ さが(す) | 一 扌 扌 押 搜 捜 | 捜査(そうさ)・捜索(そうさく) |
| 挿 | 扌 | 10 | ソウ さ(す) | 扌 扌 扌 插 插 挿 | 挿入(そうにゅう)・挿話(そうわ) 挿し木(さしき) |
| 挑 | 扌 | 9 | チョウ いど(む) | 一 扌 扌 扌 挑 挑 | 挑戦(ちょうせん)・挑発(ちょうはつ) |
| 撤 | 扌 | 15 | テツ | 扌 扌 撤 撤 撤 撤 | 撤廃(てっぱい)・撤去(てっきょ) 撤収(てっしゅう)・撤退(てったい) |
| 搭 | 扌 | 12 | トウ | 扌 扌 扌 扌 搭 搭 | 搭乗(とうじょう)・搭載(とうさい) |
| 把 | 扌 | 7 | ハ | 一 扌 扌 扌 扌 把 | 把握(はあく)・把持(はじ) 数把(すうわ) |

**Point!** 似ている漢字 「搭(トウ)」と「塔(トウ)」

搭は扌(手)+荅(載せる)で、手で載せる意を表す。「搭乗」。塔は土(土)+荅(卒塔婆(そとば))で、土で造った仏塔(ぶっとう)の意を表す。

| 漢字 | 部首 | 画数 | 読み | 筆順 | 用例 |
|---|---|---|---|---|---|
| 披 | 扌 | 8 | ヒ | 扌 扌 扌 扌 扌 披 | 披露(ひろう)・披見(ひけん) |
| 扶 | 扌 | 7 | フ | 一 扌 扌 扌 扶 扶 | 扶養(ふよう)・扶助(ふじょ) 扶育(ふいく) |
| 撲 | 扌 | 15 | ボク | 扌 扌 扌 扌 撲 撲 | 撲滅(ぼくめつ)・撲殺(ぼくさつ) 打撲(だぼく)・相撲(すもう) |
| 抹 | 扌 | 8 | マツ | 扌 扌 扌 扌 抹 抹 | 抹殺(まっさつ)・抹消(まっしょう) 抹茶(まっちゃ)・一抹(いちまつ) |

**Point!** 書き誤りやすい漢字 「抹(マツ)」

抹は扌(手)+末(粉)で、手で粉を塗る意を表す。末を未としないように注意。なお、味・昧・妹は下が長い。

| 漢字 | 部首 | 画数 | 読み | 筆順 | 用例 |
|---|---|---|---|---|---|
| 浦 | 氵 | 10 | うら | 氵 氵 汀 浦 浦 浦 | 浦風(うらかぜ) 津津浦浦(つつうらうら) |
| 渦 | 氵 | 12 | カ うず | 氵 氵 渦 渦 渦 渦 | 渦中(かちゅう)・渦紋(かもん) 渦潮(うずしお)・渦巻き(うずまき) |
| 涯 | 氵 | 11 | ガイ | 丶 氵 氵 汇 涯 涯 | 生涯(しょうがい)・境涯(きょうがい) 天涯孤独(てんがいこどく) |
| 渇 | 氵 | 11 | カツ かわ(く) | 氵 氵 涓 渇 渇 渇 | 渇水(かっすい)・渇望(かつぼう) 飢渇(きかつ)・枯渇(こかつ) |
| 渓 | 氵 | 11 | ケイ | 氵 氵 氵 渓 渓 渓 | 渓谷(けいこく)・渓流(けいりゅう) 雪渓(せっけい) |
| 江 | 氵 | 6 | コウ え | 丶 氵 氵 氵 汀 江 | 江湖(こうこ)・江上(こうじょう) 長江(ちょうこう)・入り江(いりえ) |

| 漢字 | 部首 | 画数 | 読み | 筆順 | 用例 |
|---|---|---|---|---|---|
| 洪 | 氵 | 9 | コウ | 氵 氵 汁 汁 洪 洪 | 洪水(こうずい)・洪積世(こうせきせい) |
| 溝 | 氵 | 13 | コウ みぞ | 氵 氵 溝 溝 溝 溝 | 海溝(かいこう)・側溝(そっこう) |
| 漆 | 氵 | 14 | シツ うるし | 氵 氵 氵 漆 漆 漆 | 漆器(しっき)・漆黒(しっこく) 乾漆(かんしつ) |
| 汁 | 氵 | 5 | ジュウ しる | 丶 氵 氵 汁 汁 | 苦汁(くじゅう)・汁粉(しるこ) 一汁一菜(いちじゅういっさい) |
| 渋 | 氵 | 11 | ジュウ しぶ しぶ(い) しぶ(る) | 氵 汁 汁 渋 渋 渋 | 渋滞(じゅうたい)・渋面(じゅうめん) 苦渋(くじゅう)・難渋(なんじゅう) |
| 淑 | 氵 | 11 | シュク | 氵 氵 氵 汁 淑 淑 | 淑女(しゅくじょ)・私淑(ししゅく) 貞淑(ていしゅく) |
| 渉 | 氵 | 11 | ショウ | 氵 汁 汁 涉 涉 渉 | 渉外(しょうがい)・渉猟(しょうりょう) 干渉(かんしょう)・交渉(こうしょう) |
| 浄 | 氵 | 9 | ジョウ | 丶 氵 氵 浄 浄 浄 | 浄化(じょうか)・浄土(じょうど) 清浄(せいじょう)・洗浄(せんじょう) |
| 津 | 氵 | 9 | シン つ | 丶 氵 氵 津 津 津 | 津波(つなみ)・大津(おおつ) 興味津津(きょうみしんしん) |
| 漸 | 氵 | 14 | ゼン | 氵 氵 漸 漸 漸 漸 | 漸近(ぜんきん)・漸次(ぜんじ) 漸進(ぜんしん)・東漸(とうぜん) |

**Point!** 読み誤りやすい漢字 「漸次(ゼンジ)」と「暫時(ザンジ)」

「漸次」は「ぜんじ」と読み、「次第に」の意。読みを間違いやすい「暫時」は、「しばらくの間」の意で、「ざんじ」と読む。

次の各文のカタカナ部分は漢字を、漢字は読みを答えよ。

1 全編からショウロク（必要な部分を書き抜くこと）する。
2 スえ膳（食事をととのえて人に出すこと）で歓待される。
3 チセツ（子供じみていてへたな）な文章を手直しする。
4 行方不明者をソウサク（探すこと）する。
5 文中に三文字ソウニュウ（間に差し入れる）する。
6 時期を見てサし木（くさきの枝を土にさして根を出させること）する。
7 敵のチョウハツ（そそのかし）にのる。
8 細かい規則をテッパイ（取り止めること）する。
9 旅客機にトウジョウ（のること）する。
10 細部までハアク（理解すること）する。
11 練習の成果をヒロウ（見てもらうこと）する。
12 年老いた母をフヨウ（生活の面倒を見ること）する。
13 害虫をボクメツ（完全にほろぼすこと）する。
14 イチマツ（ほんの少し）の不安がある。
15 ウラカゼ（海岸を吹くかぜ）に潮の匂い。
16 事件のカチュウ（もめごとなどのなか）にある。
17 自分のキョウガイ（身の上）を語る。

18 理想の実現をカツボウ（激しくのぞむこと）する。
19 セッケイ（夏でもゆきが残っている所）を踏んで登頂する。
20 入りエ（陸地にはいり込んだ海）に船が見える。
21 緑化はコウズイ（河川があふれ出すこと）を防ぐ。
22 ソッコウ（道路わきのみぞ）に落ち葉がたまる。
23 シッコク（まっくろ）の闇（やみ）に包まれる。
24 クジュウ（くるしい経験）を嘗（な）める。
25 完成間近でナンジュウ（はかどらないこと）する。
26 著名な作家にシシュク（ひそかに尊敬し学ぶこと）する。
27 ショウガイ（こうしょうや連絡をすること）係を命じられる。
28 空気セイジョウ（きよらか）器を買う。
29 ツナミ（海の大きななみ）警報が発令される。
30 ゼンジ（だんだんと）快方に向かう。
31 名簿から抹消（けし去ること）する。
32 漆（黒色の塗料）塗りの器を購入する。
33 他国の内政に干渉（口出しすること）する。
34 興味津津（絶えずあふれ出る様子）の顔付き。

## 解答とポイント

1 抄録
2 据
3 稚拙
4 捜索
5 挿入
6 挿
7 挑発
8 撤廃 NG! 徹×廃
9 搭乗 NG! 塔×乗
10 把握
11 披露
12 扶養
13 撲滅
14 一抹 NG! ×抹
15 浦風
16 渦中 NG! 過×中
17 境涯

18 渇望
19 雪渓
20 江
21 洪水
22 側溝
23 漆黒
24 苦汁 NG! 苦渋×
25 難渋
26 私淑 NG! 私叔×
27 渉外
28 清浄
29 津波
30 漸次 NG! 漸時×
31 まっしょう
32 うるし
33 かんしょう
34 しんしん

| 漢字 | 部首 | 画数 | 読み | 用例 |
|---|---|---|---|---|
| 濯 | 氵 | 17 | タク | 洗濯(せんたく) |
| 漬 | 氵 | 14 | つ(ける)<br>つ(かる) | 漬物(つけもの)・一夜漬け(いちやづけ) |
| 泥 | 氵 | 8 | デイ<br>どろ | 泥酔(でいすい)・雲泥(うんでい)・拘泥(こうでい)・泥棒(どろぼう) |
| 洞 | 氵 | 9 | ドウ<br>ほら | 洞察(どうさつ)・洞穴(どうけつ)・空洞(くうどう)・洞穴(ほらあな) |
| 漠 | 氵 | 13 | バク | 漠然(ばくぜん)・砂漠(さばく)・空漠(くうばく) |
| 沸 | 氵 | 8 | フツ<br>わ(く)<br>わ(かす) | 沸点(ふってん)・沸騰(ふっとう)・煮沸(しゃふつ) |

**Point!** 漢字の使い分け「沸(わ)く」と「湧(わ)く」

ともに氵で水に関連する。弗は煮えたぎる意。沸騰・煮沸。勇は吹き出る意。湧出・湧水。

| 漢字 | 部首 | 画数 | 読み | 用例 |
|---|---|---|---|---|
| 泡 | 氵 | 8 | ホウ<br>あわ | 泡影(ほうえい)・水泡(すいほう)・発泡(はっぽう) |
| 涼 | 氵 | 11 | リョウ<br>すず(しい)<br>すず(む) | 涼味(りょうみ)・清涼(せいりょう)・納涼(のうりょう)・夕涼み(ゆうすずみ) |
| 猿 | 犭 | 13 | エン<br>さる | 猿人(えんじん)・犬猿(けんえん)・野猿(やえん)・猿知恵(さるぢえ) |

| 漢字 | 部首 | 画数 | 読み | 用例 |
|---|---|---|---|---|
| 猫 | 犭 | 11 | ビョウ<br>ねこ | 愛猫(あいびょう)・猫背(ねこぜ) |
| 猶 | 犭 | 12 | ユウ | 猶予(ゆうよ) |
| 旋 | 方 | 11 | セン | 旋回(せんかい)・旋風(せんぷう)・旋律(せんりつ)・周旋(しゅうせん) |

**Point!** 似ている漢字「旋(セン)」と「施(シ・セ)」

旋は疋(足)＋㫃(巡る)で、巡る、帰るなどの意。施は㫃(旗)＋也(うねる)で、旗がゆらめくことから、施す、行うなどの意。

| 漢字 | 部首 | 画数 | 読み | 用例 |
|---|---|---|---|---|
| 暁 | 日 | 12 | ギョウ<br>あかつき | 暁星(ぎょうせい)・暁天(ぎょうてん)・通暁(つうぎょう)・払暁(ふつぎょう) |
| 朕 | 月 | 10 | チン | 朕(ちん) |
| 肢 | 月 | 8 | シ | 肢体(したい)・義肢(ぎし)・四肢(しし) |
| 肌 | 月 | 6 | はだ | 肌色(はだいろ)・肌身(はだみ)・地肌(じはだ)・柔肌(やわはだ) |
| 核 | 木 | 10 | カク | 核質(かくしつ)・核心(かくしん)・結核(けっかく)・中核(ちゅうかく) |
| 棺 | 木 | 12 | カン | 出棺(しゅっかん)・石棺(せっかん)・納棺(のうかん) |
| 桟 | 木 | 10 | サン | 桟道(さんどう)・桟橋(さんばし) |

| 漢字 | 部首 | 画数 | 読み | 用例 |
|---|---|---|---|---|
| 枢 | 木 | 8 | スウ | 枢軸(すうじく)・枢密(すうみつ)・枢機(すうき)・中枢(ちゅうすう) |
| 杉 | 木 | 7 | すぎ | 杉板(すぎいた)・杉皮(すぎかわ)・糸杉(いとすぎ)・大杉(おおすぎ) |
| 析 | 木 | 8 | セキ | 析出(せきしゅつ)・解析(かいせき)・分析(ぶんせき) |
| 栓 | 木 | 10 | セン | 栓抜き(せんぬき)・消火栓(しょうかせん) |
| 槽 | 木 | 15 | ソウ | 歯槽(しそう)・水槽(すいそう)・浴槽(よくそう) |
| 棚 | 木 | 12 | たな | 棚上げ(たなあげ)・棚板(たないた)・書棚(しょだな)・戸棚(とだな) |
| 棟 | 木 | 12 | トウ<br>むね<br>むな | 上棟(じょうとう)・別棟(べつむね)・棟上げ(むねあげ) |
| 朴 | 木 | 6 | ボク | 朴直(ぼくちょく)・純朴(じゅんぼく)・素朴(そぼく) |
| 柳 | 木 | 9 | リュウ<br>やなぎ | 柳糸(りゅうし)・柳条(りゅうじょう)・花柳(かりゅう)・川柳(せんりゅう) |
| 枠 | 木 | 8 | わく | 枠組み(わくぐみ)・枠内(わくない)・木枠(きわく)・窓枠(まどわく) |
| 殉 | 歹 | 10 | ジュン | 殉教(じゅんきょう)・殉死(じゅんし)・殉職(じゅんしょく)・殉難(じゅんなん) |
| 煩 | 火 | 13 | ハン<br>ボン<br>わずら(う)<br>わずら(わす) | 煩雑(はんざつ)・煩多(はんた)・煩悩(ぼんのう)・恋煩い(こいわずらい) |

次の各文のカタカナ部分は漢字を、漢字は読みを答えよ。

1 朝一番にセンタク（衣服をあらうこと）する。
2 イチヤヅ（その場しのぎ）けでは危うい。
3 細部にコウデイ（こだわること）する。
4 ものごとをドウサツ（見抜くこと）する。
5 クウバク（何もなく広いこと）とした荒野。
6 フッテン（ふっとうする温度）を調べる実験。
7 努力がスイホウ（みずのあわ）に帰す。
8 ノウリョウ（暑さを避けること）の会を開く。
9 二人はケンエン（いぬとさる）の仲だ。
10 ネコゼ（せなかが曲がっていること）の男の行方を追う。
11 借金の返済をユウヨ（決められた日時を延ばすこと）する。
12 センプウ（周囲に大きな影響を与える変化）を巻き起こす。
13 ギョウテン（明け方の空）の星を観測する。
14 「チン（天皇などが自分のことを指していう言葉）」は皇帝の一人称だ。
15 解放されてシシ（手足）を伸ばす。
16 ハダミ（体）離さず持ち歩く。
17 カクシン（物事の本質）を突いた意見。

18 祖父の遺体をノウカン（ひつぎにおさめること）する。
19 船をサンバシ（港に船を横づけするための建造物）につける。
20 政治のチュウスウ（ものごとの要）を担う。
21 スギ（木の一種）の苗木を植樹する。
22 成分をブンセキ（性質や構造を明らかにすること）する。
23 ワインのセン（ビンなどのふた）を抜く。
24 ヨクソウ（風呂おけ）にお湯をためる。
25 計画はタナア（一時保留にすること）げされる。
26 ジョウトウ（家のむなぎをあげる儀式）式を執り行う。
27 ソボク（飾り気がないこと）な味わいの工芸品。
28 新聞にセンリュウ（五・七・五の短詩で、こっけいな事を書いたもの）が載る。
29 従来のワクグ（計画などの範囲や規模）みから外れる。
30 亡君を追ってジュンシ（主君を追って自殺すること）する。
31 書類の手続きがハンザツ（面倒で込み入っていること）だ。
32 君と彼では雲泥（天と地ほどの差）の差である。
33 暁（夜が明ける前のほの暗いころ）の空の色を眺める。
34 雨の日の外出は煩（うるさくて面倒）わしい。

## 解答とポイント

| | | | |
|---|---|---|---|
| 1 洗濯 | 2 一夜漬 | 3 拘泥 | 4 洞察 |
| 5 空漠 NG! 空模× | 6 沸点 | 7 水泡 | 8 納涼 |
| 9 犬猿 | 10 猫背 | 11 猶予 NG! 猶余× | 12 旋風 NG! 施風× |
| 13 暁天 NG! 仰天× | 14 朕 | 15 四肢 | 16 肌身 |
| 17 核心 | 18 納棺 | 19 桟橋 | 20 中枢 |
| 21 杉 | 22 分析 NG! 分績× | 23 栓 | 24 浴槽 |
| 25 棚上 | 26 上棟 | 27 素朴 | 28 川柳 |
| 29 枠組 | 30 殉死 NG! 順死× | 31 煩雑 | 32 うんでい |
| 33 あかつき | 34 わずら | | |

| 漢字 | 部首 | 画数 | 読み | 筆順 | 用例 |
|---|---|---|---|---|---|
| 珠 | 王 | 10 | シュ | 一 丁 王 玝 玝 珠 | 珠玉(しゅぎょく)・珠算(しゅざん)・真珠(しんじゅ) |
| 禍 | ネ | 13 | カ | ネ 礻 礻 祃 祸 禍 | 禍根(かこん)・禍福(かふく)・奇禍(きか)・惨禍(さんか) |
| 祥 | ネ | 10 | ショウ | ラ ネ ネ ネ' 祥 祥 | 祥雲(しょううん)・祥気(しょうき)・吉祥(きっしょう)・発祥(はっしょう) |
| 禅 | ネ | 13 | ゼン | ネ ネ' ネ'' 祒 禅 禅 | 禅僧(ぜんそう)・座禅(ざぜん)・禅譲放伐(ぜんじょうほうばつ) |
| 睡 | 目 | 13 | スイ | 目 目' 盺 睡 睡 睡 | 睡眠(すいみん)・睡魔(すいま)・午睡(ごすい)・熟睡(じゅくすい) |

**Point!** 書き誤りやすい漢字「睡(スイ)」

睡は(目)＋垂(たれる)で、瞼(まぶた)が垂れて眠る意を表す。垂の字形を含む漢字に、錘(スイ)・郵(ユウ)がある。目を口にすると唾(つば)になってしまう。

| 漢字 | 部首 | 画数 | 読み | 筆順 | 用例 |
|---|---|---|---|---|---|
| 眺 | 目 | 11 | チョウ<br>なが(める) | 目 目 目 眇 眺 眺 | 眺望(ちょうぼう)・眺覧(ちょうらん) |
| 矯 | 矢 | 17 | キョウ<br>た(める) | 矢 矢' 矢 矯 矯 矯 | 矯激(きょうげき)・矯正(きょうせい)・奇矯(ききょう) |
| 砕 | 石 | 9 | サイ<br>くだ(く)<br>くだ(ける) | 厂 石 石' 砕 砕 砕 | 砕石(さいせき)・撃砕(げきさい)・粉砕(ふんさい)・腰砕(こしくだ)け |
| 硝 | 石 | 12 | ショウ | 厂 石 石' 石 硝 硝 | 硝煙(しょうえん)・硝石(しょうせき)・煙硝(えんしょう) |
| 礁 | 石 | 17 | ショウ | 石 矿 矿 砗 礁 礁 | 暗礁(あんしょう)・岩礁(がんしょう)・座礁(ざしょう)・離礁(りしょう) |
| 硫 | 石 | 12 | リュウ | 厂 石 矿 矿 矿 硫 | 硫安(りゅうあん)・硫酸(りゅうさん)・硫黄(いおう) |
| 稼 | 禾 | 15 | カ<br>かせ(ぐ) | 禾 禾' 秆 稼 稼 稼 | 稼業(かぎょう)・稼働(かどう)・出稼(でかせ)ぎ |
| 租 | 禾 | 10 | ソ | ノ 二 千 利 和 租 | 租借(そしゃく)・租税(そぜい)・課租(かそ)・地租(ちそ) |
| 秩 | 禾 | 10 | チツ | ノ 二 千 禾 和 秩 | 秩序(ちつじょ) |
| 褐 | ネ | 13 | カツ | ネ ネ 礻 祒 褐 褐 | 褐色(かっしょく)・褐炭(かったん) |
| 襟 | ネ | 18 | キン<br>えり | ネ 衤 衿 襟 襟 襟 | 開襟(かいきん)・胸襟(きょうきん)・襟足(えりあし)・襟首(えりくび) |
| 裕 | ネ | 12 | ユウ | 、 ネ ネ 衤 衤 裕 | 裕福(ゆうふく)・富裕(ふゆう)・余裕(よゆう) |

**Point!** 書き誤りやすい漢字「裕(ユウ)」

裕はネ(衣服)＋谷(ゆとりがある)で、衣服にゆとりがあることから、豊か・ゆとりなどの意を表す。

| 漢字 | 部首 | 画数 | 読み | 筆順 | 用例 |
|---|---|---|---|---|---|
| 粧 | 米 | 12 | ショウ | ソ 米 米' 粁 粧 粧 | 化粧(けしょう) |
| 糾 | 糸 | 9 | キュウ | く 幺 糸 糸 糺 糾 | 糾弾(きゅうだん)・糾明(きゅうめい)・糾問(きゅうもん)・紛糾(ふんきゅう) |
| 緒 | 糸 | 14 | ショ<br>チョ<br>お | 幺 糸 糸 紶 紼 緒 | 端緒(たんしょ)・由緒(ゆいしょ)・情緒(じょうちょ)・鼻緒(はなお) |
| 紳 | 糸 | 11 | シン | 幺 糸 糸 紀 細 紳 | 紳士(しんし)・貴紳(きしん) |
| 繊 | 糸 | 17 | セン | 糸 紨 紨 絓 繊 繊 | 繊維(せんい)・繊細(せんさい)・繊毛(せんもう)・化繊(かせん) |
| 紡 | 糸 | 10 | ボウ<br>つむ(ぐ) | く 幺 糸 紅 紡 紡 | 紡織(ぼうしょく)・紡績(ぼうせき)・混紡(こんぼう) |
| 耗 | 耒 | 10 | モウ<br>コウ | 一 二 耒 耒 耓 耗 | 消耗(しょうもう)・損耗(そんもう)・耗弱(こうじゃく) |
| 艦 | 舟 | 21 | カン | 丿 舟 舟 船 艦 艦 | 艦隊(かんたい)・艦長(かんちょう)・旗艦(きかん)・軍艦(ぐんかん) |
| 艇 | 舟 | 13 | テイ | 丿 舟 舟 舟 艇 艇 | 艇庫(ていこ)・艇身(ていしん)・艦艇(かんてい)・舟艇(しゅうてい) |
| 舶 | 舟 | 11 | ハク | 丿 丿 舟 舟 舶 舶 | 舶載(はくさい)・舶来(はくらい)・船舶(せんぱく) |

**虫 むしへん**

もと頭の大きいへびの形。爬(は)虫類や貝類、昆虫に関する意。

| 漢字 | 部首 | 画数 | 読み | 筆順 | 用例 |
|---|---|---|---|---|---|
| 蚊 | 虫 | 10 | か | 丶 口 中 虫 虫 蚊 | 蚊取(かと)り・蚊柱(かばしら)・蚊帳(かや) |
| 蛇 | 虫 | 11 | ジャ<br>ダ<br>へび | 口 虫 虫' 虻 蛇 蛇 | 蛇口(じゃぐち)・毒蛇(どくじゃ)・蛇足(だそく)・蛇行(だこう) |
| 謁 | 言 | 15 | エツ | 言 言 訁 謁 謁 謁 | 謁見(えっけん)・上謁(じょうえつ)・拝謁(はいえつ) |

次の各文のカタカナ部分は漢字を、漢字は読みを答えよ。

1 シュギョクの短編を集める。（うつくしくすばらしいこと）
2 将来のカコンを断つ。（災いのもと）
3 そろばんハッショウの地。（物事の起こり）
4 静寂の中でザゼンを組む。（すわっておこなう修行）
5 昼までジュクスイする。（よく眠ること）
6 チョウボウがきく山頂。（見晴らし）
7 キキョウな行動が目立つ。（ひどく変わっている様子）
8 敵の反撃をフンサイする。（打ちくだくこと）
9 戦場にショウエンが漂う。（火薬から出るけむり）
10 濃霧によりザショウする。（舟が岩に乗り上げること）
11 リュウサンを注意して扱う。（さんせいの強い液体）
12 終日カドウする機械。（はたらくこと）
13 ソゼイの納付を猶予する。（ぜいきん）
14 組織のチツジョを保つ。（物事の正しい筋道）
15 よく焼けたカッショクの肌。（黒っぽい茶いろ）
16 キョウキンを開いて話す。（心の中）
17 ユウフクな家庭に生まれる。（経済的に満たされていること）

18 鏡の前でケショウする。（紅などで、顔を美しく見せること）
19 会議はフンキュウした。（まとまらず、もつれること）
20 下駄（げた）のハナオが切れる。（履物にすえるひも）
21 シンシと淑女の社交場。（上品で礼儀正しい男性）
22 センサイな神経の持ち主。（こまやかな）
23 ボウセキ会社に就職する。（糸をつむぐこと）
24 体力をショウモウする。（使い果たすこと）
25 カンタイが洋上を行く。（ぐんかんのぶたい）
26 船をテイコから出す。（ボートのそうこ）
27 古い時代のハクライの品。（外国から入ってきたもの）
28 夕方にカトリをいぶす。（かとり線香）
29 その一言がダソクだ。（余計なもの）
30 王様にハイエツする。（貴人に会うこと）
31 悪癖を矯める。（直す）
32 襟首が汚れている。（首の後ろの部分）
33 綿花から糸を紡ぐ。（綿や繭から繊維を引き出し、糸にする）
34 心神耗弱状態にある。（判断、行動の能力が低下すること）

## 解答とポイント

1 珠玉
2 禍根 NG! ×渦根
3 発祥
4 座禅
5 熟睡 NG! ×垂
6 眺望
7 奇矯
8 粉砕
9 硝煙
10 座礁
11 硫酸 NG! ×流酸
12 稼働
13 租税
14 秩序
15 褐色
16 胸襟 NG! ×襟
17 裕福 NG! ×裕
18 化粧
19 紛糾 NG! ×粉糾
20 鼻緒
21 紳士
22 繊細
23 紡績
24 消耗
25 艦隊
26 艇庫
27 舶来
28 蚊取
29 蛇足
30 拝謁
31 た
32 えりくび
33 つむ
34 こうじゃく

準2級 第5回

| 漢字 | 部首 | 画数 | 読み | 用例 |
|---|---|---|---|---|
| 謹 | 言 | 17 | キン / つつし(む) | 謹厳(きんげん)・謹慎(きんしん)、謹聴(きんちょう)・忠謹(ちゅうきん) |
| 謙 | 言 | 17 | ケン | 謙虚(けんきょ)・謙譲(けんじょう)、謙辞(けんじ)・恭謙(きょうけん) |
| 詐 | 言 | 12 | サ | 詐欺(さぎ)・詐取(さしゅ)、詐術(さじゅつ)・詐謀(さぼう) |
| 訟 | 言 | 11 | ショウ | 訴訟(そしょう)・争訟(そうしょう) |
| 詔 | 言 | 12 | ショウ / みことのり | 詔書(しょうしょ)・詔勅(しょうちょく)、恩詔(おんしょう) |
| 診 | 言 | 12 | シン / み(る) | 診察(しんさつ)・診療(しんりょう)、往診(おうしん)・打診(だしん) |
| 譜 | 言 | 19 | フ | 譜代(ふだい)・譜面(ふめん)、楽譜(がくふ)・系譜(けいふ) |

**Point!** 似ている漢字「謹(キン)」と「勤(キン)」

謹は旧字は謹。言＋堇(少ない)で言葉を控える意。謹慎。勤は旧字は勤。力＋堇で力を出し尽くす意。勤勉。


**Point!** 漢字の使い分け「診(み)る」と「見(み)る」

見は儿(人の意)十目で、人が目にとめて知る意で、広く「みる」意に用いる。特に(医師が)診察するときは「診る」と書く。

| 漢字 | 部首 | 画数 | 読み | 用例 |
|---|---|---|---|---|
| 諭 | 言 | 16 | ユ / さと(す) | 諭告(ゆこく)・諭旨(ゆし)、説諭(せつゆ)・勅諭(ちょくゆ) |
| 購 | 貝 | 17 | コウ | 購入(こうにゅう)・購買(こうばい)、購読(こうどく) |
| 賜 | 貝 | 15 | シ / たまわ(る) | 賜暇(しか)・賜杯(しはい)、恩賜(おんし)・下賜(かし) |
| 賠 | 貝 | 15 | バイ | 賠償(ばいしょう) |
| 賄 | 貝 | 13 | ワイ / まかな(う) | 収賄(しゅうわい)・贈賄(ぞうわい) |
| 践 | 𧾷 | 13 | セン | 実践(じっせん) |
| 轄 | 車 | 17 | カツ | 管轄(かんかつ)・所轄(しょかつ)、直轄(ちょっかつ)・統轄(とうかつ) |
| 軟 | 車 | 11 | ナン / やわ(らか) / やわ(らかい) | 軟禁(なんきん)・軟派(なんぱ)、硬軟(こうなん)・柔軟(じゅうなん) |
| 酷 | 酉 | 14 | コク | 酷使(こくし)・酷似(こくじ)、残酷(ざんこく)・冷酷(れいこく) |
| 酢 | 酉 | 12 | サク / す | 酢酸(さくさん)・三杯酢(さんばいず) |

**Point!** 漢字の使い分け「購(コウ)」と「講(コウ)」

購は貝(財貨)＋冓(組み合わせる)で、物を買い取る、あがなう意。購入。講は言(言葉)＋冓で、意味を説き明かす意。講義。

| 漢字 | 部首 | 画数 | 読み | 用例 |
|---|---|---|---|---|
| 酌 | 酉 | 10 | シャク / く(む) | 媒酌(ばいしゃく)・晩酌(ばんしゃく)、情状酌量(じょうじょうしゃくりょう) |
| 酬 | 酉 | 13 | シュウ | 応酬(おうしゅう)・献酬(けんしゅう)、報酬(ほうしゅう) |
| 醜 | 酉 | 17 | シュウ / みにく(い) | 醜悪(しゅうあく)・醜態(しゅうたい)、醜聞(しゅうぶん)・美醜(びしゅう) |
| 醸 | 酉 | 20 | ジョウ / かも(す) | 醸成(じょうせい)・醸造(じょうぞう)、吟醸(ぎんじょう) |
| 酪 | 酉 | 13 | ラク | 酪農(らくのう) |
| 銃 | 金 | 14 | ジュウ | 銃撃(じゅうげき)・銃弾(じゅうだん)、銃砲(じゅうほう)・小銃(しょうじゅう) |
| 釣 | 金 | 11 | チョウ / つ(る) | 釣魚(ちょうぎょ)・釣果(ちょうか)、釣り堀(つりぼり) |
| 鉢 | 金 | 13 | ハチ / ハツ | 鉢植え(はちうえ)・鉢巻き(はちまき)、植木鉢(うえきばち)・衣鉢(いはつ) |
| 銘 | 金 | 14 | メイ | 銘柄(めいがら)・銘記(めいき)、感銘(かんめい)・正銘(しょうめい) |
| 鈴 | 金 | 13 | レイ / リン / すず | 予鈴(よれい)・風鈴(ふうりん)、鈴虫(すずむし) |
| 飢 | 食 | 10 | キ / う(える) | 飢餓(きが)・飢渇(きかつ)、飢凍(きとう) |

次の各文のカタカナ部分は漢字を、漢字は読みを答えよ。

1 自宅で**キンシン**（行いをつつしむこと）する。
2 **ケンキョ**（ひかえめで素直な様子）な姿勢を見せる。
3 **サギ**（他人をだますこと）の被害に遭う。
4 遺産を巡り**ソショウ**（裁判を請求すること）となる。
5 終戦の**ショウチョク**（天皇の言葉）を聴く。
6 相手の意向を**ダシン**（それとなく探ること）する。
7 俳人の**ケイフ**（ものや人のつながり）をひもとく。
8 警官に**セツユ**（言い聞かせること）される。
9 こんこんと非を**サト**（言い聞かせる）す。
10 地方紙を**コウドク**（新聞などを買ってよむこと）する。
11 優勝**シハイ**（与えられるカップ）を手にする。
12 損害を**バイショウ**（つぐなうこと）する。
13 **ゾウワイ**（わいろをおくること）の疑いをかける。
14 理論より**ジッセン**（じっさいに行うこと）で示す。
15 財務省の**カンカツ**（支配の及ぶ範囲）事項。
16 **ジュウナン**（融通がきく様子）に対応する。
17 過去の事件に**コクジ**（とてもにていること）している。

18 **サクサン**（「す」の成分）に紙を浸す。
19 **バイシャク**（結婚の仲立ちをすること）の労をとる。
20 意見の**オウシュウ**（やりとり）が続く。
21 人前で**シュウタイ**（みっともない行い）をさらす。
22 雰囲気を**ジョウセイ**（ある状態を作り出す）する。
23 **ラクノウ**（牛などから乳製品を作るのう業）で生計を立てる。
24 **ジュウゲキ**（じゅうでうつこと）戦となる。
25 友人と**チョウカ**（つりのせいか）を競う。
26 **ハチマキ**（頭にまく布など）を締め直す。
27 深い**カンメイ**（深く心にかんじること）を受ける。
28 授業の**ヨレイ**（本番のベルの前に鳴らすベル）が鳴る。
29 冷害が続き**キガ**（うえ）に苦しむ。
30 改新の**詔**（天皇の命令）。
31 帝（みかど）から褒美を**賜**（いただく）る。
32 祝いの酒を**酌**（杯をやり取りする）み交わす。
33 **醜**（姿かたちがよくない）い姿をさらす。
34 酒蔵で酒を**醸**（発酵させる）す。

## 解答とポイント

1 謹慎 NG! ×勤慎
2 謙虚 NG! ×兼虚
3 詐欺
4 訴訟
5 詔勅
6 打診
7 系譜
8 説諭
9 諭
10 購読 NG! ×講読
11 賜杯 NG! ×賜
12 賠償 NG! ×陪償
13 贈賄
14 実践
15 管轄
16 柔軟
17 酷似 NG! ×酷

18 酢酸
19 媒酌
20 応酬
21 醜態
22 醸成
23 酪農
24 銃撃
25 釣果
26 鉢巻
27 感銘
28 予鈴
29 飢餓
30 みことのり
31 たまわ
32 く
33 みにく
34 かも

準2級 第6回

革かわへん

動物の皮を開いて乾かした形。皮・革に関する意。

| 漢字 | 部首・画数 | 読み | 筆順 | 用例 |
|---|---|---|---|---|
| 靴 | 革 13 | カ くつ | 一 廿 革 靪 靳 靴 | 製靴(せいか)・靴下(くつした)・革靴(かわぐつ) |
| 駄 | 馬 14 | ダ | 「 厂 馬 馬 馱 駄 | 駄作(ださく)・駄賃(だちん)・足駄(あしだ)・無駄(むだ) |
| 剛 | 刂 10 | ゴウ | 丨 冂 門 円 岡 剛 | 剛胆(ごうたん)・金剛(こんごう)・質実剛健(しつじつごうけん) |
| 剰 | 刂 11 | ジョウ | 二 千 乖 乗 乗 剰 | 剰員(じょういん)・剰余(じょうよ)・過剰(かじょう)・余剰(よじょう) |
| 剖 | 刂 10 | ボウ | 亠 立 立 咅 音 剖 | 解剖(かいぼう) |
| 劾 | 力 8 | ガイ | 亠 亡 亥 亥 亥 劾 | 弾劾(だんがい) |
| 勅 | 力 9 | チョク | 一 戸 戸 束 束 勅 | 勅使(ちょくし)・勅命(ちょくめい)・詔勅(しょうちょく) |
| 彰 | 彡 14 | ショウ | 亠 立 音 音 章 彰 | 顕彰(けんしょう)・表彰(ひょうしょう) |
| 邸 | 阝 8 | テイ | 匚 氏 氏 氏 氐 邸 | 邸宅(ていたく)・邸内(ていない)・豪邸(ごうてい)・私邸(してい) |
| 款 | 欠 12 | カン | 一 十 圭 圭 圭 款 | 借款(しゃっかん)・定款(ていかん)・約款(やっかん)・落款(らっかん) |

| 漢字 | 部首・画数 | 読み | 筆順 | 用例 |
|---|---|---|---|---|
| 殻 | 殳 11 | カク から | 士 声 声 売 売 殻 | 甲殻(こうかく)・地殻(ちかく)・貝殻(かいがら)・抜け殻(ぬけがら) |

**Point!** 似ている漢字「殻(カク)」と「穀(コク)」

殻は売(殻)+殳(打つ意)で表面の硬い殻。地殻・卵殻(らんかく)。カラの意に禾(穀物)が合わさって穀。稲・麦等をいう。穀倉(こくそう)。

| 漢字 | 部首・画数 | 読み | 筆順 | 用例 |
|---|---|---|---|---|
| 頑 | 頁 13 | ガン | 二 テ 元 丆 頑 頑 | 頑健(がんけん)・頑固(がんこ)・頑丈(がんじょう)・頑迷(がんめい) |
| 顕 | 頁 18 | ケン | 丨 日 甲 显 显 顕 | 顕在(けんざい)・顕著(けんちょ)・破邪顕正(はじゃけんしょう) |
| 頒 | 頁 13 | ハン | ノ 八 分 分 分 頒 | 頒価(はんか)・頒布(はんぷ) |
| 頻 | 頁 17 | ヒン | ト 止 步 歩 歩 頻 | 頻度(ひんど)・頻発(ひんぱつ)・頻繁(ひんぱん) |
| 享 | 亠 8 | キョウ | 亠 亡 亨 亨 亨 享 | 享受(きょうじゅ)・享年(きょうねん)・享楽(きょうらく) |
| 亭 | 亠 9 | テイ | 亠 亡 亭 亭 亭 亭 | 亭主(ていしゅ)・旅亭(りょてい)・料亭(りょうてい) |
| 寡 | 宀 14 | カ | 宀 宀 宜 宣 寡 寡 | 寡占(かせん)・寡聞(かぶん)・寡黙(かもく)・衆寡(しゅうか) |
| 寛 | 宀 13 | カン | 丶 宀 宀 宵 宵 寛 | 寛厚(かんこう)・寛大(かんだい)・寛容(かんよう) |
| 宜 | 宀 8 | ギ | 丶 丷 宀 宀 宀 宜 | 時宜(じぎ)・適宜(てきぎ)・便宜(べんぎ) |

| 漢字 | 部首・画数 | 読み | 筆順 | 用例 |
|---|---|---|---|---|
| 宰 | 宀 10 | サイ | 丶 宀 宀 宀 宰 宰 | 宰相(さいしょう)・宰領(さいりょう)・家宰(かさい)・主宰(しゅさい) |
| 宵 | 宀 10 | ショウ よい | 丶 宀 宀 宀 宵 宵 | 春宵(しゅんしょう)・徹宵(てっしょう)・宵寝(よいね)・宵宮(よいみや) |
| 寧 | 宀 14 | ネイ | 宀 宀 宀 宀 寍 寧 | 寧日(ねいじつ)・安寧(あんねい)・丁寧(ていねい) |
| 寮 | 宀 15 | リョウ | 宀 宀 宊 宊 寮 寮 | 寮生(りょうせい)・寮母(りょうぼ)・学寮(がくりょう)・茶寮(さりょう) |
| 菌 | 艹 11 | キン | 一 艹 芇 南 菌 菌 | 菌糸(きんし)・細菌(さいきん)・殺菌(さっきん)・雑菌(ざっきん) |
| 薫 | 艹 16 | クン かお(る) | 艹 芢 菅 董 董 薫 | 薫育(くんいく)・薫製(くんせい)・薫陶(くんとう) |
| 茎 | 艹 8 | ケイ くき | 一 十 艹 艾 苳 茎 | 塊茎(かいけい)・根茎(こんけい)・歯茎(はぐき)・水茎(みずぐき) |
| 薦 | 艹 16 | セン すす(める) | 艹 苎 芦 芦 薦 薦 | 自薦(じせん)・推薦(すいせん)・他薦(たせん) |
| 荘 | 艹 9 | ソウ | 一 艹 艹 艹 芷 荘 | 荘厳(そうごん)・荘重(そうちょう)・山荘(さんそう)・別荘(べっそう) |

**Point!** 似ている漢字「荘(ソウ)」と「壮(ソウ)」

荘は艹+壮(盛ん)で草が茂ることから盛ん・厳か。荘厳。壮は爿(盛ん)+士(青年)で勇ましい・立派。壮観・勇壮。

| 漢字 | 部首・画数 | 読み | 筆順 | 用例 |
|---|---|---|---|---|
| 藻 | 艹 19 | ソウ も | 艹 艹 芦 芦 芦 藻 | 藻類(そうるい)・海藻(かいそう)・詞藻(しそう)・藻塩(もしお) |

次の各文のカタカナ部分は漢字を、漢字は読みを答えよ。

1 カワグツ（かわでてきたくつ）を履いて出掛ける。
2 手伝いをしてダチン（手伝いなどに対して与える金）を得る。
3 彼はゴウタン（きもがすわっている様子）な人物だ。
4 カジョウ（多すぎること）な生産を止める。
5 カイボウ（生物の体を切り開いて調べること）して死因を調べる。
6 裁判官をダンガイ（責任を追及すること）する。
7 屋敷にチョクシ（天皇からのつかい）が赴く。
8 上位者をヒョウショウ（功績をたたえ、広く知らせること）する。
9 ゴウテイ（ごうかな家）で優雅に暮らす。
10 描いた絵にラッカン（雅号の印）を押す。
11 島央にチカク（ちきゅうの表層部）変動が生じる。
12 父のガンメイ（がんこで道理の分からない様子）さに呆（あき）れる。
13 矛盾がケンザイ（はっきり見えるようになること）化する。
14 特産物を全国にハンプ（広く配ること）する。
15 最近ヒンパン（しきりに）に出会う。
16 平和をキョウジュ（味わい、楽しむこと）する。
17 リョウテイ（高級なりょうり屋）で会合を開く。

18 カブン（知識が少ないこと）にして存じません。
19 カンヨウ（心が広いこと）の精神を持つ。
20 ジギ（ちょうどよいころ合い）を得た処置。
21 短歌雑誌をシュサイ（中心となって物事を行うこと）する。
22 ほろ酔いでヨイネ（よいのうちからねてしまうこと）する。
23 テイネイ（行き届いて礼儀正しい）な手紙をいただく。
24 学生時代のリョウボ（りょうに住む人の世話をする女性）さん。
25 高温でサッキン（細きんをころすこと）する。
26 先生のクントウ（人を感化すること）のたまもの。
27 ミズグキ（筆跡）麗しい書簡が届く。
28 会長にスイセン（他人にすすめること）する。
29 ソウゴン（重重しくて立派なこと）な調べが流れる。
30 池のソウルイ（水に住む下等植物）を採集する。
31 契約書で約款（取り決めの一つ一つの条項）を確認する。
32 海岸で貝殻（貝の外側をおおうかたいもの）を集める。
33 破邪顕正（正しい道理を世に広めること）を掲げる。
34 安寧（平穏無事）な日日を感謝する。

## 解答とポイント

1 革靴
2 駄賃
3 剛（豪）胆
4 過剰
5 解剖
6 弾劾
7 勅使
8 表彰
9 豪邸
10 落款
11 地殻　NG! 地×穀
12 頑迷
13 顕在
14 頒布
15 頻繁
16 享受
17 料亭
18 寡聞　NG! ×寡
19 寛容
20 時宜　NG! ×宣
21 主宰　NG! ×宰
22 宵寝
23 丁寧
24 寮母　NG! ×寮
25 殺菌　NG! ×菌
26 薫陶
27 水茎
28 推薦
29 荘厳　NG! ×壮厳
30 藻類
31 やっかん
32 かいがら
33 けんしょう
34 あんねい

準2級 第7回

| 漢字 | 部首 | 画数 | 読み | 筆順 | 用例 |
|---|---|---|---|---|---|
| 扉 | 戸 | 12 | ヒ / とびら | 一ヨ戸 戸扉扉 扉 | 開扉(かいひ)・鉄扉(てっぴ)・門扉(もんぴ)・扉絵(とびらえ) |
| 戻 | 戸 | 7 | レイ / もど(す) もど(る) | 一ヨ戸 戸戸戻 | 戻入(れいにゅう)・返戻(へんれい)・戻り道(もどりみち) |
| 爵 | 爫 | 17 | シャク | 一爫爫 爵爵爵 | 爵位(しゃくい)・男爵(だんしゃく)・伯爵(はくしゃく) |
| 窮 | 穴 | 15 | キュウ / きわ(める) きわ(まる) | 宀穴穸 窮窮窮 | 窮屈(きゅうくつ)・窮乏(きゅうぼう)・困窮(こんきゅう)・貧窮(ひんきゅう) |
| 窃 | 穴 | 9 | セツ | 丶丷宀 穴窃窃 | 窃取(せっしゅ)・窃盗(せっとう) |
| 窯 | 穴 | 15 | ヨウ / かま | 宀穴穴 窐窯窯 | 窯業(ようぎょう)・陶窯(とうよう)・窯元(かまもと)・炭窯(すみがま) |
| 罷 | 罒 | 15 | ヒ | 口罒罒 罷罷罷 | 罷免(ひめん)・同盟罷業(どうめいひぎょう) |
| 羅 | 罒 | 19 | ラ | 罒罗罗 羅羅羅 | 羅漢(らかん)・羅列(られつ)・網羅(もうら) |
| 筒 | 竹 | 12 | トウ / つつ | 竹竹竹 筒筒筒 | 水筒(すいとう)・封筒(ふうとう)・筒先(つつさき)・筒抜け(つつぬけ) |
| 虞 | 虍 | 13 | おそれ | 卜广虍 虞虞虞 | 豪雨の虞(ごうう の おそれ) |

**爫 つめかんむり つめがしら**　物を上からつかむ形。手・手で扱うに関する意。

| 漢字 | 部首 | 画数 | 読み | 筆順 | 用例 |
|---|---|---|---|---|---|
| 虜 | 虍 | 13 | リョ | 卜广虍 虜虜虜 | 虜囚(りょしゅう)・捕虜(ほりょ) |
| 霜 | 雨 | 17 | ソウ / しも | 一币雨 霜霜霜 | 霜害(そうがい)・星霜(せいそう)・霜焼け(しもやけ) |
| 雰 | 雨 | 12 | フン | 一币雨 雰雰雰 | 雰囲気(ふんいき) |
| 充 | 儿 | 6 | ジュウ / あ(てる) | 丶亠云 充充充 | 充実(じゅうじつ)・補充(ほじゅう)・汗牛充棟(かんぎゅうじゅうとう) |
| 泰 | 氺 | 10 | タイ | 一三夫 夫泰泰 | 泰然(たいぜん)・安泰(あんたい)・天下泰平(てんかたいへい) |
| 弊 | 廾 | 15 | ヘイ | 丷尚尚 尚敝弊 | 弊害(へいがい)・弊社(へいしゃ)・悪弊(あくへい)・語弊(ごへい) |
| 患 | 心 | 11 | カン / わずら(う) | 丶口吕 串患患 | 患者(かんじゃ)・疾患(しっかん)・内憂外患(ないゆうがいかん) |
| 懸 | 心 | 20 | ケン ケ / か(ける) か(かる) | 目且県 県縣懸 | 懸案(けんあん)・懸念(けねん)・一所懸命(いっしょけんめい) |
| 懇 | 心 | 17 | コン / ねんご(ろ) | 彡豸豸 貇貇懇 | 懇意(こんい)・懇切(こんせつ)・懇談(こんだん)・懇望(こんもう) |

**氺 したみず**　水の変形。水・河川・海に関する意。

**Point!　漢字の使い分け「弊(ヘイ)」と「幣(ヘイ)」**
弊は廾(犬)＋敝(疲れる)で、疲れる、悪いなどの意。幣は巾(布)＋敝(捧げる)で、神に供える絹布(けんぷ)から、幣(ぬさ)、銭などの意。

| 漢字 | 部首 | 画数 | 読み | 筆順 | 用例 |
|---|---|---|---|---|---|
| 愁 | 心 | 13 | シュウ / うれ(える) うれ(い) | 一千禾 秋愁愁 | 愁傷(しゅうしょう)・愁嘆(しゅうたん)・哀愁(あいしゅう)・郷愁(きょうしゅう) |
| 懲 | 心 | 18 | チョウ / こ(りる) こ(らす) こ(らしめる) | 彳彳彳 徴徴懲 | 懲戒(ちょうかい)・懲罰(ちょうばつ)・勧善懲悪(かんぜんちょうあく) |
| 忍 | 心 | 7 | ニン / しの(ぶ) しの(ばせる) | 刀刃刃 忍忍 | 忍者(にんじゃ)・忍耐(にんたい)・堪忍(かんにん)・残忍(ざんにん) |
| 悠 | 心 | 11 | ユウ | 亻亻亻 攸攸悠 | 悠然(ゆうぜん)・悠長(ゆうちょう)・悠悠自適(ゆうゆうじてき) |
| 恭 | 小 | 10 | キョウ / うやうや(しい) | 廾共共 共恭恭 | 恭悦(きょうえつ)・恭賀(きょうが)・恭敬(きょうけい)・恭順(きょうじゅん) |
| 厄 | 厂 | 4 | ヤク | 一厂厅 厄 | 厄介(やっかい)・厄除け(やくよけ)・災厄(さいやく)・大厄(たいやく) |
| 庶 | 广 | 11 | ショ | 丶亠广 庐庶庶 | 庶事(しょじ)・庶民(しょみん)・庶務(しょむ) |
| 廃 | 广 | 12 | ハイ / すた(れる) すた(る) | 广广庐 庐廃廃 | 廃棄(はいき)・廃止(はいし)・退廃(たいはい)・撤廃(てっぱい) |
| 庸 | 广 | 11 | ヨウ | 丶广户 肩肩庸 | 中庸(ちゅうよう)・凡庸(ぼんよう) |
| 疫 | 疒 | 9 | エキ ヤク | 亠广疒 疒疫疫 | 疫病(えきびょう)・疫痢(えきり)・免疫(めんえき)・疫病神(やくびょうがみ) |
| 症 | 疒 | 10 | ショウ | 亠广疒 疒症症 | 症候(しょうこう)・症状(しょうじょう)・軽症(けいしょう)・重症(じゅうしょう) |

次の各文のカタカナ部分は漢字を、漢字は読みを答えよ。

1 モンピ（もんのとびら）を開放する。
2 市からヘンレイ（かえすこと）金を受け取る。
3 将軍にシャクイ（貴族の階級）を授ける。
4 日日の生活にコンキュウ（とてもこまること）する。
5 セットウ（他人の物をぬすむこと）罪に問われる。
6 山奥のカマモト（陶磁器を作るところ）を訪ねる。
7 政務次官をヒメン（やめさせること）する。
8 思いつくままラレツ（並べ上げること）する。
9 内輪の話がツツヌ（すぐ他に伝わること）けだ。
10 失敗に終わるオソレ（心配）がある。
11 敵のホリョ（戦場でとらえられた兵士）となる。
12 幾多のセイソウ（年月）が過ぎる。
13 楽しいフンイキ（その場のくうき）の店。
14 不足分をホジュウ（おぎなうこと）する。
15 首位の座はアンタイ（あんぜん）である。
16 組織のヘイガイ（悪いこと）が目立つ。
17 肺にシッカン（病）が見付かる。

18 ケンアン（解決されていない問題）事項を議論する。
19 昔からコンイ（親しい様子）の間柄だ。
20 アイシュウ（悲しみ）を帯びた笛の音（ね）。
21 チョウカイ（罰を与えること）免職となる。
22 ニンタイ（たえしのぶこと）が肝要である。
23 ユウゼン（ゆったりとしている様子）として去る。
24 キョウジュン（従うこと）の意を表する。
25 友人宅にヤッカイ（世話）になる。
26 ショミン（一般の人）の暮らしを守る。
27 余分なものはハイキ（すてること）する。
28 一見ボンヨウ（ありふれている）な人物。
29 体内にメンエキ（病原菌に抵抗する性質）を作る。
30 ショウジョウ（病気などのじょうたい）が軽くなる。
31 山のふもとで窯業（土などから製品を作る工業）を営む。
32 過労がもとで病を患う（病気になる）。
33 懇ろ（親切に）なもてなしを受ける。
34 恭しい（礼儀正しい）態度で接する。

## 解答とポイント

1 門扉
2 返戻
3 爵位
4 困窮
5 窃盗
6 窯元
7 罷免
8 羅列
9 筒抜
10 虞
11 捕虜
12 星霜
13 雰囲気
14 補充 NG! ×補
15 安泰
16 弊害 NG! ×幣害
17 疾患
18 懸案
19 懇意 NG! ×懇
20 哀愁
21 懲戒
22 忍耐
23 悠然
24 恭順 NG! ×恭
25 厄介
26 庶民
27 廃棄 NG! ×癈
28 凡庸
29 免疫
30 症状
31 ようぎょう
32 わずら
33 ねんご
34 うやうや

準2級 第8回

| 漢字 | 部首・画数 | 読み | 筆順 | 用例 |
|---|---|---|---|---|
| 痴 | 疒 13 | チ | 亠广疒 疒疒痴 | 痴漢(ちかん)・痴態(ちたい) 音痴(おんち)・愚痴(ぐち) |
| 癒 | 疒 18 | ユ い(える) い(やす) | 广疒疒 疒瘉癒 | 癒着(ゆちゃく)・快癒(かいゆ) 治癒(ちゆ)・平癒(へいゆ) |
| 痢 | 疒 12 | リ | 亠广疒 疒疒痢 | 疫痢(えきり)・下痢(げり) 赤痢(せきり) |
| 尼 | 尸 5 | ニ あま | フコ尸 尸尼 | 尼僧(にそう)・尼寺(あまでら) |
| 履 | 尸 15 | リ は(く) | コ尸尸 屐屐履 | 履行(りこう)・履歴(りれき) 草履(ぞうり)・履き物(はきもの) |
| 逸 | 辶 11 | イツ | ク各缶 免逸逸 | 逸材(いつざい)・逸脱(いつだつ) 安逸(あんいつ)・散逸(さんいつ) |
| 還 | 辶 16 | カン | 罒罒罒 睘睘還 | 還元(かんげん)・還暦(かんれき) 生還(せいかん)・奪還(だっかん) |
| 遮 | 辶 14 | シャ さえぎ(る) | 亠广庀 庶庶遮 | 遮光(しゃこう)・遮絶(しゃぜつ) 遮断(しゃだん) |
| 迅 | 辶 6 | ジン | 乙乙卂 卂卂迅 | 迅雷(じんらい)・奮迅(ふんじん) 無常迅速(むじょうじんそく) |
| 逝 | 辶 10 | セイ ゆ(く) い(く) | 一扌扌 扩折逝 | 逝去(せいきょ)・永逝(えいせい) 急逝(きゅうせい)・長逝(ちょうせい) |
| 遷 | 辶 15 | セン | 覀覀覀 票䙴遷 | 遷宮(せんぐう)・遷都(せんと) 左遷(させん)・変遷(へんせん) |
| 逐 | 辶 10 | チク | 一丆豕 豕豕逐 | 逐一(ちくいち)・逐次(ちくじ) 角逐(かくちく)・放逐(ほうちく) |

**Point!** 似ている漢字「逐(チク)」と「遂(スイ)」

逐は辶(足)+豕(いのしし)で、追う意。遂は辶(行く)+㒸(推す)で遂げる意。追い払うのは「駆逐(クチク)」。成し遂げるのは「遂行(スイコウ)」。

| 漢字 | 部首・画数 | 読み | 筆順 | 用例 |
|---|---|---|---|---|
| 逓 | 辶 10 | テイ | 一厂戸 戸乕逓 | 逓減(ていげん)・逓信(ていしん) 逓増(ていぞう) |
| 迭 | 辶 8 | テツ | ノ𠂉生 失迭迭 | 更迭(こうてつ) |
| 遍 | 辶 12 | ヘン | コ戸戸 扁扁遍 | 遍在(へんざい)・遍歴(へんれき) 普遍妥当(ふへんだとう) |
| 廷 | 廴 7 | テイ | ノ二千 壬廷廷 | 宮廷(きゅうてい)・朝廷(ちょうてい) 法廷(ほうてい) |

**Point!** 似ている漢字「廷(テイ)」と「延(エン)」

廷は廴(階段前の庭)に+壬(突き出る)で、天子の政治の場。延は廴(道)+正(まっすぐ行く)で、延びる意。

| 漢字 | 部首・画数 | 読み | 筆順 | 用例 |
|---|---|---|---|---|
| 囚 | 囗 5 | シュウ | 丨冂冈 囚囚 | 囚獄(しゅうごく)・囚人(しゅうじん) 幽囚(ゆうしゅう) |
| 衡 | 行 16 | コウ | 彳彳彳 徻徻衡 | 均衡(きんこう)・平衡(へいこう) 度量衡(どりょうこう) |
| 閑 | 門 12 | カン | 丨𠃌門 門閂閑 | 閑散(かんさん)・安閑(あんかん) 閑話休題(かんわきゅうだい) |
| 閥 | 門 14 | バツ | 丨𠃌門 閥閥閥 | 学閥(がくばつ)・財閥(ざいばつ) 派閥(はばつ)・門閥(もんばつ) |
| 且 | 一 5 | か(つ) | 丨冂月 月且 | 且つ(かつ) |
| 丙 | 一 5 | ヘイ | 一丆丙 丙丙 | 丙午(へいご)・丙種(へいしゅ) |
| 亜 | 二 7 | ア | 一丆亓 亓亜亜 | 亜鉛(あえん)・亜種(あしゅ) 亜流(ありゅう)・東亜(とうあ) |
| 傘 | 人 12 | サン かさ | 人仌仌 仒仒傘 | 傘下(さんか)・傘立て(かさたて) 雨傘(あまがさ)・番傘(ばんがさ) |
| 凹 | 凵 5 | オウ | 丨几几 凹凹 | 凹凸(おうとつ)・凹版(おうはん) 凹面(おうめん) |
| 凸 | 凵 5 | トツ | 丨卜凸 凸凸 | 凹凸(おうとつ)・凸版(とっぱん) 凸面(とつめん) |
| 刃 | 刀 3 | ジン は | フ刀刃 | 凶刃(きょうじん) 諸刃(もろは)・刃物(はもの) |
| 勲 | 力 15 | クン | 亠亩重 重動勲 | 勲功(くんこう)・勲章(くんしょう) 殊勲(しゅくん)・叙勲(じょくん) |
| 升 | 十 4 | ショウ ます | ノ丿千 升 | 一升(いっしょう) 升目(ますめ) |
| 叔 | 又 8 | シュク | 丨卜上 尗尗叔 | 叔父(おじ)・叔母(おば) |
| 叙 | 又 9 | ジョ | 人今全 余叙叙 | 叙勲(じょくん)・叙述(じょじゅつ) 叙情(じょじょう)・自叙伝(じじょでん) |

次の各文のカタカナ部分は漢字を、漢字は読みを答えよ。

1 グチをこぼさない。（言っても仕方のない嘆き）
2 初期ならチユする率が高い。（病気などがなおること）
3 ゲリ止めの薬を飲む。（腹くだし）
4 山寺のニソウを訪ねる。（女のお坊さん）
5 約束を正確にリコウする。（実際におこなうこと）
6 大事な資料がサンイツする。（ちらばってなくなること）
7 遭難からセイカンする。（いきて帰ること）
8 紫外線をシャダンする。（たち切りさえぎること）
9 フンジンの働きを見せる。（激しくふるい立つこと）
10 祖父がキュウセイする。（きゅうに亡くなること）
11 言葉のヘンセンをたどる。（移りかわり）
12 経過はチクジ報告する。（順を追っていちいち）
13 購買力がテイゲンする。（しだいにへること）
14 社長がコウテツされる。（ある地位・役目の人を入れ替えること）
15 フヘン性に欠ける意見。（共通すること）
16 正邪をホウテイで争う。（裁判所）
17 ユウシュウの身となる。（捕らえられ閉じ込められること）
18 収支のヘイコウを保つ。（バランス）
19 カンサンとした部屋。（人が少なくさびしいこと）
20 社内にハバツができる。（一つの組織の中にできた排他的集団）
21 頭が良くてカつ金持ちだ。（同時に）
22 甲乙ヘイ丁に振り分ける。（物事の三番目）
23 先行作品のアリュウだ。（一りゅうのもののまね）
24 巨大企業のサンカに入る。（勢力のした）
25 オウハン印刷で作った本。（インクのつく部分がくぼんでいるはん）
26 オウトツの激しい道路。（でこぼこ）
27 キョウジンに倒れる。（人殺しに使われたはもの）
28 九回裏にシュクンの一打。（手柄）
29 原稿用紙のマスメ。（ますのような正方形）
30 九州のオジは父の末弟だ。（親の弟）
31 思い出をジョジュツする。（書きのべること）
32 利益を広く還元する。（もとに戻すこと）
33 迅速に行動する。（すみやかなさま）
34 安閑とはしておれない。（のんびり）

## 解答とポイント

1 愚痴
2 治癒
3 下痢
4 尼僧
5 履行
6 散逸
7 生還 NG! 生環×
8 遮断
9 奮迅
10 急逝
11 変遷
12 逐次 NG! 遂次×
13 逓減
14 更迭
15 普遍
16 法廷 NG! 法延×
17 幽囚
18 平衡 NG! 平衝×
19 閑散
20 派閥
21 且
22 丙
23 亜流
24 傘下 NG! 参下×
25 凹版
26 凹凸
27 凶刃
28 殊勲
29 升目
30 叔父 NG! 伯父×
31 叙述
32 かんげん
33 じんそく
34 あんかん

| 漢字 | 部首 | 画数 | 読み | 用例 |
|---|---|---|---|---|
| 呉 | 口 | 7 | ゴ | 呉音・呉服 / 呉越同舟 |
| 嗣 | 口 | 13 | シ | 嗣子・継嗣 |
| 唇 | 口 | 10 | シン / くちびる | 口唇・紅唇 / 上唇 |
| 喪 | 口 | 12 | ソウ / も | 喪失・阻喪 / 大喪・喪服 |
| 呈 | 口 | 7 | テイ | 呈示・呈上 / 進呈・露呈 |
| 塾 | 土 | 14 | ジュク | 塾舎・塾生 / 義塾・私塾 |
| 塑 | 土 | 13 | ソ | 塑像・可塑 / 彫塑 |
| 堕 | 土 | 12 | ダ | 堕胎・堕落 |
| 塁 | 土 | 12 | ルイ | 塁審・塁壁 / 孤塁・盗塁 |
| 壮 | 士 | 6 | ソウ | 壮観・勇壮 / 大言壮語 |
| 奨 | 大 | 13 | ショウ | 奨学・奨励 / 勧奨・推奨 |

| 漢字 | 部首 | 画数 | 読み | 用例 |
|---|---|---|---|---|
| 奔 | 大 | 8 | ホン | 奔走・出奔 / 自由奔放 |
| 妥 | 女 | 7 | ダ | 妥協・妥結 / 妥当 |
| 妄 | 女 | 6 | モウ / ボウ | 妄想・妄断 / 軽挙妄動 |
| 尉 | 寸 | 11 | イ | 尉官・少尉 / 陸尉 |
| 尚 | ⺌ | 8 | ショウ | 尚古・尚早 / 和尚・高尚 |
| 屯 | 屮 | 4 | トン | 屯営・屯田 / 駐屯 |
| 崇 | 山 | 11 | スウ | 崇敬・崇高 / 崇拝・尊崇 |
| 帥 | 巾 | 9 | スイ | 元帥・総帥 / 統帥 |

**Point!** 似ている漢字「帥(スイ)」と「師(シ)」

帥は巾(布)＋𠂤(垂れる)で、もと腰に下げる布の意。師は𠂤(丘)＋帀(止まる)で、丘の上に軍隊が駐屯(チュウトン)したことから、もと軍隊の意。

| 漢字 | 部首 | 画数 | 読み | 用例 |
|---|---|---|---|---|
| 幣 | 巾 | 15 | ヘイ | 貨幣・御幣 / 紙幣・造幣 |
| 弔 | 弓 | 4 | チョウ / とむら(う) | 弔辞・弔問 / 慶弔・追弔 |

| 漢字 | 部首 | 画数 | 読み | 用例 |
|---|---|---|---|---|
| 慶 | 心 | 15 | ケイ | 慶賀・慶弔 / 大慶・同慶 |
| 摩 | 手 | 15 | マ | 摩擦・摩滅 / 摩耗 |
| 昆 | 日 | 8 | コン | 昆虫・昆弟 / 昆布 |
| 曹 | 曰 | 11 | ソウ | 曹司・軍曹 / 重曹・法曹 |
| 栽 | 木 | 10 | サイ | 栽培・盆栽 |

**Point!** 漢字の使い分け「栽(サイ)」と「裁(サイ)」

栽は木＋𢦏(断ち切る)で、伸びた枝を切ることから樹木を育てる意。裁は衣＋𢦏(切り離す)で、衣服を作るのに布を裁つ意。

| 漢字 | 部首 | 画数 | 読み | 用例 |
|---|---|---|---|---|
| 献 | 犬 | 13 | ケン / コン | 献身・貢献 / 献立・一献 |
| 璽 | 玉 | 19 | ジ | 印璽・御璽 / 玉璽・国璽 |
| 琴 | 王 | 12 | キン / こと | 琴線・弾琴 / 木琴 |
| 瓶 | 瓦 | 11 | ビン | 瓶詰め・花瓶 / 土瓶 |
| 甚 | 甘 | 9 | ジン / はなは(だ) / はなは(だしい) | 甚句・甚大 / 激甚・幸甚 |

準2級 第10回

次の各文のカタカナ部分は漢字を、漢字は読みを答えよ。

1 百貨店ではゴフクも扱う。（着物用の織物）
2 大名のケイシに生まれる。（あとつぎ）
3 ウワクチビルを切る。（うえのくちびる）
4 自信をソウシツする。（うしなうこと）
5 人間の醜さがロテイする。（あらわになること）
6 学習ジュクに通う。（私設の学舎）
7 竜のソゾウを出展する。（粘土などで作ったぞう）
8 精神のダラクを戒める。（不健全になること）
9 流行に抗してコルイを守る。（とり残されたとりで）
10 村に伝わるユウソウな祭り。（いさましくて盛んな様子）
11 学問をショウレイする。（はげましすすめること）
12 三女はホンポウな性格だ。（思うままにふるまうこと）
13 弱気になってダキョウする。（主張を引っ込めること）
14 モウソウにとらわれる。（くうそうを事実のように信じ込むこと）
15 半年でショウイに昇進する。（軍隊の階級の一つ）
16 コウショウな趣味。（上品で程度がたかい様子）
17 外地にチュウトンする軍隊。（軍隊が、ある場所に留まること）
18 英雄としてスウハイする。（うやまうこと）
19 全軍を統括するゲンスイ。（軍人の最高位）
20 古代のカヘイが見つかる。（お金）
21 葬式でチョウジを読む。（とむらいの言葉）
22 御（ご）ドウケイの至りである。（お互いに喜ばしいこと）
23 周囲とのマサツが起きる。（間に生じるトラブル）
24 コンチュウ採集に興じる。（チョウ・トンボなどのむし）
25 ジュウソウを水に溶かす。（ふくらし粉や薬に用いる粉）
26 海外でボンサイが人気だ。（樹木を観賞用に仕立てた鉢植え）
27 ケンシン的な看護をする。（我がみを犠牲にして尽くすこと）
28 ギョクジを賜る。（天皇の印の敬称）
29 キンセンに触れる一言。（感動すること）
30 ドビン蒸しを食べる。（陶器の一種）
31 台風の被害はジンダイだ。（非常にひどい）
32 決断するには尚早だ。（時期がはやい）
33 事故の犠牲者を弔う。（死をいたむ）
34 真偽の程は甚だ怪しい。（とても・非常に）

## 解答とポイント

1 呉服
2 継嗣
3 上唇
4 喪失 NG! ×喪
5 露呈
6 塾
7 塑像
8 堕落 NG! ×惰落
9 孤塁
10 勇壮
11 奨励
12 奔放
13 妥協
14 妄想
15 少尉
16 高尚
17 駐屯 NG! ×屯
18 崇拝
19 元帥 NG! ×元師
20 貨幣 NG! ×貨弊
21 弔辞
22 同慶
23 摩擦 NG! ×磨擦
24 昆虫 NG! ×混虫
25 重曹
26 盆栽 NG! ×盆裁
27 献身
28 玉璽
29 琴線
30 土瓶
31 甚大
32 しょうそう
33 とむら
34 はなは

| 漢字 | 部首・画数 | 読み | 用例 |
|---|---|---|---|
| 畝 | 田 10 | うね | 畝織り(うねおり) |
| 疎 | ⻊ 12 | ソ／うと(い)／うと(む) | 疎外(そがい)・疎略(そりゃく)／過疎(かそ)・空疎(くうそ) |
| 督 | 目 13 | トク | 督促(とくそく)・督励(とくれい)／監督(かんとく)・提督(ていとく) |
| 盲 | 目 8 | モウ | 盲愛(もうあい)・盲従(もうじゅう)／盲点(もうてん)・文盲(もんもう) |
| 碁 | 石 13 | ゴ | 碁敵(ごがたき)・碁盤(ごばん)／囲碁(いご)・詰め碁(つめご) |
| 磨 | 石 16 | マ／みが(く) | 磨滅(まめつ)・磨耗(まもう)／研磨(けんま)・錬磨(れんま) |
| 繭 | 糸 18 | ケン／まゆ | 繭糸(けんし)・蚕繭(さんけん)／繭玉(まゆだま)・山繭(やままゆ) |
| 索 | 糸 10 | サク | 索引(さくいん)・検索(けんさく)／捜索(そうさく)・模索(もさく) |
| 累 | 糸 11 | ルイ | 累計(るいけい)・累進(るいしん)／累積(るいせき)・係累(けいるい) |
| 翁 | 羽 10 | オウ | 岳翁(がくおう)・老翁(ろうおう) |
| 粛 | 聿 11 | シュク | 厳粛(げんしゅく)・自粛(じしゅく)／綱紀粛正(こうきしゅくせい) |

| 漢字 | 部首・画数 | 読み | 用例 |
|---|---|---|---|
| 肯 | 肉 8 | コウ | 肯定(こうてい)・首肯(しゅこう) |
| 肖 | 肉 7 | ショウ | 肖像(しょうぞう)・不肖(ふしょう) |
| 臭 | 自 9 | シュウ／くさ(い)／にお(う) | 臭覚(しゅうかく)・異臭(いしゅう)／俗臭(ぞくしゅう)・生臭い(なまぐさい) |
| 覇 | 西 19 | ハ | 覇気(はき)・覇権(はけん)／制覇(せいは)・争覇(そうは) |
| 蛍 | 虫 11 | ケイ／ほたる | 蛍光(けいこう)・蛍雪(けいせつ)／蛍窓(けいそう)・蛍火(ほたるび) |
| 融 | 虫 16 | ユウ | 融合(ゆうごう)・融資(ゆうし)／融通(ゆうずう)・金融(きんゆう) |
| 衷 | 衣 9 | チュウ | 衷心(ちゅうしん)・苦衷(くちゅう)／和洋折衷(わようせっちゅう) |
| 褒 | 衣 15 | ホウ／ほ(める) | 褒賞(ほうしょう)・褒美(ほうび) |

**Point!** 書き誤りやすい漢字「褒(ホウ)」

褒は衣(衣服)+保(広い)で、裾(すそ)の広い衣服の意。借りて、ほめる意に用いる。衣を亠と𧘇に分け、間に保が入った形。

| 漢字 | 部首・画数 | 読み | 用例 |
|---|---|---|---|
| 缶 | 缶 6 | カン | 缶切り(かんき)・缶詰め(かんづ)／空き缶(あきかん) |
| 誓 | 言 14 | セイ／ちか(う) | 誓願(せいがん)・誓約(せいやく)／祈誓(きせい)・宣誓(せんせい) |
| 謄 | 言 17 | トウ | 謄写(とうしゃ)・謄本(とうほん) |

**Point!** 漢字の使い分け「謄(トウ)」と「騰(トウ)」

謄は言+朕(受け継ぐ)で、文字を写して同じ物を作る意。騰は馬+朕で、宿場で乗り継ぐ馬。借りて、上がる意に用いる。

| 漢字 | 部首・画数 | 読み | 用例 |
|---|---|---|---|
| 貢 | 貝 10 | コウ／ク／みつ(ぐ) | 貢献(こうけん)・来貢(らいこう)／年貢(ねんぐ)・貢ぎ物(みつぎもの) |
| 貞 | 貝 9 | テイ | 貞淑(ていしゅく)・貞節(ていせつ)／童貞(どうてい)・不貞(ふてい) |
| 賓 | 貝 15 | ヒン | 賓客(ひんきゃく)・迎賓(げいひん)／主賓(しゅひん)・来賓(らいひん) |
| 斎 | 斉 11 | サイ | 斎戒(さいかい)・斎主(さいしゅ)／潔斎(けっさい)・書斎(しょさい) |
| 斉 | 斉 8 | セイ | 斉唱(せいしょう)・斉民(せいみん)／一斉(いっせい)・均斉(きんせい) |
| 韻 | 音 19 | イン | 韻文(いんぶん)・韻律(いんりつ)／押韻(おういん)・余韻(よいん) |
| 騰 | 馬 20 | トウ | 騰貴(とうき)・急騰(きゅうとう)／沸騰(ふっとう)・暴騰(ぼうとう) |
| 竜 | 竜 10 | リュウ／たつ | 恐竜(きょうりゅう)・竜巻(たつまき)／竜頭蛇尾(りゅうとうだび) |
| 麻 | 麻 11 | マ／あさ | 麻酔(ますい)・麻糸(あさいと)／快刀乱麻(かいとうらんま) |

次の各文のカタカナ部分は漢字を、漢字は読みを答えよ。

1 ウネオリ（表面に高低を出したおりもの）の着物を着る。
2 クウソ（無駄で虚しいこと）な議論が続く。
3 支払いのトクソク（約束を守るよう、うながすこと）をする。
4 権力にモウジュウ（無条件でしたがうこと）する。
5 祖父のイゴ（黒白の石を盤上に置くゲーム）の相手をする。
6 時間とともにマメツ（擦り切れること）する。
7 初詣でマユダマ（正月の飾り物）を買う。
8 善後策をモサク（手探りで探すこと）する。
9 赤字がルイセキ（重なりつもること）する。
10 白髪のロウオウ（年をとったおじいさん）。
11 ゲンシュク（おごそかな）な式典。
12 急にはシュコウ（納得）できない。
13 フショウ（愚かな）の息子に手を焼く。
14 イシュウ（嫌なにおい）が鼻をつく。
15 全国セイハ（優勝）を目指す。
16 ケイセツ（苦労して学ぶこと）の功なる。
17 父はユウズウ（柔軟に処理すること）が利かない。

18 クチュウ（つらい心のうち）を察する。
19 家臣にホウビ（ほめて与える物）を与える。
20 空きカン（金属の容器）を拾う。
21 セイヤク（ちかい、やくそくすること）書に署名する。
22 登記簿のトウホン（原ぼんの全文の写し）が必要だ。
23 社会にコウケン（役に立つこと）する。
24 テイシュク（夫人が夫につくす様子）に振る舞う。
25 大勢のライヒン（招かれて来た客）を迎える。
26 父のショサイ（どくしょなどをする部屋）に忍び込む。
27 校歌をセイショウ（全員で歌うこと）する。
28 読後にヨイン（言外の趣）の残る文章。
29 百度以下でもフットウ（煮え立つこと）する。
30 タツマキ（激しい旋風）の被害に遭う。
31 抜歯の前にマスイ（薬で知覚を一時失わせること）をかける。
32 世間の流行に疎（鈍い）い。
33 綱紀粛正（規律を正して政治の不正を戒めること）を行う。
34 和洋折衷（異なる考えを取り合わせること）の庭園を作る。

## 解答とポイント

1 畝織
2 空疎
3 督促 NG! ×督
4 盲従
5 囲碁
6 磨(摩)滅
7 繭玉
8 模索
9 累積 NG! 累績×
10 老翁
11 厳粛 NG! ×粛
12 首肯
13 不肖
14 異臭
15 制覇
16 蛍雪
17 融通

18 苦衷 NG! ×衷
19 褒美
20 缶
21 誓約
22 謄本 NG! 騰×本
23 貢献
24 貞淑
25 来賓
26 書斎 NG! 書斉×
27 斉唱 NG! 斎×唱
28 余韻
29 沸騰 NG! 沸謄×
30 竜巻
31 麻酔
32 うと
33 しゅくせい
34 せっちゅう

(30分)

/100点

(一) 次の——線の読みをひらがなで記せ。 1×5(5点)

① 解決の方法を示唆する。（　）
② 英雄を崇拝する。（　）
③ 収賄の容疑で検挙される。（　）
④ 相手の発言を遮る。（　）
⑤ 罪を償う。（　）

(二) 次の——線の読みをひらがなで記せ。 1×10(10点)

① 心より哀悼の意をささげる。（　）
② 友の不慮の死を悼む。（　）
③ 酒を醸造する。（　）
④ 首相の発言が物議を醸す。（　）
⑤ 懇切丁寧に説明する。（　）
⑥ 客を懇ろにもてなす。（　）
⑦ 内戦で村が荒廃する。（　）
⑧ 古い風習が廃れる。（　）
⑨ 旧友と心ならずも疎遠になる。（　）
⑩ 去る者は日日に疎し。（　）

(三) 漢字を二字組み合わせた熟語では、意味の上で次のような関係がある。

ア 同じような意味の字を重ねたもの (例 岩石)
イ 反対または対応の意味を表す字を重ねたもの (例 高低)
ウ 上の字が下の字を修飾しているもの (例 洋画)
エ 下の字が上の字の目的語・補語になっているもの (例 着席)
オ 上の字が下の字の意味を打ち消しているもの (例 非常)

次の熟語は、右のア〜オのどれにあたるか、記号で記せ。 2×10(20点)

① 怠惰（　）
② 美醜（　）
③ 麻糸（　）
④ 漸進（　）
⑤ 抜群（　）
⑥ 禍福（　）
⑦ 迅速（　）
⑧ 偽善（　）
⑨ 不肖（　）
⑩ 頻発（　）

(四) 次の漢字の部首を記せ。 2×4(8点)

① 謄（　）
② 勲（　）
③ 衷（　）
④ 弊（　）

（五）次のカタカナの部分を漢字一字と送りがなに直せ。　2×6（12点）

① 干満の差が**ハナハダシイ**。
② **ウヤウヤシク**お辞儀をする。
③ 恩賞を**タマワル**。
④ 手を**ワズラワセ**申し訳ない。
⑤ 少年時代を**ナツカシム**。
⑥ 優しく不心得を**サトス**。

（六）後の□の中のひらがなを漢字に直して、対義語・類義語を記せ。　2×10（20点）

対義語

① 顕在 ↔
② 散文 ↔
③ 拙劣 ↔
④ 栄転 ↔
⑤ 獲得 ↔

類義語

⑥ 専念 ＝
⑦ 実行 ＝
⑧ 達成 ＝
⑨ 寄与 ＝
⑩ 罷免 ＝

じょうじゅ・いんぶん・そうしつ・ぼっとう・かいこ
させん・こうみょう・こうけん・せんざい・りこう

（七）次の（　）に入る適切な語を□の中から選んで、漢字に直して四字熟語を完成させよ。　2×10（20点）

① 呉越（　）
② 内憂（　）
③ 信賞（　）
④ 暗中（　）
⑤ 千載（　）
⑥（　）不抜
⑦（　）無人
⑧（　）迅雷
⑨（　）当千
⑩（　）蛇尾

ひつばつ・いちぐう・いっき・どうしゅう・りゅうとう
もさく・がいかん・けんにん・ぼうじゃく・しっぷう

（八）次の文中に間違って使われている同じ音訓の漢字が一字ずつある。上に誤字を、下に正しい字を記せ。　1×5（5点）

① 審議を尽くして条約を批準する。
② 熟考の末、提案を徹回する。
③ 危険な目に遭っても凝りない。
④ 古代遺跡の発堀に参加する。
⑤ 本番で実力を遺感なく発揮する。

準2級　級別テスト

| 漢字 | 部首・画数 | 読み | 筆順 | 用例 |
|---|---|---|---|---|
| 俺 | イ 10 | おれ | 亻仁仒 俗俺俺 | 俺（おれ） |
| 伎 | イ 6 | キ | ノイ仁 什伎伎 | 歌舞伎（かぶき） |
| 僅※ | イ 13 | キン／わず(か) | 亻仹僅 僅僅僅 | 僅差（きんさ）・僅少（きんしょう）／残り僅か（のこりわずか） |
| 傲 | イ 13 | ゴウ | 仹佳傍 傍傲傲 | 傲然（ごうぜん）・傲慢（ごうまん） |
| 侶 | イ 9 | リョ | 亻伊伊 伊侶侶 | 僧侶（そうりょ）・伴侶（はんりょ） |
| 凄 | 冫 10 | セイ | 冫冫冫 凄凄凄 | 凄惨（せいさん）・凄絶（せいぜつ） |
| 冶 | 冫 7 | ヤ | 冫冫冫 冶冶冶 | 冶金（やきん）・陶冶（とうや） |
| 咽 | 口 9 | イン | 口叩叩 咽咽咽 | 咽喉（いんこう） |
| 唄 | 口 10 | うた | 口叩叩 唄唄唄 | 馬追い唄（うまおいうた）／小唄（こうた）・長唄（ながうた） |
| 嗅※ | 口 13 | キュウ／か(ぐ) | 口叩嗅 嗅嗅嗅 | 嗅覚（きゅうかく）・嗅感（きゅうかん） |
| 喉 | 口 12 | コウ／のど | 口叮叮 喉喉喉 | 咽喉（いんこう）・喉頭（こうとう）／喉仏（のどぼとけ）・喉元（のどもと） |

| 漢字 | 部首・画数 | 読み | 筆順 | 用例 |
|---|---|---|---|---|
| 叱 | 口 5 | シツ／しか(る) | 丨口口 叱叱 | 叱責（しっせき）／お叱り（おしかり） |
| 呪 | 口 8 | ジュ／のろ(う) | 口叩叩 叩呪呪 | 呪術（じゅじゅつ）・呪縛（じゅばく）／呪文（じゅもん） |
| 唾 | 口 11 | ダ／つば | 口叮叮 唾唾唾 | 唾液（だえき）・唾棄（だき）／生唾（なまつば）・眉唾（まゆつば） |
| 嘲※ | 口 15 | チョウ／あざけ(る) | 口叶嘲 嘲嘲嘲 | 嘲笑（ちょうしょう）・嘲弄（ちょうろう）／自嘲（じちょう） |
| 哺 | 口 10 | ホ | 口叮叮 哺哺哺 | 哺乳類（ほにゅうるい）／哺乳瓶（ほにゅうびん） |
| 喩※ | 口 12 | ユ | 口吟哈 喩喩喩 | 暗喩（あんゆ）・隠喩（いんゆ）／直喩（ちょくゆ）・比喩（ひゆ） |
| 堆 | 土 11 | タイ | 土圹圹 堆堆堆 | 堆積（たいせき）・堆肥（たいひ） |
| 塡※ | 土 13 | テン | 土圹圹 塡塡塡 | 充塡（じゅうてん）・装塡（そうてん）／補塡（ほてん） |
| 嫉 | 女 13 | シツ | 女女女 嫉嫉嫉 | 嫉視（しっし）・嫉妬（しっと） |
| 妬 | 女 8 | ト／ねた(む) | 女女女 妬妬妬 | 嫉妬（しっと） |

**Point!** 漢字の使い分け「喩（ユ）」と「諭（ユ）」

兪は抜き取る意。喩と諭は、取り出して言い聞かせることで同義だが、喩は喩（たと）える、諭は諭（さと）すと使い分ける。

| 漢字 | 部首・画数 | 読み | 筆順 | 用例 |
|---|---|---|---|---|
| 妖 | 女 7 | ヨウ／あや(しい) | く女女 妖妖妖 | 妖艶（ようえん）・妖怪（ようかい）／妖気（ようき）・妖精（ようせい） |
| 弥 | 弓 8 | や | ㇇コ弓 弥弥弥 | 弥生（やよい）・弥次馬（やじうま） |
| 惧※ | 忄 11 | グ | 忄忄忄 惧惧惧 | 危惧（きぐ） |
| 憬 | 忄 15 | ケイ | 忄忄忄 憬憬憬 | 憧憬（しょうけい） |
| 憧 | 忄 15 | ショウ／あこが(れる) | 忄忄忄 憧憧憧 | 憧憬（しょうけい） |
| 慄 | 忄 13 | リツ | 忄忄忄 慄慄慄 | 慄然（りつぜん）・戦慄（せんりつ） |
| 隙 | 阝 13 | ゲキ／すき | ３阝阝 隙隙隙 | 間隙（かんげき）・隙間（すきま）／手隙（てすき） |
| 挨 | 扌 10 | アイ | 十才扌 挨挨挨 | 挨拶（あいさつ） |
| 挫 | 扌 10 | ザ | 十才扌 挫挫挫 | 挫折（ざせつ）・挫傷（ざしょう）／頓挫（とんざ） |
| 拶 | 扌 9 | サツ | 十才扌 拶拶拶 | 挨拶（あいさつ） |

※許容字体 常用漢字表の備考欄に［ ］で示されている字体。

僅［僅］ 嗅［嗅］ 嘲［嘲］ 喩［喩］ 塡［填］ 惧［惧］

次の各文のカタカナ部分は漢字を、漢字は読みを答えよ。

1 自分のことを「オレ」と呼ぶ。（男が使うくだけた自称）
2 人気のあるカブキ役者。（日本の伝統的な演劇）
3 キンサで惜しくも敗れる。（わずかな開き）
4 ワズかに及ばず二位に終わる。（ほんの少し）
5 ゴウマンな態度をとる。（おごり高ぶって人を見下すさま）
6 旅のソウリョに出会う。（出家して仏道に入った人）
7 セイサンな事件が起こる。（むごたらしいさま）
8 教育で人格をトウヤする。（能力や品性をきたえること）
9 耳鼻インコウ科の医者。（のど）
10 師匠にナガウタを習う。（伝統的なしゃみせん歌曲）
11 犬のキュウカクの鋭さに驚く。（においによる感じ方）
12 ノドモト過ぎれば熱さを忘れる。（のどの辺り）
13 過失を厳しくシッセキする。（しかること）
14 ジュバクから解放される。（まじないをかけて動けないようにすること）
15 思わずダエキが出る。（つば）
16 その話は眉ツバ物だ。（疑わしいこと）
17 ジチョウ気味に笑う。（みずからをあざけること）

18 くじらはホニュウルイだ。（子がちちを飲んで育つ動物）
19 たくみなヒユで表現する。（修辞法の一つ、たとえ）
20 土砂がタイセキする。（たまりつもること）
21 子会社の損失をホテンする。（足りないところをおぎなって埋めること）
22 優秀な友人にシットする。（うらやみねたむこと）
23 ヨウカイに関する本を読む。（ばけもの）
24 三月を昔はヤヨイと呼んだ。（陰暦の三月）
25 絶滅がキグされる動物。（心配し恐れること）
26 ショウケイの念を抱く。（あこがれること）
27 先輩にアコガれる。（思いを寄せる）
28 事件の報道にセンリツがはしる。（恐れて身震いすること）
29 敵のカンゲキを突く。（すき）
30 転任のアイサツ状を送る。（人と取り交わす儀礼的な言葉や動作）
31 苦いザセツを味わう。（途中で砕けること）
32 人の失敗を**嘲**る。（ばかにして笑う）
33 **妬**みを買う。（うらやみにくむこと）
34 いま一歩の所で**頓挫**する。（急に行き詰まること）

## 解答とポイント

1 俺
2 歌舞伎
3 僅差 NG! ×仅
4 僅
5 傲慢
6 僧侶
7 凄惨
8 陶冶 NG! 陶治×
9 咽喉
10 長唄
11 嗅覚
12 喉元
13 叱責
14 呪縛
15 唾液
16 唾
17 自嘲
18 哺乳類
19 比喩
20 堆積
21 補塡
22 嫉妬
23 妖怪
24 弥生
25 危惧
26 憧憬
27 憧
28 戦慄
29 間隙
30 挨拶
31 挫折
32 あざけ
33 ねた
34 とんざ

2級 第1回

| 漢字 | 部首 | 画数 | 読み | 用例 |
|---|---|---|---|---|
| 拭 | 扌 | 9 | ショク／ふ(く)／ぬぐ(う) | 拭浄（しょくじょう）・払拭（ふっしょく）／手拭い（てぬぐい） |
| 捉 | 扌 | 10 | ソク／とら(える) | 捕捉（ほそく）／捉え方（とらえかた） |
| 捗※ | 扌 | 10 | チョク | 進捗（しんちょく） |
| 捻 | 扌 | 11 | ネン | 捻挫（ねんざ）・捻出（ねんしゅつ） |
| 拉 | 扌 | 8 | ラ | 拉致（らち） |
| 淫※ | 氵 | 11 | イン／みだ(ら) | 淫行（いんこう）・淫欲（いんよく）／淫乱（いんらん） |
| 潰 | 氵 | 15 | カイ／つぶ(す)／つぶ(れる) | 潰走（かいそう）・潰滅（かいめつ）／潰瘍（かいよう）・決潰（けっかい） |
| 沙 | 氵 | 7 | サ | 沙汰（さた）・音沙汰（おとさた） |
| 汰 | 氵 | 7 | タ | 沙汰（さた）／御無沙汰（ごぶさた） |
| 溺※ | 氵 | 13 | デキ／おぼ(れる) | 溺愛（できあい）・溺死（できし）／溺惑（できわく） |
| 氾 | 氵 | 5 | ハン | 氾濫（はんらん） |

| 漢字 | 部首 | 画数 | 読み | 用例 |
|---|---|---|---|---|
| 汎 | 氵 | 6 | ハン | 汎愛（はんあい）・汎称（はんしょう）／汎用（はんよう）・汎論（はんろん） |
| 湧 | 氵 | 12 | ユウ／わ(く) | 湧水（ゆうすい）・湧出（ゆうしゅつ）／湧き水（わきみず） |
| 沃 | 氵 | 7 | ヨク | 沃土（よくど）・沃野（よくや）／肥沃（ひよく）・豊沃（ほうよく） |
| 狙 | 犭 | 8 | ソ／ねら(う) | 狙撃（そげき）／狙い撃ち（ねらいうち） |
| 曖 | 日 | 17 | アイ | 曖昧（あいまい） |
| 旺 | 日 | 8 | オウ | 旺盛（おうせい） |
| 昧 | 日 | 9 | マイ | 曖昧（あいまい）・愚昧（ぐまい）／三昧（さんまい） |
| 臆 | 月 | 17 | オク | 臆説（おくせつ）・臆測（おくそく）／臆病（おくびょう）・臆面（おくめん） |
| 股 | 月 | 8 | コ／また | 股間（こかん）・股関節（こかんせつ）／内股（うちまた）・大股（おおまた） |
| 腫 | 月 | 13 | シュ／は(れる)／は(らす) | 腫瘍（しゅよう）・浮腫（ふしゅ）／腫れ物（はれもの） |

**Point!**

**漢字の部首に注意　「曖（アイ）」と「昧（マイ）」**

曖は日＋愛（まとい付く）で日が陰る意。昧は日＋未（はっきり見えない）で明け方の意。曖昧は日が暗く、はっきりしないさま。

| 漢字 | 部首 | 画数 | 読み | 用例 |
|---|---|---|---|---|
| 腺 | 月 | 13 | セン | 汗腺（かんせん）・前立腺（ぜんりつせん）／乳腺（にゅうせん）・涙腺（るいせん） |
| 膳 | 月 | 16 | ゼン | 配膳（はいぜん）／お膳立て（おぜんだて） |
| 膝 | 月 | 15 | ひざ | 膝掛け（ひざかけ）・膝頭（ひざがしら）／立て膝（たてひざ） |
| 肘 | 月 | 7 | ひじ | 肘当て（ひじあて）／肘掛け（ひじかけ）・肩肘（かたひじ） |
| 脇 | 月 | 10 | わき | 脇腹（わきばら）・脇目（わきめ）／脇役（わきやく）・両脇（りょうわき） |
| 椅 | 木 | 12 | イ | 椅子（いす） |
| 楷 | 木 | 13 | カイ | 楷書（かいしょ） |
| 柿 | 木 | 9 | かき | 柿色（かきいろ）・甘柿（あまがき）／渋柿（しぶがき） |
| 桁 | 木 | 10 | けた | 桁違い（けたちがい）／橋桁（はしげた） |
| 梗 | 木 | 11 | コウ | 梗概（こうがい）／心筋梗塞（しんきんこうそく） |

※許容字体
捗［捗］　淫［淫］　溺［溺］

次の各文のカタカナ部分は漢字を、漢字は読みを答えよ。

1 疑惑を**フッショク**する。
すっかり取り除くこと

2 説明の要点を**ホソク**する。
とらえること

3 工事の**シンチョク**状況。
物事がすすみはかどること

4 費用を**ネンシュツ**する。
金銭の算段をすること

5 **ラチ**事件の被害者を救う。
無理やり連れて行くこと

6 **ミダ**らな行い。
性に関してだらしのないさま

7 面目を**ツブ**される。
失わす

8 追って**サタ**をする。
通知、指図

9 御**ブサタ**しております。
長い間連絡を取らないこと

10 孫娘を**デキアイ**する。
むやみにかわいがること

11 大雨で川が**ハンラン**する。
洪水になること

12 **ハンヨウ**性の高い技術。
一つのものをいろいろな方面につかうこと

13 温泉が**ユウシュツ**する。
わきでること

14 地下から水が**ワ**き出す。
地上に吹き出る

15 **ヒヨク**な大地で農業をする。
土地がこえているさま

16 **ネラ**いどおりの結果だ。
目標を定めること

17 質問に**アイマイ**に答える。
はっきりしないさま

18 兄は好奇心が**オウセイ**だ。
活力や意欲がさかんなこと

19 読書**ザンマイ**に時を過ごす。
そのことに熱中するさま

20 新しいことに**オクビョウ**になる。
びくびくするさま

21 彼は常に**オオマタ**で歩く。
歩幅の広いこと

22 **ハ**れ物に触るような扱い。
できもの

23 思わず**ルイセン**が緩む。
なみだを分泌するところ

24 給食の**ハイゼン**係。
食事を各人の前にくばること

25 転んで**ヒザガシラ**を擦りむく。
ひざの関節の前面

26 **カタヒジ**を張らずに話す。
堅苦しいさま

27 **ワキバラ**が痛みだした。
よこばら

28 長**イス**に腰をかける。
腰を下ろすための家具

29 **カイショ**で丁寧にかく。
字形を崩さないきちんとしたかき方

30 **シブガキ**は干すと甘くなる。
熟しても甘くならない果物のかき

31 実力の差は**ケタチガ**いだ。
格段の差があること

32 心筋**コウソク**の発作だ。
心臓の血管がつまって起こる病気

33 額の汗を**拭**う。
ふいてきれいにする

34 **潰滅**的な被害を受ける。
ほろびること

## 解答とポイント

1 払拭
2 捕捉
3 進捗
4 捻出
5 拉致
6 淫
7 潰
8 沙汰
9 無沙汰
10 溺愛
11 氾濫 NG! 氾乱×
12 汎用
13 湧出
14 湧 NG! 沸×
15 肥沃
16 狙
17 曖昧
18 旺盛
19 三昧
20 臆病
21 大股
22 腫
23 涙腺 NG! 涙線×
24 配膳
25 膝頭
26 肩肘
27 脇腹
28 椅子
29 楷書
30 渋柿
31 桁違
32 梗塞 NG! 硬塞×
33 ぬぐ
34 かいめつ

| 漢字 | 部首 | 画数 | 読み | 筆順 | 用例 |
|---|---|---|---|---|---|
| 柵 | 木 | 9 | サク | 十 木 朾 杁 柵 柵 | 鉄柵（てっさく）・転落防止柵（てんらくぼうしさく） |
| 椎 | 木 | 12 | ツイ | 木 朩 杵 杵 椎 椎 | 椎間板（ついかんばん）・脊椎（せきつい） |
| 枕 | 木 | 8 | まくら | 十 木 木 杪 杪 枕 | 枕木（まくらぎ）・枕元（まくらもと）・歌枕（うたまくら） |
| 玩 | 王 | 8 | ガン | 一 T 王 玗 玩 玩 | 玩具（がんぐ）・玩味（がんみ）・愛玩（あいがん）・賞玩（しょうがん） |
| 璃 | 王 | 14 | リ | 王 玗 玟 璃 璃 璃 | 瑠璃色（るりいろ）・浄瑠璃（じょうるり） |
| 瑠 | 王 | 14 | ル | 王 珂 瑠 瑠 瑠 瑠 | 瑠璃色（るりいろ）・浄瑠璃（じょうるり） |
| 瞳 | 目 | 17 | ドウ<br>ひとみ | 目 目 目 暗 瞳 瞳 | 瞳孔（どうこう）・瞳子（どうし） |
| 睦 | 目 | 13 | ボク | 冂 目 目 睦 睦 睦 | 親睦（しんぼく）・和睦（わぼく） |
| 瞭 | 目 | 17 | リョウ | 目 目 目 瞭 瞭 瞭 | 瞭然（りょうぜん）・明瞭（めいりょう） |
| 稽※ | 禾 | 15 | ケイ | 禾 禾 禾 稽 稽 稽 | 稽古（けいこ）・稽首（けいしゅ）・滑稽（こっけい）・無稽（むけい） |
| 袖 | 衤 | 10 | シュウ<br>そで | 衤 衤 衤 衵 袖 袖 | 領袖（りょうしゅう）・袖口（そでぐち）・半袖（はんそで）・袖の下（そでのした） |

| 漢字 | 部首 | 画数 | 読み | 筆順 | 用例 |
|---|---|---|---|---|---|
| 裾 | 衤 | 13 | すそ | 衤 衤 衤 衤 裾 裾 | 裾野（すその）・裾模様（すそもよう） |
| 綻 | 糸 | 14 | タン<br>ほころ(びる) | 幺 糸 糸 綻 綻 綻 | 破綻（はたん） |
| 緻 | 糸 | 16 | チ | 糸 糸 糸 緻 緻 緻 | 緻密（ちみつ）・精緻（せいち） |
| 舷 | 舟 | 11 | ゲン | 力 舟 舟 舟 舷 舷 | 舷側（げんそく）・右舷（うげん）・左舷（さげん） |
| 虹 | 虫 | 9 | にじ | 口 中 虫 虫 虹 虹 | 虹色（にじいろ） |
| 蜂 | 虫 | 13 | ホウ<br>はち | 中 虫 虫 蜂 蜂 蜂 | 蜂起（ほうき）・養蜂（ようほう）・蜜蜂（みつばち） |
| 諧 | 言 | 16 | カイ | 言 言 言 諧 諧 諧 | 諧調（かいちょう）・俳諧（はいかい） |
| 詣 | 言 | 13 | ケイ<br>もう(でる) | 言 言 言 詣 詣 詣 | 参詣（さんけい）・造詣（ぞうけい）・初詣で（はつもうで） |
| 詮※ | 言 | 13 | セン | 言 言 言 詮 詮 詮 | 詮索（せんさく）・詮議（せんぎ）・所詮（しょせん） |
| 誰 | 言 | 15 | だれ | 言 言 言 誰 誰 誰 | 誰彼（だれかれ） |
| 諦 | 言 | 16 | テイ<br>あきら(める) | 言 言 言 諦 諦 諦 | 諦観（ていかん）・諦視（ていし）・諦念（ていねん） |
| 謎※ | 言 | 17 | なぞ | 言 言 言 謎 謎 謎 | 謎掛け（なぞかけ）・謎めく（なぞめく） |

| 漢字 | 部首 | 画数 | 読み | 筆順 | 用例 |
|---|---|---|---|---|---|
| 訃 | 言 | 9 | フ | 二 言 言 言 訃 訃 | 訃音（ふいん）・訃報（ふほう） |
| 貌 | 豸 | 14 | ボウ | 豸 豸 豸 豹 貌 貌 | 美貌（びぼう）・変貌（へんぼう） |
| 貼 | 貝 | 12 | チョウ<br>は(る) | 目 貝 貝 貼 貼 貼 | 貼付（ちょうふ）・貼り紙（はりがみ） |
| 賭※ | 貝 | 16 | ト<br>か(ける) | 貝 貝 貝 賭 賭 賭 | 賭場（とば）・賭博（とばく）・賭け事（かけごと） |
| 賂 | 貝 | 13 | ロ | 目 貝 貝 賂 賂 賂 | 賄賂（わいろ） |
| 蹴 | ⻊ | 19 | シュウ<br>け(る) | ⻊ ⻊ ⻊ 蹴 蹴 蹴 | 一蹴（いっしゅう）・蹴散らす（けちらす） |
| 踪 | ⻊ | 15 | ソウ | 口 ⻊ ⻊ 踪 踪 踪 | 踪跡（そうせき）・失踪（しっそう） |
| 醒 | 酉 | 16 | セイ | 丙 西 酉 醒 醒 醒 | 覚醒（かくせい）・警醒（けいせい）・半醒（はんせい） |
| 酎 | 酉 | 10 | チュウ | 丙 西 酉 酎 酎 酎 | 焼酎（しょうちゅう） |
| 采 | 采 | 8 | サイ | 一 丆 爫 平 采 采 | 采配（さいはい）・喝采（かっさい）・風采（ふうさい） |

※許容字体
稽［稽］ 賭［賭］ 詮［詮］ 謎［謎］

次の各文のカタカナ部分は漢字を、漢字は読みを答えよ。

1 周囲をテッサクで囲む。（てつ製の仕切り）
2 魚類はセキツイ動物だ。（体幹の中軸をなす骨）
3 マクラモトに人が立つ。（寝ている人の頭のそば）
4 子供にガングを買う。（おもちゃ）
5 空がルリ色に輝く。（美しい青色の宝石）
6 人形ジョウルリの後継者。（日本の古典芸能の一つ）
7 暗くなるとドウコウが開く。（眼球へ光が入るあな）
8 社員のシンボクを深める。（仲よくすること）
9 簡単メイリョウに話す。（はっきりしているさま）
10 コッケイ味あふれる小説。（おもしろおかしいこと）
11 ハンソデの服に着替える。（ひじまでの長さしかないそで）
12 富士のスソノに住む。（山のふもとがゆるやかに広がった平地）
13 会社経営がハタンする。（物事がうまくゆかなくなること）
14 セイチな筆遣いの絵。（詳しく細かいさま）
15 ゲンソクに流木がぶつかる。（船の両わき）
16 雨上がりにニジがかかる。（空にかかる七色の帯）
17 ハチが花にとまる。（昆虫の一種）

18 ハイカイは芭蕉（ばしょう）が完成させた。（はい句）
19 寺にサンケイする。（おまいりすること）
20 他人の過去をセンサクする。（根掘り葉掘り尋ねること）
21 ダレカレ無しに声を掛ける。（あの人この人）
22 最後までアキラめない。（望みを捨てる）
23 ナゾ解きに挑戦する。（不思議を明らかにすること）
24 知人のフホウに接する。（死亡の知らせ）
25 大ヘンボウを遂げる。（姿のかわること）
26 書類に印紙をチョウフする。（はりつけること）
27 トバク行為で逮捕される。（かけ事）
28 ワイロは受け取らない。（便宜を図ってもらうための不正な金品）
29 提案はイッシュウされた。（はねつけること）
30 シッソウ者の行方を追う。（行方をくらますこと）
31 長い眠りからカクセイする。（目がさめること）
32 ショウチュウは蒸留酒だ。（酒の一種）
33 監督のサイハイが功を奏す。（指揮）
34 椎間板ヘルニアの治療。（背骨の間の軟骨）

## 解答とポイント

1 鉄柵
2 脊椎
3 枕元
4 玩具 NG! ×具
5 瑠璃
6 浄瑠璃
7 瞳孔
8 親睦
9 明瞭 NG! ×瞭
10 滑稽
11 半袖 NG! ×袖
12 裾野
13 破綻
14 精緻
15 舷側
16 虹
17 蜂
18 俳諧
19 参詣
20 詮索
21 誰彼
22 諦
23 謎
24 訃報
25 変貌
26 貼付
27 賭博
28 賄賂
29 一蹴
30 失踪
31 覚醒
32 焼酎 NG! ×酎
33 采配
34 ついかんばん

| 漢字 | 部首・画数 | 読み | 用例 |
|---|---|---|---|
| 鎌 | 金 18 | かま | 鎌倉時代(かまくらじだい)・鎌首(かまくび)・鎖鎌(くさりがま) |
| 錦 | 金 16 | キン にしき | 錦秋(きんしゅう)・錦絵(にしきえ)・錦蛇(にしきへび) |
| 鍵 | 金 17 | ケン かぎ | 鍵盤(けんばん)・鍵穴(かぎあな)・合い鍵(あいかぎ) |
| 錮 | 金 16 | コ | 禁錮(きんこ) |
| 鍋 | 金 17 | なべ | 鍋料理(なべりょうり)・土鍋(どなべ) |
| 餌※ | 食 15 | ジ えさ え | 好餌(こうじ)・擬餌(ぎじ)・餌食(えじき) |
| 餅※ | 食 15 | ヘイ もち | 煎餅(せんべい)・餅肌(もちはだ)・餅屋(もちや)・草餅(くさもち) |
| 駒 | 馬 15 | こま | 駒鳥(こまどり)・持ち駒(もちごま) |
| 骸 | 骨 16 | ガイ | 骸骨(がいこつ)・形骸(けいがい)・残骸(ざんがい)・死骸(しがい) |
| 刹 | 刂 8 | サツ セツ | 古刹(こさつ)・名刹(めいさつ)・刹那(せつな) |
| 剝※ | 刂 10 | ハク は(がす) は(ぐ) は(がれる) は(げる) | 剝製(はくせい)・剝奪(はくだつ)・剝落(はくらく)・剝離(はくり) |

| 漢字 | 部首・画数 | 読み | 用例 |
|---|---|---|---|
| 戚 | 戈 11 | セキ | 姻戚(いんせき)・外戚(がいせき)・親戚(しんせき) |
| 戴 | 戈 17 | タイ | 戴冠(たいかん)・推戴(すいたい)・頂戴(ちょうだい) |
| 那 | 阝 7 | ナ | 刹那(せつな)・旦那(だんな) |
| 斬 | 斤 11 | ザン き(る) | 斬罪(ざんざい)・斬殺(ざんさつ)・斬首(ざんしゅ)・斬新(ざんしん) |

**Point!** 漢字の使い分け「斬る(きる)」と「切る」

斬は人を刀で切り付ける場合に限って使う字。切は「風を切る」「しらを切る」「一〇秒を切る」など広く使う。

| 漢字 | 部首・画数 | 読み | 用例 |
|---|---|---|---|
| 毀 | 殳 13 | キ | 毀棄(きき)・毀傷(きしょう)・毀損(きそん)・毀誉(きよ) |
| 顎 | 頁 18 | ガク あご | 顎関節(がくかんせつ)・上顎(じょうがく)・上顎(うわあご) |
| 頃 | 頁 11 | ころ | 頃合い(ころあい)・日頃(ひごろ)・中頃(なかごろ) |
| 須 | 頁 12 | ス | 必須(ひっす) |
| 頓 | 頁 13 | トン | 頓知(とんち)・頓着(とんちゃく)・頓服(とんぷく)・整頓(せいとん) |
| 頰※ | 頁 16 | ほお | 頰紅(ほおべに)・頰骨(ほおぼね)・頰張る(ほおばる) |

| 漢字 | 部首・画数 | 読み | 用例 |
|---|---|---|---|
| 冥 | 冖 10 | メイ ミョウ | 冥土(めいど)・冥福(めいふく)・冥加(みょうが)・冥利(みょうり) |

**Point!** 漢字の部首に注意「冥(メイ)」

冥は冖(覆(おお)い)+日(場所)+六(両手)で、場所に両手で覆いを掛けることから、暗い意。冖は覆いの象形(しょうけい)。他に写・冠・冗。

| 漢字 | 部首・画数 | 読み | 用例 |
|---|---|---|---|
| 宛 | 宀 8 | あ(てる) | 宛先(あてさき)・宛字(あてじ)・宛名(あてな) |
| 彙※ | 13 | イ | 彙報(いほう)・語彙(ごい) |
| 萎 | 艹 11 | イ な(える) | 萎縮(いしゅく) |
| 苛 | 艹 8 | カ | 苛酷(かこく)・苛政(かせい)・苛税(かぜい)・苛烈(かれつ) |
| 蓋 | 艹 16 | ガイ ふた | 頭蓋骨(ずがいこつ)・火蓋(ひぶた)・鍋蓋(なべぶた) |
| 葛※ | 艹 12 | カツ くず | 葛藤(かっとう)・葛粉(くずこ)・葛湯(くずゆ) |
| 芯 | 艹 7 | シン | 灯芯(とうしん) |

※許容字体

餌［餌］ 頰［頬］
餅［餅］ 彙［彙］
剝［剥］ 葛［葛］

次の各文のカタカナ部分は漢字を、漢字は読みを答えよ。

1 話はカマクラ時代にさかのぼる。（神奈川県の地名）
2 壁にニシキエを飾る。（木版で色刷りの浮世絵）
3 カギアナから室内をのぞく。（錠のあな）
4 キンコ十年の判決が下る。（自由刑の一つ）
5 家族でナベ料理を楽しむ。（食物を煮炊きする器）
6 犬にエサを与える。（飼育するための食べ物）
7 格好のエジキとなる。（欲望の犠牲）
8 クサモチが町の名物だ。（菓子の一種）
9 持ちゴマが乏しくなる。（必要なとき自由に使える人や物）
10 制度がケイガイ化する。（内容のない、かたちだけのもの）
11 古都のメイサツを訪ねる。（なだかい寺）
12 免許をハクダツされる。（無理に取り上げること）
13 化けの皮がハがれてしまう。（表面をむきとる）
14 正月にシンセキが集まる。（身内）
15 ありがたくチョウダイする。（もらうこと）
16 セツナの快楽に走る。（きわめて短い時間）
17 ザンシンなアイディアだ。（目あたらしいこと）

18 名誉キソンで訴える。（傷つけること）
19 アゴが外れるほど笑う。（口の下骨の部分）
20 ヒゴロの練習の成果だ。（平生）
21 英語は試験のヒッス科目だ。（かならずいること）
22 身辺のセイトンを心がける。（きちんと片づけること）
23 口いっぱいにホオバる。（口に食べ物を詰め込む）
24 故人のメイフクを祈る。（死後の幸せ）
25 はがきにアテサキを書く。（郵便物の届けさきの所在地や名称）
26 辞書を引いてゴイを増やす。（言葉の集まり）
27 緊張で選手がイシュクする。（恐れて小さくなること）
28 カコクな労働条件。（むごいさま）
29 ズガイ骨にひびが入る。（あたまの骨）
30 吉野の里でクズユを味わう。（よしの／くずをとかした飲み物）
31 柱のシンが腐ってしまう。（中心）
32 ピアノの鍵盤が壊れる。（キーが並んでいる部分）
33 頓服を飲んだ。（特定の症状が出たときに一回だけ飲む薬）
34 足が萎える。（衰えて弱る）

## 解答とポイント

1 鎌倉
2 錦絵
3 鍵穴
4 禁錮
5 鍋
6 餌
7 餌食
8 草餅
9 駒
10 形骸
11 名刹
12 剝奪
13 剝
14 親戚
15 頂戴
16 刹那
17 斬新
18 毀損
19 顎
20 日頃
21 必須
22 整頓
23 頰張
24 冥福 NG! ×冥
25 宛先
26 語彙
27 萎縮
28 苛酷
29 頭蓋
30 葛湯
31 芯
32 けんばん
33 とんぷく
34 な

| 漢字 | 部首 | 画数 | 読み | 筆順 | 用例 |
|---|---|---|---|---|---|
| 藤 | 艹 | 18 | トウ ふじ | 䒑 萨 蔣 藤 藤 藤 | 葛藤(かっとう)・藤色(ふじいろ)・藤棚(ふじだな) |
| 蔽※ | 艹 | 15 | ヘイ | 艹 芇 芇 萷 蔽 蔽 | 隠蔽(いんぺい)・遮蔽(しゃへい) |
| 蔑 | 艹 | 14 | ベツ さげす(む) | 艹 芇 芦 芦 蔑 蔑 | 蔑視(べっし)・軽蔑(けいべつ)・侮蔑(ぶべつ) |
| 藍 | 艹 | 18 | ラン あい | 艹 芦 蓝 萨 藍 藍 | 出藍(しゅつらん)・藍染め(あいぞめ)・藍色(あいいろ) |
| 窟 | 穴 | 13 | クツ | 宀 宀 穴 穸 窟 窟 | 巣窟(そうくつ)・洞窟(どうくつ) |
| 罵 | 罒 | 15 | バ ののし(る) | 罒 罒 罒 罵 罵 罵 | 罵声(ばせい)・罵倒(ばとう) |
| 箋※ | ⺮ | 14 | セン | 竹 笺 笺 笺 箋 箋 | 処方箋(しょほうせん)・便箋(びんせん)・付箋(ふせん) |
| 箸※ | ⺮ | 15 | はし | 竹 竺 笋 笋 箸 箸 | 祝い箸(いわいばし)・菜箸(さいばし)・塗り箸(ぬりばし) |
| 籠 | ⺮ | 22 | ロウ かご こ(もる) | 竹 竻 笉 箾 籠 籠 | 籠城(ろうじょう)・印籠(いんろう)・灯籠(とうろう)・鳥籠(とりかご) |
| 虎 | 虍 | 8 | コ とら | 丨 ト 卜 广 虍 虎 | 虎穴(こけつ)・猛虎(もうこ)・虎の子(とらのこ) |
| 弄 | 廾 | 7 | ロウ もてあそ(ぶ) | 一 丁 王 王 手 弄 | 愚弄(ぐろう)・嘲弄(ちょうろう)・翻弄(ほんろう) |
| 煎※ | 灬 | 13 | セン い(る) | 丷 丷 广 前 前 煎 | 煎茶(せんちゃ)・煎り豆(いりまめ) |
| 怨 | 心 | 9 | エン オン | ク タ 夗 夗 怨 怨 | 怨恨(えんこん)・私怨(しえん)・怨念(おんねん)・怨霊(おんりょう) |
| 恣※ | 心 | 10 | シ | ン 冫 次 次 恣 恣 | 恣意(しい)・放恣(ほうし) |
| 痕 | 疒 | 11 | コン あと | 亠 广 疒 疒 痕 痕 | 痕跡(こんせき)・血痕(けっこん)・墨痕(ぼっこん)・傷痕(きずあと) |
| 痩 | 疒 | 12 | ソウ や(せる) | 广 疒 疒 疳 痩 痩 | 痩身(そうしん)・着痩せ(きやせ)・夏痩せ(なつやせ) |
| 瘍 | 疒 | 14 | ヨウ | 广 疒 疒 疸 瘍 瘍 | 潰瘍(かいよう)・腫瘍(しゅよう) |
| 尻 | 尸 | 5 | しり | ㄱ コ 尸 尻 尻 | 尻上がり(しりあがり)・尻込み(しりごみ)・目尻(めじり) |
| 遡※ | 辶 | 14 | ソ さかのぼ(る) | 丷 䒑 朔 朔 遡 遡 | 遡及(そきゅう)・遡源(そげん)・遡行(そこう)・遡上(そじょう) |
| 遜※ | 辶 | 14 | ソン | 子 孫 孫 孫 遜 遜 | 遜色(そんしょく)・謙遜(けんそん)・不遜(ふそん) |
| 麺 | 麦 | 16 | メン | 丰 麦 麦 麺 麺 麺 | 麺類(めんるい)・麺棒(めんぼう)・製麺(せいめん) |
| 勾 | 勹 | 4 | コウ | ノ 勹 勾 勾 | 勾配(こうばい)・勾留(こうりゅう) |
| 匂 | 勹 | 4 | にお(う) | ノ 勹 匂 匂 | 匂い袋(においぶくろ) |
| 闇 | 門 | 17 | やみ | 丨 尸 門 門 門 闇 | 闇雲(やみくも)・闇夜(やみよ)・暗闇(くらやみ)・夕闇(ゆうやみ) |
| 串 | 丨 | 7 | くし | 丶 冂 口 吕 吕 串 | 串刺し(くしざし)・串焼き(くしやき)・竹串(たけぐし) |
| 丼 | 丶 | 5 | どんぶり どん | 一 二 井 井 丼 | 丼飯(どんぶりめし)・牛丼(ぎゅうどん)・天丼(てんどん) |
| 乞 | 乙 | 3 | こ(う) | ノ 𠂉 乞 | 乞うご期待(こうごきたい)・命乞い(いのちごい) |
| 勃 | 力 | 9 | ボツ | 十 圡 孛 孛 孛 勃 | 勃興(ぼっこう)・勃然(ぼつぜん)・勃発(ぼっぱつ)・鬱勃(うつぼつ) |
| 呂 | 口 | 7 | ロ | 口 口 口 尸 呂 呂 | 風呂(ふろ) |
| 塞 | 土 | 13 | サイ ソク ふさ(ぐ) ふさ(がる) | 宀 宀 寉 実 寒 塞 | 城塞(じょうさい)・要塞(ようさい)・梗塞(こうそく)・閉塞(へいそく) |

**Point!** 似ている漢字「勾(コウ)」と「匂(にお(う))」

勾は、傾き（勾配）・捕らえる（勾留）意。匂は、国字で、快い香り・それらしい感じなどの意。

※許容字体

蔽［蔽］ 煎［煎］ 遜［遜］ 箋［箋］ 恣［恣］ 箸［箸］ 遡［遡］

次の各文のカタカナ部分は漢字を、漢字は読みを答えよ。

1 親と子のカットウが続く。(相反する思いの板ばさみ)
2 組織の不正をインペイする。(おおいかくすこと)
3 卑怯(ひきょう)な行いをケイベツする。(ばかにすること)
4 アイゾめの浴衣を着る。(青にそめた)
5 ドウクツには立ち入り禁止。(岩山にできた穴)
6 バトウの言葉をあびせる。(ひどくののしること)
7 ビンセンを封筒に入れる。(手紙を書くための用紙)
8 サイバシで料理を取り分ける。(料理を作るときに使うはし)
9 ロウジョウして出てこない。(閉じこもること)
10 トラの子の一万円を紛失する。(非常に大事な)
11 運命にホンロウされる。(思うままにもてあそぶこと)
12 食後にセンチャを飲む。(葉を湯でせんじ出した飲み物)
13 犯行の動機はエンコンだった。(深くうらむこと)
14 シイ的な判断を避ける。(勝手気ままなさま)
15 事件のコンセキが残る。(あとかた)
16 暑い日が続きナツヤせする。(暑さに弱ってやせること)
17 イカイヨウを患う。(内臓の病気)

18 メジリにしわが寄る。(眼の、耳に近いほうの端)
19 サケが川をソジョウする。(さかのぼること)
20 フソンな態度に立腹する。(おごり高ぶっていること)
21 昼食にはメンルイが一番だ。(めんの総称)
22 コウバイが急な坂道。(傾斜)
23 よいニオいが漂う。(香り)
24 クラヤミに目を凝らす。(くらいところ)
25 川魚をクシヤきにする。(くしに刺してやくこと)
26 お昼にテンドンを食べる。(てんぷらをのせたどんぶり)
27 コう、ご期待。(願い、望む)
28 内戦がボッパツする。(突然に起こること)
29 フロに入り、汗を流す。(湯に入って体を洗う場所)
30 ヘイソク状況を打破する。(ふさがること)
31 出藍の誉れ。(教え子が先生より優秀なこと)
32 虎穴に入らずんば虎子(こじ)を得ず。(虎のいる穴)
33 怨念を晴らす。(うらみの思い)
34 あまたの痩身法。(やせた体)

## 解答とポイント

1 葛藤
2 隠蔽
3 軽蔑
4 藍染
5 洞窟
6 罵倒
7 便箋
8 菜箸
9 籠城 NG! ×篭
10 虎
11 翻弄
12 煎茶
13 怨恨
14 恣意
15 痕跡
16 夏痩
17 胃潰瘍
18 目尻
19 遡上
20 不遜
21 麺類
22 勾配 NG! ×配
23 匂
24 暗闇
25 串焼
26 天丼
27 乞
28 勃発
29 風呂
30 閉塞
31 しゅつらん
32 こけつ
33 おんねん
34 そうしん

2級 第5回

| 漢字 | 部首・画数 | 読み | 用例 |
|---|---|---|---|
| 爽 | 大 11 | ソウ さわ(やか) | 爽快(そうかい)・爽然(そうぜん) 爽涼(そうりょう)・清爽(せいそう) |
| 嵐 | 山 12 | あらし | 砂嵐(すなあらし) |
| 崖 | 山 11 | ガイ がけ | 断崖(だんがい)・懸崖(けんがい) 崖下(がけした) |
| 巾 | 巾 3 | キン | 頭巾(ずきん)・雑巾(ぞうきん) 布巾(ふきん) |
| 拳 | 手 10 | ケン こぶし | 拳銃(けんじゅう)・拳法(けんぽう) 握り拳(にぎりこぶし) |
| 摯 | 手 15 | シ | 真摯(しんし) |
| 斑 | 文 12 | ハン | 斑点(はんてん)・斑紋(はんもん) 白斑(はくはん) |
| 旦 | 日 5 | タン ダン | 旦日(たんじつ)・旦夕(たんせき) 元旦(がんたん)・旦那(だんな) |
| 曽 | 日 11 | ソウ ゾ | 曽祖父(そうそふ)・曽孫(そうそん) 未曽有(みぞう) |
| 麓 | 木 19 | ロク ふもと | 山麓(さんろく) |
| 爪 | 爪 4 | つめ つま | 琴爪(ことづめ)・生爪(なまづめ) 爪先(つまさき) |

| 漢字 | 部首・画数 | 読み | 用例 |
|---|---|---|---|
| 牙※ | 牙 4 | ガ ゲ きば | 牙城(がじょう)・歯牙(しが) 象牙(ぞうげ) |
| 璧 | 玉 18 | ヘキ | 璧玉(へきぎょく)・完璧(かんぺき) 双璧(そうへき) |

**Point!** 似ている漢字「璧(ヘキ)」と「壁(ヘキ)」

璧は玉＋辟(天子)で、天子の持つ玉、またそのように美しく立派なものの意。完全で欠点が無いのは、玉で「完璧(カンペキ)」。甲乙付けがたい、一対の優れたものも玉で「双璧(ソウヘキ)」。壁は土＋辟(わきへ寄る)で、部屋のわきの土で作られた壁(かべ)の意。切り立っている崖は、土で「絶壁(ゼッペキ)」。

| 漢字 | 部首・画数 | 読み | 用例 |
|---|---|---|---|
| 瓦 | 瓦 5 | ガ かわら | 瓦解(がかい)・瓦版(かわらばん) 瓦屋根(かわらやね) |
| 畏 | 田 9 | イ おそ(れる) | 畏敬(いけい)・畏縮(いしゅく) 畏怖(いふ)・畏友(いゆう) |
| 畿 | 田 15 | キ | 畿内(きない)・近畿(きんき) |
| 眉 | 目 9 | ビ ミ まゆ | 眉目(びもく)・焦眉(しょうび) 眉間(みけん)・眉毛(まゆげ) |
| 羞 | 羊 11 | シュウ | 羞悪(しゅうお)・羞恥心(しゅうちしん) 含羞(がんしゅう) |
| 羨 | 羊 13 | セン うらや(む) うらや(ましい) | 羨慕(せんぼ)・羨望(せんぼう) |
| 腎 | 肉 13 | ジン | 腎炎(じんえん)・腎臓(じんぞう) 肝腎(かんじん)・副腎(ふくじん) |

| 漢字 | 部首・画数 | 読み | 用例 |
|---|---|---|---|
| 脊 | 肉 10 | セキ | 脊髄(せきずい)・脊柱(せきちゅう) |
| 臼 | 臼 6 | キュウ うす | 臼歯(きゅうし)・脱臼(だっきゅう) 臼歯(うすば)・石臼(いしうす) |
| 艶 | 色 19 | エン つや | 艶麗(えんれい)・妖艶(ようえん) 色艶(いろつや) |
| 蜜 | 虫 14 | ミツ | 蜜月(みつげつ)・蜜蜂(みつばち) 黒蜜(くろみつ)・蜂蜜(はちみつ) |
| 貪 | 貝 11 | ドン むさぼ(る) | 貪欲(どんよく) |
| 辣 | 辛 14 | ラツ | 辣腕(らつわん)・辛辣(しんらつ) |
| 釜 | 金 10 | かま | 釜揚げ(かまあげ)・釜飯(かまめし) 茶釜(ちゃがま) |
| 韓 | 韋 18 | カン | 韓国(かんこく) |
| 鬱 | 鬯 29 | ウツ | 鬱血(うっけつ)・鬱屈(うっくつ) 憂鬱(ゆううつ) |
| 鶴 | 鳥 21 | つる | 千羽鶴(せんばづる) 鶴の一声(つるのひとこえ) |
| 亀 | 亀 11 | キ かめ | 亀裂(きれつ)・海亀(うみがめ) |

※許容字体 牙［牙］

次の各文のカタカナ部分は漢字を、漢字は読みを答えよ。

1 ソウカイな気分で目覚める。（さわやかで気持ちのよいさま）
2 スナアラシが巻き起こる。（すなを舞い上げる激しい風）
3 ゾウキンで床をふく。（汚れをふくためのきれ）
4 少林寺ケンポウを習う。（武術の一つ）
5 シンシな態度でのぞむ。（まじめで熱心なさま）
6 ハンテン模様の手拭い。（まだらに散らばっているてん）
7 ガンタンに年賀状が届く。（一月一日の朝）
8 ソウソフに会いに行く。（親のおじいさん）
9 富士のサンロクに住む。（やまのふもと）
10 ツマサキで立つのは疲れる。（足の指のさき）
11 敵のガジョウを崩す。（本拠地）
12 カンペキな演技を披露する。（かん全なこと）
13 組織がガカイする。（総崩れ）
14 大自然にイフの念をいだく。（恐れおののくこと）
15 キンキ地方に販路を広げる。（地方区分の一つ）
16 ミケンにほくろがある。（ひたいの真ん中）
17 シュウチシンに見舞われる。（はじらう気持ち）
18 センボウのまなざしを向ける。（うらやましく思うこと）
19 カンジンな用件を忘れる。（大切なこと）
20 セキチュウが曲がる。（体の中軸をなす骨格）
21 イシウスときねで餅をつく。（いしで作ったうす）
22 ヨウエンな美女。（怪しいまでにあでやかなさま）
23 パンにハチミツを塗る。（ハチがたくわえたみつ）
24 知識をドンヨクに吸収する。（非常によくが深いさま）
25 シンラツな言葉で批判する。（きわめて手厳しいこと）
26 チャガマで湯を沸かす。（湯を沸かすのに使う器具）
27 日本とカンコクとの交流。（大かん民こく）
28 雨の日はユウウツだ。（気持ちが沈んで心が晴れないこと）
29 ツルの一声。（有力者のひと言）
30 友人関係にキレツが入る。（ひび）
31 断崖絶壁に立つ。（切り立った崖）
32 人も羨む仲良し夫婦。（人を見て自分もそうありたいと思う）
33 艶のある髪が素晴らしい。（光沢）
34 本を貪るように読む。（飽きることなくほしがる）

## 解答とポイント

1 爽快
2 砂嵐
3 雑巾　NG! ×雑布
4 拳法
5 真摯
6 斑点
7 元旦
8 曽祖父
9 山麓
10 爪先
11 牙城
12 完璧　NG! ×壁
13 瓦解
14 畏怖
15 近畿
16 眉間
17 羞恥心
18 羨望　NG! ×羡
19 肝腎（心）
20 脊柱
21 石臼
22 妖艶
23 蜂蜜　NG! ×蜂密
24 貪欲　NG! ×貧
25 辛辣
26 茶釜
27 韓国
28 憂鬱
29 鶴
30 亀裂
31 だんがい
32 うらや
33 つや
34 むさぼ

(30分)

/100点

(一) 次の——線の読みをひらがなで記せ。 1×5(5点)

① 兄は便箋を買いに出かけた。（　　）
② 肥沃な土地が文明を支えた。（　　）
③ 父によって人格を陶冶される。（　　）
④ 大変御無沙汰しております。（　　）
⑤ 石臼を使う機会は年に一度だ。（　　）

(二) 次の——線の読みをひらがなで記せ。 1×10(10点)

① 私と彼の成績は僅差だった。（　　）
② 持ってきた水も残り僅かだ。（　　）
③ 寺に参詣しに向かった。（　　）
④ 祖先の墓に詣でる。（　　）
⑤ 強固な要塞を落とした。（　　）
⑥ 胸が塞がるような思いだ。（　　）
⑦ 時には厳しく叱責すべきだ。（　　）
⑧ あの子は叱られるのが怖いようだ。（　　）
⑨ 鮭(さけ)が川を遡上する。（　　）
⑩ 話は十年前に遡る。（　　）

(三) 漢字を二字組み合わせた熟語では、意味の上で次のような関係がある。

ア 同じような意味の字を重ねたもの　（例 岩石）
イ 反対または対応の意味を表す字を重ねたもの　（例 高低）
ウ 上の字が下の字を修飾しているもの　（例 洋画）
エ 下の字が上の字の目的語・補語になっているもの　（例 着席）
オ 上の字が下の字の意味を打ち消しているもの　（例 非常）

次の熟語は、右のア～オのどれにあたるか、記号で記せ。 2×10(20点)

① 俳諧（　　）
② 元旦（　　）
③ 籠城（　　）
④ 洞窟（　　）
⑤ 不遜（　　）
⑥ 毀誉（　　）
⑦ 鍵盤（　　）
⑧ 戴冠（　　）
⑨ 勾配（　　）
⑩ 軽蔑（　　）

(四) 次の漢字の部首を記せ。 2×4(8点)

① 芯（　　）
② 醒（　　）
③ 戚（　　）
④ 頓（　　）

(五) 次のカタカナの部分を漢字一字と送りがなに直せ。 2×6(12点)

① **サワヤカナ**風が吹く。
② **オボレ**た人を助ける。
③ 文章の要点を**トラエル**。
④ ハンカチで汗を**ヌグウ**。
⑤ ボールを**ケル**。
⑥ セーターが**ホコロビル**。

(六) 後の□の中のひらがなを漢字に直して、対義語・類義語を記せ。 2×10(20点)

対義語
① 貫徹 ↔ (　　)
② 睡眠 ↔ (　　)
③ 粗雑 ↔ (　　)
④ 暴露 ↔ (　　)
⑤ 確信 ↔ (　　)

類義語
⑥ 消息 ＝ (　　)
⑦ 鮮明 ＝ (　　)
⑧ 崩壊 ＝ (　　)
⑨ 恐怖 ＝ (　　)
⑩ 横柄 ＝ (　　)

がかい・いんぺい・めいりょう・さた・かくせい
きぐ・ちみつ・ごうまん・せんりつ・ざせつ

(七) 次の(　)に入る適切な語を□の中から選んで、漢字に直して四字熟語を完成させよ。 2×10(20点)

① 整理(　　)
② 名誉(　　)
③ 拍手(　　)
④ 熟読(　　)
⑤ 荒唐(　　)
⑥ (　　)眈眈(たんたん)
⑦ (　　)不遜
⑧ (　　)秀麗
⑨ (　　)模糊(もこ)
⑩ (　　)変化

こし・かっさい・びもく・せいとん・きそん
あいまい・ごうがん・ようかい・むけい・がんみ

(八) 次の文中に間違って使われている同じ音訓の漢字が一字ずつある。上に誤字を、下に正しい字を記せ。 1×5(5点)

① 弟は億病な性格だ。 (　　) → (　　)
② 犯人の根跡を発見する。 (　　) → (　　)
③ 世間の潮笑を浴びる。 (　　) → (　　)
④ 読書で語意力を養う。 (　　) → (　　)
⑤ 過度な検索は良くない。 (　　) → (　　)

# 筆順・画数・部首 発展

問1　次の各漢字の赤い部分は筆順の何画目か。また、「総画数」を算用数字で答えよ。

〈例〉華（7）画目・（10）画 → p.110
① 虐（　）画目・（　）画 → p.110
② 虚（　）画目・（　）画 → p.112
③ 繭（　）画目・（　）画 → p.140
④ 斎（　）画目・（　）画 → p.140
⑤ 歯（　）画目・（　）画 → p.30
⑥ 耳（　）画目・（　）画 → p.28
⑦ 衆（　）画目・（　）画 → p.74
⑧ 襲（　）画目・（　）画 → p.96
⑨ 粛（　）画目・（　）画 → p.140
⑩ 垂（　）画目・（　）画 → p.72
⑪ 善（　）画目・（　）画 → p.72
⑫ 唐（　）画目・（　）画 → p.94
⑬ 悼（　）画目・（　）画 → p.122
⑭ 馬（　）画目・（　）画 → p.30
⑮ 非（　）画目・（　）画 → p.60
⑯ 飛（　）画目・（　）画 → p.46
⑰ 必（　）画目・（　）画 → p.44
⑱ 唯（　）画目・（　）画 → p.120
⑲ 右（　）画目・（　）画 → p.20
⑳ 幽（　）画目・（　）画 → p.114
㉑ 庸（　）画目・（　）画 → p.134
㉒ 卵（　）画目・（　）画 → p.68
㉓ 威（　）画目・（　）画 → p.94
㉔ 越（　）画目・（　）画 → p.92
㉕ 暇（　）画目・（　）画 → p.82
㉖ 冊（　）画目・（　）画 → p.72
㉗ 裏（　）画目・（　）画 → p.74
㉘ 誤（　）画目・（　）画 → p.66
㉙ 迅（　）画目・（　）画 → p.136
㉚ 凸（　）画目・（　）画 → p.136
㉛ 御（　）画目・（　）画 → p.78

## 解答

問1
① 3・9
② 10・11
③ 6・18
④ 6・11
⑤ 11・12
⑥ 5・6
⑦ 9・12
⑧ 10・22
⑨ 9・11
⑩ 7・8
⑪ 4・12
⑫ 7・10
⑬ 5・11
⑭ 5・10
⑮ 4・8
⑯ 9・9
⑰ 3・5
⑱ 7・11
⑲ 2・5
⑳ 1・9
㉑ 7・11
㉒ 5・7
㉓ 5・9
㉔ 8・12
㉕ 8・13
㉖ 5・5
㉗ 7・13
㉘ 12・14
㉙ 2・6
㉚ 2・5
㉛ 10・12

問2　次の各漢字の「部首」をア〜トの中から選び、記号で答えよ。

〈例〉料（ア）→p.40
①釈（　）→p.86
②別（　）→p.38
③効（　）→p.56
④即（　）→p.88
⑤彫（　）→p.110
⑥郵（　）→p.68
⑦庭（　）→p.16
⑧散（　）→p.38
⑨斜（　）→p.88
⑩新（　）→p.10
⑪歌（　）→p.10
⑫毀（　）→p.150
⑬隷（　）→p.88
⑭雄（　）→p.88
⑮頃（　）→p.150
⑯懐（　）→p.122
⑰衛（　）→p.58
⑱盤（　）→p.90

ア 斗　イ 广　ウ 隹　エ 卩　オ 刂
カ 欠　キ 阝　ク 釆　ケ 力　コ 忄
サ 隶　シ 斤　ス 頁　セ 彡　ソ 殳
タ 夂　チ 行　ツ 彳　テ 舟　ト 皿

問3　次の各漢字の「部首名」をひらがなで答えよ。

〈例〉積（のぎへん）→p.38
①冥（　）→p.150
②巣（　）→p.40
③凝（　）→p.100
④股（　）→p.146
⑤登（　）→p.12
⑥念（　）→p.42
⑦建（　）→p.42
⑧版（　）→p.52
⑨兆（　）→p.40
⑩困（　）→p.72
⑪泰（　）→p.134
⑫然（　）→p.42
⑬慕（　）→p.112
⑭獲（　）→p.82
⑮趣（　）→p.92
⑯匠（　）→p.112

問2
①ク　②オ　③ケ　④エ　⑤セ　⑥キ　⑦イ　⑧タ　⑨ア　⑩シ　⑪カ　⑫ソ　⑬サ　⑭ウ　⑮ス　⑯コ　⑰チ　⑱ト

問3
①わかんむり　②つかんむり　③にすい　④にくづき　⑤はつがしら　⑥こころ　⑦えんにょう　⑧かたへん　⑨ひとあし　にんにょう　⑩くにがまえ　⑪したみず　⑫れんが　れっか　⑬したごころ　⑭けものへん　⑮そうにょう　⑯はこがまえ

展問題

# 熟語の成り立ち 発展

● 熟語の成り立ちとして、次の熟語はア～オのうちいずれに相当するか、記号で答えよ。

ア 「岩石」（岩と石）のように、同じような意味の字を重ねたもの
イ 「高低」（高いと低い）のように、反対または対応の意味を表す字を重ねたもの
ウ 「洋画」（西洋の絵画）のように、上の字が下の字を修飾しているもの
エ 「着席」（席に着く）のように、下の字が上の字の目的語・補語になっているもの
オ 「非常」（通常ではない）のように、上の字が下の字の意味を打ち消しているもの

〈例〉楽勝（ウ）

① 主従（　　）
② 予告（　　）「予」はあらかじめ
③ 河川（　　）
④ 入門（　　）弟子入りすること
⑤ 観劇（　　）
⑥ 不服（　　）「服」は従う
⑦ 船舶（　　）「舶」は大きな船
⑧ 軽重（　　）
⑨ 就職（　　）
⑩ 店員（　　）「員」はかかりの人
⑪ 貧乏（　　）
⑫ 優遇（　　）「遇」はもてなす
⑬ 昇天（　　）
⑭ 賞罰（　　）
⑮ 重視（　　）
⑯ 新鮮（　　）「鮮」は新しく生き生きしている
⑰ 安危（　　）
⑱ 育児（　　）
⑲ 未完（　　）「未」はまだ～でない
⑳ 苦楽（　　）
㉑ 甚大（　　）
㉒ 美談（　　）「談」は話や物語
㉓ 激突（　　）
㉔ 挙手（　　）
㉕ 集散（　　）
㉖ 圧迫（　　）
㉗ 満足（　　）
㉘ 薄氷（　　）
㉙ 覚悟（　　）どちらも「はっきりする」意
㉚ 避暑（　　）
㉛ 点滅（　　）ついたりきえたり
㉜ 血管（　　）
㉝ 空虚（　　）
㉞ 忍耐（　　）

**解答**

① イ　② ウ　③ ア　④ エ　⑤ エ　⑥ オ　⑦ ア　⑧ イ　⑨ エ　⑩ ウ　⑪ ア　⑫ ウ　⑬ エ　⑭ イ　⑮ ウ　⑯ ア　⑰ イ
⑱ エ　⑲ オ　⑳ イ　㉑ ウ　㉒ ウ　㉓ ウ　㉔ エ　㉕ イ　㉖ ア　㉗ ア　㉘ ウ　㉙ ア　㉚ エ　㉛ イ　㉜ ウ　㉝ ア　㉞ ア

㉟ 細大（　　）
㊱ 愛憎（　　）
㊲ 越年（　　）
㊳ 慶弔（　　）祝い事と不幸
㊴ 無欲（　　）
㊵ 閉会（　　）
㊶ 豊富（　　）
㊷ 細心（　　）
㊸ 軽薄（　　）
㊹ 才媛（　　）教養・才能のある女性
㊺ 艶聞（　　）色めいたうわさ
㊻ 有無（　　）

㊼ 吉凶（　　）
㊽ 養蜂（　　）
㊾ 縦横（　　）
㊿ 出家（　　）
51 厳禁（　　）
52 難易（　　）
53 処刑（　　）「処」はとり行う
54 遅刻（　　）
55 永住（　　）
56 失明（　　）
57 艦艇（　　）大小各種の船舶
58 漸進（　　）「漸」はしだいに

59 物価（　　）
60 美醜（　　）
61 採光（　　）
62 座礁（　　）「礁」は水に隠れた岩
63 納税（　　）
64 耐震（　　）
65 愚昧（　　）「昧」は暗い
66 分離（　　）
67 好餌（　　）格好のえじき
68 険阻（　　）どちらも「険しい」意
69 不備（　　）
70 濫伐（　　）「濫」はみだりに

71 冶金（　　）鉱石を精製する技術
72 愉快（　　）「愉」は楽しい
73 矛盾（　　）「ほこ」と「たて」
74 朗報（　　）
75 隔離（　　）「隔」はへだてる
76 贈賄（　　）「賄」は贈り物
77 公私（　　）
78 被告（　　）「被」は受ける
79 加熱（　　）
80 暫時（　　）「暫」はしばらく
81 疎密（　　）
82 希望（　　）どちらも「のぞむ」意

㉟イ ㊱イ ㊲エ ㊳イ ㊴オ ㊵エ ㊶ア ㊷ウ ㊸ア ㊹ウ ㊺ウ ㊻イ ㊼イ ㊽エ ㊾イ ㊿エ 51ウ 52イ 53エ 54エ 55ウ 56エ 57ア 58ウ

59ウ 60イ 61エ 62エ 63エ 64エ 65ア 66ア 67ウ 68ア 69オ 70ウ 71エ 72ア 73イ 74ウ 75ア 76エ 77イ 78エ 79エ 80ウ 81イ 82ア

# 送りがな 発展

● 次の文のカタカナを漢字一字と送りがなに直せ。

① 先輩に**アコガレル**。（　　）
② 室内を**アタタメル**。（　　）
③ **アナドル**と痛い目を見る。（　　）
④ 商売で**アブナイ**橋を渡る。（　　）
⑤ **イキドオリ**を覚える。（　　）
⑥ 失敗は**イサギヨク**謝る。（　　）
⑦ **イソガシイ**日日を送る。（　　）
⑧ 科学の発達が**イチジルシイ**。（　　）
⑨ 母の愛で**イツクシム**。（　　）
⑩ 年齢を**イツワル**。（　　）
⑪ **イマワシイ**事件が発生する。（　　）
⑫ ご意見を**ウケタマワル**。（　　）
⑬ **ウヤウヤシク**入場してくる。（　　）
⑭ 他人を**ウラヤム**。（　　）
⑮ **ウルワシイ**兄弟愛に泣く。（　　）
⑯ 急いで傷口を**オサエル**。（　　）
⑰ **オソロシイ**事件が起きる。（　　）
⑱ 窮地に**オトシイレル**。（　　）
⑲ 祖父母の家を**オトズレル**。（　　）
⑳ 難問に頭を**カカエル**。（　　）
㉑ **カガヤカシイ**成果をあげる。（　　）
㉒ 大黒柱が**カタムク**。（　　）
㉓ **カタワラ**に積み上げる。（　　）
㉔ 集団の思想が**カタヨル**。（　　）
㉕ 芸術的な雰囲気を**カモス**。（　　）
㉖ 成績が**カンバシク**ない。（　　）
㉗ **キタナイ**手を使う。（　　）
㉘ 事前の予想を**クツガエス**。（　　）
㉙ 後になって**クヤム**。（　　）
㉚ 両者の力量を**クラベル**。（　　）
㉛ 内緒で計画を**クワダテル**。（　　）
㉜ 悪者を**コラシメル**。（　　）
㉝ 渓流を**サカノボル**。（　　）

## 解答

① 憧れる　② 暖める　③ 侮る　④ 危ない　⑤ 憤り　⑥ 潔く　⑦ 忙しい　⑧ 著しい　⑨ 慈しむ　⑩ 偽る　⑪ 忌まわしい　⑫ 承る　⑬ 恭しく　⑭ 羨む　⑮ 麗しい　⑯ 押さえる　⑰ 恐ろしい　⑱ 陥れる　⑲ 訪れる　⑳ 抱える　㉑ 輝かしい　㉒ 傾く　㉓ 傍ら　㉔ 偏る　㉕ 醸す　㉖ 芳しく　㉗ 汚い　㉘ 覆す　㉙ 悔やむ　㉚ 比べる　㉛ 企てる　㉜ 懲らしめる　㉝ 遡る

発 展問題

㉞ 進行の**サマタゲ**となる。（　　）
㉟ 傷口から血が**シタタル**。（　　）
㊱ 琴の**シラベ**が聞こえてくる。（　　）
㊲ 提案を**シリゾケル**。（　　）
㊳ 子どもが**スコヤカニ**育つ。（　　）
㊴ **スミヤカニ**対応する。（　　）
㊵ 親の言いつけに**ソムク**。（　　）
㊶ 奉仕活動に**タズサワル**。（　　）
㊷ **タダチニ**中止する。（　　）
㊸ 罪は**ツグナウ**べきだ。（　　）
㊹ 努力で**ツチカッ**た技術。（　　）
㊺ 言葉を**ツツシム**。（　　）
㊻ **トウトイ**生命を守る。（　　）
㊼ 宿題が**トドコオル**。（　　）
㊽ 道**ナカバ**で倒れる。（　　）
㊾ 会談は**ナゴヤカ**に進んだ。（　　）
㊿ 汗を**ヌグウ**。（　　）

(51) 便宜を**ハカル**。（　　）
(52) 名誉を**ハズカシメル**。（　　）
(53) 見当違いも**ハナハダシイ**。（　　）
(54) 患部が**ハレル**。（　　）
(55) 芸術の中でも絵画に**ヒイデル**。（　　）
(56) 裾を**ヒルガエシ**て逃げる。（　　）
(57) 勇気を**フルッ**て注意する。（　　）
(58) 袖口が**ホコロビル**。（　　）
(59) 食糧と薬品を**ホドコス**。（　　）
(60) **マギラワシイ**表現は避ける。（　　）
(61) **マタタク**間にたいらげる。（　　）
(62) 元旦に寺社に**モウデル**。（　　）
(63) **モッパラ**の評判である。（　　）
(64) 人当たりが**ヤワラカイ**。（　　）
(65) 日一日と寒さが**ヤワラグ**。（　　）
(66) **ヨソオイ**も新たに開店する。（　　）
(67) 日常の雑事が**ワズラワシイ**。（　　）

㉞ 妨げ　(51) 計る
㉟ 滴る　(52) 辱める
㊱ 調べ　(53) 甚だしい
㊲ 退ける　(54) 腫れる
㊳ 健やかに　(55) 秀でる
㊴ 速やかに　(56) 翻し
㊵ 背く　(57) 奮っ
㊶ 携わる　(58) 綻びる
㊷ 直ちに　(59) 施す
㊸ 償う　(60) 紛らわしい
㊹ 培っ　(61) 瞬く
㊺ 慎む　(62) 詣でる
㊻ 貴い　(63) 専ら
㊼ 滞る　(64) 柔らかい
㊽ 半ば　(65) 和らぐ
㊾ 和やか　(66) 装い
㊿ 拭う　(67) 煩わしい

# 同音異字 発展

● 次の文のカタカナにあたる漢字を書け。

①**アンショウ**に乗り上げる。
②古典の一節を**アンショウ**する。
③直ちに**イギ**を申し立てる。
④同音**イギ**語を書き抜く。
⑤参加することに**イギ**がある。
⑥人工**エイセイ**の打ち上げ。
⑦**エイセイ**管理を重視する。
⑧説諭され**カイシン**する。
⑨**カイシン**の笑みを浮かべる。
⑩人質を**カイホウ**する。
⑪公園を市民に**カイホウ**する。
⑫病気が**カイホウ**に向かう。
⑬負傷者を**カイホウ**する。
⑭勝利の**カンセイ**が響く。
⑮**カンセイ**な住宅地に住む。
⑯鋭い**カンセイ**を持つ詩人。
⑰普段着は**キセイ**品で十分だ。
⑱体内に**キセイ**する虫。
⑲列車が**キセイ**客であふれる。
⑳車の通行を**キセイ**する。
㉑真理を**キュウメイ**する。
㉒容疑を**キュウメイ**する。
㉓悪事をやめ**コウセイ**する。
㉔**コウセイ**な立場で判断する。
㉕脳**コウソク**で倒れた。
㉖**コウソク**道路を走る。
㉗犯人を**コウソク**する。
㉘写真を**シュウセイ**する。
㉙法案を**シュウセイ**する。
㉚巣に帰る**シュウセイ**がある。
㉛**ショウガイ**事件が発生する。
㉜**ショウガイ**かけて取り組む。
㉝**ショウガイ**係を命じられる。

## 解答

①暗礁 ②暗唱 ③異議 ④異義 ⑤意義 ⑥衛星 ⑦衛生 ⑧改心 ⑨会心 ⑩解放 ⑪開放 ⑫快方 ⑬介抱 ⑭歓声 ⑮閑静 ⑯感性
⑰既製 ⑱寄生 ⑲帰省 ⑳規制 ㉑究明 ㉒糾明 ㉓更生 ㉔公正 ㉕梗塞 ㉖高速 ㉗拘束 ㉘修整 ㉙修正 ㉚習性 ㉛傷害 ㉜生涯 ㉝渉外

㉞ 運賃を窓口で**セイサン**する。（　）
㉟ 過去をきっぱり**セイサン**する。（　）
㊱ **セイサン**な光景。（　）
㊲ 日本文学を**センコウ**する。（　）
㊳ 社長の独断**センコウ**に困る。（　）
㊴ 奨学生を**センコウ**する。（　）
㊵ 高校生が**タイショウ**の書籍。（　）
㊶ 原本と**タイショウ**する。（　）
㊷ **タイショウ**療法では駄目だ。（　）
㊸ 左右**タイショウ**な図形。（　）
㊹ 受け入れ**タイセイ**を作る。（　）
㊺ 滑って**タイセイ**を崩す。（　）
㊻ 社会の**タイセイ**に従う。（　）
㊼ 犯行の動機を**ツイキュウ**する。（　）
㊽ 真理を**ツイキュウ**する。（　）
㊾ 利益を**ツイキュウ**する。（　）
㊿ 大型**テンポ**を構える。（　）
(51) 賠償金を**テンポ**する。（　）

(52) **フキュウ**の名作を読む。（　）
(53) 広く世間に**フキュウ**する。（　）
(54) **フシン**感を募らせる。（　）
(55) 挙動が**フシン**だ。（　）
(56) 業績**フシン**に陥る。（　）
(57) 外交の**ヘイコウ**を保つ。（　）
(58) 意見は**ヘイコウ**線をたどる。（　）
(59) 彼の冗舌に**ヘイコウ**する。（　）
(60) 全国に**ヘンザイ**する神社。（　）
(61) 富の**ヘンザイ**を克服する。（　）
(62) 品質を**ホショウ**する。（　）
(63) 国家の安全を**ホショウ**する。（　）
(64) 損害を**ホショウ**する。（　）
(65) 詳細を**ホソク**する。（　）
(66) 足取りを**ホソク**した。（　）
(67) 自分**ホンイ**な考え方。（　）
(68) 辞任は**ホンイ**ではない。（　）
(69) 決心を急に**ホンイ**する。（　）

㉞ 精算　㉟ 清算　㊱ 凄惨　㊲ 専攻　㊳ 専行　㊴ 選考　㊵ 対象　㊶ 対照　㊷ 対症　㊸ 対称　㊹ 態勢　㊺ 体勢　㊻ 大勢　㊼ 追及　㊽ 追究　㊾ 追求　㊿ 店舗　(51) 塡補

(52) 不朽　(53) 普及　(54) 不信　(55) 不審　(56) 不振　(57) 平衡　(58) 平行　(59) 閉口　(60) 遍在　(61) 偏在　(62) 保証　(63) 保障　(64) 補償　(65) 補足　(66) 捕捉　(67) 本位　(68) 本意　(69) 翻意

# 同訓異字 発展

● 次の文のカタカナにあたる漢字を書け。

①交通事故に**ア**う。（　　）
②友達と街で**ア**う。（　　）
③偶然目が**ア**う。（　　）

④容疑者が**アト**をくらます。（　　）
⑤傷の**アト**が残る。（　　）
⑥もう**アト**がない。（　　）

⑦手段の選択を**アヤマ**る。（　　）
⑧友に誠心誠意**アヤマ**る。（　　）
⑨重大な**アヤマ**ちを犯す。（　　）

⑩返事の**イ**る手紙。（　　）
⑪老境に**イ**る。（　　）
⑫鐘を**イ**る。（　　）
⑬矢を**イ**る。（　　）

⑭危険を**オカ**して嵐に向かう。（　　）
⑮二重に失敗を**オカ**す。（　　）
⑯隣国が国境を**オカ**す。（　　）

⑰事態を丸く**オサ**める。（　　）
⑱帝王が国を**オサ**める。（　　）
⑲税金を全額**オサ**める。（　　）
⑳無事学業を**オサ**める。（　　）

㉑幼少の頃を**カエリ**みる。（　　）
㉒過去の失敗を**カエリ**みる。（　　）

㉓英語に言い**カ**える。（　　）
㉔書面で挨拶に**カ**える。（　　）

㉕金を**カ**けて勝負する。（　　）
㉖河に橋を**カ**ける。（　　）

㉗とっさに気が**キ**く。（　　）
㉘発熱に**キ**く薬。（　　）

㉙学問の深奥を**キワ**める。（　　）
㉚ようやく山頂を**キワ**める。（　　）

㉛応募が定員を**コ**える。（　　）
㉜大臣の権限を**コ**える。（　　）
㉝田畑の地味が**コ**える。（　　）

解答

①遭　②会　③合　④跡　⑤痕　⑥後　⑦誤　⑧謝　⑨過　⑩要　⑪入　⑫鋳　⑬射　⑭冒　⑮犯　⑯侵

⑰収　⑱治　⑲納　⑳修　㉑顧　㉒省　㉓換　㉔代　㉕賭　㉖架　㉗利　㉘効　㉙究　㉚極　㉛超　㉜越　㉝肥

㉞ 意匠に工夫を**コ**らす。（　　）
㉟ 罪を**コ**らす必要がある。（　　）
㊱ 余暇に時間を**サ**く。（　　）
㊲ きれいな花が**サ**く。（　　）
㊳ 衣（きぬ）を**サ**くような叫び声。（　　）
㊴ 花を一輪**サ**す。（　　）
㊵ にわか雨に傘を**サ**す。（　　）
㊶ 蜂が腕を**サ**す。（　　）
㊷ 船は一路故国を**サ**す。（　　）
㊸ 重りを池に**シズ**める。（　　）
㊹ 魂を**シズ**めるための儀式。（　　）
㊺ 騒がしい教室を**シズ**める。（　　）
㊻ 双方に和解を**スス**める。（　　）
㊼ 時計の針を二時間**スス**める。（　　）
㊽ 次期社長に**スス**める。（　　）
㊾ 過失を厳しく**セ**める。（　　）
㊿ 敵の砦（とりで）を激しく**セ**める。（　　）

51 名所旧跡を**タズ**ねる。（　　）
52 母の行方を**タズ**ねる。（　　）
53 推されて会長職に**ツ**く。（　　）
54 敵の不意を**ツ**く。（　　）
55 夜遅く東京に**ツ**く。（　　）
56 行動を**ツツシ**んでいる。（　　）
57 **ツツシ**んでお見舞いする。（　　）
58 審議半ばで決を**ト**る。（　　）
59 交響楽の指揮を**ト**る。（　　）
60 現場の写真を**ト**る。（　　）
61 調査のために鯨を**ト**る。（　　）
62 ほうきで庭を**ハ**く。（　　）
63 ぞうりを庭で**ハ**く。（　　）
64 油断して下位に**ヤブ**れる。（　　）
65 協定が**ヤブ**られる。（　　）
66 風呂が**ワ**いた。（　　）
67 温泉が**ワ**いた。（　　）

㉞ 凝　㉟ 懲　㊱ 割　㊲ 咲　㊳ 裂　㊴ 挿　㊵ 差　㊶ 刺　㊷ 指　㊸ 沈　㊹ 鎮　㊺ 静　㊻ 勧　㊼ 進　㊽ 薦　㊾ 責　㊿ 攻

51 訪　52 尋　53 就　54 突　55 着　56 慎　57 謹　58 採　59 執　60 撮　61 捕　62 掃　63 履　64 敗　65 破　66 沸　67 湧

# 対義語

● 次の各〔　〕に適切な漢字一字を補って対応する語を完成させよ。

〈例〉遺失（いしつ）↔〔拾（しゅう）〕得（とく）　物を「失う」と「ひろう」。捨は別字。

① 安心（あんしん）↔危（き）〔　（ぐ）〕　「やすらいだ心」と「心配し恐れる心」。

② 一括（いっかつ）↔分（ぶん）〔　（かつ）〕　一度にするか分けてするか。

③ 違反（いはん）↔〔　（じゅん）〕守（しゅ）　「ルールを違える」と「固く守る」。

④ 栄転（えいてん）↔〔　（さ）〕遷（せん）　「よい地位に転任する」と「降格する」。

⑤ 栄誉（えいよ）↔恥（ち）〔　（じょく）〕　「褒め称えられる」と「はずかしめをうける」。

⑥ 演繹（えんえき）↔帰（き）〔　（のう）〕　「一般から特殊へ」と「特殊から一般へ」。

⑦ 婉曲（えんきょく）↔〔　（ろ）〕骨（こつ）　「遠回しな表現」と「むき出しなさま」。

⑧ 獲得（かくとく）↔〔　（そう）〕失（しつ）　「手に入れること」と「失ってしまうこと」。

⑨ 過激（かげき）↔〔　（おん）〕健（けん）　「激し過ぎる」と「偏らず常識的」。

⑩ 過失（かしつ）↔〔　（こ）〕意（い）　「不注意からの過ち」と「わざとすること」。

⑪ 許可（きょか）↔〔　（きん）〕止（し）　「聞き届ける」か「差し止める」か。

⑫ 緊張（きんちょう）↔弛（し）〔　（かん）〕　「引き締まっている」と「ゆるんでいる」。

⑬ 具象（ぐしょう）↔〔　（ちゅう）〕象（しょう）　形や姿を「備えている」と「備えていない」。

⑭ 顕在（けんざい）↔〔　（せん）〕在（ざい）　「目に見えている」と「目に見えていない」。

⑮ 倹約（けんやく）↔〔　（ろう）〕費（ひ）　「出費を少なくする」と「無駄遣い」。

⑯ 高遠（こうえん）↔卑（ひ）〔　（きん）〕　「高尚で遠大なこと」と「身ぢかでありふれていること」。

⑰ 豪胆（ごうたん）↔〔　（おく）〕病（びょう）　「きもっ玉が太い」と「びくびくする」。

⑱ 巧遅（こうち）↔〔　（せっ）〕速（そく）　「上手だがおそい」と「はやいが雑」。

⑲ 削除（さくじょ）↔添（てん）〔　（か）〕　「とりのぞく」と「つけくわえる」。

⑳ 挫折（ざせつ）↔貫（かん）〔　（てつ）〕　「途中で駄目になる」と「やりとおす」。

㉑ 事実（じじつ）↔虚（きょ）〔　（こう）〕　「実際にあったこと」と「作りごと」。

㉒ 実在（じつざい）↔〔　（か）〕空（くう）　「現実のもの」と「想像上のもの」。

㉓ 授与（じゅよ）↔〔　（はく）〕奪（だつ）　「さずけあたえる」と「はぎとりうばう」。

㉔ 需要（じゅよう）↔〔　（きょう）〕給（きゅう）　物を「求める」と「与える」。

㉕ 消費（しょうひ）↔〔　（せい）〕産（さん）　「使ってしまうこと」と「作り出すこと」。

㉖ 冗漫（じょうまん）↔簡（かん）〔　（けつ）〕　「だらだら長い」と「手短で要領よい」。

**解答**

①惧　②割　③遵(順)　④左　⑤辱　⑥納　⑦露　⑧喪　⑨穏　⑩故　⑪禁　⑫緩

⑬抽　⑭潜　⑮浪　⑯近　⑰臆　⑱拙　⑲加　⑳徹　㉑構　㉒架　㉓剥　㉔供　㉕生　㉖潔

発展問題

㉗ 助長(じょちょう)↔（そ）害(がい)　「助け強めること」と「さまたげること」。

㉘ 慎重(しんちょう)↔軽(けい)（そつ）　「注意深い」と「軽はずみ」。

㉙ 親密(しんみつ)↔（そ）遠(えん)　「親しいこと」と「親しみが薄いこと」。

㉚ 正統(せいとう)↔異(い)（たん）　常識や通念に「合う」と「合わない」。

㉛ 精密(せいみつ)↔（そ）雑(ざつ)　「細かく巧み」と「あらくて雑」。

㉜ 爽快(そうかい)↔憂(ゆう)（うつ）　「晴れやかな気持ち」と「ふさいだ気持ち」。

㉝ 増加(ぞうか)↔減(げん)（しょう）　「ふえる」と「へる」。小は間違い。

㉞ 総合(そうごう)↔分(ぶん)（せき）　（　）は細かく分ける意。

㉟ 創造(そうぞう)↔模(も)（ほう）　「自分でつくり出す」と「まねをする」。

㊱ 促進(そくしん)↔（よく）制(せい)　進みを「速める」と「おさえる」。

㊲ 怠惰(たいだ)↔（きん）勉(べん)　「なまけてしまう」と「一所懸命励む」。

㊳ 淡白(たんぱく)↔濃(のう)（こう）　「あっさりしている」と「こってりしている」。

㊴ 陳腐(ちんぷ)↔（ざん）新(しん)　「古くさい」と「目新しい」。

㊵ 丁重(ていちょう)↔（そ）略(りゃく)　扱いが「注意深い」と「ぞんざい」。

㊶ 得意(とくい)↔（しつ）意(い)　「満足している」と「がっかりしている」。

㊷ 莫大(ばくだい)↔（きん）少(しょう)　「非常に多い」と「ほんのすこし」。

㊸ 挽回(ばんかい)↔失(しっ)（つい）　信用などを「取り返す」と「失う」。

㊹ 必然(ひつぜん)↔（ぐう）然(ぜん)　「必ずそうなるはず」と「思いがけない」。

㊺ 悲報(ひほう)↔（ろう）報(ほう)　「悲しい知らせ」と「うれしい知らせ」。

㊻ 不足(ふそく)↔過(か)（じょう）　「足りない」と「あり過ぎる」。

㊼ 褒賞(ほうしょう)↔（ちょう）罰(ばつ)　「ほめる」と「こらしめる」。

㊽ 膨張(ぼうちょう)↔（しゅう）縮(しゅく)　「ふくれる」と「引き締まって縮む」。

㊾ 保守(ほしゅ)↔（かく）新(しん)　従来のやり方を「守る」と「変える」。

㊿ 明瞭(めいりょう)↔（あい）昧(まい)　「はっきりしている」と「ぼんやりしている」。

(51) 優遇(ゆうぐう)↔（れい）遇(ぐう)　「手厚く扱う」と「つめたくあしらう」。

(52) 優勢(ゆうせい)↔（れっ）勢(せい)　「有利な状況」と「不利な状況」。

(53) 余寒(よかん)↔（ざん）暑(しょ)　「春先の寒さ」と「秋口の暑さ」。

(54) 理論(りろん)↔実(じっ)（せん）　「頭で考えること」と「実際に行うこと」。

㉗阻　㉘率　㉙疎　㉚端　㉛粗　㉜鬱　㉝少　㉞析　㉟倣　㊱抑　㊲勤　㊳厚　㊴斬　㊵疎（粗）

㊶失　㊷僅　㊸墜　㊹偶　㊺朗　㊻剰　㊼懲　㊽収　㊾革　㊿曖　(51)冷　(52)劣　(53)残　(54)践

# 類義語

発展

● 次の各〔　〕に適切な漢字一字を補ってよく似た意味を持つ語を完成させよ。

〈例〉暗示（あんじ）＝示〔唆〕（しさ）　それとなく教える。教〔　〕とも用いる。

① 案内（あんない）＝誘〔　〕（ゆうどう）　目的とする所へ連れて行く。

② 遺憾（いかん）＝〔　〕念（ざんねん）　思い通りにならず、心のこりなこと。

③ 意見（いけん）＝見〔　〕（けんかい）　A君の「意見」、政府の「見〔　〕」。

④ 遺恨（いこん）＝〔　〕念（おんねん）　うらみがのこること。

⑤ 一掃（いっそう）＝払〔　〕（ふっしょく）　すっかりとりのぞくこと。

⑥ 腕前（うでまえ）＝〔　〕腕（しゅわん）　腕は仕事をこなす技術や能力をいう。

⑦ 演技（えんぎ）＝芝〔　〕（しばい）　いかにもそれらしいふるまい。

⑧ 縁者（えんじゃ）＝〔　〕類（しんるい）　つながりのある者。身内。

⑨ 援助（えんじょ）＝加〔　〕（かせい）　人を助けること。助〔　〕ともいう。

⑩ 快活（かいかつ）＝明〔　〕（めいろう）　明るくはきはきと元気のあるさま。

⑪ 我慢（がまん）＝〔　〕耐（にんたい）　じっと耐えること。

⑫ 完全（かんぜん）＝完〔　〕（かんぺき）　欠けたところ、欠点のないさま。

⑬ 寄与（きよ）＝〔　〕献（こうけん）　役に立つよう力を尽くす。

⑭ 協調（きょうちょう）＝〔　〕和（かいわ）　やわらぎ親しみあうこと。

⑮ 許諾（きょだく）＝〔　〕承（りょうしょう）　納得して受け入れゆるすこと。

⑯ 激励（げきれい）＝〔　〕舞（こぶ）　はげまし、元気づけること。

⑰ 傲慢（ごうまん）＝不〔　〕（ふそん）　人を見下しへりくだらないさま。

⑱ 交渉（こうしょう）＝折〔　〕（せっしょう）　話し合い。折渉は間違い。

⑲ 歳月（さいげつ）＝光〔　〕（こういん）　光は太陽、〔　〕は月の意から時間をいう。

⑳ 死去（しきょ）＝物〔　〕（ぶっこ）　物も〔　〕も、ここでは死ぬ意。

㉑ 質素（しっそ）＝〔　〕約（けんやく）　ぜいたくせず、つつましい様子。

㉒ 収入（しゅうにゅう）＝〔　〕得（しょとく）　入ってきて自分のものとなったお金。

㉓ 出色（しゅっしょく）＝抜〔　〕（ばつぐん）　ずば抜けてすぐれているさま。

㉔ 成就（じょうじゅ）＝〔　〕成（たっせい）　成し遂げること。

㉕ 消息（しょうそく）＝安〔　〕（あんぴ）　人のその時時のありさま。動静。

㉖ 思慮（しりょ）＝〔　〕別（ふんべつ）　物の道理や善悪をよくわきまえること。

## 解答

① 導　② 残　③ 解　④ 怨　⑤ 拭　⑥ 手　⑦ 居　⑧ 親　⑨ 勢　⑩ 朗　⑪ 忍　⑫ 璧

⑬ 貢　⑭ 諧　⑮ 了　⑯ 鼓　⑰ 遜　⑱ 衝　⑲ 陰　⑳ 故　㉑ 倹　㉒ 所　㉓ 群　㉔ 達　㉕ 否　㉖ 分

㉗ 親友（しんゆう）＝知（ち）〔き〕　自分を知る人で親友。読みに注意。

㉘ 推移（すいい）＝〔へん〕遷（せん）　時間の経過。うつりかわり。

㉙ 生死（せいし）＝死（し）〔かつ〕　死ぬか生きるか。

㉚ 絶無（ぜつむ）＝〔かい〕無（む）　まったく無いこと。

㉛ 専心（せんしん）＝〔ぼっ〕頭（とう）　一つのことに集中すること。熱中。

㉜ 尊大（そんだい）＝〔おう〕柄（へい）　人を見下げた無礼な態度。

㉝ 怠慢（たいまん）＝横（おう）〔ちゃく〕　仕事や義務をいい加減にすること。

㉞ 他界（たかい）＝永（えい）〔みん〕　別の世界へ行くのと永遠のねむり。どちらも死ぬこと。

㉟ 調停（ちょうてい）＝仲（ちゅう）〔さい〕　両者の間に入って解決に当たること。

㊱ 適切（てきせつ）＝妥（だ）〔とう〕　ふさわしいこと。

㊲ 等分（とうぶん）＝〔せっ〕半（ぱん）　半分ずつ二つに分けること。

㊳ 突然（とつぜん）＝突（とつ）〔じょ〕　〔 〕は語調を整える接尾語。

㊴ 突発（とっぱつ）＝〔ぼっ〕発（ぱつ）　事件などが急に起こること。

㊵ 排斥（はいせき）＝疎（そ）〔がい〕　のけ者にして遠ざけること。

㊶ 波及（はきゅう）＝〔えい〕響（きょう）　一方が他方に反応を起こさせること。

㊷ 秘伝（ひでん）＝〔おう〕義（ぎ）　その道の最も大事な事柄。

㊸ 不覚（ふかく）＝〔ゆ〕断（だん）　みくびって気を許すこと。

㊹ 無事（ぶじ）＝〔そく〕災（さい）　災害・病気などがなく達者で平穏なさま。

㊺ 不滅（ふめつ）＝不（ふ）〔きゅう〕　「滅びる」＝「くちる」。

㊻ 弁明（べんめい）＝〔しゃく〕明（めい）　言い開きをして明らかにすること。

㊼ 方法（ほうほう）＝〔しゅ〕段（だん）　目的を遂げるためのやり方。

㊽ 本末（ほんまつ）＝〔しゅ〕尾（び）　初めと終わり。

㊾ 要点（ようてん）＝〔こっ〕子（し）　物事の重要な部分。ポイント。

㊿ 来歴（らいれき）＝〔ゆ〕来（らい）　物事の経過してきた道筋。

51 臨終（りんじゅう）＝最（さい）〔ご〕　人の死に際。

52 礼儀（れいぎ）＝〔さ〕法（ほう）　社会習慣にかなった行動をするやり方。

53 冷静（れいせい）＝沈（ちん）〔ちゃく〕　落ちついていて物に動じないさま。

54 老練（ろうれん）＝〔えん〕熟（じゅく）　十分に発達して豊かな味わいが出ること。

㉗ 己　㉘ 変　㉙ 活　㉚ 皆　㉛ 没　㉜ 横　㉝ 着　㉞ 眠　㉟ 裁　㊱ 当　㊲ 折　㊳ 如　㊴ 勃　㊵ 外

㊶ 影　㊷ 奥　㊸ 油　㊹ 息　㊺ 朽　㊻ 釈　㊼ 手　㊽ 首　㊾ 骨　㊿ 由　51 期　52 作　53 着　54 円

# 三字熟語・四字熟語

問1　次の三字熟語を完成させよ。

① 一家(いっか)〔げん〕　その人独自の見識のある意見。
② 有頂(うちょう)〔てん〕　うまくいった喜びで大変得意になっている様子。
③ 間一(かんいっ)〔ぱつ〕　事態が非常にさしせまっていること。
④ 試金(しきん)〔せき〕　物事の値打ちや人の力量を試す基準となる事柄。
⑤ 〔しょう〕念場(ねんば)　持っている力や技を発揮すべき大切な場面。
⑥ 真(しん)〔こっ〕頂(ちょう)　そのものの本来の値打ちを表している姿。
⑦ 瀬戸(せと)〔ぎわ〕　勝つか負けるかなどの重大な分かれ目。
⑧ 登(とう)〔りゅう〕門(もん)　立身出世するための関門。厳しい選考の場をいう。
⑨ 〔なま〕兵法(びょうほう)　未熟な武術。また、なま半可な知識や学問。
⑩ 〔は〕天荒(てんこう)　人のまだ成し得なかったことを行うこと。
⑪ 〔はん〕可通(かつう)　よく知りもしないのに知った振りをすること・人。
⑫ 未(み)〔ぞ〕有(う)　今までにまだ一度も無かったこと。
⑬ 理(り)〔ふ〕尽(じん)　道理を尽くさない意で、無茶を言ったりすること。

問2　次の四字熟語を完成させよ。

① 暗中(あんちゅう)〔も〕索(さく)　方法が分からぬままいろいろやってみること。
② 一意(いちい)〔せん〕心(しん)　一つのことに心を集中すること。
③ 意味深(いみしん)〔ちょう〕　言葉や行為の奥に深い意味が含まれている様子。
④ 有為転(ういてん)〔ぺん〕　世の中の移りかわりが激しいこと。
⑤ 紆余(うよ)〔きょく〕折(せつ)　複雑な事情があり、様様に変化すること。
⑥ 雲散霧(うんさんむ)〔しょう〕　あとかたもなくきえること。
⑦ 〔えい〕枯盛衰(こせいすい)　さかえたり衰えたりすること。
⑧ 会者定(えしゃじょう)〔り〕　会う者はいつかははなれる運命にあること。
⑨ 温故知(おんこち)〔しん〕　昔の事を研究し、あたらしいものを得ること。
⑩ 快(かい)〔とう〕乱麻(らんま)　込み入った物事を手際よく処理する様子。
⑪ 偕老同(かいろうどう)〔けつ〕　夫婦の仲が良く、契りが固いこと。
⑫ 画竜(がりょう)〔てん〕睛(せい)　物事を完成する大切な最後の仕上げ。
⑬ 〔かん〕骨奪胎(こつだったい)　古人の詩文の形式や発想をまねて自作とすること。

## 解答

問1　①言　②天　③髪　④石　⑤正　⑥骨　⑦際　⑧竜　⑨生　⑩破　⑪半　⑫曽　⑬不

問2　①模　②専　③長　④変　⑤曲　⑥消　⑦栄　⑧離　⑨新　⑩刀　⑪穴　⑫点　⑬換

⑭（かん　ぜん）懲悪（ちょうあく）　善行を奨励し、悪行を懲らしめること。

⑮危急（ききゅう）（そん　ぼう）　生き残れるか、滅びるか。

⑯（けい　きょ）妄動（もうどう）　かるはずみな行動をとること。

⑰（こ　し）眈眈（たんたん）　油断なく機会をねらっている様子。

⑱（しゅ　かく）転倒（てんとう）　物事の順序・立場が逆になること。

⑲順風（じゅんぷう）（まん　ぱん）　物事がすべて順調に進むこと。

⑳情状（じょうじょう）（しゃく　りょう）　罪を犯した事情の同情すべき点に配慮すること。

㉑深謀（しんぼう）（えん　りょ）　よく考えて、将来のことまで計画すること。

㉒前代（ぜんだい）（み　もん）　今まできいたこともない、変わったこと。

㉓大器（たいき）（ばん　せい）　大人物は普通より遅れて世に出ること。

㉔大同（だいどう）（しょう　い）　細かい点は違うが大体同じであること。

㉕（だん　がい）絶壁（ぜっぺき）　切り立った険しいがけ。

㉖朝令（ちょうれい）（ぼ　かい）　命令や法令がたびたび変更されて一定しないこと。

㉗（てっ　とう）徹尾（てつび）　初めから終わりまで。どこまでも。

㉘東奔（とうほん）（せい　そう）　忙しくて、あちこち駆け回ること。

㉙内憂（ないゆう）（がい　かん）　内外ともに心配事が発生すること。

㉚波瀾（はらん）（ばん　じょう）　事件・人生などの変化が激しいこと。

㉛（び　もく）秀麗（しゅうれい）　容姿の優れて美しいこと。

㉜（ふう　こう）明媚（めいび）　山水の景色が清らかで美しいこと。

㉝不即（ふそく）（ふ　り）　付きもせずはなれもしないこと。

㉞（ふん　こつ）砕身（さいしん）　力の限り努力すること。

㉟（ぼう　じゃく）無人（ぶじん）　他人にかまわず勝手気ままに振る舞うこと。

㊱無我（むが）（む　ちゅう）　心を奪われ我を忘れること。無中は間違い。

㊲（よう　とう）狗肉（くにく）　見かけだけ立派で、内容が伴わないこと。

㊳（り　ひ）曲直（きょくちょく）　間違っていることと正しいこと。

㊴（りゅう　とう）蛇尾（だび）　初めは盛んだが終わりが振るわないこと。

㊵（りん　き）応変（おうへん）　状況などの変化に合わせて適切な手段を取ること。

㊶和洋（わよう）（せっ　ちゅう）　日本風と西洋風とを巧みにとり合わせること。

⑭勧善　⑮存亡　⑯軽挙　⑰虎視　⑱主客　⑲満帆　⑳酌量　㉑遠慮　㉒未聞　㉓晩成　㉔小異　㉕断崖　㉖暮改　㉗徹頭

㉘西走　㉙外患　㉚万丈　㉛眉目　㉜風光　㉝不離　㉞粉骨　㉟傍若　㊱夢中　㊲羊頭　㊳理非　㊴竜頭　㊵臨機　㊶折衷

# ことわざ・慣用句

● 次のことわざ・慣用句を□に適切な漢字一字を補って完成させよ。

〈例〉青菜に［塩］
すっかりしょげてしまう。

① 揚げ□を取る
言葉じりをとらえる。

② □を売る
むだ話で時間を空費する。

③ 雨降って□固まる
もめ事があった後、かえって良い状態になる。

④ 魚心あれば□心
相手が好意を持てば、それに応ずる気持ちになる。

⑤ お茶を□す
適当にごまかす。

⑥ 同じ釜（かま）の□を食う
一緒に生活をして、苦楽を共にする。

⑦ □に短し襷（たすき）に長し
中途半端で役に立たない（意に添わない）。

⑧ 折り□を付ける
保証する。

⑨ 顔に□を塗る
他人の面目をつぶす。

⑩ 肩の□が下りる
負担がなくなり安心する。

⑪ 亀の甲より年の□
人間の長年の経験は尊ぶべきだ。

⑫ 木に□を接（つ）ぐ
不自然で、物事の調和がとれない。

⑬ 蛍雪の□
苦労して勉学に励んだ成果。

⑭ □一点
大勢の男性の中に、一人だけ女性がいる。

⑮ 光陰□のごとし
光陰は時間。時のたつのは早い。

⑯ 去る者は日日に□し
親しかった者も離れると親しみが薄れる。

⑰ 触らぬ□に祟（たた）りなし
面倒なことによけいな手出しをしない。

⑱ 蛇（じゃ）の□は蛇（へび）
同類の者がすることは、同類の者がよく知っている。

⑲ □指（し）が動く
何かをしようという気になる。

⑳ 知らぬが□
当人だけは知らずに、のほほんとしている。

㉑ □に火がつく
非常にさし迫った状態になる。

㉒ □天の霹靂（へきれき）
霹靂は雷。思いがけない出来事が起こる。

㉓ 高嶺（たかね）の□
遠くから眺めるだけで、自分の物にはならない。

㉔ 他山の□
他人の言動は、自分の人格を磨くのに役に立つ。

㉕ たつ□あとを濁さず
引き際は潔くしなければならない。

㉖ □から牡丹餅（ぼたもち）
思いがけない幸運に遭う。

㉗ □を付ける
他人に取られないよう手を打っておく。

**解答**

①足 ②油 ③地 ④水 ⑤濁 ⑥飯 ⑦帯 ⑧紙 ⑨泥 ⑩荷 ⑪功 ⑫竹 ⑬功
⑭紅 ⑮矢 ⑯疎 ⑰神 ⑱道 ⑲食 ⑳仏 ㉑尻 ㉒青 ㉓花 ㉔石 ㉕鳥 ㉖棚 ㉗唾

㉘ □に火を点(とも)す
極度に倹約をする。けちだ。

㉙ □は熱いうちに打て
人の教育は若いうちにすべきだ。

㉚ 取らぬ狸(たぬき)の□算用
手に入るか分からないものを当てにする。

㉛ □の威を借る狐(きつね)
強い者の威力を盾に威張ること。

㉜ 七転び□起き
何度失敗してもめげずに立ち直る。

㉝ □足の草鞋(わらじ)を履く
（両立しないような）ふたつの職を兼ねる。

㉞ □の足を踏む
ためらう。

㉟ 寝た□を起こす
おさまっていることをむしかえす。

㊱ 寝耳に□
思いがけない知らせや出来事。

㊲ 根も□もない
何の根拠もない。

㊳ 年貢の□め時
ものごとに見切りをつけ、観念するべき時。

㊴ 喉(のど)から□が出る
欲しくてたまらない。

㊵ 乗りかかった□
かかわった以上、途中で手を引くわけにはいかない。

㊶ 暖簾(のれん)に□押し
いくら力を入れても、手ごたえがない。

㊷ 背水の□
決死の覚悟で勝負を挑む。

㊸ □にも棒にも掛からない
ひどすぎて手がつけられない。

㊹ 張子(はりこ)の□
見かけは強そうだが、実際には弱いもの。

㊺ 一□揚げる
新しい分野で成功する。

㊻ 覆水□に返らず
一度してしまったことは、もう取り返しがつかない。

㊼ □は船頭に任せよ
何事でも専門家に任せたほうがうまくいく。

㊽ □が落ちる
この上なく美味である。

㊾ 仏作って□入れず
肝心な所に手抜かりがある。

㊿ 真綿で□を締める
じわじわと苦しめる。

(51) □取った杵柄(きねづか)
かつて鍛えた技は後まで使える。

(52) 藪(やぶ)から□
だしぬけで唐突なさま。

(53) 有終の□を飾る
最後までやり終え、立派な結果を残す。

(54) □り目に祟(たた)り目
悪いことが重なって起こる。

(55) 良薬は口に□し
自分のためになることほど、自分にはつらい。

(56) □より証拠
口で言うより証拠を示す方が明快だ。

(57) 笑う□には福来る
明るくしている人には幸せがくる。

---

㉘ 爪　㉙ 鉄　㉚ 皮　㉛ 虎　㉜ 八　㉝ 二　㉞ 二　㉟ 子　㊱ 水　㊲ 葉　㊳ 納　㊴ 手　㊵ 船　㊶ 腕　㊷ 陣

㊸ 箸　㊹ 虎　㊺ 旗　㊻ 盆　㊼ 船　㊽ 頬　㊾ 魂　㊿ 首　(51) 昔　(52) 棒　(53) 美　(54) 弱　(55) 苦　(56) 論　(57) 門

# 誤字訂正 発展

● 各文の中で誤った漢字を指摘し、正しく書き直せ。

〈例〉情操教育の一還。（還）→（環）

① 休暇で鋭気を養う。（　）→（　）
② 門戸を解放する。（　）→（　）
③ 皆の注意を換起する。（　）→（　）
④ 衆人監視の中で行う。（　）→（　）
⑤ 含畜のある言葉。（　）→（　）
⑥ 初志を貫撤する。（　）→（　）
⑦ 頭骸骨が陥没する。（　）→（　）
⑧ 苦汁に満ちた選択。（　）→（　）
⑨ 好学心に燃えている。（　）→（　）
⑩ 誤りを指適する。（　）→（　）
⑪ 好奇心が応盛な子ども。（　）→（　）
⑫ 籠（かご）一杯に収獲する。（　）→（　）
⑬ 事態の収集に努める。（　）→（　）
⑭ 道が狭いため除行する。（　）→（　）
⑮ 真険に議論する。（　）→（　）
⑯ 予定どおり逐行する。（　）→（　）
⑰ 役員に推選される。（　）→（　）
⑱ 絶妙な裁配で勝利した。（　）→（　）
⑲ 重要な決段を下す。（　）→（　）
⑳ 前後策を相談する。（　）→（　）
㉑ 野菜を速成栽培する。（　）→（　）
㉒ 短刀直入に物を言う。（　）→（　）
㉓ 審判として適確な人。（　）→（　）
㉔ 理想を追及する。（　）→（　）
㉕ 株価が謄貴する。（　）→（　）
㉖ 遺跡を発堀する。（　）→（　）
㉗ 不信な人物に出会う。（　）→（　）
㉘ 会議が粉糾する。（　）→（　）
㉙ 人生の無情を悟る。（　）→（　）
㉚ 大義名文が立たない。（　）→（　）
㉛ 園児を引卒する。（　）→（　）
㉜ 意見を単的に述べる。（　）→（　）

## 解答

① 鋭→英　② 解→開　③ 換→喚　④ 監→環　⑤ 畜→蓄　⑥ 撤→徹　⑦ 骸→蓋　⑧ 汁→渋　⑨ 好→向　⑩ 適→摘　⑪ 応→旺　⑫ 獲→穫　⑬ 集→拾　⑭ 除→徐　⑮ 険→剣

⑯ 逐→遂　⑰ 選→薦　⑱ 裁→采　⑲ 段→断　⑳ 前→善　㉑ 速→促　㉒ 短→単　㉓ 確→格　㉔ 及→求　㉕ 謄→騰　㉖ 堀→掘　㉗ 信→審　㉘ 粉→紛　㉙ 情→常　㉚ 文→分　㉛ 卒→率　㉜ 単→端

㉝ 戦禍の犠性になる。（　　）→（　　）
㉞ 光源氏は仮空の人物。（　　）→（　　）
㉟ 意味深重な発言。（　　）→（　　）
㊱ 角(つの)を貯めて牛を殺す。（　　）→（　　）
㊲ 学業成積が上がる。（　　）→（　　）
㊳ 全員一率に支給する。（　　）→（　　）
㊴ 反対したものの一拾された。（　　）→（　　）
㊵ よく肥えた土状。（　　）→（　　）
㊶ 父に当てた手紙を書く。（　　）→（　　）
㊷ 役者命利に尽きる。（　　）→（　　）
㊸ 隠便に事を済ます。（　　）→（　　）
㊹ 厚顔無知な振る舞い。（　　）→（　　）
㊺ 間一発で間に合う。（　　）→（　　）
㊻ 至芸を被露する。（　　）→（　　）
㊼ 愛願動物の需要が高まる。（　　）→（　　）
㊽ 強裂な印象を残す。（　　）→（　　）
㊾ 改革には幣害を伴う。（　　）→（　　）

㊿ 返済に猶余はない。（　　）→（　　）
51 賃金に隔差が生じる。（　　）→（　　）
52 繁用性の高い道具。（　　）→（　　）
53 選手は勢鋭を集める。（　　）→（　　）
54 浅からぬ因念がある。（　　）→（　　）
55 好例の両校定期戦。（　　）→（　　）
56 提案に元づいて審議する。（　　）→（　　）
57 根気の入る仕事。（　　）→（　　）
58 道路に添って並ぶ。（　　）→（　　）
59 試合当日を向える。（　　）→（　　）
60 天にも登る気持ち。（　　）→（　　）
61 もう夜が開ける。（　　）→（　　）
62 故意に危険を侵す。（　　）→（　　）
63 神に使える生活。（　　）→（　　）
64 梅雨は食品が痛む。（　　）→（　　）
65 花瓶に花を指す。（　　）→（　　）
66 薬が利いてくる。（　　）→（　　）

㉝ 性→牲　㉞ 仮→架　㉟ 重→長　㊱ 貯→矯　㊲ 積→績　㊳ 率→律　㊴ 拾→蹴　㊵ 状→壌　㊶ 当→宛　㊷ 命→冥　㊸ 隠→穏　㊹ 知→恥　㊺ 発→髪　㊻ 被→披　㊼ 願→玩　㊽ 裂→烈　㊾ 幣→弊
㊿ 余→予　51 隔→格　52 繁→汎　53 勢→精　54 念→縁　55 好→恒　56 元→基　57 入→要　58 添→沿　59 向→迎　60 登→昇　61 開→明　62 侵→冒　63 使→仕　64 痛→傷　65 指→挿　66 利→効

発展問題

# 高校で習う読み

● 次の各語の読みは高校で習う主なものである。読みを答えよ。

①愛想（あい　）
②侮る（　る）
③暴く（　く）
④行脚（　）諸国を巡る
⑤礎（　）家屋の土台や物事の基礎
⑥悼む（　む）
⑦疎む（　む）
⑧産声（　ごえ）
⑨回向（　こう）仏事供養
⑩会釈（　しゃく）
⑪奥義（　ぎ）最も大切な事柄・極意
⑫和尚（　しょう）寺の住職

⑬お節（お　）
⑭傍ら（　ら）
⑮担ぐ（　ぐ）
⑯醸す（　す）
⑰絡む（　む）
⑱帰依（き　）神仏の力を信じる
⑲兆し（　し）
⑳帰巣（き　）巣に再び帰ってくる
㉑久遠（　）永遠
㉒功徳（　どく）善い行いに対する恵み
㉓供物（　もつ）
㉔庫裏（　り）寺院の食事を調える所

㉕解熱（　ねつ）
㉖懸念（　ねん）気になり不安に思う
㉗嫌悪（けん　）
㉘言質（げん　）のちの証拠となる言葉
㉙湖沼（こ　）
㉚権化（　げ）化身・特質の突出したもの
㉛建立（　）
㉜最期（さい　）
㉝障る（　る）
㉞傘下（　か）指導的なものの下で支配を受ける
㉟市井（し　）人が多く集まる所・庶民の町
㊱疾病（しっ　）

## 解答

①そ
②あなど
③あば
④あんぎゃ
⑤いしずえ
⑥いた
⑦うと
⑧うぶ
⑨え
⑩え
⑪おう
⑫お
⑬せち
⑭かたわ
⑮かつ
⑯かも
⑰から
⑱え
⑲きざ
⑳そう
㉑くおん
㉒く
㉓く
㉔く
㉕げ
㉖け
㉗お
㉘ち
㉙しょう
㉚ごん
㉛こんりゅう
㉜ご
㉝さわ
㉞さん
㉟せい
㊱ぺい

発展問題

㊲ 統べる（　　べる）
㊳ 競り（　　り）
㊴ 荘厳（そう　　）
㊵ 相殺（そう　　）
㊶ 矯める　よくないことを直す（　　める）
㊷ 断食（だん　　）
㊸ 培う（　　う）
㊹ 紡ぐ（　　ぐ）
㊺ 転嫁　自分の責任を他人になすりつける（てん　　）
㊻ 常夏（　　なつ）
㊼ 倣う（　　う）
㊽ 納戸　衣服などを収納する部屋（　　ど）
㊾ 担う（　　う）
㊿ 如実　ありのまま（　　じつ）

(51) 年貢（ねん　　）
(52) 懇ろ（　　ろ）
(53) 謀る（　　る）
(54) 博徒　ばくち打ち（　　と）
(55) 法度　禁じられていること（　　）
(56) 阻む（　　む）
(57) 端役　つまらない役がら（　　やく）
(58) 凡例　書物の方針や使用法を述べたもの（　　れい）
(59) 非業（ひ　　）
(60) 氷室　氷を蓄えておくむろ（　　むろ）
(61) 富貴（　　き）
(62) 風情（　　）
(63) 払底　すっかりなくなる（　　てい）
(64) 布団（ふ　　）

(65) 返戻（へん　　）
(66) 褒美（　　び）
(67) 法主　仏や仏法を説く人（　　）
(68) 煩悩（　　のう）
(69) 陵　天皇・皇后の墓所（　　）
(70) 謀反（　　）
(71) 亡者　死んだ人・執念深い人（　　じゃ）
(72) 由緒（　　しょ）
(73) 遊説　意見や主張を説き歩く（ゆう　　）
(74) 郵袋　郵便物の輸送用の袋（ゆう　　）
(75) 遊山　気晴らしに出かける（　　さん）
(76) 礼賛（　　さん）
(77) 律儀（　　ぎ）
(78) 流布（　　ふ）

㊲ す　㊳ せ　㊴ ごん　㊵ さい　㊶ た　㊷ じき　㊸ つちか　㊹ つむ　㊺ か　㊻ とこ　㊼ なら　㊽ なん　㊾ にな　㊿ にょ　(51) ぐ　(52) ねんご　(53) はか　(54) ばく　(55) はっと　(56) はば　(57) は
(58) はん　(59) ごう　(60) ひ　(61) ふう　(62) ふぜい　(63) ふっ　(64) とん　(65) れい　(66) ほう　(67) ほっす　(68) ぼん　(69) みささぎ　(70) むほん　(71) もう　(72) ゆい　(73) ぜい　(74) たい　(75) ゆ　(76) らい　(77) りち　(78) る

# 当て字・熟字訓　発展

● 次は「常用漢字表 付表」の主な語で、それぞれ当て字・熟字訓である。読みを答えよ。

① 小豆（　　）
② 海女・海士（　　）　海に潜って漁をする人
③ 硫黄（　　）
④ 意気地（　　）
⑤ 田舎（　　）
⑥ 息吹（　　）
⑦ 海原（　　）
⑧ 乳母（　　）　母親に代わって養育する女性
⑨ 叔父（　　）　父母の弟
⑩ 伯父（　　）　父母の兄
⑪ お神酒（　　）　神前に供える酒
⑫ 母屋（　　）　敷地内の中心の建物

⑬ 神楽（　　）　神をまつる舞楽
⑭ 河岸（　　）　かわの岸
⑮ 鍛冶（　　）　金属を打ち鍛え、器物をつくること
⑯ 風邪（　　）
⑰ 固唾（　　）　緊張しているとき口中にたまるつば
⑱ 蚊帳（　　）　蚊を防ぐ覆い
⑲ 為替（　　）　現金を使わない取引
⑳ 玄人（　　）　専門家
㉑ 居士（　　）　成人男子の戒名の下につける称
㉒ 早乙女（　　）　田植えをする若い女性
㉓ 雑魚（　　）
㉔ 桟敷（　　）　仮設の、また一段高い見物席

㉕ 早苗（　　）
㉖ 五月雨（　　）　陰暦五月ごろの長雨
㉗ 時雨（　　）　ぱらぱらと降る雨
㉘ 尻尾（　　）
㉙ 竹刀（　　）
㉚ 老舗（　　）　代代続く格式のある店
㉛ 芝生（　　）
㉜ 清水（　　）
㉝ 三味線（　　）　日本の弦楽器
㉞ 砂利（　　）
㉟ 数珠（　　）
㊱ 上手（　　）

## 解答

①あずき　②あま　③いおう　④いくじ　⑤いなか　⑥いぶき　⑦うなばら　⑧うば　⑨おじ　⑩おじ　⑪おみき　⑫おもや　⑬かぐら　⑭かし　⑮かじ　⑯かぜ　⑰かたず　⑱かや

⑲かわせ　⑳くろうと　㉑こじ　㉒さおとめ　㉓ざこ　㉔さじき　㉕さなえ　㉖さみだれ　㉗しぐれ　㉘しっぽ　㉙しない　㉚しにせ　㉛しばふ　㉜しみず　㉝しゃみせん　㉞じゃり　㉟じゅず　㊱じょうず

㊲白髪（　　　）
㊳素人（　　　）経験が浅く未熟な人
㊴師走（　　　）陰暦十二月
㊵数寄屋（　　　）別棟の茶室
㊶相撲（　　　）
㊷草履（　　　）
㊸山車（　　　）祭礼のときに引く屋台
㊹太刀（　　　）
㊺七夕（　　　）
㊻足袋（　　　）和装のときに履く衣料品
㊼一日（　　　）
㊽稚児（　　　）赤子や幼い子
㊾築山（　　　）石や土を盛った小山
㊿梅雨（　　　）

(51)凸凹（　　　）
(52)伝馬船（　　　）木造の小型和船
(53)投網（　　　）
(54)読経（　　　）経文の音読
(55)仲人（　　　）橋渡しをする人
(56)名残（　　　）
(57)雪崩（　　　）
(58)野良（　　　）
(59)祝詞（　　　）祝いの言葉
(60)二十歳（　　　）
(61)波止場（　　　）船着き場
(62)日和（　　　）
(63)吹雪（　　　）
(64)真面目（　　　）

(65)真っ赤（　　　）
(66)土産（　　　）
(67)眼鏡（　　　）
(68)猛者（　　　）
(69)紅葉（　　　）
(70)木綿（　　　）
(71)最寄り（　　　）
(72)八百長（　　　）事前に勝敗を決めている勝負
(73)大和（　　　）現在の奈良県
(74)弥生（　　　）
(75)浴衣（　　　）
(76)行方（　　　）
(77)寄席（　　　）大衆芸能の演芸場
(78)若人（　　　）

発展問題

㊲しらが
㊳しろうと
㊴しわす
㊵すきや
㊶すもう
㊷ぞうり
㊸だし
㊹たち
㊺たなばた
㊻たび
㊼ついたち
㊽ちご
㊾つきやま
㊿つゆ
(51)でこぼこ
(52)てんません
(53)とあみ
(54)どきょう
(55)なこうど
(56)なごり
(57)なだれ
(58)のら
(59)のりと
(60)はたち
(61)はとば
(62)ひより
(63)ふぶき
(64)まじめ
(65)まっか
(66)みやげ
(67)めがね
(68)もさ
(69)もみじ
(70)もめん
(71)もより
(72)やおちょう
(73)やまと
(74)やよい
(75)ゆかた
(76)ゆくえ
(77)よせ
(78)わこうど

# 級別テスト 解答

## 8級（p32・33）

㈠ ①じみち ②ちょうし ③かんそう ④じつりょく ⑤れんしゅう

㈡ ①みかた ②あじ ③しじゅう ④はじ ⑤へいわ ⑥やわ ⑦せいぜん ⑧ととの

㈢ ①10 ②5 ③9 ④10 ⑤7 ⑥5 ⑦8 ⑧3 ⑨5 ⑩8 ⑪4 ⑫4

㈣ ①悪 ②悲 ③意 ④進 ⑤遠 ⑥開 ⑦乗 ⑧買 ⑨勝 ⑩少

㈤ ①仕 ②使 ③体 ④待 ⑤気 ⑥汽 ⑦決 ⑧欠 ⑨階 ⑩界

㈥ ①深 ②消 ③指 ④持 ⑤橋 ⑥植 ⑦福 ⑧神 ⑨前 ⑩列

㈦ ①育 ②習 ③対 ④引 ⑤具 ⑥図 ⑦思 ⑧館 ⑨鳴 ⑩園

## 7級（p48・49）

㈠ ①でんせつ ②しんねん ③しゅかん ④しゅざい ⑤せいよう

㈡ ①さいてい ②ひく ③れいせい ④ひ ⑤かいすいよく ⑥あ ⑦ぜんしょう ⑧や ⑨どりょく ⑩つと

㈢ ①7 ②13 ③7 ④5 ⑤4 ⑥12 ⑦9 ⑧11 ⑨12 ⑩16

㈣ ①親しむ ②直ちに ③栄える ④必ず ⑤省みる ⑥改める ⑦冷たい

㈤ ①× ②◯ ③× ④◯ ⑤× ⑥◯ ⑦◯ ⑧× ⑨◯ ⑩◯

㈥ ①敗 ②静 ③果 ④失 ⑤然 ⑥固

㈦ ①課 ②議 ③説 ④訓 ⑤径 ⑥徒 ⑦徳 ⑧連 ⑨達 ⑩選 ⑪辺

㈧ ①イ・オ ②ウ・オ ③エ・ウ ④ウ・イ ⑤オ・ア

## 6級（p62・63）

㈠ ①きんとう ②てぎわ ③そっせん ④こうそう ⑤こんかん

㈡ ①率いる ②耕す ③報いる ④営む ⑤断る ⑥設ける ⑦確かめる ⑧授ける ⑨潔い ⑩快い

(三) 
①忄 ②エ ③阝 ④イ ⑤禾 ⑥オ
⑦刂 ⑧ウ ⑨心 ⑩キ

(四) ①11 ②15 ③3 ④7 ⑤6 ⑥8 ⑦3 ⑧4
⑨1 ⑩8

(五) ①エ ②ア ③イ ④エ ⑤ウ ⑥ア ⑦エ ⑧ア
⑨エ ⑩オ

(六) ①イ ②オ ③ク ④ア ⑤ウ

(七) ①損 ②現 ③禁 ④解 ⑤神 ⑥案 ⑦用
⑧応 ⑨使 ⑩不

(八) ①ウ ②ア ③ウ ④イ ⑤エ ⑥イ ⑦ウ ⑧ア
⑨ア ⑩ア

## 5級（p76・77）

(一) ①すうち ②ししょう ③はっき ④しゅしゃ
⑤なっとく ⑥きょしゅう ⑦まいきょ
⑧かんけつ

(二) ①キ ②くちへん ③ア ④つちへん ⑤オ
⑥にくづき ⑦ク ⑧ふるとり ⑨エ
⑩うかんむり

(三) ①6 ②11 ③8 ④15 ⑤11 ⑥12 ⑦6 ⑧7

(四) ①訪れる ②暖まる（温まる） ③著しい ④垂らす
⑤奏でる ⑥朗らかな ⑦幼い ⑧敬う

(五) ①ア ②ウ ③イ ④ア ⑤ウ ⑥ウ ⑦エ ⑧エ
⑨ア ⑩イ

(六) ①革 ②返 ③験 ④政 ⑤悲 ⑥短 ⑦寸 ⑧箇
⑨値 ⑩勤

(七) ①オ ②ウ ③イ ④エ ⑤オ ⑥イ ⑦ア ⑧エ
⑨イ ⑩イ

(八) ①救済 ②解除 ③推察 ④圧巻 ⑤善処

## 4級（p98・99）

(一) ①ウ ②イ ③ア ④ウ ⑤エ

(二) ①エ ②エ ③ウ ④エ ⑤ウ

(三) ①勧 ②歓 ③鑑 ④済 ⑤澄 ⑥住

(四) ①ア ②オ ③ウ ④イ ⑤エ

(五) ①エ ②イ ③ウ ④ア ⑤イ

(六) ①はんざつ ②こぶ ③ばくろ ④しゅこう
⑤がんちく

(七) ①う ②ける ③る ④れる

(八) ①給 ②消 ③却 ④鈍 ⑤狭 ⑥評 ⑦散 ⑧肩

⑨迎　⑩別

(九) ①会→介　②腹→幅　③低→抵　④侵→浸
⑤団→段

## 3級（p118・119）

(一) ①イ　②エ　③ウ　④エ　⑤エ

(二) ①ア　②エ　③エ　④ウ　⑤エ

(三) ①訂　②締　③抵　④撮　⑤執　⑥採

(四) ①ウ　②エ　③ウ　④イ

(五) ①ウ　②イ　③エ　④ア　⑤ウ

(六) ①こうかい　②つうこん　③じゅんたく
④こうじょ　⑤せつり

(七) ①てる　②しい　③す　④え　⑤げる

(八) ①穏　②没　③縮　④恥　⑤模　⑥辛　⑦欧
⑧精　⑨概　⑩了

(九) ①新→請　②複→復　③烈→裂　④干→冠
⑤刻→克

## 準2級（p142・143）

(一) ①しさ（じさ）　②すうはい　③しゅうわい
④さえぎ　⑤つぐな

(二) ①あいとう　②いた　③じょうぞう　④かも
⑤こんせつ　⑥ねんご　⑦こうはい　⑧すた
⑨そえん　⑩うと

(三) ①ア　②イ　③ウ　④ウ　⑤エ　⑥イ　⑦ア　⑧ウ
⑨オ　⑩ウ

(四) ①言　②力　③衣　④廾

(五) ①甚だしい　②恭しく　③賜る　④煩わせ
⑤懐かしむ　⑥諭す

(六) ①潜在　②韻文　③巧妙　④左遷　⑤喪失　⑥没頭
⑦履行　⑧成就　⑨貢献　⑩解雇

(七) ①同舟　②外患　③必罰　④模索　⑤一遇　⑥堅忍
⑦傍若　⑧疾風　⑨一騎　⑩竜頭

(八) ①準→准　②徹→撤　③凝→懲　④堀→掘
⑤感→憾

## 2級（p156・157）

(一) ①びんせん　②ひよく　③とうや　④ごぶさた
⑤いしうす

(二) ①きんさ　②わず　③さんけい　④もう　⑤ようさい

⑥ふさ　⑦しっせき　⑧しか　⑨そじょう
⑩さかのぼ

㈢　①ア　②ウ　③エ　④ア　⑤オ　⑥イ　⑦ウ
⑧エ　⑨ウ　⑩ア

㈣　①艹　②酉　③戈　④頁

㈤　①爽やかな　②溺れ　③捉える　④拭う　⑤蹴る
⑥綻びる

㈥　①挫折　②覚醒　③緻密　④隠蔽　⑤危惧
⑥沙汰　⑦明瞭　⑧瓦解　⑨戦慄　⑩傲慢

㈦　①整頓　②毀損　③喝采　④玩味　⑤無稽
⑥虎視　⑦傲岸　⑧眉目　⑨曖昧　⑩妖怪

㈧　①億↓臆　②根↓痕　③潮↓嘲　④意↓彙
⑤栓↓詮

解答

# 常用漢字一覧表・索引

✓漢字は音により五十音順に配列した。なお、音のないものは訓によって配列した。
✓漢字の下の丸数字は、「漢字能力検定」における級数を（❷は準２級）、その下の数字は漢字表掲出ページを示す。

**イラストの慣用句**

犬も歩けば棒に当たる

猫の手も借りたい

月とすっぽん

雀の涙

海老で鯛を釣る

狸寝入り

猿も木から落ちる

馬の耳に念仏

水を得た魚

鳩が豆鉄砲を食らう

鶴の一声

虎の尾を踏む

二兎を追う者は一兎をも得ず

トンビに油揚げをさらわれる

長蛇の列


ポイント整理
ブラッシュアップ 常用漢字　漢検対応　三訂版

令和2年2月10日　初版発行

編者　明治書院編集部

執筆者　山下杉雄（明治書院刊『精選国語辞典』編集代表）
大西匡輔（同　編集委員）

発行者　株式会社 明 治 書 院
代表者　三樹　蘭

印刷者　亜細亜印刷株式会社
代表者　藤森　英夫

製本者　亜細亜印刷株式会社
代表者　藤森　英夫

発行所　株式会社　明　治　書　院
〒169-0072 東京都新宿区大久保 1-1-7
電　話　03-5292-0117
振替口座　00130-7-4991





ISBN 978-4-625-23411-8
表紙・本文デザイン　株式会社ごぼうデザイン事務所
イラスト　足立真人


| 年 | 組 | 番 | 氏名 |
|---|---|---|---|

## その他（続き）

前見返しから続く。

| 部首 | 名称 | 例 |
|---|---|---|
| 乚 乙 | おつ | 九・乾・乙 乳・乱 |
| 亅 | はねぼう | 事・予・争 了 |
| 二 | に | 二・五・井 互・亜 |
| 人 | ひと | 人・以 |
| 𠆢 | ひとやね | 今・倉・余 介・企・傘 |
| 入 | いる | 入・内・全 |
| 八 | はち | 八・公・兼 |
| 丷 | は | 六・具・共 典・兵 |
| 几 | つくえ | 処・凡 |
| 凵 | うけばこ | 出・凶・凹 凸 |
| 刀 | かたな | 刀・切・分 初・券・刃 |
| 力 | ちから | 力・勝・労 務・募・勲 |
| 匕 | ひ | 北・化 |
| 十 | じゅう | 十・千・午 協・卓・升 |
| 卜 | と うらない | 占 |
| 厶 | む | 去・参 |
| 又 | また | 友・取・受 反・及・又 |
| 口 | くち | 口・問・和 句・唐・嗣 |
| 土 | つち | 土・圧・墓 報・垂・塞 |
| 士 | さむらい | 士・声・売 壱・壮 |
| 夕 | た ゆうべ | 夕・外・多 夜・夢 |
| 大 | だい | 大・天・央 奮・奥・爽 |
| 女 | おんな | 女・委・姿 威・妥・妄 |
| 子 | こ | 子・学・字 季・孝・存 |
| 寸 | すん | 寸・寺・対 尊・尋・寿 |
| ⺌ 小 | しょう | 小・少 当・尚 |
| 尢 | だいの まげあし | 就 |
| 屮 | てつ | 屯 |
| 山 | やま | 山・岩・島 岡・岳・崩 |
| 巛 川 | かわ | 川・州 巡 |
| 工 | え たくみ | 工・左・差 巨 |
| 己 | おのれ | 己 |
| 巾 | はば | 帰・席・帯 師・常・幕 |
| 干 | かん いちじゅう | 年・幸・平 幹・干 |
| 幺 | よう いとがしら | 幼・幾・幻 幽 |
| 弓 | ゆみ | 弓・弱・弟 弔 |
| 心 | こころ | 心・愛・必 恥・憂 |
| 戸 | と | 戸・所 |
| 手 | て | 手・才・挙 承・撃・掌 |
| 支 | し | 支 |
| 文 | ぶん | 文 |
| 日 | ひ | 日・昼・暑 暮・旬・暦 |
| 曰 | ひらび いわく | 書・曲・最 更・替・冒 |
| 月 | つき | 月・朝・期 有・望・朗 |
| 木 | き | 木・案・栄 朱・棄・梨 |
| 止 | とめる | 止・正・歩 歴・武・歳 |
| 比 | ならびひ くらべる | 比 |
| 毛 | け | 毛 |
| 犬 | いぬ | 犬・状・獣 献 |
| 氏 | うじ | 氏・民 |
| 水 | みず | 水・氷・求 永・泉 |
| 火 | ひ | 火・炭・災 灰・炎 |
| 父 | ちち | 父 |
| 母 | なかれ | 母・毎・毒 |
| 玄 | げん | 率・玄 |
| 玉 王 | たま おう | 玉・璽 王・琴 |
| 瓦 | かわら | 瓶 |
| 甘 | かん あまい | 甘・甚 |
| 生 | うまれる | 生・産 |
| 用 | もちいる | 用 |
| 田 | た | 田・画・申 畜・畝・畿 |
| 疋 | ひき | 疑 |
| 白 | しろ | 白・百・的 皇・皆 |
| 皮 | けがわ | 皮 |

| 部首 | 名称 | 例 |
|---|---|---|
| 目 | め | 目・直・真 相・看・盲 |
| 矛 | ほこ | 矛 |
| 石 | いし | 石・碁・磨 |
| 示 | しめす | 示・祭・票 禁 |
| 禾 | のぎ | 秀 |
| 立 | たつ | 立・章・童 競 |
| 旡 | なし ぶ すでのつくり | 既 |
| 糸 | いと | 糸・素・系 緊・繭・索 |
| 羊 | ひつじ | 羊・着・美 群・義・羞 |
| 羽 | はね | 羽・習・翌 翼・翻・翁 |
| 而 | しかして しこうして | 耐 |
| 耳 | みみ | 耳・聞・聖 |
| [illegible] | [illegible]づくり | 粛 |
| 肉 | にく | 肉・育・能 肩・腐・膚 |
| 自 | みずから | 自・臭 |
| 西 | にし おおいかんむり | 西・要・覆 覇 |
| 至 | いたる | 至・致 |
| 臼 | うす | 興 |
| 舌 | した | 舌・舎・舗 |
| 艮 | こんづくり ねづくり | 良 |
| 色 | いろ | 色 |
| 虫 | むし | 虫・蚕・蛮 蛍・融 |
| 血 | ち | 血・衆 |
| 衣 | ころも | 衣・表・裁 衰・袋・裏 |
| 缶 | ほとぎ | 缶 |
| 見 | みる | 見[illegible] |
| 臣 | しん | 臣・臨 |
| 言 | げん | 言・警・誉 誓・謄 |
| 谷 | たに | 谷 |
| 豆 | まめ | 豆・豊 |
| 豕 | ぶた いのこ | 象・豪・豚 |
| 貝 | かい こがい | 貝・買・賞 賢・貞・賓 |
| 赤 | あか | 赤・赦 |
| 身 | み | 身 |
| 車 | くるま | 車・軍・輝 載・輩 |
| 辛 | からい | 辛・辞 |
| 麦 | むぎ | 麦 |
| 辰 | しんのたつ | 農・辱 |
| 里 | さと | 里・重・量 |
| 長 | ながい | 長 |
| 隹 | ふるとり | 集・雇・隻 |
| 青 | あお | 青・静 |
| 非 | あらず ひ | 非 |
| 斉 | せい | 斉・斎 |
| 面 | めん | 面 |
| 革 | かくのかわ つくりがわ | 革 |
| 音 | おと | 音・響・韻 |
| 風 | かぜ | 風 |
| 飛 | とぶ | 飛 |
| 食 | しょく | 食・養 |
| [illegible] | [illegible]び | 首 |
| 香 | か かおり | 香 |
| 馬 | うま | 馬・驚・騰 |
| 高 | たかい | 高 |
| 鬼 | おに | 鬼・魂・魔 |
| 竜 | りゅう | 竜 |
| 鳥 | とり | 鳥・鳴・鶏 |
| 鹿 | しか | 麗 |
| 麻 | あさ | 麻 |
| 黄 | き | 黄 |
| 黒 | くろ | 黒・黙 |
| 歯 | は | 歯 |
| 鼓 | つづみ | 鼓 |
| 鼻 | はな | 鼻 |